KB210422

이 책의 수익금은 한국교회 내 성평등 및 성폭력 예방교육과
성범죄 피해자 지원을 위해 일하는 개인이나 단체에 전액 지원합니다.

숨바꼭질 – 스타목사 전병욱의 불편한 진실

엮은이   온라인카페 〈전병욱 목사 진실을 공개합니다〉 편집팀
초판발행   2014년 8월 20일
개정증보1쇄 2014년 10월 8일

펴낸이   배용하
책임편집   이진오, 지유석, 권대원 외 5명
등록   제364-2008-000013호
펴낸곳   도서출판 대장간
              www.daejanggan.org
등록한곳   대전광역시 동구 우암로 75-21
편집부   전화 (042) 673-7424
영업부   전화 (042) 673-7424 전송 (042) 623-1424
분류   교회개혁 | 목회

ISBN   978-89-7071-334-2 03230

 값 13,000원

숨바꼭질

스타목사 전병욱의
불편한 진실

차례

에필로그

삼일교회 공동체 책임자로서…

송 태 근
삼일교회 담임목사

이 글을 위해서 펜을 들기까지 깊은 고뇌와 기도의 시간이 있었습니다. 먼저 출판사에서 추천의 글을 제안 받았을 때, 가부를 결정해야 하는 고민 때문이었습니다. 저는 한 목회자로서 어떤 죄를 범한 사람이든지 품어야 할 책임이 있습니다. 그러나 이는 언제나 저의 공동체 책임자로서의 위치와 맞물릴 때 많은 경우 번민과 갈등을 안겼습니다. 특별히 지독한 아픔을 겪고 있는 삼일교회로 부임한 이후에 이 문제는 저에게 목회 최전선의 사안이 되었습니다. 오랜 고민과 기도 끝에 이 글은 삼일교회 공동체의 책임자로서 써야 한다는 결론을 내렸습니다. 만일, 이 책의 앞 장에 삼일 공동체의 책임자가 아닌 다른 누군가의 글이 올려 진다면, 어떤 의미에서 저 개인과 공동체의 책임 회피라는 비난이 정당할 것이기 때문입니다.

이 책 『숨바꼭질』은 삼일교회와 더 나아가 한국교회 전체에 어떤 의미를 주고 있을까요? 무엇보다도 저는 이 책에서 이런 의미를 찾았습니다. 절대 출간되지 않았어야 할 아픔의 책이라고 말하고 싶습니다. 삼일교회가 겪었던 아픔과 혼란은 몇 년이 흐른 지금도 현재진행중입니다. 한 목회자 개인의 끔찍한 타락은 수많은 성도에게 지우기 힘든 상처를 남겼습니다. 그런데 동시에 이 사건은 한국교회가 반드시 해결해야 했던 목회 철학의 왜곡과 깊은 연관성이 있습니다.

사건으로 드러난 실체는 목회자 개인의 윤리적 범죄뿐만 아니라 전반에 퍼져 있는 뒤틀린 목회 방식에 있습니다. 자연스럽게 현재 삼일교회 내부적으로는 피해자매들의 개인적인 치유뿐만 아니라 목회 철학에 관한 제고가 뒤이어지고 있습니다. 아마도 상당한 시간이 필요할 것입니다.

일반적으로 인식되는 것 이상으로 한국교회는 성공의 단꿈에 젖어 있습니다. 마치 빛깔 고운 술에 취한 듯, 하나님의 은혜를 독점했다는 착각 속에 높아진 마음이 구름 위를 떠다니듯 교만했던 것이 무서운 현실입니다. 심지어 목회자가 성도들의 영적인 필요를 섬기는 것이 아니라 성도를 개인의 영광을 위한 수단으로 악용하는 모순이 곳곳에서 벌어져 왔습니다. 이 책은 목회자들에게 날카로운 경고의 창끝을 들이댑니다. 아마도 독자들이 한 개인의 타락이 아니라 한국교회의 문제로 인식하면서 이 책을 읽는다면 엄중한 경고의 메시지로 받아들이게 될 것입니다. 그래서 이 책은 다시는 이런 사건이 반복되지 않아야 한다는 경고를 주며, 같은 종류의 책이 다시 출간되지 말아야 된다는 자기모순을 강력히 피력합니다.

다만, 저는 이 책이 수년 동안 아픔을 겪어 왔던 피해자매들의 심정을 또 다시 불편하게 하지 않을까 하는 우려의 마음이 큽니다. 이 책이 담고 있는 정보가 사실이기는 하지만, 피해자매들의 위로를 일차적인 목적으로 두지는 않았기 때문입니다. 그리고 인간의 어떤 위로일지라도 부족할 것입니다. 많은 독자 또한 그렇게 느낄 개연성이 매우 높습니다. 때로는 사건을 바로 알리려 지나칠 정도의 현장 묘사가 삽입되기도 했습니다. 하지만, 이런 '지나친 정보'가 한국교회의 상황에 반드시 필요한 각성제일 수 있다는 희망을 갖습니다. 교회가 오히려 세상 속의 역기능 단체로 비춰지고 있는 우리의 상황이 때로 특별한 치료제를 필요로 하기 때문입니다. 이 사건으로 상처를 안은 분들 누구에게도 이 책이 또 다른 아픔을 주지 않기를 기도합니다.

분명 이 책은 우리가 겪고 있는 질병을 진단하며, 치유의 길을 모색하는 점에서 굵직한 의미를 갖습니다. 저는 이 책의 편집자들이 할 수 있는 한 모든 노력을 기울여 객관성과 진중함을 지키려 했다고 들었습니다. 거기에는 한국교회와 삼일교회의 치유와 함께 우리들의 일그러진 한 목회자의 회복도 포함됩니다. 이 책이 담고 있는 아픔이 온전한 신앙을 향한 뼈아픈 과정으로서 아름답고 빛나는 열매로 맺어지길 온 맘을 모아 기도하며 가슴 아픈 글을 마칩니다.

전병욱은 우리의 일그러진 진상

김 종 희
⟨뉴스앤조이⟩ 대표

14년 전 일이 떠오릅니다. ⟨뉴스앤조이⟩가 창간과 거의 동시에 전병욱 목사의 설교를 분석해서 비평하는 작업을 1년 동안 진행했습니다. 반향이 제법 컸던 기획이었습니다. "감히 목사의 설교를 비판하다니", "그것도 다른 사람이 아니라 제일 잘나가는 전병욱 목사를?" 하는 부정적인 반응이 컸습니다. 평소 전병욱 목사의 설교를 들으면 뭔가 께름칙하다고 느꼈는데, 글들을 읽으면서 그 찜찜함의 실체를 깨달았다는 분들도 적지 않았습니다.

뜨거운 반응을 받으면서 연재하던 도중에, 교인으로 보이는 여자 청년 한 명이 댓글을 올렸습니다. 전병욱 목사가 여자 청년들에게 안마 받는 것을 즐긴다는 내용이었습니다. 설교 비평 작업 때는 가만히 있던 전병욱 목사가 저에게 전화했습니다. 교회에서 장로들이 더 이상 참지 못하고 법적 대응을 하겠다고 한다, 그러니 댓글을 지워 달라고 했습니다. 평소에는 허수아비 취급하던 장로들을 필요하면 방패막이로 삼는 버릇은 그때나 지금이나 똑같았습니다. 저는 그의 요청을 들어 주는 조건으로 인터뷰하자고 했습니다. 그렇게 해서 전병욱 목사를, 문제의 그 담임목사 방에서 만났습니다.

그전에도 가끔 만나는 사이였습니다. 고깃집도, 맛있는 커피집도 찾아서 같이 다녔습니다. 거들먹거리는 것이 맘에 안 들기는 했지만, 그 정도는 잘나가는 목사의 객기 정도로 받아줄 만큼 사이가 괜찮았습니다. 그런데 〈뉴스앤조이〉 기획 때문에 참 고약한 관계가 되어서 다시 만난 것입니다.

그는 평소 청년들을 깔보는 태도에 대해서 반성한다고 했고, 유명 목사의 설교를 표절한 것도 시인했습니다. 그런데 안마에 대해서 물어 보는 순간 완강하게 거부하면서, 그건 아예 질문하지 않은 것으로 해 달라고 했습니다. 저는 그런 반응까지 인터뷰에 담았습니다.

그 이후로 손버릇이 좋지 않다는 소식은 왕왕 들었지만, 직접 확인한 적은 없습니다. 10여 년이 지난 다음 이 엄청난 사건을 접했을 때, 진실일 수밖에 없다고 확신했습니다. 거칠 것 없이 잘나가던 그는 그새 바늘도둑에서 소 도둑으로 성장한 것입니다.

이번 사건을 보도하기 전에 한 달 가까이 시간을 끌었습니다. 전병욱 목사가 진정으로 회개하고 제대로 치료받고 목회 현장으로 돌아오는 수순을 밟을 수 있도록 나름대로 노력했습니다. 그러나 무위로 돌아갔고, 그는 새로운 교회를 개척하는 영적 범죄를 저질렀습니다.

교회를 새로 시작하는 것도 파렴치한 짓인데, 거기에서도 여전히 설교라는 도구를 악용해서 자기변명을 늘어놓습니다. 그의 성적性的 타락은 영적靈的 타락, 전적全的 타락의 일부분에 불과하다는 것을 확실하게 보여 주는 것입니다.

많은 분이 전병욱 목사의 범죄를 드러내고, 바른 징계가 이루어질 수 있도록 애썼으며, 지금도 애쓰고 있습니다. 이 책도 그러한 작업의 한 부분입니다. 그분들의 수고에 감사와 격려의 마음을 드립니다.

많은 사람이 "하나님이 알아서 하실 것이니 너희는 가만히 있으라"라고들 합니다. 맞습니다. 우리는 하나님이 재판장이 되셔서 최종 심판을 하실 것이라고 믿습니다. 그러나 하나님은 "너희는 그동안 무얼 했느냐"라고 우리의 책임을 물으실 것입니다. 우리는 약한 자, 눌린 자, 갇힌 자의 변호사가 되어야 합니다. 강한 자, 짓누르는 자, 폭행하는 자의 검사가 되어야 합니다. 그래서 이 책을 내는 것은 우리의 책임이자 의무를 수행하는 것입니다.

한편으로는 가만히 놔두었으면 좋겠다는, 어이없는 생각도 합니다. 저렇게 버젓이 활보하는 전병욱 목사는 목사들의 자화상이요, 저렇게 성장하는 새 교회는 한국교회의 거울이라는 생각이 들기 때문입니다. 노회나 총회에서는 징계를 하지 않습니다. 평소 전병욱 목사와의 친분을 과시하던 많은 사람이 입을 다물고 있습니다. 공범들이기 때문입니다. 부끄럽고, 슬프고, 화가 나지만, 이것이 우리 한국교회의 진상眞像입니다.

이 책을 만드느라 고생하신 분들의 수고에 박수를 보내면서도, 이 책의 탄생을 마냥 축하만 할 수 없는, 기가 막힌 현실을 살고 있습니다. 그러니 하나님은 얼마나 더 슬퍼하시겠습니까.

우리 시대, 우리 교회, 우리들의 숨바꼭질

이 진 오
더함공동체교회 목사

전병욱 목사는 우리 시대 소위 "스타 목사"이었다. 100여 명 모이는 수십 년 된 교회를 수만 명, 그것도 청년들이 몰려든 교회로 성장시킨 일화는 신화처럼 회자됐다. 기독교단체나 언론에서 목회자·신학생을 대상으로 조사한 각종 여론조사에서 그는 차세대 리더, 가장 존경받는 목회자 등에 5위 이내에 거론되었다. 청년들 사이에 그의 설교는 다운로드 1위였고, 70여 권에 이르는 그의 책은 상상을 초월할 정도로 팔려나갔다.

그런데 2010년 여름 무렵 뜻밖의 소식을 듣게 되었다. 전병욱 목사가 성범죄를 저질렀다는 것이다. 당시 소식을 교회개혁 운동을 하는 분으로부터 들었기 때문에, 관련 단체와 언론사에서 당연히 그에 대한 진상규명과 징계를 촉구하는 활동이 있으리라 생각했다. 교회개혁 관련자들은 사건 인지 후 수개월 동안 피해자에 대한 신변과 심리적 보호를 위해 조심했고, 전 목사 사건이 미칠 한국교회에 대한 이미지 실추와 파장에 대한 염려로 수면 아래서 전목사의 회개와 징계를 촉구했다. 이 과정에서 교계 중진 목회자 3명도 전병욱 목사를 만나 피해자와 공동체에 사과하고, 교회를 사임한 후 1년 정도 상담 및 치료를 받고 이후 복귀하도록 권면했다.

그러나 전 목사와 삼일교회 당회는 이를 거부하고 3개월 설교 중지와 6개월 수찬 정지라는 자체 징계로 유야무야를 시도했다. 사건 발생 10개월

이 지나, 삼일교회 내에서 셀프 징계가 있은 후에야 교계 언론은 전목사의 성범죄 사실과 교회의 결정을 보도했고, 교회개혁 단체들도 성명서를 내고 전 목사의 공개사과와 사임을 촉구했다. 자체 징계 기간 중에도 전 목사는 결혼식 주례를 보는 등 목회활동을 했다.

2010년 11월 1일, 삼일교회 게시판에는 전병욱 목사를 비호했던 변호사가 짧게 사임을 공지하는 내용을 올렸다. 그러자 젊은 집사들이 당회에 담임목사 사임과 관련해 설명을 요청했다. 당회는 제직회를 열고 퇴직금 등으로 13억 4천 5백 만 원을 지급했다고 설명했고, 이후 2년 이내 수도권에서의 개척을 금지키로 했다고 밝혔다. 목사에 대한 치리권은 노회에 있다. 삼일교회 당회의 자체 징계와 전 목사와의 합의는 교회법을 어기는 월권이고 협잡이었다.

그럼에도 장로교 합동 평양노회는 삼일교회에 실세인 길자연 목사를 임시 당회장으로 파송했다. 노회장 뿐 아니라 총회장도 역임한 원로급이 임시 당회장으로 파송된 것은 이례적인 것이었다. 그야말로 임시로 조속히 후임 담임목사 청빙 절차를 마치고 물러나야할 길 목사는 무려 2년 동안이나 임시 당회장을 했다. 이유는 자기 사람을 담임목사로 세우기 위해서 였다. 청년들이 많은 삼일교회를 놓고 노회와 교단은 서로 자기 사람을 담임목사로 세우려는 정치꾼들 세력 싸움의 한복판이 되었다.

상황이 이렇게 되자 다시 소수의 각성한 삼일교회 집사들이 들고 일어났다. 교회는 담임목사 청빙과 관련해 교계 정치판이 되어가고, 설상가상 전 목사의 개척 소식이 슬슬 들려오자 젊은 집사들은 당회와 노회에 전목사에 대한 면직 청원서를 제출했다. 전 목사를 비호했던 변호사는 자신도 속았다며 양심선언을 게시판에 올렸다. 또 다른 변호사는 전 목사를 지지하는 기도모임을 만드는 등 전 목사를 대변하며 사태를 호도했다.

2012년 5월 21일, 놀라운 소식이 들려왔다. 전 목사가 삼일교회에서 얼마 떨어지지 않은 홍대 앞에 교회를 개척한다는 것이었다. 이미 '홍대새교회'라는 이름으로 홈페이지도 만들고 설교영상도 올리며 예배모임을 해온 지 오래였다. 교회를 사임한 지 불과 1년 6개월 만이다. 삼일교회 수석 부목사였던 황은우 목사는 전목사와 접촉하며 교인들을 혼란케 해 권고사임을 당했다. 황 목사는 사임 후 곧바로 전 목사가 개척한 교회로 옮겨갔다.

얼마 후 삼일교회 집사에게서 연락이 왔다. 자신들이 면직 청원 운동을 해왔는데 역량에 한계가 있으니 도와달라는 것이었다. 나는 처음에는 거절했다. 당시 교회를 개척한지 얼마 되지 않아 분주하기도 했고, 개인 목사가 개교회 문제에 개입하는 것이 적절치 않다 생각되었기 때문이다. 교회개혁 단체들의 도움을 구하라고 조언했다. 그 집사는 피해자매와 전병욱 목사가 통화한 녹음파일과 몇 개의 관련 파일을 보내왔다. 금요기도회를 앞두고 그 파일을 들었고 나는 눈물과 분노를 참을 수 없었다. 피해자가 오히려 죄를 인정하라고 사정을 하고, 가해자인 목사는 가정과 한국교회를 들먹이며 적당히 넘어가려고 했다. 피해자매의 슬픔과 분노가 생생히 전해졌고, 단순히 성추행이 아니라 성폭행과 다름없는 범죄를 생생히 들으며 목회자로서 도저히 모른 척 할 수 없었다.

　그날 나는 금요기도회에서 준비했던 설교를 하지 못했다. 교인들에게 전 목사 성범죄 사실을 알리고 목사로서 이를 돕는 것이 하나님께서 내게 주신 사명이라고 말했다. 이 문제에 개입되어 목회를 못하더라도 추가된 십자가를 지는 마음으로 분명하고 적극적으로 감당하겠다고 선언했다. 그리고 다음 날 나는 네이버에 '전병욱 목사 진실을 공개합니다'라는 제목으로 카페를 개설했다. 관련된 기사와 자료들을 검색하고 정리해 일목요연하게 사건을 실체를 볼 수 있도록 공개해 나갔다. 피해자와 전병욱 목사가 통화했던 내용도 처음에는 그대로 녹취해 올렸다. 피해자들의 심정과 상황을 배려하지 못한다는 지적을 받고 바로 삭제했다. 피해자들과 통화 및 이메일을 주고받으며 공개해 주길 원하는 수위의 내용을 올렸다. 피해자들이 직접 글을 써서 보내주어 올리기도 했다. 교계 언론이 주최가 되어 포럼이 개최되었다. 이 문제를 처음부터 지켜보며 개입했던 변호사, 목사, 활동가들이 진행되었던 내용들을 증언해 주었고, 여러 단체와 '전병욱 목사 성범죄 공동 대책위원회'를 결성하였고, 성명서와 기자회견이 뒤를 이었다. 삼일교회 집사들도 힘을 내어 노회에 면직 청원서를 직접 제출하고 당회와 새로 부임한 담임목사를 압박했다. 새로 부임한 담임목사의 공개사과와 당회 사과문이 언론에 실렸고 당회 명의의 전병욱 목사 면직 청원문이 노회에 제출되었다. 노회는 여러 가지 절차적 이유를 대며 시민단체, 집사들, 당회의 면직 청원 문을 반려했고 심지어 피해자들의 직접 증언이 담긴 청원문도 반려시켰다. 기독교 단체들은 노회, 총회를 쫓아다니며 시위와 호소문을 배포했고, 전병욱 목사가 개척한 홍대새교회 앞에서 시위와 금식기도회, 전병욱 목사 책 반납 등 다양한 활동을 전개했다. 우리가 이 책을 내는 이유는 명확하다. 진실을 알리고 진실이 바로잡히도록 하기 위한 것이다. 2010년 봄 시작되어 2011년 11월 전병욱 목사의 사임, 2012년 5월 '홍대새교회' 개척으로 이어지며 무려 4년이 지난 지금까지도 전병욱 목사는 자신의 잘못을 인정도 사죄도 하지 않고 있다. 많은 사람 특히 삼일교회 교인들도 전병욱 목사의 범죄를 가벼운 성추행이나 심지어 이단의 속임이나 꽃뱀의 유혹 등으로 왜곡되게 알고 있다. 어떤 경우는 진실을 알려하지도 않고, 진실을 알아도 그게 뭐가 문제인가? 하나님의 종은 하나님이 알아서 하신다. 죄 없는 자가 돌로 치라며 또 다시 피해자들의 가슴에 못을 박고 불의한 자를 비호한다. 당회는 셀프 징계와 가해자에게 엄청난 전별금을 주어 면죄부를 주고, 노회와 총회는 모른 척 외면하고 있다.

　마치 "숨바꼭질"을 하는 것 같다. 10여 년 동안 지속된, 알려진 것만 10여 건에 이르는 우리 시대 스타 목사 전병욱의 추악한 성범죄가 밝혀졌지만 전 목사는 목사라는 권위와 교회라는 조직 뒤에 숨어버렸다. 전 목사는 홍대새교회를 개척하고 교인을 방패삼아 숨고, 평양노회와 합동 총회는 교리와 교회법을 내세우고, 동료 목사의 의리를 내세우며 시종일관 모르쇠로 숨어있다. 그렇게 모두 숨바꼭질을 하는 동안 피해자들은 술래가 숨은 자를 찾아내려 거리를 헤매지만, 오히려 주변의 손가락질과 질책에 수십 년간 섬겨왔던 교회에서 또 세상에서 꼭꼭 숨어 버려야 했다.

예레미야의 탄식소리가 들린다 "이 땅에 무섭고 놀라운 일이 있도다. 선지자들은 거짓을 예언하며 제사장들은 자기 권력으로 다스리며 내 백성은 그것을 좋게 여기니 마지막에는 너희가 어찌하려느냐"렘5:30,31 바울의 탄식도 들린다. "너희는 지혜로운 자로서 어리석은 자들을 기쁘게 용납하는구나. 누가 너희를 종으로 삼거나 잡아먹거나 빼앗거나 스스로 높이거나 뺨을 칠지라도 너희가 용납하는 도다"고후11:19,20

무엇인 진실인지 진실 앞에 마주서고 진실을 직면할 때 인정도, 회개도, 용서도, 징계도 있다.

전병욱 목사 성범죄 문제는 아직도 끝나지 않았다. 우리는 숨어있는 진실을 드러내고 숨어있는 우리들의 민낯을 찾아야 한다. 불편하지만 우리 시대, 우리 교회, 우리들의 숨바꼭질을 끝내야 한다.

내가 전병욱 목사 성범죄의 진실을 알리는 카페를 개설하고 관련 활동을 하면서 가장 보람 있었던 것은 피해자들에게 자신들을 대변해 주고, 함께 슬퍼하고, 함께 분노하는 사람들이 있다는 것과 이런 활동을 통해 진실이 알려지고, 삼일교회 담임목사가 공개사과를 하는 것들을 보면서 위로와 치유를 경험한다는 고백을 들었을 때다.

지금 한국교회 내에는 수많은 전병욱 목사가 있고, 수많은 피해자가 있다. 모쪼록 이 책이 진실을 알려내어 전병욱 목사의 진실한 사죄와 정당한 징계가 이루어져 제2, 제3의 전병욱 목사가 생기지 않는데 기여하기를 기대한다. 이 책의 모든 수익금은 교회 내 성범죄 피해자들을 지원하고, 성범죄 및 성평등 관련 교육 등의 활동을 하는데 사용될 것이다. 이런 노력들이 수많은 피해자가 양산되지 않도록 예방하고, 피해자들에게 위로와 용기를 주어 한국교회가 새로워지는 계기가 되기를 기대하며 기도한다.

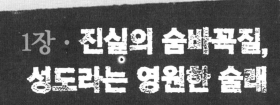

1장 · 진실의 숨바꼭질,
성도라는 영원한 술래

— 피해자 증언

성범죄 목사의
교회 개척과
목회를 반대한다

충분합니다

결혼 앞둔 여신도
성추행

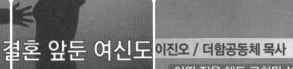

이진오 / 더함공동체 목사

어떤 짓을 해도 교회만 성장시키면 아무 문제 없다.
싸구려 신앙, 싸구려적인 믿음이 우리 한국 교회에

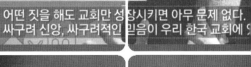

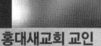

홍대새교회 교인

님 피해자들한테 제대로 된 사죄하고 싶지 않으셔 (성추행에 대해) 어떻게 생각하냐면, 목사님이 저는

전병욱 성범죄 사건은 한국교회 백년사를 수치스럽게 한 충격적인 사건이다. 개인의 문제를 넘어 공동체 전체의 책임을 통감해야 하는 막중한 사안이며, 이 땅에 다시는 이런 일이 일어나지 않도록 대안을 마련하는 것이 시급한 과제일 것이다. 그러기 위해서는 먼저 사건을 정확히 파악하고, 객관적으로 인지해야 한다. 아래의 사건요약은 삼일교회 신도 117명이 삼일교회 소속 노회인 평양노회에 제출한 '전병욱 목사 면직청원서'에 첨부된 전 목사의 성추행 사례를 적시한 문건이다. 이 문건은 구체적으로 8건의 성추행 사건을 적시했다. 그러나 여기에 적시된 사례 말고도 크고 작은 유형의 성추행 사례가 계속해서 제보됐다. 전 목사와 20년간 동역했던 한 집사는 피해 규모가 상당할 것이라고 증언하기도 했다.

전병욱 목사 성범죄 관련 요약
[삼일교회 교인들이 작성한 면직청원문 가운데서]

1. 피해자매 A 사례
– 선교지 방문 중 피해자의 바지 속에 손을 넣는다든가 가슴을 만지는 등의 행위. 수차례
– '가슴이 작다'는 등의 성희롱 발언. 수차례
– 당회장실로 불러 옷을 모두 벗고 삽입을 시도 하였으나 피해자가 자신이 처녀임을 강조하자 피해자의 입안에 사정함. 1회
– 자매가 너무 심각한 추행을 당했다고 생각하고 MBC PD에게 제보하여 이 사건을 계기로 전병욱 목사 사건이 세상에 알려 지게 됨.
· 증거물 : 피해자 직접 진술

2. 피해자매 B 사례
– 황은우 목사를 통해 안마와 지압 전문가인 피해자를 당회장실에서 만남.

– 피해자가 옷 위에서 지압을 하고 척추 교정을 위해 여러가지 요법을 가르치는 중에 웃옷을 모두 벗고 받겠다고 함.

– 피해자에게 '옷을 모두 벗고 다리를 높이 올린 모습을 보고 싶다' 등의 성희롱 발언을 시작함.

– 피해자 앞에서 반바지를 내리고 엉덩이를 마사지 해달라고 요구함.

– 피해자는 그 전까지 문제의 심각성을 잘 깨닫지 못하고 있다가 위의 A 자매 사례가 부각되자 정신을 차리고 해당 사항을 진술함.

· 증거물 : 피해자 직접 진술

3. 피해자매 C 사례

– 주례를 부탁하러 전임목사에게 찾아가자 문을 잠그라고 함.

– 피해자매에게 안아보라고 하여 피해자매는 아버지 같이 생각하고 순응함.

– 전임목사가 히프를 손으로 움켜 쥐으며 '엉덩이가 쳐졌네'라고 발언함.

– 피해자매가 자리에 앉자 '가슴 만져도 되지' 하며 가슴을 만지며 '가슴도 쳐졌네'라고 함.

– 결혼 이후에 찾아오면 야한 체위를 가르쳐 준다는 성희롱 발언을 함.

· 증거물 : 피해자 직접 진술

4. 피해자매 D 사례

– 교회 자판기 앞에서 피해자의 엉덩이를 만지고 지나감.

· 증거물 : 피해자 직접 진술

5. 피해자매 E 사례

– 피해자와 사진을 찍으면서 팔로 피해자의 가슴을 만짐.

· 증거물 : 피해자 직접 진술

6. 피해자매 F 사례

– 주일 예배시 영상설교를 틀어놓고 강대상 옆 커튼 뒤 안보이는 공간
  에서 전병욱 목사가 휴식을 취하고 있는 가운데 피해자매에게 성희롱
  발언과 성추행을 시도.

· 증거물 : 피해자 직접 진술

7. 피해자매 G 사례

– 삼일교회 A관 계단 근처에서 20대 초반의 어린 자매의 엉덩이를 손
  으로 직접 만짐.

· 증거물 : 목격자 증언

8. 피해자매 H 사례

– 삼일교회 직분자 딸의 상의 속으로 손을 넣어 추행함.

· 증거물 : 피해자 및 피해자 친구의 간접 진술

피|해자들의 계속되는 진술에도 사건이 불거지던 초기, 전병욱 목사가 범죄 사실을 강력히 부인했기 때문에 오히려 피해자들의 목소리는 외면당하거나 거짓진술로 오해를 샀다. 교회개혁실천연대 공동대표를 맡고 있는 박종운 변호사는 전병욱 목사의 성추행 사건이 밝혀지던 당시 피해자 측 법률 대리인이다. 기독 법률가인 그는 이 사건을 맡았던 초기부터 피해성도의 증언이 신빙성이 높다는 확신을 가졌고, '교회 내에 영적인 위계질서가 강해 피해자의 가해자에 대한 존경심이 강력할 때, 피해자는 순간적으로 판단 능력을 상실하고 가해자의 요구에 따르기 때문에 벌어진 성폭행과 성추행임이 분명하다'고 적었다. 만일 사건 직후에 고소나 고발이 있었다면 전병욱 목사는 형사 처벌을 받았을 것이라고도 분명히 밝혔다.

박 변호사는 〈긴급토론회: 전병욱 사건 통해 보는 한국교회〉 주제발표를 통해 전 목사 사건을 시간대별로 정리한 뒤 이 사건이 전 목사 개인에 국한되는 사건이 아니라 한국교회 목회자들의 타락한 성윤리가 개별 사건을 통해 드러난 사건이라고 규정한다.

법조인이 바라본 전병욱 사건

[긴급토론회 : 전병욱 사건 통해 보는 한국교회 2012.07.12.]

가. 사건의 경과 – 피해자의 진술 및 언론의 취재 내용, 직접 경험에 근거하여

- 2009. 11. 13 : 아침, 삼일교회의 리더 중 하나이자 전병욱 목사의 측근인 피해자를 전병욱 목사가 자신의 집무실 및 화장실이 딸린 침실에서 성추행.

- 충격을 받은 피해자는 결국 삼일교회를 떠나게 되고 일부 리더들에게 하소연함 –〉 그 중 어떤 리더가 전병욱 목사 사모께 이야기를 한 것으로 추정.

- 어떤 지인에게 고백했는데, 그 친구가 자신의 친구인 공중파 방송국 PD에게 제보.

- PD가 취재를 시작, 주변 탐문, 상당히 오랜 기간 동안 복수의 여성 성도에 대한 성추행(신체적 접촉, 스킨 십, 안마, 애무, 성희롱, 성추행 등 포함) 관련 몇 가지 소문 포착, 전병욱 목사가 이번 사건의 피해자를 비롯하여 오래 전부터 복수의 여성도·청년을 성적으로 희롱하고 추행해 왔을 가능성이 높다는 심증을 갖고 본격적인 취재에 들어감, 피해자를 만나서 인터뷰 시도.
- PD가 전병욱 목사에게 전화를 하여 그러한 소문의 진상에 대해 확인을 요구하자, 전병욱 목사가 그러한 사실을 부인함.
- 위와 같이 취재/주변 탐문이 시작되었다는 사실을 안 전병욱 목사가 약 1000명의 리더들이 모인 자리에서 "PD가 성추행 의혹을 품고 자신을 취재한다, 나도 흠이 없는 사람은 아니지만, PD가 말하는 그런 소문은 사실이 아니다, 그것이 사실이라면 이렇게 목회를 하고 있겠냐, 사실이라면 사임하겠다 혹은 목회직을 내려놓겠다"는 취지로 말하였다고 함.
- 위 리더 모임에 참석한 리더로부터 전병욱 목사가 해명한 내용을 위와 같이 전해 들은 피해자는 전병욱 목사가 사실을 은폐할 의도로 거짓말을 하고 있다고 생각하고, 전병욱 목사에게 전화. 전 목사가 먼저 전화를 시도하였으나 피해자가 받지 않았었는데, 위 모임에 참석한 리더로부터 전 목사가 사실을 호도한다는 것을 알고 그날 밤 전 목사에게 전화했다고 함
- 전병욱 목사는 "성추행 사실이 방송되지 않도록 도와 달라"라고 피해자에게 요청했고, 피해자는 피해자의 고통을 고려하지 않는 전 목사의 태도에 크게 실망하였으며, 더 이상 거짓말을 하지 말고 다시는 성추행을 하지 말라고 요구함.
- 전병욱 목사가 같은 교회 성도인 변호사를 자신의 대리인으로 선임하였다는 소식을 전해 들은 피해자와 PD가 방어 차원에서 기독 변호

사를 찾음.

- 모 대학 교수를 통해 제가 속한 로펌으로 연결.

- 07. 12(월) : 피해자와 PD가 로펌을 방문하여 사실관계를 털어놓고 취재 자료 공개 – 대표 변호사가 상담한 후 진실일 가능성이 높은 것으로 판단하고 제가 돕기로 함(형사사건으로 수임한 것은 아니고 수임 약정 등도 없었으나 피해자를 위해 진실을 규명하고 문제 해결을 돕기로 한 것임).

- 07. 13(화) : 계속되는 목회자 성 문제와 관련하여 "목사님께 드리는 권면의 글" 구상하여 단식하면서 '목사님께 드리는 권면의 글' 초안 작성, 삼일교회 측 변호사와 통화.

- 07. 16(금) : 삼일교회 측 변호사가 로펌을 방문하여, 비공개 면담(PD, 대표변호사).

- 07. 31(토) : 삼일교회 초청으로 PD와 함께 삼일교회 방문(전병욱 목사, 수석 장로, 집사님, 삼일교회 측 변호사) – 교회의 징계 및 전병욱 목사의 사임 권면함. 교회 측은 문제 해결을 위해 노력하겠으니 8월 말까지 기다려 달라는 요청하였고 저와 PD가 이를 수용함.

- 08. 09(월) : "실족한 목사님께 드리는 권면의 글" 작성 및 〈복음과상황〉에 발송, 〈뉴스앤조이〉김종희 대표로부터 연락 옴. 8월 말까지 기다려 달라고 요청함.

- 08. 29(일) : 〈뉴스앤조이〉 김종희 대표 전화, 8월 말이 다가오고 있음.

- 09. 01(수) : 8월 말이 지났으므로 삼일교회 상황 확인 연락.

* 교회 상황 : 전병욱 목사가 설교를 내려놓은 8월 첫 주부터 평균 1주에 1천여 명씩 빠져나가고(2만 2000명대 -> 1만 8000명대) 100여 명씩 들어오던 신입 교인이 20명대로 줄어들고 있다. 8. 31. 전병욱 목사는 사임계를 당회에 제출한 후, 기도원으로 떠났으며, 당회에서는 ①사임계는 일

단 보류 ②1개월 근신, 3개월 설교 금지, 6개월 수찬 정지의 징계 결정 ③ 성도들한테 발표 방식, 날짜 등은 결정하지 못했다고 알려 옴.

- 09. 02(목) : 선배 목사님들이 전병욱 목사를 멘토링할 것 등을 제안했다는 소식 들려옴.

- 09. 06(월) : 선배 목사님이 교회 관계자들을 만나 '전 목사가 피해자와 공동체에 사과하도록 하자', '교회를 사임하고 적어도 1년 동안 상담과 치료를 통해 완전히 회복한 다음 목회지로 복귀하도록 하자', '전 목사가 없는 동안 설교자를 보내 주겠다' 는 등의 제안을 했으나 장로들이 거부했다. 전 목사에게 직접 제안하려고 했으나, 전 목사에게서 연락이 오지 않는다는 등의 소식이 전해지고, 이후에 전 목사와 연락이 되었으나 결과적으로 멘토링 제안을 거절한 것으로 알려짐.

- 09. 14(화) : 삼일교회 제직회에서 '8월부터 3개월 설교 중지, 6개월 수찬 정지' 징계 처분이 발표됨(교회는 목사 집무실에서 침대를 치우고 CCTV를 설치하며 비서를 두어서 여자 청년과 단 둘이 있지 못하도록 하는 등 예방 조치를 취할 것이라고 함).

- 09. 15(수) : 〈뉴스앤조이〉, 전병욱 목사 성추행 관련 기사 작성 -〉 9. 17. 첫 기사 나감.

- 10. 16(토) : 전병욱 목사가 삼일교회에서 열린 제자 결혼식에 주례를 함 - 〈뉴스앤조이〉기자와 충돌.

- 10. 19(화), 10. 21(목) : 전병욱 목사를 설득하여 공개적으로 자복 - 회개 - 사과 - 사임의 의사표시를 할 수 있도록 노력하기로, 교회에서는 징계하도록 권면하기로 함.

- 11. 01(월) : 삼일교회 홈페이지에 전병욱 목사 명의로 '사랑하는 삼일교회 성도 여러분께' 공개 사과 글 올라오다. 향후 조치 논의.

- 11. 02(화) : 〈동아일보〉 인터넷판, 〈이투데이〉 인터넷신문 등에서 성

추행 사실관계를 왜곡하면서 전병욱 죽이기가 진행되었다는 취지의
보도가 나옴 –〉 삼일교회 측 변호사와 연락하여 왜곡된 내용은 정정
혹은 삭제토록 요청함.

- 12. 20(월) : "목회자 성윤리, 어떻게 할 것인가?" 포럼(개혁연대, 기윤
  실, 바른교회아카데미), "국내 형사법적 관점에서 본 교회 내 성범죄"
  발제.

- 12. 22(수) 삼일교회와 전병욱 목사 관련 블로거들과 삼일교회와 충
  돌.

- 이후 삼일교회에서 전병욱 목사는 사임하고, 삼일교회 측은 삼일교
  회 측을 비판 혹은 비난하는 블로거 등과 논쟁/고소·고발 –〉 중재, 화
  해 노력.

* 초기에는 전병욱 목사가 비록 구체적인 사실관계를 적시하지는 않았
  으나 범죄하였다고 인정하고 사임하겠다는 의사표시를 했다는 소식
  을 전해 듣고 내부 자정 노력에 의해 잘 해결될 것으로 전망하여 8월
  말까지 기다리면서 언론 보도를 자제하였으나, 9월에 징계, 사임 여부
  및 그 내용과 관련하여 문제가 발생하였고 교회 내부 경징계 및 안식월 조치,
  그 때문에 언론에 보도가 되기 시작하였으며, 결국 이러한 사실이 널
  리 알려지고 당회의 요청에 의해 피해자가 직접 당회에 와서 증언함에
  따라 당회에서 전 목사 퇴임을 결정하게 됨.

* 이후에는 교회 측에서 삼일교회의 대처 내용을 비판하는 블로거들과
  의 고소/고발 사건이 있었고, 이를 중재하였으며, 제한적인 사과 및
  고소/고발 취하가 이루어짐.

나. 사실관계 – 피해자의 진술 및 언론의 취재 내용에 근거하여

- 복수의 여성 청년 성도가 , "무릎에 앉아라. 싫다고 해도 괜찮다 앉아

라. 내 허벅지에 손 얹어봐라. 가슴 수술한 거 아니냐? 뽕 넣은 거 아니냐? 내가 한 번 만져 봐도 되냐, 엉덩이/가슴 등을 만지려고 한다거나, 안마를 요청한다거나, 허리를 감싸고, 손잡고 잠시만 있다면서 단둘이 침대에 누워 있다거나, 결혼하기 전에 알아야 한다면서 성희롱적인 발언을 한다거나…" 그런 일을 겪었다고 함.

– 피해자들은 전 목사의 행동은 잘못되었지만, 교회와 하나님께 어려움이 생길까 걱정하여 그런 일을 당한 것을 평생 비밀로 감추고 살아갈 생각을 하는 것이 일반적임.

– 모든 성도에게 하는 건 아니다. 문제 삼지 않을 사람에게 상황 봐 가면서 한다.

– 피해자 본인도 이전에 여러 차례 위와 같이 성추행/성희롱을 경험하였으나, 이번에는 커피를 사다 달래서 전 목사 집무실에 갔더니…최근 삼일교회 당회에서 발표한 성추행을 당함.

다. 평가

– 피해자의 진술, 피해자와 전병욱 목사와의 전화 통화 내용, 그밖에 PD 및 언론의 취재 내용 등으로 볼 때 그 당시 제가 내린 결론은,

"①피해자의 진술은 신빙성이 매우 높다 ②행위의 내용 및 정도는 삼일교회 당회에서 발표한 내용대로일 가능성이 매우 높다성추행 피해자들이 가해자의 사과/회개를 원할 경우에는사건 자체를 거짓으로 확대할 가능성이 매우 적음 ③ 그 과정에서 물리적인 강제 행위나 강력한 거부 행위는 없었으나 이러한 종류의 성폭행 사건의 정황특히, 교회 내에 영적인 위계질서가 강하고 피해자의 가해자에 대한 존경심이 강력할 때, 피해자는 순간적으로 판단 능력을 상실하고 가해자의 요구에 따르게 됨상 성폭행/성추행임이 분명하다 ④만일 사건 직후에 고소/고발이 있었다면 전병욱 목사는 형사처벌을 받았을 것이다 ⑤피해자는 전

병욱 목사를 형사처벌받게 할 의도도 없고 교회에 피해를 줄 의도도 없으나, 전병욱 목사가 회중 앞에서 자복하고 회개하고 용서를 구하고 치유되기를 소망하였으며 본인 또한 치유받기를 원하였다 ⑥전병욱 목사는 그동안 복수의 여성 청년 성도와 가벼운 신체적 접촉, 스킨십, 성희롱적 발언, 안마, 단 둘이 손잡고 침대에 누워 있기 등에서 이 사건에 이르기까지 수차례의 성범죄를 저지른 것으로 보이나, 그에 대하여 목회자인 본인의 죄의식은 상대적으로 적어 보이고 반복적인 것으로 볼 때, 습관성/상습성 혹은 중독성을 보이는 것으로 강력히 추정된다 ⑦전병욱 목사는 ㉠회중 앞에 구체적으로 자복하고 회개하고 ㉡한국교회와 성도 특히 본인 가족을 포함한 피해자들에게 사과 및 용서를 구하고 ㉢사임, 중징계, 손해배상 등의 적절한 대가를 지불해야 하고 ㉣본인 또한 상당 기간의 치유와 회복이 필요한 것으로 보인다, ⑧고든 맥도날드의 사례를 통해서 볼 때, 전병욱 목사의 치유와 회복을 위해서는 선배 목회자들이 상당한 기간 동안 멘토링 등을 통해 도와야 하고, 중독성 여부에 대해서는 전문가 진단을 받고 그 결과에 따라 의학적/심리학적 치료가 필요할 것으로 보인다 ⑨이 사건을 통하여 한국교회는 목회자 및 성도 특히 여성 성도들의 '성', '목회자와 여성 성도들 간의 인간관계 특히, 신체적 접촉 및 관계에 대한 올바른 인식', 교회 내의 시스템 개선목회자 직무실 개선, 여성 성도들과 비공개 개별 면담 주의, CCTV 설치, 건전한 기독교적 성교육 등 등이 필요하고, 범죄한 성도, 목회자들의 치유와 회복에 대한 연구 및 실행이 필요하다 ⑩이 사건은 1차적으로 전병욱 목사와 삼일교회가 내부 자정 능력을 발휘하여 교회는 전병욱 목사를 중징계하고, 전병욱 목사는 교회를 사임하며, 교회와 전 목사는 피해자에 대해 사과 및 용서를 구하고 손해를 배상하도록 유도하는 것이 바람직하다"는 것이었습니다.

위와 같은 결론에 따라 저는 가급적 전병욱 목사와 삼일교회가 자정노력을 통해 문제를 해결할 수 있도록 노력하였고, 처음에는, 아즈카라 은혜를 아는 전병욱 목사라면, 그가 목회를 하였고 신앙적으로 건강한 청년들이 많은 삼일교회라면, 그것이 가능할 것이라 낙관하였습니다.

당시 성추행 친고죄의 공소시효는 불과 6개월이었다. 피해자들은 대부분 전병욱이라는 믿었던 목사에 대한 정신적 충격과 상처, 여성으로서의 수치심을 수습하느라 법적대응 기간을 놓치기 일쑤였다. 이로 인해 사건이 드러나던 초기만 하더라도 진실을 직시하지 못한 채 왜곡하려는 이들이 대다수였다. 책을 통해 피해자의 직접 증언 내용을 어렵게 공개한다. 첫 번째 증언은 피해여성신도가 '전병욱 목사 진실을 공개합니다'의 운영자인 이진오 목사에게 보낸 이메일 가운데 당사자의 동의를 구해 내용을 일부 공개한 것이다. 피해여성신도의 증언에 따르면 전 목사는 그녀가 찾아오자 집무실 문을 잠그고 추행을 가했다. 피해여성신도는 애써 감정을 정리하려 했지만, 전 목사가 다시 교회를 개척한 점, 그리고 전 목사의 측근인 남 모 변호사가 전 목사를 옹호하는 모습에 격분해 자신의 피해사실을 공개했다. 증언내용에 따르면 피해여성신도는 전 목사에게 결혼주례를 부탁하기 위해 찾아갔다가 성추행 당한 것으로 드러났다.

[피해자증언 1] 하나님이 두렵지 않습니까?

이런 일에 시간과 마음과 에너지를 쏟는것 자체가 얼마나 어리석고, 시간낭비인지, 또 얼마나 나에게 손해인지 알면서도 진실규명 차원에서 글을 씁니다. 제직회에서 모든 사건의 실체를 공개하였고, 그로 인해 사건의 논란과 논쟁은 사라질 것이라고 생각했던 것이 큰 오산이었습니다.

이성이 있는 사람들이라면, 명백한 사실로 확인된 증거자료를 토대로, 진실이 승리할 줄 믿었습니다. 하지만, 아직도 도처에서 감정에 치우쳐서, 진실을 왜곡하고 축소하고 은폐하는 사람들이 이렇게나 많은 것에 통탄스럽습니다.

먼저 제 이야기를 할까합니다.

2006년 5월 결혼식 주례를 부탁하러 수요예배 후 목사님 방에 갔습니다. 목사님께서 누가 들어올지도 모르니 문을 잠그라고 하셨습니다. 별생각 없이 잠갔습니다. 그리고는 목사님이 두 팔을 벌리시고는 저보고 "안 아봐"라고 하시더군요. 아빠처럼 생각해서 그냥 안아드렸습니다.

그때 목사님이 제 엉덩이를 한움큼 주물렀습니다. 그리고선 하시는 말씀이, 그 최양락 같은목소리로 "넌 왜이렇게 엉덩이가 쳐졌냐? 운동을 안 해서 그래. 운동을 해야 힘이 업 up 돼"라고 말씀하셨습니다. 너무 기가막혀서 멍했습니다. 쇼파에 앉으라고 하여 쇼파에 앉았습니다. 쇼파에 앉자 목사님이 또 말씀하십니다. "너 가슴 한번 만져보자. 만져도 되지?" 대답할 새도 없이 목사님은 제 가슴을 만졌습니다. 그땐 움큼 집은 것은 아니고, 위아래로 한번 쓸어내렸습니다. 그리고선 하시는 말씀이 "너 가슴도 쳐졌네. 너 정말 운동해야겠다"라고 말씀하셨습니다. 그때 한창 목사님이 자전거를 타고 다니시면서, 설교시간에도 자전거 이야기를 많이 했었고, "지방을 태워 단백질로"라는 구호같은 말도 많이 하셨습니다.

결혼식 주례를 부탁했고, 마지막 말에 또 한번 충격을 먹었습니다. "결혼하고 한번 찾아와. 내가 야한 체위 알려줄게." 기겁했습니다. 많이 혼란스러웠습니다. 하지만, 감히 제가 뭐라 말할 수 있는 입장이 아니었습니다. 목사님은 이렇게 큰 교회의 담임목사였고, 그 자리에선 권위와 등치 앞에 위축될 수밖에 없었습니다. 저렇게 말씀하시니 진정 운동하라는 뜻인가? 그래도 도가 지나치지 않은가? 몇 달 뒤 결혼할 처녀에게 이건 분명 성추행 아닌가. 지금 생각해보면, 그 자리에서 바로 따지지 못한 제 자신이 원망스럽고, 그때 고발하지 않았던 것 역시 후회스럽습니다. 시간을 되돌릴 수 있다면, 그때 전 목사님 작은 버릇을 고쳐줬어야 했을텐데라는 생각도 듭니다. 돌아와서 남자친구에게 얘기했더니 경악을 했습니다. 다시는 목사님 방에 혼자 들어가지 말라고 했습니다. 또 저는 이 사실을 같은 팀 언니들 4명에게 얘기했습니다.2006년에요 그 때 역시 언니들 모두 너무 어이없어했고, 충격을 받았으며, 한 언니는 막 울면서 저에게 이렇게 말했습니다. "예수님도 없고, 하나님도 없는거 같아. 목사님도 가짜고, 예수님도 다 가짜야"하며 울었습니다. 그 일로 많이 혼란스럽고 기분이 드러웠지만, 그렇게 수위가 높은 성추행은 아니었고옷을 벗은것도 아니고, 손을 옷 속으로 넣은것도 아니니깐요. 옷 밖에서 한짓이기에 내 자신을 위해 잊기로 노력했습니다. 목사님이 변명처럼 얘기했던 그 운동하라는 말같지도 않은 말들을 애써 믿을려고 했고, 또 그냥 똥밟았다 생각하자 하며 잊기로 했습니다. 시간이 많이 흘러 2010년이 되었고, 사건이 터졌네요. 그 사건을 듣자마자, 믿을 수 밖에 없었습니다. 왜냐면, 4년전 저도 당했으니깐요. 하지만, 이단의 꼬임이다, 여자가 꽃뱀이다. 이런 식의 거짓소문은 일파만파 그칠 줄을 몰랐고, 목사님에 대한 지극히 높은 충성심과 신뢰심 때문에 사건을 의심하며 믿지 않는 사태가 벌어졌네요.

저는 전도라도 하듯 사람들에게 사실이다고. 저 역시 4년 전에 그런일이 있었다고. 모두 폭로해버렸습니다. 한 30명 넘게 얘기했네요.. 그제서야 사람들이 그 일을 믿었습니다. 정말 믿기 힘들었겠죠. 하지만, 사실인걸요. 어떡합니까. 못믿겠다면, 저와, 그때 2006년도에 제 이야기를 들었던 모든 증인들을 불러 거짓말 탐지기로 해보십시오.

1. 전병욱 목사님께 묻고 싶습니다

제 일 기억하십니까? 하도 많아서. 기억도 안나십니까? 그럼 기억해내세요. 어떤 방법을 동원해서라도. 그때 왜 문을 먼저 잠그라고 하셨습니까? 고의성과 계획성이 보이는데요. 말씀해보세요. 진심으로, 제가 운동을 하기 바라는 마음에서 추행하셨습니까?

저에게도 사과하세요. 그리고 다른 추가 성추행 피해자들에게도 진심으로 사과하세요. 지금 목사님 개척은 물론, 성추행 사건에 대한 진실에 대한 왜곡, 축소가 판치고 있는 마당에 왜 침묵하십니까? 네, 개척은 상관하지 않겠습니다. 하지만, 아직도 이렇게 많은 사람들이 성추행이 아니라고 믿고, 또 목사님의 가장 큰 추종자 남○○ 형제까지도 블로그에 성추행이 아니라고 본다라고 하는데 왜 침묵하십니까? 진실을 왜 말씀하지 않습니까? 설교 때 진실을 밝히세요!

성추행 사건 사실이라고, 모든 사건들의 가해자가 본인이라고. 수많은 피해자에게 용서를 구한다고. 더이상 진실에 대한 논란이 없기를 바란다고. 왜 그렇게 못하십니까? 그렇게 목사님의 성추행 사실을 은폐,왜곡하고 감싸고 도는 추종자들을 가만두십니까? 그런 글들을 보며 은근히 쾌감을 느끼며, 자신의 추종자들을 모으고 싶습니까?

하나님이 두렵지 않습니까?

2. 사모님께 묻고 싶습니다

사모님도 같은 여자이지 않습니까? 피해자매의 상처와 울분과 억울함 생각하시나요? 더 많은 피해자매가 있는 거 아시죠? 사모님 딸이 그랬다면 어떡하시겠어요?? 남편을 말리셨어야죠.

왜 이 지경까지 가도록 놔두셨나요. 목사님이 사모님 말씀도 안들으시나요? 그래도 끝까지 말리셨어야죠. 아님 사모님도 목사님과 생각이 똑같으시나요?

3. 남○○ 형제(현재 전 목사 변호를 담당하는 변호사)에게 묻고싶습니다

제가 3개의 전중모전병욱 목사를 위한 중보기도모임에 대한 거짓을 하나하나 짚어가며 반박했는데, 답변이 없네요. 제 말이 말같지 않으시나요? 대답할 가치도 없나요?

○○ 형제님, 변호사시죠? 무엇보다, 이성적으로 판단해야 할 변호사 맞으시죠? 그런데 왜 명백한 증거자료도 있는데, 감정적으로 목사님을

둘러싸고, 진실을 덮어두십니까? 변호사의 자질이 의심스럽네요. 독설하나 하겠습니다. 이미 이멜로 비슷한 발언을 했지만, 성추행 자매가 바로 ○○ 형제님 아내였어야 하는데, 그게 너무 아쉽네요. 그랬어야 ○○ 형제님이 바로 법대로 처리했을텐데요. 안타까워요. 그래야 진실이 규명될텐데 목사님에 대한 무한한 지지와 충성과 신뢰때문에, 아내의 성추행 마저도 묵인하진 않았겠지요?

전중모의 글 들중 목사님이 입장을 밝히실꺼라 하셨는데, 그것에 대해 왜 밝히지 않습니까? 밝히라고 하세요. 완전 최근접 측근 같던데. 왜 못 말하십니까? 목사님이 시키셨던가요? 그런 글들 올리라고요? 안 그렇다면, 목사님이 그 글들 보고도 내리라고 안 하십니까?

한가지 더 묻겠습니다. 제가 아는 법지식이 없어서 말인데, 저 같은 성추행 사건의 공소시효는 얼마이고, 어떤 벌을 받는지 얘기해주세요. 정말 궁금합니다.

4. 당회. 제직회 분들께 부탁드립니다

그 증거자료 녹취파일 공개할 순 없습니까? 어차피 이렇게 모든것이 막장드라마로 가는 판국에 더 이상 숨길 필요가 뭐가 있습니까? 죄는 드러나야 하고, 그래야 회개 할 수 있습니다. 왜 아직도 진실을 못 믿는 사람이 그렇게나 많을까요?

5. 아직도 전 목사님의 성추행 사건을 믿지 못하시는 순진한 성도님들

저 증거파일이 공개되고, 목사님이 사실을 증언하신다면, 믿겠습니까? 또 저 증거파일 역시 조작이라고 얘기할 것입니까? 목사님 증언도 협박에 의해서 거짓 증언했다고 얘기할 것입니까? 언제까지 그렇게 어리석게 행동하시겠습니까. 그 크신 목사님에 대한 사랑과 신뢰와 충성과 지지를 하나님께 드리세요.

저도 한때 목사님의 지나치게 왜곡된 소문에 대해 그 정도는 아니라고, 목사님을 방어했습니다. 그리고 목사님도 사람이기에, 넘어질 수 있고, 하지만, 다시 회개하고 회복하고 재기하리라고 믿었고, 기도하고 응원했습니다. 하지만, 그랬던 모든 것이 이젠 후회스럽기까지 하네요.

시 민단체와의 연대와 지속적인 1인 시위, 금식기도회, 책 반납 운동
등으로 전병욱 목사에게 성추행을 당한 피해여성 신도들이 하나
둘 용기를 내기 시작한다. 인터넷 카페 '전병욱 목사 진실을 공개합니다' http://
cafe.naver.com/antijeon를 통한 제보가 이어지고 사회의 관심도 커졌다. 아래 글 역
시 인터넷 카페에 제보된 글이다. 피해여성 신도는 20대를 교회에 헌신한 신
실한 교인이었다. 그녀의 제보에 따르면 전 목사는 분명 수년에 걸쳐 의도적
이고도 상습적으로 추행을 일삼았다. 수법도 실로 다양하고 대담했다. 부교
역자들이 동석한 자리에서 여성의 은밀한 곳에 손을 대는가 하면 선교지에서
청년들이 보는 가운데 여성의 엉덩이를 주무르며 성희롱 발언을 하는 등 차
마 입에 담기 힘든 행동을 취했다.

[피해자증언 2] 몇 년에 걸친 추행의 연속

저는 현재 삼일교회 청년입니다.

저는 4대째 믿음을 이어오고 있는 가정에 모태신앙으로 태어났고, 어릴
때부터 철저한 신앙훈련을 받으며 자라왔습니다. 부모님은 장로교 신자
였지만, 결혼하시고 가까운 장로교회가 없어 감리교에서 신앙생활을 하
셨습니다. 저의 모교회는 목사님이 막강한 권력을 갖고 있어 예배시간마
다 목사님이 마음에 들지 않는 성도에게 저주를 퍼부어도 그 누구도 한마
디 못하는 분위기의 교회였습니다. 목사님 말이 곧 하나님 말씀인 것처럼
강압적인 태도로 억누르는 교회에서 태어나 줄곧 다녔기 때문에 여러 가
지 불만도 있었지만 어른들도 다 순종하니 반항도 않고 시키는 대로 잘하
는 소위 착한 성도로 커왔습니다.

테잎으로 처음 접한 전 목사의 설교에서 삼일교회는 모교회와는 달리
물질적으로 투명하고 도덕적으로 깨끗하게 보였고, 대학입시를 치르고
있는 저에게 전 목사의 강한 메시지 설교는 새로운 힘처럼 느껴졌고 뭔가
다른 듯 들렸습니다. 그래서 서울로 대학 오면서 삼일교회에서 그렇게 쭉

섬겨왔습니다.

첫 번째 추행

첫 번째 추행은, 제가 2004년도 여름 제주선교 준비팀을 하고 있었을 때였습니다. 다들 수요예배를 준비하고 있었고, 준비팀 데스크에 7~8명의 부목사님, 준비팀 사람들과 함께 둘러서 있었는데 전 목사가 제 옆으로 와 서면서 테이블을 짚는 척하며 왼손 손등을 순식간에 제 음부 쪽에 갖다 댔고, 저는 진짜 소스라치게 놀라서 반사적으로 그 손을 쳤습니다.

정말 당황스럽고 부끄럽고 놀라서 얼굴이 빨개진 저는 다른 준비팀 사람들에게로 피했는데, 왜 그러냐며 걱정하는 사람들에게 말도 잘 못하고 제대로 숨도 못 쉴 정도였습니다. 이게 어찌된 일인지 정신이 오락가락해서 눈물도 나지 않았습니다. 그렇지만 워낙 기성교회에서 목사 건드려서 좋을 것 없다는 소리 많이 듣고 자란 저라서, 진짜 실수였겠지 하며 겨우 겨우 마음을 달랬습니다.

그런데 얼마 후 전 목사가 000간사님께 돈 얼마를 받더니 저에게 "커피 마시러 가자" 하셨고, 어쩌면 목사님도 실수하셨을 수도 있는데 제가 너무 오버한건 아닌가 싶어서 아무 일 없었던 것처럼 숙대입구역 쪽으로 커피를 마시러 따라 갔습니다.

그런데 전 목사가 하는 말이 "남자와 여자의 사랑에는 여러 종류가 있다. 결혼을 했건 안했건, 스킨십만으로도 누군가에게는 평생의 추억이 될 수 있는 거다"라는 이상한 소리를 했습니다.

저는 그 당시 이성교제 한 번 못해 볼 정도로 어렸고 순진한 성격 때문에 '목사님이 왜 나한테 저런 소리를 하나?' 싶었지만 어떤 대꾸도 할 수가 없었습니다.

커피를 사고 오면서 전 목사는 "너는 나를 어떻게 생각 하냐?"라고 물었고, 저는 당연히 "목사님은 저에게 아버지 같은 분이죠. 목사님 말씀으로 은혜 받고 삼일교회 와서 더 잘 섬기게 됐고, 제겐 영적인 아버지 같은 분이에요"라고 하자 자신을 남자로 봐 주지 않는다며 저에게 뭐라고 크게 화를 냈습니다. 화를 내는 모습을 보며, 그 때 저의 감정은 정말 이게 무슨 일인지, 왜 목사를 남자로 느껴야하는 건지, 오늘 당한 사람은 난데 왜 나에게 화를 내나? 이게 도대체 무슨 상황인가? 내가 뭘 잘못했나? 싶어 굉장히 혼란스러웠습니다. 전 목사는 제게 크게 화를 낸 뒤, 남영역 맞은편 횡단보도부터 교회까지 혼자 급히 가버렸습니다.

이 일의 충격으로 인해 8년이 지난 지금도 영화처럼 모든 장면들이 생생히 기억이 납니다. 그 당시 저는 한동안 너무너무 혼란스럽고, 당한 제 자신이 너무 부끄럽고, 왜 내가 목사에게 이런 취급을 받아야하는지 모르겠고 해서 정말 힘들었지만 제가 어디다 이런 말을 한다고 해봤자 아무도 안 믿어줄 것 같아 그 누구에게도 말할 수 없었습니다. 교회는 엄청난 속도로 부흥하고 있고, 청년들이 열광하는 탁월한 설교가요 저술가로 알려진 목사를 그 당시 정말 아이 같았던 제가 할 수 있는 건 아무것도 없어보였기 때문이었습니다. 그동안 숱하게 들어온 목사 건드리면 저주받는다는 말도 생각나고, 맡은 일이 있고 교제권도 다 형성돼 있는 터라 교회를 떠날 생각도 못했습니다.

그런데 그 일이 있고 난 뒤, 전 목사는 아무 일도 없었다는 듯이 저를 대했고, 오히려 특별히 예뻐하는 듯이 설교에도 저를 인용하기도 했었습니다. 그래서 미안해하는구나, 제가 어디 떠벌리거나 하지 않아서 믿어주는구나 싶어서 저도 그냥 인사 잘하고 맡은 일 잘하고 지냈습니다.

제주선교는 그 해에만 배를 타고 갔는데 전 목사가 저보고 비서처럼 뒤에 따라다니라고 시켰고, 담임목사님이 그러라고 하니 왜 이런 걸 시키나 싶어도 어쩔 수없이 따라다녔습니다. 혹시 제가 목사님 좋아해서 졸졸 따라다니는 것처럼 보일까봐 좀 거리를 두면 "○○아 빨리 와"라며 친근감을 표시하기도 했습니다. 목사님이 그 때 일로 미안해서 저를 더 예뻐하시는 것 같고, 괜히 목사님을 색안경 끼고 안 봐야겠다 싶고 촌스럽게 행동하지 말라는 듯 대하는 전 목사가 그냥 편하게 어깨치거나 등에 손을 갖다 대도 아무렇지 않은 척 했습니다.

두 번째 추행

두 번째 추행은 제가 전 목사님께 사모님과 같이 하시라고 발마사지 책과 봉을 사다 드린 뒤였습니다. 얼마 후 저에게 전화를 해서는 오라고 해서 갔더니 "발마사지 니가 해주면 안 되냐?"하셨습니다. 그래서 제가 "저는 이거 전공도 아니고 잘 못해요" 하니 괜찮다며 본인이 너무 지금 피곤하고 몸이 안 좋은데 목사가 마사지사를 부르면 좀 시끄러워질 수 있으니까 그냥 니가 해주는 게 좋겠다 했습니다.

거기는 A관 목양실이었는데 이미 거기에는 많이 쓴 듯 보이는 마사지봉이 여러 개 있었습니다. 그렇게 부탁하시는데 안 할 수 없어서 전 목사는 소파에 눕고 저는 정말 손이 찢어져라 발마사지를 해 드렸습니다. 방대한 사역을 하시는 목사님이 너무 피곤하다 하시고, 선교 가서 모르는 할머니 할아버지에게도 해 드리는 거니까 하는 김에 최선을 다해서 해드리자 하는 마음에서였습니다. 발마사지 해드리고 나가는데, 그 목양실 문은 오른손으로 열어도 되는 문이었는데 군이 왼손으로 열면서 팔로 제 가슴을 쓸었습니다. 이상한 자세였기 때문에 다분히 의도적이라는 것은 분명했으나, 발마사지 해 주고 나가는 저에게 또 이런 짓을 했다는 게 너무 어이가 없고 믿겨지지가 않아서 그냥 어안이 벙벙해있으니까 아무렇지도 않게 "잘 가라"라고 해서 저는 그저 황당하고 수치스럽고 찝찝한 기분으로 목양실을 나올 수밖에 없었습니다.

그 뒤로도 "니가 마사지 해줘서 내가 너무 좋아졌다. 또 와주면 안 되니?" 하면서 불렀고, 한 번은 "메일이 왔는데 내가 ○○이 가슴 만졌다는 메일이 왔더라. 내가 너한테 그런 적 있어?"라고 물었는데 손으로 막 주무른 건 아니니까 "아니요"라고 말했습니다. 그런데 지나고 지금 와서 생각해 보니 제가 어디 가서 말하는지 아닌지 떠 본 것 같습니다.

그리고 목사님은 "어떤 여자가 음부사진을 찍어서 내 메일로 보냈다, 나체사진을 찍어 보내는 여자애가 있다, 어떤 애는 예배시간에 속옷 안 입고 제일 앞자리에 치마입고 앉아서 다리 벌리고 있다" 등 성적인 얘기를 자주 했습니다. 이런 얘기는 너무 너무 많아서 다 쓸 수도 없습니다. 화려한 외모를 가진 친구랑 갔을 때는 그 친구에게 "넌 너무 싸 보여. 남자랑 자 봤지?" 하면서 절대로 아니라고 해도 확신하며 성희롱을 일삼았습니다. 결혼 못한 노처녀 언니에게는 남자 꼬시려면 가슴이 확 파인 야한 옷을 입고 다니라고 권하기도 했습니다.

그 뒤로도 몇 번 발마사지를 해 달라고 했었고, 목사님이 너무 피곤하고 힘들다고 저한테 부탁하는데 안갈 수 없어서 해 드렸습니다. 그 당시 제 체력은 굉장히 약했고 몸이 안 좋은 상태여서 한 번 마사지 해드리면 집에 와서 종일 누워있어야 했었기 때문에 절대 유쾌하지 않았지만 그래도 그냥 일종의 봉사나 선교활동 같은 거라고 생각하며 씁쓸한 마음을 스스로 달랬습니다.

그런데 엄마에게는 거짓말 할 수 없어서 전화 오면 목사님 발마사지 해드리러 간다고 했고, 지방에서 서울까지 유학 보낸 엄마는 굉장히 속상해 하셨습니다. 엄마는 몇 번 참아주시다가 엄마 너무 속상하니까 가지 말라고, 넌 엄마아빠에게 귀한 딸인데 공부하라고 보냈지 목사 발마사지 하라고 보낸 거 아니라고, 발마사지는 사모님이 하시든지 전문마사지사가 해야지 니가 왜 해야 하냐, 아무리 목사님이라도 밀폐된 공간에 있으면 안

된다고 몹시 염려하셨습니다.

제가 매우 조심하고 있으니까 걱정 말라고는 했지만, 저도 전 목사가 저를 존중해주는 느낌도 전혀 없고, 그런 일도 당했었고, 제가 서울까지 와서 공부하는 게 목사님 발마사지가 사명은 아닌데 목사 발이나 만지고 있는 제 모습이 너무 비참하고 초라하게 느껴졌고, 전 목사가 나를 정말 하찮게 여기는 것 같아서 다음 전화가 왔을 때 조심스럽게 "어머니가 좀 걱정을 하셔서 이제 발마사지 하러 못 갈 것 같아요"라고 했습니다. 그러자 "그런 말 엄마한테 말 하지 말고 그냥 와. 넌 왜 그런 얘기를 엄마한테 하냐!"며 저를 나무랐습니다.

2005년도에는 언니가 서울 와서 같이 살게 되었고, 언니에게 아무한테도 말하지 않았던 전 목사의 추행을 얘기하게 되었습니다. 언니도 많이 놀랐지만 목사님이 상처로 인해 그러시는 것 같다고 하며 치유 받으시길 기도하자고 했습니다. 그리고 언니가 절대 혼자 가지 말고 목사님이 부르면 같이 가자고 해서 항상 같이 다녔습니다. 전 목사가 전화로 부르면 항상 둘이 같이 갔고 그런 부분에서 제가 경계하는 걸 알고 있는 듯 했는데도 전 목사는 저에게 전화 해 "너 오라 그랬지, 왜 맨날 언니랑 같이 오냐? 앞으론 너 혼자만 와라"라고 말했었습니다.

반복된 추행들

그 후 저는 지방에 취직을 해서 선교 때나 한 두 번씩 올라와 목사님을 볼 뿐이었습니다. 그래서 정말 다행이라는 생각을 했습니다. 서울에 한두 달 머물 때마다 목사님 마주쳐서 인사하면 전화 와서 놀러오라고 했고, B관으로 목양실을 옮긴 뒤에도 발마사지 좀 해달라고 요구했습니다. 너무 짜증이 나고 싫었지만, 자꾸 부탁하니까 혼자가기는 겁나서 언니 임신했을 때도 언니를 데려 가고 언니가 아기 낳아서도 안고 가면서 늘 조심했습니다. 힘들어하는 저를 위해 언니는 빨리 끝나고 갈 수 있게 같이 발마사지를 도왔습니다. 언니와 저는 전 목사 목양실의 가구 배치, 구조, 침실 위치 화장실 구조 등 다 외울 정도입니다. 한 번은 언니가 책 구경을 하고 있는데 전 목사가 언니에게 갑자기 다가서는 엉덩이를 탁하고 세게 쳤고, 언니가 놀라자 "뭐 괜찮지?" 하며 아무 말도 못하게 넘겼습니다.

그리고 변양균, 신정아 사건이 터졌을 때 "나이 차이 많이 나는 남자를 너희들은 사랑할 수 있느냐?"라고 물었습니다. 그 의도가 무엇을 말하는지 알았기 때문에 저희들은 "진짜 사랑하면 그럴 수도 있겠죠"라고 답했습니다. 그 이후로도 자신이 남자로서 매력적이고 멋있다는 말을 늘 유도하고, 묻고, 상의 벗어서 자기 가슴, 배, 팔 근육을 만져보라고 한 적도 있었고 스탠드 조명등만 켜 놓고 어두운데 "분위기 좋지? 이렇게 있자"라고 한 적도 있습니다.

한 번은 소파에 같이 앉아 있는데 "겨드랑이 제모는 하냐?"며 짧은 여름옷을 입은 제 팔을 들춰보려고 했고, 뜬금없이 여자들 음모가 나는 모양은 여러 가지가 있다며 주저리주저리 설명하기 시작했습니다. "나는 이러이러한 모양을 좋아하는데, 너네는 어떻게 생겼냐?"며 생전 듣도 보도 못한 저질스러운 성희롱을 했습니다. 기가 막혀 아무 말도 못하고 있는데 듣고 있던 언니가 화제를 전환해서 목사님이 더 이상 저질스러운 이야기를 못하도록 차단하기도 했습니다.

또 언니랑 맞은편 쇼파에 앉아 있으면 저한테 옆으로 오라고 해서는 "뭐 안 이상하지?"하며 손잡자고 하고 자기 허벅지에 얹어 비비면서 "내가 너 많이 예뻐한다, 너 가만히 있으면 스물 아홉 돼서 좋은 남자 소개시켜 줄 거니까 넌 그냥 가만히 있어"라고 말했습니다. 그리고 가슴 좀 펴보라고 해서 제가 움찔하며 구부려있으니까 "그러니까 가슴이 작아 보이는 거야. 가슴 커 보이게 쫙 펴봐. 운동 좀 하고. 너희 언니는 안작아 보이는

데 넌 안 펴니까 작아 보이잖아"하였고, 언니에게는 결혼하기 전에 다른 남자랑 자 봤냐고 물었던 적도 있습니다.

제가 교제하다가 헤어지고 굉장히 힘들었을 즈음엔 "너 그 애랑 잔건 아니지? 넌 애긴데, 너는 아직 순수하니까 안 그랬지?"하며 성적인 질문에 대해 거침이 없었습니다. 장흥선교 가서 자리가 없어 강대상에 청년들을 앉혀서 올라갔을 때는 말씀 전하기 전에 제 엉덩이를 주무르면서 "넌 내가 애기처럼 생각하니까"해서 제가 사색이 된 적도 있고, 지나가다 마주쳐서 인사하면 사람들 없는 틈을 타 껴안으면서 엉덩이를 툭툭 건드렸습니다. 놀란 기색을 하면 "내가 뭐 했냐? 니가 이상한거야" 라고 해서 말을 못하게 했습니다.

다른 해 제주선교 때는 컴퓨터 작업하고 있는 준비팀 자매 귀에 "하아 하아"하며 변태처럼 계속 바람을 불면서 "변태들이 이런다며?"하고 자매에게 딱 달라붙어 있는 모습을 본적이 있고, POP자매들 사이에 지나가면서 상의에 손 넣었다는 얘기, 가슴 만졌다는 얘기, 엉덩이 만진 얘기 등등 너무 많이 들었습니다. 고민하던 친구와 그런 얘기를 하다가도 아마도 목사님의 상처로 인한 그릇된 행동일 거라고, 하나님이 자연스럽게 치유하시길 같이 기도하자로 늘 결론을 냈었습니다. 그리고 오랜 후에 팀 간사님께도 상담을 했었고, 그 분도 역시 가슴을 팔로만지는 일을 당했는데 과연 이게 진짜인가 나의 착각인가 많이 고민했었다고 했습니다.

그 후 전 목사의 타락으로 인해 교회가 변질되고 있음이 눈에 확연히 보일 때성경에 없는 말씀 전하고 오역하는 것, 이름만 예배인 예배, B관 1층 전 목사 브로마이드, 2010 체육대회 티, 전 목사 우상화에는 제가 지방에서 다시 근무를 하게 되어서 다행히 큰 피해는 입지 않았습니다. 늘 조심했음에도 가끔 서울에 올 때마다 엉덩이 골 안쪽으로 손을 집어넣어서 만진다든지 하는 일은 서슴지 않았습니다. 제가 뭐라고 못하는 성격인 것을 알고 워낙 기습적으로 일어나는 일들이라 돌아서면서 언니에게 "아! 또 그랬어!"라고 말할 뿐이 었습니다. 또 이상하게 행동한 점은 어떤 때는 인사를 잘 받아주고 완전 친한 척 밝게 대하다가도 어떤 때는 모르는 사람처럼 차갑게 대하는 것이 었습니다. 그래서 '내가 뭘 잘 못 했나?' 생각하게 했었는데, 다른 사람들 에게도 그렇게 행동을 많이 한다는 얘길 들어서 저런 식으로 자매들을 자 극하는구나 싶었습니다.

밥 사주겠다고 불러서는 언니랑 같이 가면 발마사지만 시키고 그냥 돌 려보내는 건 부지기수였고, 힘든 시기에 목사님께 정말 기도를 받고 싶어 서 갔을 때는 기도는커녕 마음에 상처만 받고 오기도 했었습니다. 전 목 사의 행동, 말하는 걸 보면서 '아까 강대상에서 청산유수로 말씀하시던 분 맞나? 어쩜 저렇게 강대상에서 하는 자신이 하는 말과 일상 속 행동이 하나도 맞지 않을까?' 싶고 사람이 어쩜 저렇게 이중적인가 생각을 하다 가도 '혹시, 자신을 우상화 하지 않으려고 일부러 악한 척, 저질인 척 하는 건가?' 하는 생각이 들만큼 혼란스러웠습니다. 그런 시간이 많이 지나자 전 목사가 하는 말은 의심부터 먼저하고 듣게 되었습니다.

2010년 일이 터진 직 후 저는 저에게 한 정도의 성추행인지, 정말 이단 이 그런 건가 의심스러웠을 때 교회 내에서는 목사님이 억울하게 당하신 다는 분위기가 지배적이었지만 목사님이 울먹이는 목소리로 설교하는 모 습을 보며 지난 10여 년간 저와 친구들에게 했던 행동만으로도 얼마나 큰 죄인데 이 일도 저렇게 덮으려고 연기하고 있구나 싶었고, 안식년 들어갔 을 때도 '웬만하면 안 했을 텐데 뭔가 급했나 보다, 위장 안식년이겠지'라 는 생각이 먼저 들 정도로 신뢰 같은 것은 사라진지 오래였습니다.

처음 그런 일을 당할 때는 너무 충격적이고 당황스러워서 정신이 나가 는 듯 했고, 그 뒤에도 당하고 말 한마디 못한 제가 바보멍청이 같아서 늘 자책 했습니다. 그러나 반복적으로 오랜 시간 저 뿐만 아닌 많은 자매에게 그렇게 하는 것을 보면서 정말 심각한 병이라는 생각이 들었지만, 적극적으로 절대 권력에 대항할 힘이 없는 저는 그저 그는 불쌍한 사람이란 생각이 들어 기도했었고, 나중에는 저 사람은 원래 저런 사람이야 하고 무덤덤해지기도 했습니다. 성추행이 무덤덤했다는 건 결코 아닙니다 그러나 기도하는 사람들이 있으니 자연적으로 하나님이 치유해주시겠지 하고 기다릴 수밖에 없었습니다.

제가 지금까지 친언니, 간사님, 당한 친구 외에 아무에게도 말하지 않은 이유는 아직 미혼인 제가 그런 일을 당한 사실이 너무나 부끄러웠고, 그래도 우리교회 목사님이고 많은 사람에게 영향력을 끼치고 존경받고 있고 쓰임 받는 목사님이니까 치유되시길 기도해드릴 뿐 제가 판단하거나 정죄해서는 안 된다고 생각했기 때문에서였습니다. 그러나 결국 이 일은 하나님께서 드러내셨고 2010년 이후로도 계속 하나님께서 그의 죄를 드러내시는 것을 보면서, 또 지금도 회개하지 않고 여전히 브이자를 그리며 수많은 자매가 상처로 아파하는 것을 비웃기라도 하는 듯, 밝게 웃으며 너네는 그렇든 말든 나는 만사형통하다는 표정으로 새교회 성도들과 찍은 사진들을 보고 마치 피가 거꾸로 솟는 것 같아 제가 당한 일이 다른 자매들에 비해 작은 일일지라도 밝혀야겠다고 용기를 내게 되었습니다.

사건을 대충 말해주었는데도 친하게 지내던 사람이 그래도 전 목사 말씀이 그립다며 홍대새교회에 간 일, 전 목사가 억울하게 당했다고 믿고 저에게도 같이 가자고 연락이 오는 일, 전 팀형제의 부모님이 형제에게 "목사님은 절대 그럴 분이 아니고, 진짜 그랬다면 너한테 미안하겠지만 난 이 쪽 말이 맞는 것 같고 난 목사님을 믿는다"며 홍대새교회에 출석하신다고 괴로워하는 형제를 만난 일, "목사님이 애를 낳았다고 해도 용서해야 하는 거 아니냐?"며 따라갔다는 어느 집사님의 말, 몇 년 전 저와 같은 팀이었던 남동성 형제의 앞뒤가 맞지 않는 전 목사에 대한 무한충성,

절대신뢰의 글 및 홍대새교회 교인들의 사이비에 가까운 행태 등은 저에게 더 큰 상처가 되었습니다.

사회생활 하면서 고주망태가 된 직장 사람들도 제게 하지 않았던 추악하고 더러운 말과 행동을 한국교회 청년부흥을 이끈다는 우리교회 목사라는 작자에게 수년간 당했다는 사실이 참으로 씁쓸하고 제 자신이 비참했습니다. 저의 20대를 온전히 이 교회에 헌신했고 순수하게 살아왔는데, 세상에서도 아닌 교회에서 그것도 목사에게 여러 차례 당한 지난 일들과 시간들이 정말 쓰레기 같아서 삶이 무기력해진 적도 한두 번이 아닙니다. 이 글을 쓰는 지금도 너무나 괴롭고 아픕니다.

그러나 듣기 좋은 말씀, 거짓에 속아서 잘못된 길을 걸어가는 그 성도들이 진실이 무엇인지 밝히 알고 멸망의 길에서 돌이키기를 바라는 마음에서 쓰라리지만 이 글을 씁니다. 그리고 한때 존경했고 부족한 그대로, 그래도 우리 교회 목사님이니까 불쌍히 여기며 회복되시길 기도하며 기다렸던 전 목사님도 속히 회개하고 회복하셔서 다른 누가 아닌 본인도 아닌, 하나님께서 깨끗해졌다고 하실 날이 오길 바라는 마음에서 아픈 기억들을 꺼내어 씁니다.

쓰면서도 '내가 이 글을 과연 보낼 수 있을까?' 싶기도 하고 여러 가지 복잡하고 아주 참담한 심정은 이루 말할 수 없습니다. 그러나 지금 진행되어지는 이 일들을 통하여 저보다 더 괴로워하며 아파하고 있을 많은 피해자매의 상처가 깨끗이 치유되고, 어그러진 한국교회의 도덕성이 회복되며 하나님의 공의가 빛나는 계기가 되길 소망합니다.

이어지는 피해 제보에도 전병욱 목사를 옹호하는 성도들은 피해자가 법정 소송을 하면 될 일이라며 소송하지 않은 맹점을 악용해 비판여론을 잠재우려 했다. 그러나 피해여성신도들은 대부분 "피해 당한 것도 억울한데, 소송에 매달려서, 나의 사랑하는 가족에게 또한 상처가 되는 것을 원치 않는다"며 소송에 부정적이었다. 아래 제보 글에서는 전병욱 목사의 회개의 진정성에 의문을 제기한다. 교회개척 이전까지 전 목사는 자신의 범죄를 회개했다는 여론이 지배적이었다. 일각에서는 그를 회개한 다윗에 비유하기도 했다. 그러나 이 여성신도는 전 목사가 피해자매들에게 사과가 없었다는 점, 그리고 자신의 죄를 회피하고 있다는 점을 들어 전 목사의 회개가 진정성을 결여했다고 지적했다.

[피해자증언 3] 저는 성추행 피해자 중 한 명입니다

전 목사에 대해 화가 나는 것은 첫째, 자기의 죄에 대해 낱낱이 언급하며 사과하지 않았습니다. 전 목사는 아직도 회피하고 있습니다. 이것이 왜 중요하냐구요? 아직도 영안이 어두운 홍대새교회 성도들과, 전 목사를 추종하는 사람들이 진실에 대한 논쟁이 있기 때문이죠.

영안이 아주 많이 어두운 남○○ 변호사 역시 전중모에서 아주 어리석은 글을 남겼죠. "성추행 이라는게 주관적이어서 뭐 어깨만 만져도 여자가 수치심을 느낄 수 있고, 자기가 보기엔 성추행이 아니다 라는 식의 전 목사가 자신이 한 성추행. 구강성교, 그리고 까페에 나와 있는 피해자의 모든 진술이 사실이다고 명확히 자백을 해야 이런 논쟁따위도 없고, 또 긴가민가 하는 사람도 없을것입니다.

왜 설교시간에 그렇게 얘기 못하는지? 아직도 회개하지 않았기에, 용서를 구하지 않는거죠. 자신 때문에 얼마나 많은 성도들이 실족하고, 논쟁하고 있는지, 보고 있으면서도 회피하는거죠.

적어도 아주 적어도 전 목사는 이렇게 자백해야 합니다. 이건 너무 기본적인 공개사과입니다.

　저는 신문과 카페에 나와있는 그대로, 피해자들에게 성추행을 했습니다. 그들에게 평생 지우기 힘든 상처를 남겼고, 피해자매들과 가족들께 무릎꿇고 용서를 구합니다. 저로 인한 논쟁이 더이상 없기를 바라며, 그 모든 진술은 사실이기에 더이상 논쟁이 없기를 바랍니다. 저로 인해 많은 성도들께 아픔과 상처를 남겨드린 것 역시 용서를 구하며, 다시는 이런 일이 없을 것이며, 피해자들을 위해 기도하며 살겠습니다.

　이렇게는 아주 기본적으로 사과해야 합니다. 근데 이것조차 하지 않은 것 보면, 정말 인간이 덜된 것입니다.

　저렇게만 사과했더라면, 홍대새교회 개척, 정말 너무 이르고, 말도 안되지만, 사과라도 제대로 했더라면, 그래도 눈감아주고 용서할 수 있었습니다.

　하지만, 저렇게 뻔뻔하게 사과도 제대로 안하고, 마치 자기가 안한 것처럼, 남○○ 변호사 시켜서, 전중모에 애매모호한 글들 올려서 사람들 헷갈리게만 만들고, 완전 죄인 중의 죄인입니다.

　그것이 가장 분노하는 것 중 하나입니다.

　둘째, 모든 사람이 그러하듯, 교회개척입니다. 2년이 안되서 교회개척을 한 것이 화가 나는게 아니라, 삼일교회 청빙이 아직 이루어지지 않은데, 먼저 개척한 것이 괘씸스럽습니다.

　그래도, 삼일교회가 1년 넘게 담임목사 공백으로 힘들어 하고 있었는데, 자신이 먼저 홍대새교회를 개척한것은, 교만의 최고봉입니다. 아무리 개척하고 싶어도 참아야죠. 순서가 있는 것이죠. 어떻게 이런 날치기 수법으로 교만하게 짝이 없이 먼저 개척을 하다니. 정말 아름답지 않습니다. 아름답지 않은 정도가 아니고, 추하고, 더럽습니다.

　강호동이 지금 복귀설에 대해서 설문조사를 했는데, 50%이상이 괜찮다고 나왔다고 합니다. 충분히 자숙했기에, 사람들이 받아주는것입니다. 하지만, 전 목사는, 자숙하기는 커녕 상처받은 피해자매들과 또 성도들에게 더 큰 아픔을 주었습니다.

전 목사가 잔머리 굴리기의 대가인거 아시죠? 그런데 잔머리는 잘굴리고 큰머리는 못굴리나 봅니다. 왜 자신의 얼굴에 침을 뱉는지 이렇게 큰 파장이 올것이라고 예상했을 텐데, 영안이 어두운 홍대새교회 여러분을 제외한 많은 성도의 비난과 멸시와 조롱으로 전 목사의 드러나지 않아도 될 모든 치부가 온세상에 드러나고 있습니다. 자승자박이라고 하나요? 왜 자기 무덤을 파는지?

하나님의 때가 있다고 생각합니다. 죄를 지었어도, 충분히 회개하고, 하나님 앞에서 떳떳하다면, 하나님이 모든것을 아름답게 이끌어 주셨을 겁니다. 우리가 누군가와 싸우고, 관계가 안 좋아졌을 때, 하나님께 회개하고, 충분히 기도한다면, 그사람의 마음이 누그러지고, 화해할 수 있도록, 하나님이 길을 열어주지 않습니까? 하지만, 교만의 대가 전 목사는 그렇지 않았습니다. 그러기에 축복받아야 할 교회개척이 온갖 비난과 욕설과 망신과 조롱으로 얼룩졌습니다.

제가 판단할 수 없습니다. 하나님만이 아시겠지요. 진정 그분이 거듭났는지는요. 우리도 자신을 거듭났는지 확증해봐야 할 것입니다.

앞으로의 과제

저는 처음엔 전 목사가 용서를 구해야만 용서를 할 수 있다고 생각했습니다. 하지만, 제가 용서를 안하고, 미워하고 분노할수록, 제 영혼이 파멸되어 가는 것을 느낍니다.

하나님 역시 기뻐하지 않으시겠죠 저는 이제 이 까페에 오지 않으려 합니다. 이 일에 사명감이 있는 분들이 많고, 제가 할 수 있는 일은 없기에,

그리고 저와 제 가족을 위해서, 삶에 충실하기로 했습니다. 용서라는것 쉽지 않지만, 하나님의 뜻임을 알고 있습니다.

마태복음 5장에 보면, 원수를 사랑하고, 너희를 핍박하는 자를 위하여 기도하라는 말씀이 하나님의 뜻임을 압니다. 지금은 당장 용서할 수 없고, 사랑할 수 없기에 단지 지금은 전 목사를 증오하지만 않으려고 합니다.

언젠간, 하나님께서 저희 죄를 용서해 주셨듯, 저에게 이런 아픔과 상처를 준 전 목사 역시 용서할 수 있는 날이 있기를 기도합니다.

피해여성신도들의 고통과 상처가 제보를 통해 하나 둘 그 실체를 드러내자 인터넷 카페 '전병욱 목사 진실을 공개합니다'에 게재된 피해사례 중 하나가 인터뷰를 통해 처음으로 언론에 공개되기에 이른다. 이 여성신도는 전병욱의 홍대새교회 개척에 대해 개탄하며 용기를 내 언론 인터뷰에 응했다. 인터뷰의 내용은 이 여성도가 카페에 올린 글과 대부분 겹치지만 인터뷰의 특성 상 사건의 생생한 전달과 당시의 절망감이 그대로 묻어난다. 그녀는 피해사례를 인터넷 카페에 올린 직후 알고 지내던 지인으로부터 글을 내리라는 압력을 받기까지 했다고 고백했다. 전 목사의 면직에 노회와 장로들이 미온적이라면서 "이런 일에 대해 그저 침묵하고 있는 교회와 목사들이 너무 많다"라고 안타까운 심경을 드러냈다.

"전 씨에게 성추행당한 내가 잘못?"

[뉴스앤조이 2012.10.03.]

전병욱 목사는 폭주했고, 교회는 아무런 제동 장치가 없었다. 전 목사가 상습적으로 여성을 성추행하는 동안, 교역자들은 그런 전 목사를 모른 척했다. 오히려 피해여성들에게 교회를 나가라고 조언?했다. 침묵하고 있으면 하나님이 억울함을 해결해 준다고 설교했다.

2004년 여름, 제주 선교 준비 팀 데스크에서 지원자 신청을 받던 유민지 씨(가명)는 7~8명의 부목사가 있는 공개된 장소에서 전 목사에게 성추행을 당했다. 전 목사가 테이블을 짚는 척하면서 유 씨의 몸에 손을 댔다. 깜짝 놀란 유 씨는 전 목사의 손을 쳐냈고, 함께 있던 교역자들의 시선은 전 목사가 아닌 유 씨를 향했다. 마치 유 씨가 이상한 행동을 한 것처럼.

유 씨가 처음 삼일교회를 찾은 건 2000년대 초반 대학 입시 후다. 청년 목회로 이름이 꽤 알려진 곳이었지만, 낡은 건물에서 예배하며 오직 복음으로만 무장한 듯 보였다. 전 목사 역시 깨끗한 이미지에 유창한 설교까지 더해지면서 멘토로 여기기에 충분했다. 유 씨는 리더로, 헬퍼로, 선교 준비 팀으로 열심히 헌신했다. 하지만, 그런 유 씨에게 돌아온 건 은혜가 아닌 상습적 성추행이었다.

전 목사는 첫 성추행 후 아무 일도 없었다는 듯이 행동했다. 오히려 "스킨십만으로도 누군가에게는 평생의 추억이 될 수 있다"는 망언을 하는가 하면, 자신을 남자로 봐 주지 않는다며 유 씨에게 화를 내기도 했다. 그러다가도 전 목사는 설교 중에 유 씨를 언급하며 친근감을 표현했다. 피곤할 때는 자신의 방으로 유 씨를 불러 마사지를 시켰고, 그곳에서도 음담패설과 성추행을 일삼았다.

평소 전 목사를 영적 스승이자 아비로 여겼던 유 씨는 혼란스러웠다. 목사로서 해서는 안 되는 행동을 아무렇지 않게 하는 전 목사를 보며 어떻게 대응해야 할지 몰랐다. 그렇다고 다른 교역자들에게 이야기할 수는 없는 노릇이었다. 이미 그들은 자신의 성추행 현장을 봤는데도 침묵했던 사람들이었다. 말해 봤자 자신만 이상한 사람이 될 게 뻔했다. 같은 팀 간사 언니에게 자신의 상황을 이야기했지만 "나도 당했다"는 이야기를 들어야 했다. 유 씨는 전 목사의 약점을 놓고 기도하며 전 목사가 돌이키길 기도하는 수밖에 없었다.

2010년, 전 목사의 성추행 사건이 세간에 알려졌고, 유 씨는 이번 기회를 통해 문제가 해결되길 바랐다. 하지만, 교인들은 전 목사의 성추행 사실을 믿으려 하지 않았다. 자신이 당한 성추행 사실을 이야기했지만, 여전히 믿지 않는 눈치였다. 함께 신앙 생활하던 친한 동생이 홍대새교회에 나가 웃고 있는 모습을 볼 때, 피가 거꾸로 솟는 느낌이었다. 문자로 성추행 사실을 알렸지만 답이 없었다.

유 씨는 용기를 내어 이진오 목사가 개설한 '전병욱 목사진실을공개합니다' 카페에 자신의 피해 사실을 올렸다. 한 언니에게 전화가 왔다. 위로의 말 한마디 없이 "목사님 사모님과 딸들을 생각하라"며 글을 내리라고 했다. 기가 막혔다. 전 목사를 따르는 이들에게 유 씨가 당한 고통은 고려 사항이 아니었다.

유 씨가 올린 글에는 "전 목사에게 간 네가 잘못이다", "네가 지식이 없어서 당했다"는 식의 악성 댓글이 달렸다. 아무도 피해자의 입장에서 생각해 주지 않는 것 같았다. 가만히 앉아 만 있어도 눈물이 흘렀다. 더는 사람들을 볼 수 없을 거 같았다. 유 씨는 이 모든 것에서 떠나야겠다고 다짐했다.

지난 9월 28일 만나 유 씨는 어렵사리 피해 사실을 꺼내 놓았다. 전병욱 목사를 더는 '목사'라고 부를 수 없어 '전 씨'라고 부르겠다고 했다. 유민지 씨는 이번 인터뷰로 많은 사람이 진실을 알게 되길 바란다고 했다. 아래는 유 씨와 나눈 이야기를 정리한 내용이다.

– 삼일교회는 언제부터 다녔나?

대학 입시가 끝난 2000년대 초반 삼일교회를 출석했다. 처음엔 서울에서 젊은이들이 많이 모인다는 교회가 너무 낡아서 놀랐다. 열정과 담대함과 복음으로 무장한 교회로 보였다. 교회가 건물이 아님을 보여 주는 것 같아서 감동을 받았다. 전 씨의 책을 보면 정말 대단한 사람 같았고, 하나님한테 철저히 복종하는 사람으로 보였다. 물질적으로도 투명하게 행동한다는 점에서 존경할 수 있는 분이라고 생각했다. 유창하게 설교하는 전 씨가 나의 멘토로 느껴졌다.

– 교회에서 어떤 활동을 했나?

모태신앙이라서 그런지 처음부터 리더를 맡았다. 리더를 돕는 헬퍼 역할도 했다. 제주 선교준비 팀, 한미준한국교회미래를준비하는모임 준비 팀에도 참여하면서 전 씨를 가까이서 보게 됐다. 평상시에도 개인적으로 전화가 왔었고, 다른 청년과도 그렇게 지내는 줄 알았다. 그때는 사제지간이기 때문에 그러나 보다 생각했다.

– 전 목사에게 어떤 성추행을 당했나?

2004년 여름에 제주 선교 준비 팀 데스크에서 지원자 등록을 받고 있었다. 7~8명의 부목사님과 준비 팀 사람들이 테이블에 주변에 모여 있었고, 그때 전 씨가 와서 테이블을 짚는 척하더니 왼손 손등을 내 음부에 갖다 댔다. 너무 놀라서 반사적으로 손을 쳐냈고, 주변에 있던 사람들이 그 모습을 쳐다보고 있었다. 모두 놀라는 분위기였지만, 나를 이상한 눈빛으로 쳐다봤다. 너무 부끄러워서 일단 다른 준비 팀 사람들 있는 곳으로 피했다. 그쪽에서 무슨 일이냐고 물었지만, 숨도 제대로 못 쉴 정도로 정신이 없어 답하지 못했다.

– 그 일을 겪고 나서 전 목사와의 관계는 어땠나?

얼마 지나지 않아 전 씨가 나에게 커피를 마시러 가자고 했다. 나는 내가 너무 오버한 건 아닌가, 실수로 잘못 짚을 걸 오해한 건 아닌가 싶어서 아무 일도 없는 것처럼 따라갔다. 그런데 전 씨는 그 자리에서도 "결혼을 했건 안 했건 스킨십만으로도 누군가에게는 평생의 추억이 될 수 있다"는 이상한 소리를 했다. 커피를 마시고 오는 길에는 "너는 나를 어떻게 생각하느냐"고 물었고, "목사님은 저에게 아버지 같은 분이다. 목사님 말씀으로 은혜 받고 교회를 더 잘 섬기게 됐다. 내겐 영적 아버지 같은 분이다"라고 답했더니, 자기를 남자로 봐주지 않는다며 크게 화를 내고는 먼저 가 버렸다. 그 일이 있고 나서도 전 씨는 아무 일 없다는 듯이 대했고, 설교에서도 나를 인용하며 특별히 예뻐하는 것처럼 말했다. 제주 선교 때도 자기 뒤에 따라다니라면서 친근감을 표했다. 그래서 난 전 씨에 대해 색 안경을 끼고 보진 말아야겠다고 생각했다.

– 이후에도 전 목사가 성추행을 시도했나?

전 씨에게 발 마사지봉과 관련 책을 사 준 적이 있다. 늘 피곤하다고 해서 사모님과 함께 사용하라고 준 선물이었는데, 전 씨가 어떻게 하는지 모르겠다고 직접 와서 해달라고 했다. 나는 전공자가 아니라서 잘 못한다고 했는데도 본인이 지금 너무 피곤하고 몸이 안 좋다며 와달라고 했다. A관 목양실이었는데 그곳에는 이미 많이 쓴 듯 보이는 마사지봉이 여러 개 있었다. 발 마사지를 끝내고 나가려고 하는데, 전 씨가 오른손으로 열어야 하는 문을 굳이 왼손으로 열면서 가슴을 쓸듯이 만졌다. 너무 이상한 자세였기 때문에 의도적인 게 분명했는데, 전씨는 아무렇지도 않게 "잘 가라"라고 했다.

– 성추행 이후에 전 목사의 태도는 어땠나?

그 뒤로도 "네가 마사지를 해 줘서 너무 좋았다"며 또 와서 해달라고 요구했다. 어느 날은 나를 불러놓고 "내가 너의 가슴을 만졌다는 메일이 왔다"며 자신이 그런 적이 있느냐고 물어봤다. 만졌다고 하기엔 모호했기 때문에 "아니요"라고 답했다. 지금 생각해보면 나를 떠보기 위해 그런 말을 한 거 같다.

– 매번 마사지하는 것이 괴로웠을 텐데 거절하지는 않았나?

전 씨가 너무 피곤하고 힘들다고 부탁하는데 안 갈 수가 없었다. 나만 조심하면 된다고 생각했다. 그래서 전 씨에게 갈 때마다 언니나 친구를 꼭 데리고 갔다. 그런데 전 씨는 "왜 맨날 언니랑 같이 오냐. 앞으론 너 혼자만 오라"라고 했다. 엄마가 굉장히 걱정하셨다. 서울에서 공부하라고 보냈는데 밀폐된 공간에서 목사님 발마사지를 하는 건 안 된다고 하셨다. 전 씨에게 얘기했더니 "넌 왜 그런 얘기를 엄마한테 하느냐"며 굉장히 화를 냈다.

- 전 목사의 성추행은 계속됐나?

소파에 같이 앉아 있었는데 "겨드랑이 제모는 하느냐"며 팔을 들춰보려 한 일, 자기 옆으로 와서 앉으라 해놓고 "뭐 안 이상하지"하며 손잡고 자기 허벅지에 얹어 비빈 일 등 상습적으로 성추행했다. 장흥 선교 때는 말씀 전하기 전에 "넌 내가 아기처럼 생각하니까"하면서 내 엉덩이를 주물렀다. 사람 없는 틈을 타 껴안으면서 엉덩이를 툭툭 건드렸다. 놀란 기색을 보이면 "내가 뭐 했니. 네가 이상한 거야"라고 했다.

성희롱 발언도 많이 했다. 여자들 음모가 여러 모양이 있다며 "나는 이러이러한 모양을 좋아 하는데, 너희는 어떻게 생겼느냐"라고 물은 적도 있고, 내가 이성 교제 때문에 힘들어 할 땐 "너 그 애랑 잔 건 아니지. 넌 아긴데, 너는 아직 순수하니까 안 그랬지"라고 물으며 성적 수치심을 줬다.

- 상습적으로 피해를 보면서도 저항하기 어려운 이유가 무엇인가?

교회 다니는 자매들은 대부분 착한 사람이 많다. 목사한테 항상 예의 바르게 행동하던 사람들이라서 저항하기가 쉽지 않다. 전 씨는 성추행해 놓고 내가 뭘 했냐는 식이다. 증거를 잡기도 쉽지 않다. 미국에서는 이런 건 아무것도 아니라고 하면서 안고 엉덩이를 만진다. 순진한 사람들은 당하면 아무 말도 못하고 놀라기만 한다. 순식간에 지나간 일을 따지기도 어렵다. 전씨 같은 절대 권력한테 뭐라고 한들 바위에 달걀 치기다. 주변에 이 사실을 말해봤자 그냥 교회를 떠나라고만 한다.

– 다른 사람에게 피해 사실에 관해 이야기했나.

부끄러워서 사람들에게 많이 이야기할 수가 없었다. 평소 '거룩하게 살고 희생하라'는 말씀을 많이 했기 때문에 전 씨 스스로 양심의 가책을 느낄 거로 생각했다. 몇몇 사람과는 성적인 부분에 약하니까 회개하시길 바란다고만 이야기하고 마무리 지었다. 평소 전 씨를 맹신하는 교회의 분위기에서 스타 목사인 전 씨에게 문제를 제기해 봤자 나만 바보로 만들 거라는 생각이 들었다. 당시에 얘기를 해 봤자 믿을 사람도 없었고, 침묵한 가장 큰 이유는 교회에 덕이 안될 거라는 생각 때문이었다.

– 교회 교역자들에게는 따로 이야기 안 했나?

이야기를 못 했다. 내가 성추행당하는 상황을 다 봤는데도 그들의 눈빛이 마치 '당하는 네가 바보 같다'고 말하는 것처럼 보였다. 지난 8월에 삼일교회 여름 선교를 다녀왔다. 가고 싶지 않았지만, 하나님이 회복시켜 주지 않겠냐는 주변 지인들의 권유로 참여하게 됐다. 아무 일 없다는 듯이 선교에 전념했다. 그런데 마지막 날 밤 OOO 목사가 이제 카페 활동전병욱 목사진실을공개합니다 같은 것 하지 말라고 했다. 본인이 당했던 억울한 일에 대해 하나님이 명예회복을 시켜줬다고 얘기하면서 가만히 있으라고 했다. 내가 피해당한 사실을 알고 있으면서 일부러 들으라고 이야기하는 것 같았다. 뒤에 앉아서 계속 울었다. 그때 다시 한번 피해자들이 울든지 말든지 입 닫고 가만히 있으라는 게 교회 분위기라는 것을 알았다. 그 일로 이제는 정말 떠나야겠다고 생각했다.

– 2010년에 전 목사의 성추행 사실이 외부에도 알려졌다.

나 역시 그 사실을 듣고 충격을 받았지만, 그럴 수 있는 사람이라고 생각했다. 내가 굉장히 조심하니까 나에게 함부로 하지는 못했지만, 교회로비에서 나와 이야기할 때도 육감적인 몸매를 가진 자매가 지나가기라도 하면 발정 난 수캐처럼 그 자매를 쳐다봤다. 눈빛이 정말 위험해 보였다. 어떻게든 해 보려고 하는 것 같았다.

– 많은 교인이 전 목사의 성추행 사실을 믿지 않았다.

한 간사님에게 전 씨의 성추행에 대한 교회의 입장을 물었는데, '그건 알 수 없는 일'이라는 식으로 얼버무렸다. 내 경험을 얘기했더니 사람들은 전 씨에 대해 화를 내기도 했고 그러려니 하기도 했다. 많은 사람이 진실을 모른다는 걸 알고 이진오 목사가 개설한 카페에 피해 사실을 알리는 글을 썼다. 얼마 후 글을 내리라고 연락이 왔다. 어떤 언니는 "네가 굉장히 위험한 일을 하고 있다"며 "목사님의 사모님과 딸을 생각해라"라고 했다. 전 씨가 가해자인데, 피해자인 내가 뺨을 맞는 느낌이었다. 그 언니에게 전화를 받고 나서 사람들이 이렇게 사실을 덮기를 바란다는 것을 알았다. 내가 쓴 글에는 "전 목사에게 간 네가 잘못이다", "네가 지식이없어서 당했다"는 악성 댓글이 달렸고, 나는 큰 상처를 받았다.

– 삼일교회의 대처에 대해서는 어떻게 생각하나?

장로님들은 개인적으로 만나면 참 좋은 분들이다. 처음에 전 씨의 사건을 덮으려고 했던 것도 이해한다. 하지만, 방법이 너무 잘못됐다. 인터넷에 관련 글이 올라오면 다 지우고, 성도들의 입을 아예 막았다. 왜 일 처리를 이런 식으로 하는지 너무 답답했다. 자기 딸이 당했으면 이럴 수 없다. 일 처리하는 과정은 솔직히 교회가 잘못했다. 예배를 드리러 가면 우리는 아무일 없다는 듯이 평화롭고 재밌기만 했다. 한 목사는 설교 중에 "선교나 하고 헌신이나 하지, 입 닫고 있으라"라고 했다.

교회는 단지 어깨를 주물러 달라는 요구였다며 사건을 축소하기 바빴고, 피해여성이 이단이라는 소문이 퍼졌다. 그런 일들로 50여 명의 집사가 '공동 요청문'을 작성하게 됐다. 성추행을 당하고 교회를 지켜보면서 어떻게 이런 일들이 드러나지 않을까 답답해하고 있었는데, 하나님이 오랫동안 감춰진 죄를 결국 드러내셨다.

– 다른 교회로 옮길 생각은 안 했나?

삼일교회에 있으면서 선교를 꼭 가고 싶었다. 선교 현장에 가면 정말 작은 교회에서 한 영혼을 위해 이름도 빛도 없이 섬기는, 존경할 만한 분들을 만날 수 있었다. 그리고 어느 교회를 가나 문제가 있기 때문에 삼일교회가 싫다고 다른 교회로 바로 가는 건 아니라고 생각했다.

– 결국 교회를 떠났다?

사람들을 만나기 싫었다. 부교역자들을 만나면 피하게 됐고, 그들에게 말씀으로 공격받기에는 내가 받은 상처가 너무 깊었다. 아무 일도 하지 않는 교회를 기다리기에도 너무 지쳤다. 전 씨가 가끔 보인다는 장소에 가면 혹시나 마주칠까 봐 계속 두리번거리는 버릇도 생겼다. 너무 힘들어서 정말 쓰러질 정도로 운 적도 있다. 견딜 수 없는 한계에 이르렀다. 그래서 이 모든 것에서 떠나고 싶었다.

– 홍대새교회에 대해서는 어떤 마음인가?

홍대새교회 홈페이지에서 전 씨가 웃는 모습을 처음 봤을 때는 머리가 터져버리는 것 같았다. 친하게 지냈던 동생이 그 교회에서 웃고 있는 사진도 봤다. '네가 내 마음을 안다면 거기에서 웃고 있을 수 있느냐'고 문자를 보냈는데 답이 없었다. 피가 거꾸로 솟는 느낌이었다. 내가 당했다고 얘기해도 그 사실을 들을 마음이 없는 사람들도 있었다. 아예 마음이 닫혀 있었다. 내가 상처를 받았다고 직접 말해도 홍대새교회로 간 사람들이 있다.

**– 전 목사 측근인 남동성 변호사는 전 목사의 가해 사실에 대해
인정하지 않는다.**

유명한 사람의 측근이 되면 으쓱해지는 것 같다. 남 변호사는 도덕적으로는 문제가 있지만 법적으로는 문제가 없다고 했는데, 그건 틀린 말이다. 성직자는 도덕적이고 윤리적인 게 최우선이다. 그것을 기대하지 말라고 하는 것은 장난치자는 거다. 전 씨에게 남동성은 독이다. 전 씨를 정말 위한다면 남동성이 떨어져야만 한다. 물론 전 씨는 부추긴다고 안 할 걸 할 사람은 아니다. 서로 짜고 치는 고스톱이다.

– 전 목사가 사과했다는 이야기에 대해서는 어떻게 생각하나?

전 씨가 의로운 사람인 척 교회에서 나갈 때도 그게 위장이고 가식이라는 이야기를 들었다.

자신은 절대 못 나간다고 바락바락 우기다가 겨우 나갔다고 했다. 기도원에서 숨어 있을 때도 전혀 회개하고 있지 않았다고 들었다. 자매들이 옆에서 팔짱 끼니까 "너 나한테 이러지 마. 그 자매도 처음엔 너처럼 이랬어"라고 했다고 한다.

피해자매들은 아마 전 씨가 진심으로 용서를 빌고 어려운 사람들을 위해서 사역한다고 했으면 손뼉 쳐 줬을 거다. 하지만, 홍대 앞을 바꾸겠다는 현수막을 거는 건 이해할 수 없다. 자신이 사역했던 교회 지척에서 어떻게 목회 재개를 할 수 있는지 모르겠다.

– 혹시 최근에 전 목사가 한 설교를 들어봤나?

설교는 전혀 듣고 싶지 않다. 목소리조차 듣고 싶지 않다. 사진 속 전 씨

의 얼굴을 보면 속이 울렁거린다. 예전 물건들 중에 담임목사 전병욱이라고 쓰여 있는 것이 남아 있으면 나도 모르게 이름을 지워버린다. 다른 사람이 올려놓은 게시물을 본 적이 있는데 설교 제목부터 장난치는 것 같았다. 이러한 일을 겪으면서 가짜 복음에 속았다는 생각을 많이 했다. 2004년에도 이미 말씀을 전하는 예배가 아니라 그냥 재미있는 강의 같았다. 그것 때문에 교회를 떠나는 사람도 봤다.

설교 중에 신변잡기와 음담패설을 많이 했다. 나이 서른이 넘어도 성적 경험이 없는 건 바보같다는 말을 했다. 같은 내용을 오늘은 A로 전했다가 다음주에는 B로 전해서 새 신자들이 무슨 말인지 헷갈려하기도 했다. 가슴이 큰 여배우를 언급하면서 어머니를 생각나게 하기 때문에 인기가 많다는 식의 이야기를 설교 중에 자주 했다. 이상한 내용이 너무 많았다. 그래도 하나님이 이 교회를 사랑한다고 생각했기 때문에 그냥 있었던 거다.

– 노회나 총회는 전 목사를 징계할 의지가 없는 것 같다.

아직 징계가 내려지지 않은 것은 절망스럽다. 한국교회가 이렇게 타락했나 싶다. 면직 청원서를 아예 받아주지 않았다. 장로들은 더는 일할 마음도 없고 손을 뗀 것 같다. 피해자들이 울든 말든 그건 내 알 바 아니라는 식이다. 자기 딸들이라면 그렇게 했을까. 노회는 목회자를 똑바로 세워야 한다. 교회가 더는 욕먹지 않게 하려면 썩은 가지를 잘라야 한다. 이런 일에 대해 그저 침묵하고 있는 교회와 목사가 너무 많다.

– 전 목사를 어떻게 징계해야 한다고 생각하나.

면직이 옳다고 본다. 썩은 부분이 도려내지 않으면 안 된다. 타락하고 신뢰할 수 없는 목사가 성도들에게 바로 살라는 말을 어떻게 하겠나. 그런 썩은 부분 때문에 복음 전파가 안 된다. 청소해야 한다고 본다. 전 씨는 아직 회개하지 않았다. 정말 회개했다면 교회를 그만두거나 다른 사람에게 넘겨야 한다. 목사직을 내려놓고 평신도로 돌아가서 평생 회개하며 사는 게 맞다.

▶CBS 시사 교양 프로그램 '크리스천 NOW'는 전병욱 목사 사건을 다뤘다. 이 방송에선 처음으로 피해자가 기자와의 인터뷰에 응했다. 피해자의 신원 보호를 위해 피해자의 전신은 암전 처리했다. [2012년 11월24일 방영]

전병욱 목사의 성범죄 및 교회개척 논란은 결국 방송전파를 타기에 이른다. CBS 시사교양 프로그램인 '크리스천 NOW'에서 심층적으로 다뤄진 것이다. 제작진이 피해여성도와 인터뷰를 갖는 한편 전 목사의 입장을 듣기 위해 홍대새교회에 접근을 시도하는 과정에서 새교회 측 사람들의 반발로 인해 끌려나오다시피 하는 불상사가 벌어지기도 했다. '크리스천 NOW'에서는 전병욱 사건에 대해 그간 적극적인 권면을 해 온 손봉호 서울대 명예교수와 뉴스앤조이 김종희 대표가 출연해 지금까지의 과정과 피해사례에 대해 이야기 하고, 기독교 전체의 윤리적 재무장을 강조했다. 방송사로서는 처음으로 이 사건을 다룬 점에서 이 보도는 큰 반향을 일으킨다. 아래 기사는 '크리스천 NOW' 보도 내용을 교계 매체인 '뉴스앤조이'가 정리해 기사화한 것이다.

"차라리 하나님이 나를 데려가 주셨으면…"

[뉴스앤조이 2012.11.25.]

CBS 크리스천NOW 김동민 피디가 11월 24일 방송에서 전병욱 목사 성추행 문제를 집중 보도했다. 이날 방송에는 전 목사에게 성추행당한 피해자 여성의 인터뷰가 공개됐고, 피해자 변호를 맡았던 박종운 변호사 기독법률가회와 성추행 사실을 처음 보도한 〈뉴스앤조이〉 김종희 대표가 패널로 나와 현재 진행 중인 전 목사의 성추행 문제를 짚었다.

전 목사에게 수차례 성추행을 당한 여성은 현재까지도 충격에서 벗어나지 못했다고 했다. 특히 그는 전 목사가 피해자에게 아무런 사과도 없이 홍대새교회를 개척하여 목회를 재개한 것에 분노했다. 피해여성은 "피해자에게 사과가 전혀 없었는데 어떻게 저렇게 웃으면서 개척할 수 있는지 모르겠다"라고 말했다. 이 문제로 심신이 지친 그는 "하나님이 그냥 나를 데려가 주었으면 좋겠다", "기억상실증에라도 걸렸으면 좋겠다"며 울음을 터뜨리기도 했다.

당시 피해자들의 변호를 맡았던 박 변호사는 "교회가 피해자의 진술을 믿지 않으려는 경향이 있다"며 "피해자에게 너 이단에서 파견된 거 아니냐며 죄를 피해자에게 뒤집어씌운다"라고 지적했다. 실제로 피해여성도 "부목사가 아무런 위로나 조치도 하지 않았고 오히려 입을 다물라"라고 했다며 "피해자가 꽃뱀이다. 이단에서 왔다"는 식의 소문을 교회가 냈다고 말했다.

2010년부터 전 목사 사건을 취재한 김 대표는 "사건이 이것 하나만 있는 게 아니라, 훨씬 많고 수위도 높다"는 점에서 문제가 심각하다고 지적했다. 아울러 "단지 이번만의 일은 아니며 10여 년 전부터 이런 이야기가 있었다"라고 김 대표는 밝혔다. 평소 안마를 좋아하던 전 목사에게 선배목사들이 조심하라고 권면했지만, 전 목사가 듣지 않았다고도 했다. 김 대표는 전 목사 성추행 사건이 〈뉴스앤조이〉를 통해 처음 보도되었을 때 "터질 게 터졌다는 반응이 많았다"며 "이 사건은 필연적이었다"라고 지적했다.

전 목사가 속한 교단 대한예수교장로회 합동과 평양노회가 전 목사를 징계하지 않은 점도 문제로 지적됐다. 사건 취재를 맡은 조혜진 기자CBS는 "노회가 이 문제를 다루고 싶은 의지가 없어 보인다"며 노회는 계속하여 서류 하자와 절차의 핑계를 대고 있다고 지적했다. 게다가 현재 소속된 노회가 없는 전 목사에 대해서도 노회는 서류와 법만 맞으면 받아들이려는 입장이었다고 조 기자는 전했다.

이에 대해 김 대표는 "전형적인 패거리 문화다"며 "자기 이익을 보호하기 위해 노회가 도둑이든 누구든 감싸고 있다"라고 비판했다. 패거리 문화가 원래 절차를 따져 가며 정의를 죽이는 것이라고 김 대표는 말했다. 박 변호사는 "노회가 징계를 회피하기보다는 적절한 조치를 해야 한다"며 "권징은 잘못을 돌이키게 하는 한 방법이다"라고 말했다.

이날 방송에는 크리스천NOW 제작진이 성추행 문제에 대한 전 목사의 입장을 듣기 위해 홍대새교회를 찾았지만 교인들에 의해 물리적으로 제지당하는 모습이 방영됐다. 교인들은 취재하려는 제작진의 카메라를 손으로 막으며 끌어냈고, "무슨 답변을 줘, 인터뷰 하기 싫으면 안받는 거지"라고 고함을 질렀다. 이 과정에서 어렵사리 인터뷰하게 된 한 교인은 전 목사 성추행 사실을 알고 있지만 "저희와 상관없다. 어차피 용서하는 분은 하나님이다"라고 답했다.

이와 더불어 전 목사도 설교 시간을 통해 자기 합리화를 계속하고 있는 점이 보도됐다. 그는 "교회는 허물을 드러내는 곳이 아니라 덮어주는 곳이다", "회개는 하나님 앞에 은밀히 하는 거다", "회개가 쇼냐"며 피해자에 대한 공개 사과를 바라는 한국교회의 여론을 여러 차례 일축했다.

한편, 2부 순서 기독교의 재발견 시간에는 기독교인의 윤리적 삶을 강조해 온 손봉호 명예교수서울대가 출연했다. 손 교수는 1부 순서에 논의된 전병욱 목사의 사례를 언급하며 "사람에게 용서받지 못하고 하나님께 용서받는 건 불가능하다. 사람에게 범죄한 건 그 사람에게 먼저 사과하거나 화해하고, 그다음에 하나님께 회개해야 한다"라고 지적했다.

아울러 그는 "기독교는 윤리적이라고 구원을 받는 건 아니지만, 기독교인은 윤리적이어야 한다"며 "하나님께 영광을 돌리려면 세상에서 선행을 해야 한다"라고 강조했다. 손 교수는 한국교회의 윤리적 점수를 묻는 김 대표의 질문에 대해서는 "세상 사람들로부터 인정을 못 받으니까 낙제점이다"며 한국교회의 윤리적 재무장을 강조했다.

앞서 살펴본 데로 전병욱 목사의 성범죄 사건 해결이 이렇게 긴 시간 첨예한 대립과 공방으로 이어진 이유 가운 데 하나는 피해자들이 사건 발생 직후 이를 신고하거나 공개하지 않았기 때문이다. 이런 납득하기 힘든 지점들로 인해 전병욱 목사의 성범죄 사건은 마치 전 목사를 시기하거나 음해하려는 음모로 오해한 채 주장하는 시각도 있었다. 이에 대해 '전병욱 목사 진실을 공개합니다' 카페 운영진인 에쎌D아이디의 글은 성범죄의 유형과 교회 내에서 벌어지는 성범죄의 특수성을 잘 설명해준다. 에쎌D는 전 목사 사건의 경우 피해자의 증언을 종합한 결과 일정한 '패턴'이 발견됐다고 지적했다. 이어 교회 내에서 벌어지는 성추행의 폐해가 일반적인 성범죄와 비교했을 때 죄질이 더 나쁘다고 일갈했다.

전병욱 목사 성추행 패턴
교회내 성추행 피해여성들의 심리와 가해자의 심리

저는 삼일교회 성도입니다. 이 사건의 실체를 드러내기 위해 당회에 요구한 공동요청문 작성에 주도적으로 참여하기도 했습니다. 전병욱 목사에게 심각하게 성추행당한 피해여성 두 명이 저와 매우 가까운 사이여서 직접 증언을 들었고, 지금까지 확보된 피해여성들의 음성녹취록도 전부 들었습니다. 그리고 공교롭게도 저희 회사에서도 이보다 훨씬 수위가 낮은 직장내 선임자의 여직원 2명 성추행 사건이 발생해서 그 문제를 해결하고 징계하는데 깊숙이 관여하기도 했습니다.

이런 일련의 일을 보고 듣고 직접 겪으면서 성추행 가해자와 피해자의 심리,반응에 대해 일정한 패턴을 발견하게 되었습니다.

피해자가 가해자의 성추행과 성폭행 여부를 드러내기 위해서는 디테일한 상황설명이 필요합니다. '목사로서 몹쓸짓을 하라고 저에게 강요했어요~' 이렇게 말하면 어떻게 가해자의 고의성과 성범죄의 심각성을 드러내겠습니까?

실제로 저희 회사에서 있었던 일은 전병욱 목사 사건에 비하면 너무 너무 가벼운 수위였으나, 결국 가해자가 회사를 그만두는 선에서 일단락이 되었는데요. 그때 피해여직원 2명이 용감하게 자신이 당한 성추행 상황을 가해자 입회하에 증언하는 용기를 보여서, 결국 피해자들의 진술의 일관성과 신빙성이 더 인정되어 징계의 결과가 나왔습니다. 그런데 웃기는건 피해여성이 아주 구체적으로 상황을 설명하는데도 가해자는 절대로 인정하지 않더군요. 피해여성 두명은 너무 어이가 없어서 얼굴이 붉어지며 큰 고성이 오고가기도 했습니다. 만일 두 여성직원이 수치심에도 아주 자세하게 피해상황을 설명하지 않았다면 그런 징계는 내려질 수 없었을 겁니다. 물증이 없으니까요.

노골적인 성폭행은 정액이라는 물증이 남으나 성폭행에 준하는 유사성행위(강성교)나 옷 속으로 손을 집어넣어 특정부위를 만진다거나 하는 성추행은 물증이 있을리 만무합니다. 그렇기 때문에 피해여성의 증언 외에는 성추행을 증명하기가 어렵다는 것을 가해자도 분명하게 알고 있습니다.

그렇기 때문에 가해자는 피해여성들이 자신의 성추행을 문제 삼으려면 수치심에도 피해상황을 자세히 설명해야 하는 치명적 약점과 부담감이 있음을 알고 그 부분을 집중 공략합니다. 즉 물증도 없는데 네 말을 어떻게 믿을 수 있냐? 입증할 수 있는 물증을 가져오라고 하거나 피해자가 이단이고 거짓말을 하는 거라고 피해자의 명예를 짓밟아 버려서 입을 다물게 하는 겁니다. 피해여성의 사회적 명예를 인질로 삼아 위협하는 격이죠.

그리고 더군다나 목사의 말이 피해여성의 말보다 100만 배는 더 신빙성을 확보하는 교회라는 공간 안에서 피해자들이 취할 수 있는 대응은 거의 없는 경우가 많습니다. 두번째 녹취록의 피해여성도 본인이 저렇게 직접 용기를 내어 PD수첩에 연락을 한게 아니고 그 사실을 알게된 가까운 지인의 도움으로 저렇게 공개가 된 경우입니다. 그래서 대부분의 피해자는 억울하고 속이 상하나 가까운 지인들에게만 이야기하며 상처를 안으로 삭히고 마는 경우가 대부분이죠. 조용히 교회를 떠나거나.

물증이나 결정적 증거를 확보할 수 없고 성추행 피해자의 진술로만 진실여부를 판단해야 하는 이런 성격의 사건이 정확한 판단을 내리는데 어려움이 있는 것은 사실입니다. 그러나 다수의 성추행 피해자가 있는 경우에는 다수 피해자의 진술의 일관성, 가해자의 행동패턴이 일정하게 일치하는 것을 발견하여 그를 통해 피해자들이 거짓말하는 게 아님을 강력히 유추할 수 있습니다. 전 목사 사건의 경우 수십 명의 심각한 성추행 사례가 있었는데, 그 피해사례를 하나하나 들여다보면 일정한 패턴이 분명히 있습니다.

피해여성들과 둘만 있는 시간을 서서히 늘려간다거나, 둘만 있을 때 굉장히 불쌍하고 힘든 척하며 '너밖에 없다'라는 말을 하고 동정심을 자아낸다거나, 웃옷을 벗거나 또는 바지를 벗고 팬티만 입은 채 안마를 해달라고 한다거나, 선교 가는 비행기나 버스를 탈 때 피해여성들을 옆에 앉혀서 은밀한 부위를 만진다거나, 몇번 성추행의 간(?)을 볼때, 단호하게 반응하는 자매들은 건드리지 않는다거나, 단체사진을 찍을 때 엉덩이를 만지거나 가슴을 터치한다든지 하는 일정한 패턴들이 발견됩니다. 사진 찍을 때 가슴이나 엉덩이를 성추행하는 사례의 경우의 피해자는 셀 수도 없을 정도입니다. 예를 들어 제가 아는 지인 15명 정도의 자매들에게 물어봤을 때 , 단체사진을 찍거나 전 목사와 사진을 찍을 때 자매들의 가슴이나 엉덩이를 만지거나 건드린, 그게 고의인지 아닌지는 본인들이 헷갈리나, 매우 불쾌했다는 이야기를 100% 모두에게 들었습니다. 가까운 지인 15명에게 물어봐서 100% 동일한 이야기를 들을 확률이 흔하진 않죠.

앞으로 피해사례가 계속 공개될테니 유의깊게 보시기 바랍니다. 일정한 패턴을 발견하실 수 있을 겁니다.

새교회 측 남○○ 변호사는 그분을 아는 지인들에 의하면 피해여성들이 전부 다 거짓말을 하고 있다고 믿고있는 것으로 보입니다. 저렇게 일관되게 일정한 패턴을 발견할 수 있는 다수의 사례를 접하고도 어떻게 그렇게 판단을 내리는지 저도 정말 이해가 안갑니다.

마지막으로, 지인에 의해 예측할 수 없는 상황에서 당하게 되는 심각한 성추행의 경우는 피해자들이 얼어버려서 아무런 정상적인 판단과 대응을 하지 못하는 것도 많은 분이 이해해주셔야 합니다. 직장 내 성추행 관련 강의를 하는 전문가들의 이야기를 들어보면 동일한 이야기를 하고, 저에게 증언한 피해여성들도 거의 같은 이야기를 합니다. 너무 당황하고 충격을 받고 얼어버려서 어떻게 해야될지 몰랐다고.

저 여성이 저렇게 고백하기까지 8개월 이상 걸린 것으로 알고있습니다. 그동안 얼마나 많은 고민을 했는지 심리적 고충이 이해되지 않습니까?

이런 피해여성과 가해자의 심리를 이해한다면 권력관계에서 우위에 있고, 무엇보다 목사의 말이 100% 신뢰성을 확보하는 교회 같은 종교단체에서 성직자의 성추행과 성범죄는 일반적인 성범죄와 비교해 봐도 훨씬 더 죄질이 나쁘고 심각하다고 밖에 볼 수 없습니다.

이런 성직자의 권력관계에 의한, 고의적이고 상습적인 성범죄는 반드시 엄중하게 처벌받고 징계 받아야 하며, 다시는 이런 일이 발생하지 않도록 법제도 정비도 필요해 보입니다.

사안이 이런데도 침묵으로 일관하는 교단과 노회의 반응은 진리와 사랑과 공의를 추구하는 교회가 아니라 자기 조직원을 무턱대고 비호하는 마피아나 조폭과 다를 바 없어 보여서 쓸쓸하기 이를 데 없습니다. 이 부분도 이 카페를 통해 진실을 알게 되신 많은 한국교회의 성도들이 분명하게 의사표현을 하고 교계지도자들이 나서주도록 촉구해야 된다고 생각합니다. 다음 아고라 청원 같은 걸 활용하든, 트위터를 활용하든 페이스북을 활용하든 정말 이럴 때 일수록 교계의 큰 어른들이 올바른 소리로 자정을 촉구하고 방향을 제시해 주셔야 하지 않나요? 왜 이렇게 명백한 한국교회의 부끄러움이 될 사안에 대해서는 다들 한결같이 침묵을 지키고 있는 겁니까?

이 사건과 관련하여 제가 또한 느낀 것은 '성추행'은 '친고죄'로 공소시효가 6개월밖에는 되지 않는데, 이 부분도 분명히 법개정이 되어야 한다고 생각합니다. 피해자들의 심리를 이해한다면 바로 즉각적인 법적인 응징과 대응을 하지 못하는 경우가 너무 많거든요.

*지난 2013년 6월 19일부터 모든 성폭력 범죄에서 친고죄 조항이 사라졌다.

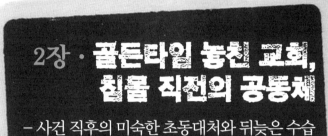

2장 · 골든타임 놓친 교회, 침몰 직전의 공동체

- 사건 직후의 미숙한 초동대처와 뒤늦은 수습

성범죄 목사의
교회 개척과
목회를 반대한다

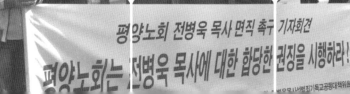

평양노회 전병욱 목사 면직 촉구 기자회견
평양노회는 전병욱 목사에 대한 합당한 권징을 시행하라!

이 장에서는 전병욱 목사의 성범죄 사건에 대한 삼일교회 공동체 안에서의 대응과 흐름을 살펴보고자 한다. 먼저, 사건에 대한 대응과 처리가 늦어진 가장 큰 원인으로 대두된 삼일교회 당회의 비민주적인 일처리 방식, 그리고 이에 반발해 교회 공동체 안에서 성도들의 자발적 각성으로 당회 측의 잘못된 대응들을 고치려고 노력하였던 과정들을 자세히 알아보고자 한다.

젊은이 교회로 부흥하며 성도수가 1만 명이 넘는 대형교회에서 이 사건을 처리하는 당회 구성원의 수는 불과 4명. 이 모 장로와 임 모 목사, 정 모 변호사, 모 집사로 구성된 '4인 위원회'는 전병욱 사건을 비밀리에 대응해 나갔다. 사건이 불거진 시점인 2010년 7월부터 두 달여간 침묵을 지키던 중, 뉴스앤조이가 같은 해 9월 기사를 내면서 비로소 전 목사에게 '3개월 설교정지, 6개월 수찬정지'라는 솜방망이 징계를 내렸다. 그러나 이마저도 당회는 모든 대응을 비밀리에 진행했기 때문에 성도들에겐 징계 사실을 공개하지 않았고 대외적으로는 전 목사의 안식년이라고 광고했다. 이에 시민단체인 교회개혁실천연대가 삼일교회 측에 책임 있는 행동을 촉구하고 나섰다. 교회개혁연대 측은 2010년 10월 18일 삼일교회 이 모 장로 앞으로 총 3부 14개항으로 이뤄진 비공개 질의서를 보낸다. 이 질의서엔 "〈뉴스앤조이〉 기사에 등장하는 ㅅ교회는 삼일교회이며, ㅈ목사는 전병욱 목사라는 의혹이 사실입니까?", "본 사건에 대한 전 목사의 입장은 어떻습니까?", "귀 당회는 전 목사에게 성추행을 사유로 징계를 내렸다는 사실을 삼일교회 전 성도에게 주보 또는 광고를 통해 공식적으로 공포하였습니까" 등등 사건에 대한 구체적인 사실관계를 묻고 있었다. 삼일교회 당회 측은 이에 대해 공개적인 입장을 천명하지 않았다.

전병욱 목사 성추행 의혹 관련 비공개 질의서

[교회개혁실천연대 2010.10.18.]

교회개혁실천연대
www.protest2002.org

121-897 서울특별시 마포구 합정동 374-1번지 307호
TEL. (02) 741-2793   FAX. (02) 741-2794
E-mail.   protest@protest2002.org

개혁연대: 제2010-10-01   2010년 10월 18일
수   신: 삼일교회 이광영 장로 (140-869 서울시 용산구 청파동 1가 180-36번지)
참   조: 삼일교회 전병욱 목사
발   신: 교회개혁실천연대 (121-897 서울시 마포구 합정동 374-1번지 307호)
제   목: 삼일교회 전병욱 목사 성추행 의혹에 대한 질의

1. 하나님의 은혜와 평안이 함께 하시기를 기도드립니다.

2. 교회개혁실천연대는 교회를 건강하게 바로 세우고, 하나님의 정의를 한국 사회 속에 세워나가기 위해 노력하는 기독시민단체입니다(www.protest2002.org).

3. 본 단체는 최근 전병욱 목사의 성추행 의혹 관련 제보와 기사를 접수하였습니다. 또한 그에 관해 뉴스앤조이(www.newsnjoy.co.kr)가 9월 17일 보도한 기사 "ㅅ교회 ㅈ목사 여성도 성추행"도 보았습니다.

4. 만일 본 단체가 파악한 제보와 기사의 내용이 사실이라면, 그동안 전병욱 목사가 한국교회 전반에 끼쳐온 영향력을 고려할 때, 이는 본 단체가 관심을 갖지 않을 수 없는 대단히 중대한 사건이라 하겠습니다.

5. 보도된 이후, 본 단체는 귀 교회의 현명한 대처를 기대하며 이를 주목하였습니다. 그러나 오히려 귀 교회 측의 불투명한 대응 방식에 대한 의혹만을 접수하였습니다.

6. 이에 본 단체는 당회 측의 의견을 듣고자 합니다. 수고스러우시더라도 아래에 첨부된 질의내용에 서면 또는 대면을 통해 응답하시어 귀 교회와 관련된 오해를 해소하시고, 문제를 잘 해결하시기를 간절히 소망합니다.

7. 서면으로 답하시기 원하시면 상단에 기록된 본 단체의 주소로 답장을 주시고, 만나서 말씀하시기 원하시면 남오성 사무국장(010-7635-7848)에게 연락 주시어 면담 일정을 논의해주시면 감사하겠습니다.

8. 바쁘시겠지만, 10월 25일 월요일까지 답신 또는 연락 주시면 감사하겠습니다.

9. 다시 한 번 귀 교회에 하나님의 은혜와 평화가 충만 하시길 기도합니다.

- 아 래 -

1. 사실 여부에 대해

1) 기사에 등장하는 ㅅ교회는 삼일교회이며, ㅈ목사는 전병욱 목사라는 의혹이 사실입니까?

2) 귀 당회는 본 사건의 전모를 파악했습니까? 전 목사는 본 사건의 피해자에게 몇 회에 걸쳐 성추행 했습니까? 성추행의 내용은 어떠합니까? 그 정도는 심각합니까?

3) 귀 당회는 본 사건 외에도 전 목사가 범한 다른 성추행 사건이 더 있는지 파악했습니까? 또는 시도했습니까? 다른 사건과 피해자가 있었습니까? 있었다면, 몇 건입니까? 어떤 내용의 사건이었습니까? 그 정도는 심각합니까?

4) 전 목사가 성추행 사실을 인정하고 당회에 사임 의사를 표했다는데, 사실입니까?

5) 귀 당회는 전 목사에 대해 성추행을 사유로 '3개월 설교 중지와 6개월 수찬 정지'의 징계를 내린 바 있습니까?

6) 본 사건에 대한 전 목사의 입장은 어떻습니까? 전 목사는 현재 자신이 징계를 받고 있는 중이라고 인식하고 있습니까? 아니면 또는 다른 사역을 위해 안식년 중이라고 생각하고 있습니까?

7) 본 사건에 대한 귀 당회의 입장은 어떻습니까? 귀 당회는 본 사건과 전 목사의 문제를 어느 정도 심각하게 간주하며 처리하고 있습니까?

8) 전 목사와 귀 당회는 본 사건의 피해자에 대해 어떤 보상 또는 배상을 하였습니까? 혹은 협의 중입니까?

2. 공포 및 인지 여부에 대해

1) 귀 당회는 전 목사에게 성추행을 사유로 징계를 내렸다는 사실을 삼일교회 전 성도에게 주보 또는 광고를 통해 공식적으로 공포하였습니까? 아니면 일부 제직들에게만 제한적으로 알렸습니까?

2) 현재 귀 교회 성도들은 전 목사가 성추행을 사유로 징계를 받고 있다는 사실을 충분히 인지하고 있습니까?

3) 만일 전 목사가 성추행으로 인해 현재 당회로부터 징계를 받고 있음이 사실임에도 불구하고, 성도 중 대다수가 이 사실을 당회로부터 공지 받지 못하여 전 목사가 안식년 중이라거나, 모함에 시달리고 있다는 식으로 오해하고 있다면, 이는 귀 당회가 의도적으로 사실을 축소 및 은폐한 결과라는 의견이 있는데, 이에 대해 어떻게

생각하십니까?

3. 사후 처리에 대해

1) 11월이 되면 전 목사에게 내린 3개월 설교 중지의 징계가 해제되는데, 전 목사를 11월부터 강단에 복귀시킬 예정입니까?

2) 전 목사와 친분이 두터운 중진 목사들이 귀 당회에게 전 목사가 피해자와 교회 공동체에 대해 사과하고 사임한 후, 상담 및 치료를 받고, 회복한 후 복귀하도록 하자는 제안을 했으나, 귀 당회는 이를 수용하지 않았다는데, 사실입니까?

3) 마지막으로, 귀 당회는 본 사건이 구체적으로 어떤 방식으로, 어떻게 해결되기를 기대하십니까?

※ 질문내용에 대해 문의사항이 있으시면, 남오성 사무국장(010-7635-7848)에게 연락 주시면 안내해드리겠습니다.

또한 본 공문을 정확히 전달하고자 내용증명으로 보내게 됨을 양해해주시기 바랍니다.

- 끝 -

교회개혁실천연대

(공동대표 백종국 오세택)

전병욱 목사는 성추행 사건이 불거지자 2010년 8월 갑작스럽게 3개월 간의 안식년에 들어갔다. '저수지 교회' 사역을 명분으로 내걸었으나 지침 없이 목회사역을 수행해 왔었기에 그의 안식년은 의구심을 증폭시켰다. 이어 9월 기독교 인터넷 언론 '뉴스앤조이'는 전 목사가 성추행으로 징계를 받았다고 보도했다. 이때부터 전 목사의 성추행과 위장 안식년에 대한 성토가 이어졌다. 그러나 삼일교회 측은 앞서 얘기한 바와 같이 침묵을 지켰고 전 목사 역시 외부의 비난여론에 묵묵부답으로 일관했다. 이러는 사이 전 목사의 안식기간은 끝나가고 있었고 전 목사의 복귀에 대한 찬반여론은 점차 첨예해졌다.

전 목사는 2010년 11월 1일 마침내 침묵을 깼다. 그는 삼일교회 홈페이지 게시판에 올린 글을 통해 성추행 피해를 당한 여성도와 삼일교회 성도, 그리고 한국교회 성도 및 선후배 목회자에게 사과의 뜻을 비치는 한편 "당회에서 사임이 받아들여지지 않았지만" 교회로 돌아갈 수 없다고 적었다. 이러자 삼일교회 홈페이지 게시판은 접속자가 폭주했고 전 목사에 대한 안타까움의 글이 줄을 이었다. 그러나 당회가 사임을 받아들이지 않았다고 명시한 점, 그리고 '지금' 교회로 돌아갈 수 없다고 한 점은 복귀를 위한 사전포석이라는 의구심을 자아내게 했다. 또 그의 사과가 어쩔 수 없는 외부의 압력에 의한 것이라는 의심의 눈초리도 팽배했다. 앞장에서 언급한 정 모 변호사의 고백에서 알 수 있듯 이 같은 의심은 사실로 드러났다.

사랑하는 삼일교회 성도 여러분께

[삼일교회 홈페이지 게시판 2010.11.01.]

최근 저로 인한 좋지 않은 이야기로 많이 걱정을 끼쳐 드리고, 상심케 하여 드려 대단히 송구스럽고 죄송합니다.

삼일교회 대부분 성도님은 이미 들으셔서 아시는 바와 같이, 저는 작년 가을 무렵 교회와 하나님 앞에 죄를 범한 사실이 있어, 이를 회개하는 마음으로 당회에 지난 7월 사임서를 제출하였습니다.

이 자리를 빌어 다시 한번, 저로 인하여 상처받은 피해 성도님에게 사과의 말씀을 드립니다. 그리고 저의 허물로 인해 실망하시고 충격을 받으신 삼일교회 성도님들께도 진심으로 사과의 말씀을 드립니다. 그리고 그동안 저를 아껴주시고 격려해주신 모든 한국교회 성도님들, 선후배 목사님들께도 사과의 말씀드립니다.

당회에서 사임이 받아들여지지 않았지만, 지금으로서는 좀더 하나님 앞에 회개와 자숙의 시간을 보내야겠기에, 교회로 돌아갈 수 없음을 알려드립니다.

그동안 여러 가지 허물 많고 부족한 저를 사랑해주시고 격려해주신 삼일교회 모든 성도님들에게 다시 한번 감사와 사과의 말씀드리며, 마지막으로 교회와 상처받은 피해 성도를 위해 기도해주시길 간곡히 부탁드립니다.

전병욱 목사 드림

당시 전병욱 목사의 사과표명에 대해 교계는 반색했다. 사실 목회자가 비리를 저지르면 부인으로 일관하면서 교회 내 지지 세력을 규합해 자리를 지키는 것이 한국교회의 관행 아닌 관행이었다. 이런 점에 비추어 볼 때 전 목사의 공개사과는 한국교회에 경종을 울리는 듯 했다. 조성돈 실천신학대 교수의 국민일보 기고문은 이런 한국교회의 분위기를 잘 요약하고 있다. 그는 전 목사가 공개사과하기까지 "그에게 조언을 해 준 전문가 그룹과 한국교회에서 중요한 역할을 하는 단체들이 있었다는 것은 그래도 한국교회가 아직 자정의 능력이 있음을 보여주는 대목"이라고 적었다. 불행하게도 이후의 사태전개는 한국교회의 자정과는 거리가 멀었다. 삼일교회 당회는 전 목사 사임 건 처리를 계속 미뤘고 이 과정에서 전 목사 복귀 움직임이 있다는 루머까지 나돌았다. 우여곡절 끝에 당회는 전 목사 사임을 처리했다. 그러나 치리권을 가진 평양노회는 그의 면직에 미온적인 태도를 취했고 이런 흐름은 전 목사의 목회재개로 귀결됐다.

조성돈 "전병욱 목사의 '사죄'를 접하고"

[국민일보 2010.11.03.]

그래도 다행이다. 전병욱 목사가 교회 홈페이지를 통해서 사죄를 하고 교회로 돌아올 수 없음을 밝혔다. 보름 정도 전, 교계의 한 언론에 의해서 그의 문제가 보도되고 나서 이 문제가 앞으로 어떻게 전개될지에 대해서 한국교회의 많은 사람은 우려 가운데 마음을 졸여왔다. 혹여 그가 아무렇지도 않은 듯이 강단으로 돌아오게 되는 것은 아닌지, 교회의 사정을 들어 마음을 돌이켰다고 하는 것은 아닌지, 더 나아가서는 나의 죄가 아니라 거짓이라고, 유혹이었다고 하는 것은 아닌지 하는 우려들이었다. 그런데 그가 그 교회의 당회가 정한 기한에 맞추어서, 당회가 사임을 받아들이지는 않았지만 자신은 돌아갈 수 없다고 입장을 밝힌 것이다.

이 상식과도 같은 일에 다행이라고 표현한 것은 그간 한국교회의 많은 목사가 은밀히 행해진 일에 대해서 부인과 부정으로, 더 나아가서는 피해자에 대해서 정죄와 저주로 자신의 범죄를 피해갔던 일들이 많았기 때문이다. 그래서 교회를 속이고 하나님을 속이는 일을 너무 많이 해 왔고 그를 믿었던 성도들을 나락으로 떨어뜨렸던 일들이 있었기 때문이다.

전병욱 목사가 늦은 감은 있지만, 그래도 이렇게 솔직히 공동체 앞에 자신이 죄를 범했음을 고백하고 사죄한 것은 우리가 주목하고 인정해 주어야 할 부분이다. 특히, 이러한 과정에서 멘토가 되어 그를 돌봐준 사람들이 있고, 그가 이러한 결정을 내리기까지 그에게 조언을 해 준 전문가 그룹과 한국교회에서 중요한 역할을 하는 단체들이 있었다는 것은, 그래도 한국교회가 아직 자정의 능력이 있음을 보여주는 대목이라고 생각한다.

이러한 과정을 보면서 느끼는 것은 전병욱 목사였기 때문에 그러한 배려를 받은 것은 아닌가하는 생각이다. 그가 유명 목사였고 저술이나 설교를 통하여서 많은 사람에게 영향력을 끼치는 사람이었기 때문에 그의 실족이 미칠 파장이 우려되어서 그렇게 사람들이 나서서 그에게 도움을 준 것이 아닌가하는 것이다. 한국교회가 정말 공교회였다면 상당히 공개적인 방식으로 그에게 도움과 충고를 전해 주었을 것이다. 그런데 공식적인 기관들이 움직였다는 이야기보다는 비공식적인 채널들이 그러한 역할을 했다는 소리를 듣는 것으로 보아 한국교회가, 또는 그가 속한 교단이 정말 공교회인가를 묻게 되는 것이다.

목사들은 항상 듣는 이야기가 돈과 성의 문제를 조심하라는 것이다. 이두 문제가 목사에게는 아주 치명적인 범죄가 될 수 있으면서, 동시에 언제든지 벌어질 수 있는 일이기 때문일 것이다. 목회를 하는 목사들의 경우이 둘의 유혹은 항상 가까이에 있다. 그리고 실제적으로 이러한 문제로 범죄하고 실족하는 목사들의 이야기를 우리는 정말 수 없이 들었다. 그런데 문제는 이러한 죄를 범한 목사들이 그 문제를 어떻게 극복했느냐는 것이다. 다툼과 분열, 거짓과 폭력이 이러한 문제를 해결하는 수단이었음을 우리는 경험으로 알고 있다. 공교회가 이러한 일을 감당하지 못하고 사건의 당사자들과 각 개교회가 힘과 목소리로 해결해 왔던 것이다. 어떻게 보면 이것은 상당히 무책임한 일이고 무기력한 일이었다.

오늘 한국교회가 직면한 이 문제 앞에 우리는 좀 더 진지하게 마주했으면 한다. 문제가 일어났을 때 그것을 수습하고 해결할 수 있는 공적인 기관과 실족한 목사를 다시 치유하고 사역으로 이끌어낼 수 있는 기관이 필요하다. 사람들이 인정할 수 있고 수긍할 수 있는 권위 있는 기관을 만들고 교회가 지원하는 일이 필요한 것이다. 동시에 그러한 어려움에 처한 당사자와 교회를 향해서 개인적인 도움을 줄 수 있는 멘토와 도움자가 필요하다. 정죄와 해결만이 아니라 도움과 위로도 필요하기 때문이다.

이제 전병욱 목사의 사건은 새로운 국면을 맞이하게 되었다. 죄를 고백하고 교회로 돌아오지 않겠다고 선언한 그를 교회는 어떻게 처리할 것인지, 그리고 그가 어떻게 회복하고 다시금 성도로, 그리고 사역자로 서게 되는지, 이 모든 것이 이제 한국교회에 새로운 기준이 될 것이다.

복음의 능력이 바로 그곳에서 이 모든 것을 감당할 수 있는 힘과 척도가 될 수 있기를 간절히 바란다.

전병욱 목사가 본격적으로 교회개척에 나설 것이라는 사실이 알려지자 삼일교회는 '제직회'를 열어 전 목사의 구체적인 성범죄 사실을 자세히 공개했다. 또한 13억 전별금 수수설에 대해서도 사실임을 인정했다. 이에 대해 전 목사 측은 어떤 입장이었을까?

'일요신문'의 기사는 이같은 의문에 답을 제시했다. 이 신문은 전 목사의 측근인 모 변호사의 입을 통해 그의 입장을 전했다. 그는 첫째, 삼일교회 측이 발표한 범죄 사실을 팩트로 단정할 수 없고, 둘째 전 목사와 삼일교회 사이에 이면 거래는 없었으며, 셋째 전 목사가 개척할 의사가 없다고 밝혔다. 그러나 그의 진술은 곧 거짓으로 드러났다. 기사 출고 후 불과 한 달이 지나지 않아 전 목사는 교회개척을 본격화했기 때문이다.

삼일교회 '전병욱 목사 사임' 그후 1년

[일요신문 2012.04.22.]

'스타 목사'로 명성을 떨쳤던 전병욱 목사가 성추문 의혹으로 사임한 지 1년이 넘었지만 그가 몸담았던 삼일교회는 여전히 극심한 후유증에 시달리고 있다. 20년 가까이 삼일교회에서 사역하며 '청년부흥의 선두주자'로 부상한 전 목사는 2009년 11월 자신의 집무실에서 여성도를 상대로 부적절한 성행각을 벌였다는 의혹이 불거져 큰 충격을 줬다.

파장이 커지자 전 목사는 2010년 11월 1일 교회 홈페이지에 사과문을 게재했고 같은 해 12월 19일 교회를 떠났다. 사건의 핵심은 수많은 성도에게 존경과 추앙을 받아온 전 목사가 실제로 부적절한 성행각을 벌였는지 여부다. 전 목사 스스로 '교회와 하나님 앞에 죄를 범한 사실'이 있다고 인정했지만 그 '죄'가 무엇인지는 자세히 알려진 바 없었다. 〈일요신문〉도 두 차례에 걸쳐 전 목사의 성추문 내용을 상세히 보도했지만 전 목사와 교회 측이 '죄목'에 대해 침묵하면서 논란은 지속됐다.

특히 일부 성도들 사이에서는 전 목사의 컴백 및 교회 개척 소문이 나돌면서 분란 조짐마저 감지되고 있는 형국이다. 이런 와중에 최근 삼일교회가 사건의 진실 및 전 목사에 대한 유감을 표명하는 공식입장을 발표해 사건은 새국면을 맞고 있다.

지난 3월 삼일교회는 H 목사의 사임을 놓고 또 한차례 격랑에 휩싸였다. H 목사는 전 목사의 사역 초기부터 함께 해오며 각별한 친분을 유지하고 있는 인물로 알려졌다. H 목사의 사임과 관련해 교회 측은 "당회가 확인한 바에 따르면 전 목사는 사임 직후부터 본 교회 성도들에게 연락해서 여러 모양으로 교회를 혼란스럽게 만들거나 오해의 소지를 만들고 있다. 이에 당회는 교역자 회의를 통해 '전 목사와 연락하거나 만나는 사람들의 사표를 받겠다'는 입장을 수 차례 전달했다. 하지만, 이후로도 H 목사가 전 목사를 만나고 있다는 정황과 제보들이 발생했다. 그 내용 중에는 H 목사 개인이나 삼일교회에 위협이 될 만한 것들이 상당수 있었다"라고 밝혔다.

전 목사 사건의 충격이 채 가시지 않은 상황에서 전 목사 측근인 H 목사의 사임문제를 놓고 교회 내에서는 또다시 크고 작은 논란이 벌어지고 있는 형국이다. 전 목사 사건과 관련해 잠재돼 있던 교회 내부 갈등도 재부상할 조짐이 일고 있다. 사실 전 목사 사임 후에도 삼일교회는 후임 목사 청빙 문제를 비롯해 전 목사 관련 문제 처리로 골머리를 앓아왔다. 일부 성도들 사이에서 전 목사 사건의 진실을 둘러싸고 논쟁이 계속됐기 때문이었다. 그 배경에는 전 목사의 컴백설 및 비밀 개척설이 자리하고 있었다.

교회로서는 성도들의 동요를 막고 교회 조직을 안정시키는 일이 시급한 과제로 떠올랐지만 전 목사와 관련된 미확인 소문들은 사임 직후부터 끊임없이 나돌며 교회를 뒤숭숭하게 만들었다.

급기야 2월 말 교회 홈페이지에는 '전임목사 사임 건에 대한 진실과 회개를 요청합니다'라는 '공동요청문'이 올라왔다. 이런 와중에 최근 주목할 만한 일이 발생했다. 4월 9일 삼일교회가 제직회를 열어 '전 목사의 부도덕한 행위와 사임 경과, 퇴직금 지급'에 대한 입장을 발표했기 때문이다. 당회 측은 "전임목사가 어떤 죄목으로 사임했는지 구체적으로 말씀드리지 않아 혼란을 야기했다. 늦게나마 이 문제를 정리하고 넘어가는게 맞다고 생각한다"라고 밝혔다.

당회는 △2010년 12월 초 전 목사로부터 성추행을 당했다는 자매를 당회가 만나 증언을 들었고 △장기간에 걸쳐 다수의 자매가 성피해를 당했다는 제보도 접수했으며 △따라서 전 목사 사임은 마땅히 이뤄져야 할 당면귀결이었다고 밝히면서 "전 목사가 철저하고도 공개적인 회개 없이 개척을 하거나 목회직을 새로이 수행해서는 안 된다"는 공식입장을 분명히 했다.

눈길을 끄는 것은 당회 측이 처음으로 전 목사의 구체적인 '죄목'을 밝혔다는 점이다. 사실 이 사건의 본질은 전 목사의 행위가 '안마 수준'의 스킨십이었는지, 아니면 '구강성교'가 포함된 부적절한 성행위였는지를 가리는 것이었다. 전 목사가 교회를 떠났음에도 컴백을 원하는 성도들이 있었던 이유도 전 목사의 부적절한 행위의 실체가 명확하지 않았기 때문이었다.

이날 당회는 뒷말이 무성했던 퇴직금에 대해서도 언급했다. 요약하자면 "주택구입 명목으로 10억 원, 만 17년 봉직한 퇴직금 명목으로 1억 1000만 원, 향후 몇 년간 목회활동 중단에 따른 생활비 명목으로 1억 3000만 원, 치유 명목성 중독 관련 치료냐, 사건으로 무너진 심신을 회복하라는 의미냐를 두고는 이견이 있음으로 1억 원 등 총 13억 4500만 원을 지급하기로 했으며, 전 목사가 살고 있던 전세 보증금을 상계하고 10억 6500만 원을 지급했다. 전 목사의 상여 처리는 교회 규정이 정한 절차에 따라 이뤄졌다"는 것이다.

그동안 전 목사의 구체적인 사임 이유에 대해 침묵했던 당회가 '죄목'에 해당하는 성적 행위 및 논란이 일었던 퇴직금 문제를 구체적으로 밝힌 배경에는 전 목사 사임을 둘러싸고 더 이상 성도들의 혼란을 막고 불필요한 논쟁을 차단하고자 하는 의지가 투영된 것으로 풀이된다.

하지만, 20년 가까이 사역을 하면서 교회와 청년선교에 끼친 영향력이 너무 큰 탓이었을까. 교회를 떠난 후에도 전 목사와 관련된 소문은 끊이질 않았다. 전 목사가 서울과 경기 등 모처에서 비밀리에 교회 개척을 준비 중이며 이를 위해 삼일교회 관계자 및 성도들과 잦은 접촉을 하고 있다는 내용이었다. 실제로 기자에게 들어온 제보는 전 목사가 활동하는 지역과 장소, 만나는 사람들, 심지어 개척 준비 정황을 짐작케 하는 사진까지 등장하는 등 상당히 구체적이었다.

전 목사의 개척설은 삼일교회 성도들 사이에서도 설득력 있게 나돌고 있는 실정이다. 한 성도는 "전 목사는 어떠한 경우라도 삼일교회 교인들과 접촉하지 않는 게 맞다. 스스로 하나님과 교회에 죄를 지었다고 인정하고 떠난 사람이 여전히 교회 주변을 얼쩡대면서 성도들과 만나는 것은 옳지 않다. 전 목사가 자신의 영향력을 회복하려 하거나 개척시 성도들을 끌어가려는 것으로 오해를 살 수도 있다"는 의견을 보였다. 또 다른 성도역시 "조용히 자숙하고 있는데 헛소문이 돌겠나. 개척설이 나오는 것은 전 목사에게도 책임이 있다고 본다"라고 말했다.

불미스러운 일로 교회를 떠난 전 목사가 충분한 자숙기간도 거치지 않은 채 삼일교회 성도 및 교역자들과 접촉하며 개척을 준비하고 있다는 소문은 사실 여부를 떠나 삼일교회 입장에서는 상당히 불편했을 것으로 관측되고 있다. 실제로 제직회에서 당회는 전 목사의 행보와 관련해 "전 목사가 이미 개척했다거나 복수의 장소에서 모임을 하며 예배를 드리는 등상당 수준의 개척을 준비하고 있다는 소문이 있다. 전 목사는 향후 몇 년간 목회직 수행이 어려우므로 생활비를 지원해달라고 당회에 요구했으며 당회는 이를 받아들여 금액을 지불했다. 그런데 퇴임 후 1년 정도밖에 경과하지 않았고, 청빙절차도 완결되지 않은 현 상황에서 개척에 관한 소문이 나오고 있는 것은 유감스럽다. 전 목사가 교인들의 상처 치유와 안정을 위해 책임 있는 처신을 보여주길 촉구한다"며 강한 메시지를 전달하기도 했다.

하지만, 이러한 당회의 단호한 입장표명에도 일부 성도들은 여전히 전 목사를 옹호하고 있는 것으로 파악되고 있다. 기자는 전 목사와 관련된 내용 및 근황에 대해 자세히 알고 있다는 A 변호사로부터 세간에 나도는 소문과는 다소 다른 내용들을 들을 수 있었다. "전 목사가 죄를 짓지 않았다거나 그를 옹호하기 위함은 아니다"라고 전제한 A 씨는 "전 목사 본인이 침묵하고 있는 상황에서 뭐라 말하기는 그렇지만 사실과 다른 내용들이 많은 것 같다"며 답답함을 털어놨다.

A 씨는 우선 성추행 의혹에 대해 "이번에 당회 측에서 전 목사의 행위를 구체적으로 명시했지만 그것을 팩트로 단정 지을 수는 없다. 피해를 당했다는 여성의 진술에만 의존해 판단하기는 무리가 있다"는 의견을 보였다. A 씨는 또 "일각에는 전 목사가 2년 개척금지 등 향후 목회 활동 중단에 따른 생활비 명목으로 돈을 요구했다고 알려졌으나, 확인 결과 전 목사는 생활비를 요구한 적도 없고 2년 개척 금지를 약속한 사실도 없었다. 혹여 전 목사가 요구한 적이 없음에도 2년치 생활비를 줬으니 2년간 사역을 안하기로 암묵적으로 약속한 것이라는 의미인지는 모르겠으나 이는 사실과 다른 일방적 주장일 뿐이다"라고 설명했다.

개척설과 관련해서는 좀 더 구체적인 얘기를 전했다. A 씨는 "전 목사는 개척하지 않았고 추후에도 몰래 개척할 생각이 없다. 공덕동의 한 오피스텔에서 개척했거나 준비 모임을 갖고 있다는 소문이 있는데 실제로 가 본 결과 5명이 겨우 들어갈 만한 서재용 오피스텔이었다. 전 목사는 현재 서초동 소재 동생의 집에서 가족과 친지 등 20명 남짓 모여 가정예배를 드리고 있으며 간혹 주변에서 기도와 말씀 요청이 오면 응하는 것으로 안다"라고 전했다. 이어 A 씨는 "전 목사는 삼일교회가 잘되기만을 바라고 있으며 교인과의 연락도 자제하고 있는 것으로 안다. 간혹 극소수의 사람들과 연락이 되고 있는데 교회는 그마저도 전 목사가 교회를 흔들려한다고 보고 있는 것 같아 안타깝다"는 입장을 보였다.

삼일교회 당회의 비민주적인 일처리 방식 때문에 성도들은 오히려 교회 공동체에 대한 자각과 각성의 눈을 뜨게 된다. 본문은 삼일교회 출신 성도가 자신의 블로그에 올린 글을 '전병욱 목사 진실을 공개합니다' 카페에 옮겨 실은 글이다. 이 성도는 글을 통해 블로거 지 씨를 고소한 삼일교회를 강력히 비판했다. 삼일교회가 거짓말에 능숙해지고 있으며, 하나님보다 인간을 두려워하는 죄를 짓고 있다고 질타했다. 무엇보다 이 성도는 '사실 전 목사님의 실족이 드러났을 때 삼일교회의 대처가 정직했다면, 일이 이렇게 커지지 않았을 것'이라면서 교회 측의 대응이 처음부터 잘못이었음을 이야기하고 있다. 현재 삼일교회는 신임 송태근 목사의 부임 이후 평온을 되찾아 가는 중이다. 송 목사는 수차례에 걸쳐 사과의사를 밝혔다. 그러나 당회 측이 과오를 겸허히 인정했는지의 여부는 아직 불투명하다.

삼일교회의 죄

드디어 삼일교회에서 고소한 블로거 지○○ 씨이미 일요신문에 사진과 실명이 공개되었다가 녹취록과 사건의 경위에 대해 입을 열었다. 실명에 사진까지 공개한것은 '결사항전'이라는 그의 블로그 내용이 생각나게 한다. 삼일교회의 의도대로 범죄자가 되더라도 죄와 타협은 안하겠다는 뜻인 것 같고, 자신의 모든 것을 걸고 사실을 밝히겠다는 의지의 표현이 아닌가 싶다.

그럼 이쯤에서 삼일교회의 성도로 이번 사건을 지켜본 주관적인 나의 입장을 나열해보겠다. 물론 현재는 삼일교회를 나왔다. 나온 이유야 읽다 보면 저절로 알게 될것이고, 그래도 섬겼던 교회에 대해 이렇게까지 하는 이유가 뭐냐고 묻는다면 그저 내 느낌과 내 사고로 도무지 이해할 수 없는 짓들을 교회가 하고 있기 때문이라고 밖에 말할 수가 없다.

나의 상식으로 그리스도인으로서는 해서는 안 될 일이 있고 교회가 그 선을 넘었다고 생각되기 때문이다. 전 목사님의 실족이 놀랍기는 하나, 그 뒤에 보여준 교회의 행동에 비추어보면 그다지 더 실망할 것도 없다.

내가 삼일교회에서 보고 느낀 문제점들은 오직 주관적인 것이다. 대부분의 삼일교회 성도들은 나와는 전혀 생각이 다르고 덕분에 욕도 좀 먹어야 했다. 삼일교회 사건은 교계의 큰 이슈이고 삼일교회에서 보고 느낀 것을 적는다는 것이 큰 문제가 될 것이 없겠지만, 삼일교회라는 곳이 소송을 좋아하는 곳이니 혹시라도 문제가 되는 부분이 있다면 언제든 수정이 가능하니 연락을 주기 바란다.

삼일교회의 첫번째 죄, 은폐

뉴스앤조이 보도 후 삼일교회 간사에게 사건에 대해 물었다. "증거로는 녹취록이 있고—녹취록이 있는것을 보면 자매가 일부러 녹음기를 들고 목사님방에 들어간 것이 아닌가 라는 뉘앙스의 말이 있었다. 아마 이것이 '신천지이단자매유혹'이 되지 않았을까—목사님은 자매가 그렇게 생각하면 성추행이 맞다고 기도원에 들어가셨다" 라는 대답을 들었다.

그럼 뉴스앤조이 기사에 침대를 치우고 CCTV를 설치하고 남자 비서가 항시 함께 있게 하겠다는 당회의 조치는 뭐냐 물었더니 "뭐 그냥 그런 것이다. 전 목사님의 잘못은 아주 작은 것이다"라고 대답을 해주었다.

내가 전화통화를 했던 간사는 팀 간사로 그 간사 밑으로 몇 백명의 양들이 양육을 받고 있었다. 교회의 은폐설은 이렇게 작은 일 하나로도 입증이 된다. 그럼에도 교회는 아직도 은폐하지 않았다는 말을 하고 있다. 거짓말에 능숙해지고 있다.

삼일교회의 두번째 죄, 하나님보다 인간을 두려워한 죄

이미 녹취록이 있었다는것은 사실을 모두 교회가 알고 있었다는 뜻이다. 침대를 치우고, CCTV를 설치하고 남자비서가 항시 동행하게 하겠다고 할 정도로 전 목사님 상태가 심각하다는 것을 교회가 인지하고 있었다는 뜻이다.

뉴스앤조이가 처음 보도했을때 중진 목사님 몇 분이 전 목사님이 치료를 받아야한다고 했었던 말들을 교회도 알고있고 느끼고 있었다는 뜻이다. 그러나 교회가 한 행동은 전 목사님이 치료를 받도록 도운 것도 아니고 이단자매로 둔갑한 피해자매를 도운 것도 아니고 그저 안식년이라는 거짓말로 성도를 속이고 치료가 필요한 환자인 피해자와 가해자를 방치했다.

그뿐이 아니다. 12월까지도 전 목사님이 당연히 삼일교회 당회장으로 돌아오실꺼라고 삼일교회 간사들은 알고 있었다. 그것이 무슨 문제가 있냐고 어이없어하는 간사를 만나기도 했다. 삼일교회도 청년들도 전 목사님이 치료가 필요한 상태라는 것을 알면서도 모른척했다.

결국, 치명적인 실족이라는 것을 알면서도 안식년을 선포하여 죄를 은폐함으로 전 목사님이 다시 설교하도록 계획했다. 그의 영혼이 어떤 상처를 입었든, 어떤 죄로 하나님께 버려지든 상관없이 아닌척, 안들리는 척, 모르는 척, 아무일도 없는 척.

왜? 아마 하나님이 없는 삼일교회보다 전 목사님이 없는 삼일교회가 더 싫었던게 아닐까. 전 목사님이 없는 삼일교회가 두려웠던게 아닐까 라고 유추해본다.

삼일교회의 세번째 죄, 버린 죄

피해자가 두명이 나서고 피해자 가족들이 모여 삼일교회를 방문한 후 전 목사님은 삼일교회에서 사임되셨다. 빛마음이라는 황 목사님의 블로그 내용을 보자면 전 목사님은 사임 후 배신감을 느끼고, 바로 개척을 준비하셨고 삼일교회는 지○○ 씨를 고소하므로 전 목사님의 여죄가 공개되도록, 평양노회에 전 목사님이 향후 2년간 수도권 내에서 개척을 못하시도록 함으로 전 목사님을 철저히 버린다.

사실, 다른 어떤 죄들보다 내가 삼일교회를 철저히 싫어하게 만든 죄이다. 삼일교회가 버린 성도는 많다. 사실을 밝히지 않으므로 6천여명의 성도를 버렸고, 피해자들이 이단이라는 말까지 돌아도 끝까지 모른척 해서 피해자들을 버렸고, 마지막에는 자신들의 영적 아버지라고 추앙하던 전 목사님도 버렸다.

그 버리는 과정 어디하나 그리스도의 향기는 찾을 수가 없다. 버려야 할 이유가 없을 때 누구보다 사랑하고 존경하며 좋아했던 대상들이다. 그러나 버려야할 이유가 생기고 그들이 병들었을 때 일말의 죄책감도 없이 버렸다. 그런데도 그들은 자신은 예배드리기를 원해서 이런 일들을 했다고 말한다. 그 예배는 도대체 누구를 위한 예배일까. 과연 그 예배를 하나님은 받으실까.

삼일교회가 진정으로 예배드리는 교회였다면, 전 목사님 실족의 사실을 알았을때 누구보다 먼저 전 목사님의 설교를 중지했어야 했다. 신혼부부의 주례를 막았어야 했다. 그가 하나님 앞에 범죄하지 않도록, 그의 영육이 치료받고 회복되도록 그분을 사랑하고 존경했기에 더이상 죄를 짓지 않도록 최선을 다했어야 했다. 사랑은 입으로만 하는것이 아니라 행동으로 나타나야 하는 것이다. 그가 처음부터 성추행자였었나? 그는 삼일교회가 가장 사랑하고 자랑스러워하던 영적 스승이고 아버지였다. 삼일교회를 돌보며 생긴 병을 그 돌봄을 받던 교회와 성도들은 모른 척하고 수치스러워하고 그를 버렸다.

삼일교회의 네번째 죄, 적극적으로 죄를 지은 죄

삼일교회의 고소사태는 그리스도인으로서는 절대로 해서는 안되는 짓이었다. 삼일교회에 관련 검색을 하다가 사랑의교회 부목사님 한 분이 트위터에 올린 글들을 보았다.

'이 고소건은 삼일교회에서 할 수도 있는 것이라 생각합니다만'

'삼일교회 문제를 좀 살펴봤는데 교회는 그런대로 일을 잘 처리했다. 이후 피해여성도가 전 목사에 대해 법적 공방을 벌일 경우 그녀를 지원해 주기만 한다면 당회로서는 큰 비난을 받을 이유가 없을 듯. 범죄 목사는 사퇴하고 노회 차원의 징계까지 이뤄졌으니.' 사실 이 트위터를 안봤다면 이렇게까지 블로그에 글을 올리지는 않았을 것같다. 정말 이렇게 생각하는 사람들이 있다면 다르게 생각하는 사람이 있다는 것도 알려야 하지 않을까 라는 생각이 들어서 이런 글을 올리고 있다.

삼일교회 고소의 핵심은 자신들과 생각이 다른 한 청년을 범죄자로 만드는 것이다. 역사상 교회는 가장 낮고 고단하고 비참한 자리에 서 있었다. 오죽하면 예수님이 그 시대의 가장 더러운 죄의 댓가인 십자가를 지셨겠는가. 당시 예수님이 당했던 모욕과 조롱과 핍박을 그리스도인이라면 기억할 것이다. 그런 예수님의 몸 위에 세워진 교회가 그런 예수님의 사랑으로 구원한 한 형제를 범죄자로 만들기로 계획을 하고 실행을 하고 있다. 이유는 자신들의 명예를 회복하기 위해서라고 말한다.

백번 양보해서 그 형제가 오직 100% 거짓말을 했다고 해도 교회가 형제를 범죄자로 만드는 고소를 하는것은 옳지 않은 일이다. 얼마든지 그 형제의 말이 거짓이라고 교회 스스로 밝히고 성도와 교회를 대표하는 홈페이지에 관련자들의 대답을 토해 밝히면 그만인 것이다.

그런데도 교회 스스로 어떤 정당한 공지도 없이 신문 기사에 따르면 80%는 입증이 가능한 사실로, 한 청년을 범죄자로 만들려 계획하고 있으니 정말 같은 그리스도 인으로서 부끄럽기 짝이 없는 일이다.

그런데도 이 일이 정당하다고 믿는 사람까지 있으니 어쩌면 이들은 그리스도인이라는 정체성을 잊은지 오래된 건 아닌지 모르겠다. 아직 따지고 싶은 삼일교회의 죄는 몇 가지 남아 있다.

하지만, 글이 너무 길어지니 이만큼만 하기로 하자. 이것만으로도 내 생각에는 하나님 앞에 너무 큰 죄를 삼일교회가 짓고 있다고 생각하니까.

삼일교회에 부탁하고 싶다.

이제 회개하고 천국가는 길을 찾아봐주기를 바란다. 진심으로 회개하고 고소를 취하하고, 그리고 무엇보다 피해자와 전 목사님이 치료받고 회복될 수 있도록 삼일교회가 앞장 서주기를 바란다.

사실 처음 전 목사님의 실족이 드러났을 때 삼일교회의 대처가 정직했다면 일이 이렇게 커지지 않았을 것이다. 하다못해 고소라도 안하고 조용히 하나님의 은혜를 구했더라면 이렇게 부끄러운 일들은 없었을 것이다. 이제 전 목사님과 피해자의 삶은 삼일교회 덕분에 만신창이로 세상 앞에 드러났다.

블로거 지○○ 씨가 한 일이라고 덮어씌워 자위하고 싶겠지만, 그건 아니다. 삼일교회가 피해자 말에 귀기울였으면, 삼일교회가 사건이 공개되었을 때라도 정직했으면, 삼일교회가 최소한 고소만이라도 안 했었다면 지○○ 씨가 이런 일을 할 명분도 없었을터. 그러니 원인을 제공한 것도, 삼일교회고 멍석을 깐 것도 삼일교회고 지금도 고소를 취하하지 않는 것을 보니 삼일교회는 일말의 양심조차 보여주지를 않는 것 같다.

한번이라도 정직하게 하나님 앞에 회개했다면 성도들은 교회를 떠나기보다 함께 눈물로 기도하는 자리를 지켰을 것이라 확신한다. 나역시 그랬을테니까.

그러나 그리스도인의 삶이란 늘 죄 속에 있으나 회개함으로 늘 죄를 이기는 삶이 아닌가. 어제까지 실수했더라도 오늘 하나님 앞에 회개하고 새로운 삶을 살아갈 수 있는것 아닌가.

진리가 삼일교회를 자유케 하므로 이번 사건이 삼일교회를 더 성숙한 하나님의 교회로 이끄는 계기가 되었으면 좋겠다.

그래서 삼일교회를 떠났던 수많은 청년이 돌아오고 하나님께 드려지는 정직한 예배가 삼일교회에 회복되었으면 좋겠다.

삼일교회는 성도들의 잇따른 항의와 여론의 움직임, 피해여성도의 증언 등에 힘입어 전병욱 목사를 사임케 한다. 그러나 1년 이상을 담임목사 없이 임시당회장인 길자연 목사를 중심 체제로 운영되면서 사건은 새로운 국면으로 접어들게 된다. 삼일교회 담임목사 청빙을 둘러싼 치열한 갈등이 일어나게 된 것이다. 임시당회장은 자신의 인맥선 상에 있는 사람을 삼일교회 담임목사로 세우려 했고, 당회 내 전병욱 목사를 지지하던 일부 장로들은 그의 복귀를 추진하기도 했다. 그러나 여전히 전 목사 사건에 대한 의혹은 해소되지 않은 상황인데다 전별금 13억 수수설이 기독교계 언론에 보도되면서 삼일교회 성도들은 혼란스런 상황에 직면해야 했다. 이런 상황을 타개하기 위해 117명의 평신도들이 나섰다. 이들은 삼일교회 홈페이지에 '공동요청문'을 올려 전 목사 사건의 실체 및 13억 전별금 지급 근거를 밝히라고 요구했다. 이들은 '의혹이 제기되고 피해자가 있다고 알려졌음에도 사실을 애써 외면하거나 맹목적으로 전임목사를 두둔해 지금의 의혹을 키워왔다'며 성도들을 향해 철저한 회개를 촉구했다. 이 공동요청문은 전 목사 사건이 재점화 되는 기폭제가 된다.

공동요청문

[삼일교회 게시판 2012.02.29.]

존경하는 당회 장로님들과 사랑하는 삼일교회 성도 여러분,

우리는 청빙위를 통해 이제 새로운 목사님을 맞이할 준비를 하고 있습니다.

그러나 전임목사 사임 건이 아직 말끔하게 정리 되지 않아 여러 가지 의혹들과 소문들이 돌고 있으며 교인 대부분이 사실관계를 알지 못하고 있습니다. 이러한 상황은 이후에 우리 교회에 청빙되어 오실 목사님께도 지속적인 부담이 될 것이며, 우리 스스로가 잘못된 판단을 하게 되는 계기를 만들어 줄 수 있습니다.

중요한 것은 사건이 일어난 실체 뿐만 아니라 그것을 지켜 봐야 했던 우

리에게도 큰 잘못이 있다는 것입니다. 분명 의혹이 있는 데도 피해 정도가 어느 정도인지 파악하려고 시도조차 하지 않았으며, 일부는 애써 사실을 외면하는 태도를 취하기도 했습니다.

불의에 대한 침묵은 불의 자체 만큼이나 악한 것입니다.

이러한 이유로 다음과 같이 제안을 하고자 합니다.

1. 당회는 제직회와 리더모임을 통해 사건의 실체를 정확하게 밝혀 주시기 바랍니다.

강도講道장로, 곧 담임목사의 범죄에 대한 부분은 디모데 전서에 이르기를 "모든 사람 앞에서 죄를 꾸짖어 나머지 사람들로 두려워 하게 하라" 라고 엄히 명하고 있습니다. 그런데 담임목사의 사임을 아무런 이유도 제대로 밝히지 않은 채 당회에서 은밀히 처리하였으니 이는 분명히 성경적 원리에서 벗어나는 것입니다.

이에 따른 오해와 소문이 교회의 안정을 방해하고 있으니 최대한 빠른 시간 안에 전임목사님의 사임 사유와 과정을 구체적으로 밝혀 주시기를 바랍니다.

2. 전임목사님에게 전달된 13억전별금 10억. 전세금3억이 어떤 근거로 지급 되었는지 밝혀 주시기를 바랍니다.

교회의 헌금은 하나님의 일을 하라고 성도들이 피 땀 흘려 번 돈을 봉헌한 것입니다. 그 헌금이 해당 사건의 피해자도 아니고 가해자로 알려진 전임목사의 손에 아무런 교회법 상의 근거도 없이 전달되었다는 것은 도무지 납득하기 어렵습니다.

전임목사님의 공을 생각하여 10억 이상의 거금을 전달하고자 한다면 적어도 제직회 이상의 회의를 통해 성도들의 동의를 구하고 전달했어야 한다고 생각합니다.

3. 우리를 포함한 삼일교회 전 교인의 회개와 각성이 필요합니다.

우리는 모두 죄인이요, 이 사건에 대해 책임이 있습니다. 의혹이 제기되고 피해자가 있다고 알려졌음에도 사실을 애써 외면하거나 맹목적으로 전임목사를 두둔하여 지금의 의혹을 계속 키워왔습니다.

지금이라도 사실관계에 대한 명확한 사실을 알리도록 당회에 요청하고 적법하고 공의로운 치리를 하지 않고 묵과한 부분이 있다면 철저히 회개해야 합니다.

이제 우리에게는 새롭게 청빙 되어 오는 목사님께서 아무런 장애 없이 말씀을 전하실 수 있도록 교회를 잘 준비해야 하는 소임이 있습니다. 더 이상 과거의 문제에 사로 잡히지 않고, 새로운 마음으로 정리해야 할 때가 지금이라고 생각합니다.

이 글은 각 처소에서 이름도 없이 빛도 없이 교회를 섬기고 있는 간사, 목자, 집사 등 평신도들이 원활한 청빙과 교회의 안정을 위해 반드시 필요하다고 생각되어 작성하였습니다.

작성자 : 권대원대청7진, 간사 권오철장년2진,새가족부간사 강현구장년1진 권지혜장년1진 길소영장년1진 김단비대청7진 김동길대청20진 김범준신혼1진 김선옥장년2진 김정옥대청15진 김태환장년1진 김한나장년1진 김환희장년1진 김현미장년2진 김상규대청7진 김윤정장년1진 김은경장년1진 김영희대청7진 김지웅대청7진,리더 김홍귀대청15진 류나유아부교사 맹현철장년2진 문제전장년1진 박금옥대방목장 박상규새가족부간사 박은주장년2진 박정미신혼1진 박운희대청7진 박한건대청7진 변희배 사공은정장년2진 서영욱 송성범장년2진 오지성대청3진 유대혁육미영대청7진,리더 윤세욱대청7진,리더 윤현숙장년2진 이만기신혼1진 이선미대청1진 이선영대청4진 이수미장년2진 이세은장년1진 이원상 이종운대청10진 이재영대청1진 이형순 이승환장년2진 이홍경신혼1진 임희령 임대광 장연숙대청

7진전미란 정미나대청7진 정세연장년2진 정연준장년2진 정용준장년2진 정창진
장년1진,목자 진해식 최대승 최민화장년 최인우대청9진 최현정대청4진 편지영
대청7진,리더 한상길장년2진 한영기장년2진 황인섭

침묵을 지키던 삼일교회 당회가 마침내 입을 연다. 당회는 2012년 4월 9일 제직회의를 열어 사건의 실체를 공개적으로 밝혔다. 당회가 사건의 실체를 공개하기 이전 항간엔 전 목사의 성추행이 성폭행에 가까운 높은 수위의 추행이라는 소문이 팽배했다. 이에 대해 당회는 '당회장실에서 피해자를 호출해 옷을 벗은 후 구강성교를 한 것'이라고 명확히 밝혀 이 같은 소문이 사실임을 입증했다. 당회는 또 전별금과 관련해서는 음성적으로 지급한 것이 아니라 퇴직금 등 상여 처리에서 지급됐음을 밝혔다. 특히 주목할 부분은 교회 측이 '치유가 필요한 부분'이라며 전 목사에게 1억원을 지급했다는 대목이다. '치유가 필요한 부분'이란 전 목사의 성 중독증이었다. 성 중독 치료비로 1억이라는 거액을 지급했다는 사실은 전 목사의 상태가 심각한 수준임을 시사했다. 당회가 사건의 실체를 공개했지만 후폭풍은 만만치 않았다. 침묵으로 일관하던 당회가 돌연 입장을 바꾼 시점이 전 목사의 개척이 가시화되던 시기였기 때문이다. 실제 삼일교회 측은 '상당히 유감스럽다'고 불편한 심기를 표출하기도 했다. 거액의 전별금을 지급하면서 성도들의 동의를 구하지 않은 점, 그리고 전별금 가운데 1억이 성 중독 치료비로 지급됐다는 점은 삼일교회 안과 밖에서의 후폭풍을 더욱 강력하게 만들었다.

삼일교회 당회 발표문

[2012.04.09.]

발표에 앞서서 조금 부연 설명을 드리도록 하고 말씀을 드리도록 하겠습니다.

저는 삼일교회 당회 이○○ 장로입니다.

여러분이 잘 아시다시피 지난번에 공동요청문이 우리 교회에 올라와 가지고 많은 혼란을 야기시켰던 것을 잘 기억하실 것입니다. 그리고 2010년 전임목사 사임으로 인해서 우리가 어떤 죄목으로 사임했는지를 구체적으로 말씀드리지 않아서 지금도 전임목사가 개척하는데 가시는 분도 있고 또 여러분들에게 전화를 해서 오라고 하는 분도 있습니다.

그때 당시에 자세하게 말씀 못드렸던 것을 대단히 죄송스럽구요, 늦게나마 한번쯤은 우리 교회가 이 문제를 정리하고 넘어가는 것이 맞다고 생각해서, 또 공동요청문의 요청도 있고해서 전임목사 사임에 대한 경과를 말씀드리고, 아울러서 퇴직금 절차에 대해서 말씀드리도록 하겠습니다.

먼저 전임목사의 부도덕한 행위와 사임 경과에 대해서 짧게 말씀드리도록 하겠습니다.

전임목사 사건이 알려진 뒤에 당회가 접한 자매의 주장은 2009년 11월경 당회실에서 전임목사로부터 성추행을 당했다는 것이었습니다. 그 내용은 당회장실에서 피해자를 호출하여 옷을 벗은 후 구강성교를 한 것입니다. 이 사실을 장로들은 2010년 12월 초 자매를 만나 증언을 들었습니다. 이 외에도 장기간에 걸쳐서 다수의 자매가 성피해를 당했다는 제보가 접수되었지만, 이것을 다 확인할 수는 없었습니다.

돌이켜보면 본 교회가 성도 2만명 교회로 성장하는 부흥의 주역이자 우리가 존경하던 전임목사 성추행 의혹에 관한 사건이었으므로, 사건을 처리함에 있어서 정황을 조속하게 파악하지 못하여 약간의 혼동과 다소 부족한 점이 있었으나, 전임목사 사임은 마땅히 이루어져야 할 당면귀결이었습니다. 당회는 본인의 철저한 회개와 공개적인 회개도 없이 개척을 하거나 목회직을 새로이 수행해서는 안된다고 판단하고 있음을 성도 여러분께 알려드립니다.

그간 정보 부족으로 인해 성도 여러분에게 느끼셨을 여러 혼란과 의문들이 이번 발표를 통해 다소나마 해소되길 바라며 부족하나마 당회를 다시 한번 더 신뢰해주시기를 부탁드리겠습니다.

두 번째 전임목사 퇴직금 지급에 관해서 말씀드리겠습니다.

당회는 전임목사 사임 의사를 받아들이기로 결정하였고, 남은 절차는 퇴직금 등의 상여 처리문제를 처리하는 것이었습니다. 1977년 재정되어 현재까지 적용되고 있는 삼일교회 당회 회칙에 의하면 교회의 예산, 결산, 사입 및 자산 취득 처분 관한 사항에 당회가 심의 및 결의하도록 되어있습니다. 참고로 이걸 근거해서 그간의 규정에 의해서 우리 B관 건립, C관 매입, D관 매입등 중요한 재정 지출 결정 의사를 내려왔습니다. 위 규정에 근거하여 당회원들 간에 전임목사 상여처리에 관하여 논의하였습니다.

그 세부 내역을 말씀 드리기 전 이 금액이 일부 언론에 보도한 바와 같이 음성적으로 전별금 명목이 아니라, 각 항목별로 산정한 금액을 알려드리도록 하겠습니다. 그 세부내역을 보면 거주한 주택 구입 명목으로 10억원, 만 17년 봉직했다는 퇴직금 명목으로 1억 천만원, 향후 몇 년간 목회활동 중단에 따른 생활비 명목으로 1억 3천만원, 그리고 전에 말씀드린대로 이건 치유가 필요한 부분이기때문에 금 1억원을 합계 13억 4천 5백만원을 지급하기로 하였으며, 전임목사가 당시 전세금으로 살고 있던 반환 전세보증금을 상계하고 10억 6천 5백만원을 지급하였습니다.

교회 재산은 성도 여러분의 땀흘려 모아주신 헌금으로 이루어진 것이기에 전임목사 상여수준을 결정함에 앞서 되도록이면 성도여러분의 의견을 여쭙고 동의를 구하는 것이 바람직하다고 생각합니다. 그러나 당시 상황을 고려해보면, 교회 외부에서 많은 공격이 있었고 성도들간에 출처와 진위 확인이 어려운 소문이 퍼져나가는 등 교회 내부적으로 혼란 상황이었기때문에 당회에서는 여러분의 의견을 듣는 과정에서 교회의 분열이 발생할까 우려스러웠고 가급적이면 사태를 좋게 매듭짓는 것이 최선이라고 판단하였습니다.

당회에서는 당시 상황에서 소통이 부족했던 점을 매우 아쉽고 유감스럽게 생각합니다. 다만 전임목사 상여처리는 교회 규정이 정한 절차에 따라 이루어진 것임을 다시 한번 확인 드립니다. 향후에는 중요한 사항에 있어서 성도 여러분과 충분한 소통이 있도록 하는 것에 제도적 보완책을 마련할 것을 이 자리를 빌어서 약속 드립니다.

마지막으로 성도 여러분께 당부드리고 싶은 말씀을 드리고자 합니다.

금번 당회 발표에 앞서서 당회원도 수차례 의회를 갖고 성도 여러분께 어떤 답변을 드려야 할 지 많은 고민을 하였습니다. 자칫 교회 덕이 되지 않는 모습을 보여드린게 아닌가 하는 것이 있고, 누군가의 명예훼손을 각오하고 범한 것이 아닌가 하는 점에 대하여 많은 법무 토론이 있었습니다.

그럼에도 이번 발표를 하게 된 것은 교회 내에 전임목사와 관련된 의혹과 억측들이 존재하고 있고, 이런 문제를 해소시키지 않고서는 교회가 청빙을 온전히 하나가 되는 모습으로 매진할 수 없을 것이라는 판단을 이루었기 때문입니다.

이런 발표가 교회의 온전함과 청빙의 하나됨에 기여하길 바라며 해당 장의 명예 보호를 위해 성도 여러분도 유의하여주시길 부탁드립니다. 한편 이 발표에 앞서 일부 교인들이 충정 어린 의견을 교회 게시판에 게시한 적이 있습니다. 교인들의 의견을 당회가 전달할 공식 방법이 부재한 상황에서 이루어진 나름대로 고육지책이라고 이해되긴 하지만, 이를 공식적으로 의사소통 방법으로 활용할 경우 소수 성도들에 의한 혼란이 야기될 우려도 크다고 생각합니다.

당회의 이번 발표도 일반적인 사례로 이해되지 않길 바랍니다. 따라서 당회는 향후 교회 정관 등 교회 규정 제정의 작업을 통하여 성도들의 공통된 의견을 접수하고, 일정한 기준과 절차에 따라 답변할 수 있는 방안을 수립하도록 하겠습니다.

마지막으로 항간에 전임목사가 이미 개척하였다거나 복수 장소에서 모임을 하며 예배를 드리는 등 상당한 수준의 개척을 준비하고 있다는 소문이 있습니다. 전임목사는 스스로도 향후 몇 년간 목회직 수행이 어려우므로 생활비를 지원해달라고 하고 당회에 요구하였으며, 당회는 이를 받아들여 금액을 지불한 만큼 퇴임 후 1년 정도 밖에 경과하지 않았고, 청빙 절차도 완결되지 않은 현 상황에서 개척과 관한 소문이 나오고 있는 것은 상당히 유감스러운 일입니다.

당회는 전임목사가 이번 사태로 인한 교인들의 상처 치유과 교회의 안정을 위하여 책임있는 처신을 보여주시길 촉구하는 바입니다. 성도들에게 교회의 하나됨과 청빙에 대해서 기도와 예배의 자리를 굳건히 지켜주시고 교회, 전임목사, 여러분 자신을 위해서도 전임목사 관련된 자들의 어떠한 접촉도 삼가해주시길 바랍니다.

내가 이 반석 위에 내 교회를 세우리니 음부의 권세가 이기지 못하리라.

이상 보고를 마치겠고, 오늘 여러분들이 궁금한 점이 계시더라도 공식적으로 질문은 받지 않겠습니다. 그러나 진장들을 통해서 문의해올 때는 답변을 드리도록 하겠습니다. 또한 아울러서 조금전에 말씀드린 바와 같이 교회 게시판은 우리교회의 본질을 회복하는 목적이 있기 때문에 향후 이러한 건의라던가 혹은 비방, 특별히 우리가 청빙 대상도 되지 아니하는 김00 목사님같은 분들의 명함이 오르내리는 부분에 대해서는 이유여하를 막론하고 무조건 삭제하겠습니다.

감사합니다.

전병욱 목사가 별다른 제재 없이 교회개척을 할 수 있었던 가장 큰 요인 중 하나는 삼일교회 당회의 초동대처가 소홀했다는 점이다. 만약 삼일교회 당회가 뼈를 깎는 심정으로 전 목사 사건에 대한 엄정 조사와 치리를 했다면 전 목사의 개척은 불가능했을 가능성이 높다. 그러나 당회는 사건을 숨기기에 급급했다. 지강유철 양화진문화원 선임연구원은 2012년 7월 명동청어람에서 있었던 긴급토론회에서 당회의 안일한 대응을 강력히 성토했다. 지강 선임연구원은 이 자리에서 당회의 안이한 사건처리가 비단 이번뿐만이 아니었음을 폭로했다. 지강 선임연구원은 전 목사를 청빙하던 과정에서도 당회의 무능과 편법이 드러났으며, 이런 행태는 전 목사 사건을 처리하는 데서 또 다시 되풀이됐다고 강조했다.

놓쳐선 안 될 전병욱 사건의 또 다른 실체

[긴급토론회 '전병욱 사건과 한국교회' 2012.07.13.]

오늘 제 발제 제목은 '놓쳐선 안 될 전병욱 사건의 또 다른 실체'입니다. 물론 여기서의 '또 다른 실체'란 당회입니다. 저는 전 목사의 성추행 사건만큼이나 삼일교회 대응도 심각했다고 보고 있습니다. 삼일교회 당회가 특별히 더 수준이 낮고 악했다는 게 아닙니다. 담임목사 성추행 사건에 대한 삼일교회 당회의 대응은, 보면 볼수록 제가 경험한 한국교회의 당회와 너무 닮았습니다.

이번 긴급토론회를 계기로 우리 교회에서 이와 유사한 사건이 터진다면, 당회는 과연 어떻게 대응할지 진지하게 생각해 보면 좋겠습니다. 전 목사의 개척을 저지하는 일도 중요합니다. 그 이상으로 중요한 것이, 저는 어느 교회나 당회가 심각한 문제를 안고 있다는 사실을 인식하는 것이라 생각합니다.

때문에 이 발제의 초점은 전 목사가 아니라 당회입니다. 홍대새교회 개척이나 이번 사건에 결정적 계기를 만든 삼일교회 청년들의 감격적인 활동, 삼일교회가 소속된 평양노회 문제에 대해선 그냥 넘어가겠습니다. 본격적으로 담임목사 성추행 사건에 대한 당회의 대응을 알아보기 전에 삼일교회 당회 구성을 들여다보겠습니다.

기형적 당회구성

합동 교단의 헌법 정치편 9장 1조는 세례 교인 25명당 장로 1인을 증원할 수 있다고 되어 있습니다. 따라서 2만 명이 모인다는 삼일교회는 장로가 최소 500명 이상은 되어야 합니다. 초신자가 많은 교회라는 점을 감안해서 세례 받지 않은 교인을 33퍼센트 정도로 추산하자면 그렇다는 이야기입니다.

현재 삼일교회 시무장로는 6명입니다. 전 목사가 목회하는 동안 삼일교회에서는 장로 임직이 2004년 12월 7일과 2010년 3월 1일에 있었습니다. 17년 동안 두 번의 임직식에서 세 분이 장로가 된 겁니다.

안수집사도 1999년에 다섯 분, 2004년에 세 분, 2010년에 두 분 합계 열 분을 세운 게 전부입니다. 17년 간 교인이 80명에서 2만 명으로 250배 늘어났는데 말입니다. 80~90년대에 접어들자 공동의회에서 2/3의 찬성을 얻어야 하는 장로나 안수 집사의 선출이 매우 어려워진 것은 사실입니다. 하지만, 삼일교회에 장로님이 여섯 분인 이유를 그 때문이라 하기엔 석연치 않습니다. 교인 증가 비율에 따라 계속 임직 선거를 했지만 2/3의 찬성을 얻지 못한 게 아니기 때문입니다.

청년이 많다보니 장로의 수가 적었을까요? 그 대답도 옹색합니다. 예장 합동은 통합보다 장로 되기가 훨씬 수월하기 때문이죠. 통합은 세례 받고 무흠 7년에 마흔 살이 되어야 장로 자격이 주어집니다. 하지만 합동은 무흠 5년에 서른다섯이면 장로가 될 수 있습니다. 당회 의지만 확실했다면 청년 중에서도 많은 장로의 선출이 가능했을 것입니다.

전 목사 성추행 사건을 깊이 들여다보기 위해 저는 2만 명 교회에 왜 장로가 6명뿐인가에 의문을 가졌습니다. 만약 담임목사의 성추행 사건이 터졌을 때 당회원이 몇 십 명만 되었어도 전개 양상은 많이 달랐지 않았을까요? 물론 여의도순복음교회가 보여 주듯 장로가 많다고 자동적으로 당회나 교회의 건강성이 확보되는 건 아닙니다. 오히려 조용기 목사라는 강력한 카리스마 앞에서는 수천 명의 장로도 별로 힘을 쓰지 못하더군요.

하지만, 삼일교회는 담임목사가 사임서를 제출했거나 이미 사임을 한 상태였습니다. 그런 점에서 여의도순복음교회와는 상황이 다릅니다. 삼일교회에서는 강력한 담임목사의 카리스마를 걱정할 필요가 없는 상황이었지만 사건 처리는 더 심각하게 꼬였습니다. 그래서 준비되지 못한 몇 사람의 장로에 의해 당회가 휘둘리는 것보다는 많은 장로들이 서로를 견제하는 편이 더 안전하지 않을까 생각하게 되는 것입니다.

이제부터 차례대로 당회가 담임목사 성추행 건을 어떻게 풀어나갔는지 살펴보겠습니다.

전병욱 목사 불법 징계

먼저 담임목사 불법 징계를 들여다보겠습니다. 삼일교회 당회가 전 목사 성추행 사건실체를 확인한 후 첫 번째로 내린 조치는 징계였습니다. 그런데 이 징계는 총회 헌법을 정면으로 위반한 것입니다. 헌법 권징조례 제4장 19조를 따질 것도 없이 목사의 징계는 노회가 하는 것이 상식 중의 상식입니다. 그런데 당회는 그걸 몰라서 담임목사를 책벌했습니다.

둘째, 교회 내의 모든 징계는 재판을 통해서만 가능합니다. 어떤 기사를 찾아봐도 삼일교회 당회가 전 목사님을 징계하기 위해 재판을 열었다는 기록은 보이지 않습니다. 징계는 "고민 끝에" 내리는 게 아니라 법대로 하는 것입니다.

셋째, 모든 재판은 공개가 원칙입니다. 치리회 회원 1/3이 가결하면 비공개 재판이 가능하긴 합니다. 그러나 재판결과는 반드시 교회에 공포해야 합니다. 헌법 정치편 제19장 2조에, "회장은 매 사건의 결정을 공포할 것"이라 못 박고 있습니다. 그러나 당회는 불법 징계를 2개월 동안 쉬쉬하다가 평일 저녁 열린 제직회 때 발표하였습니다.

직·간접적 사임 요구 거부

이제는 당회가 얼마나 끈질기게 거부했는지를 살필 시간입니다. 전병욱 목사의 성추행이 공식화된 것은 2010년 7월 10일의 당회였습니다. 사임 건은 그로부터 162일 만인 12월 19일 주일 저녁 예배에서 발표되었습니다.

여기서 우리가 눈여겨봐야 할 대목은 당회가 162일 동안 다섯 차례의 직접 사임 처리 요구와 언론 보도를 통한 최소 80차례의 간접 사임 처리 요구를 모두 거부했다는 점입니다. 먼저 다섯 차례에 걸친 직접적 사임 처리 거부를 말씀드리겠습니다.

5차례에 걸친 직접적 사임 거부

당회원 일동이 홈페이지에 올린 글을 보면 전 목사는 2010년 7월 10일 당회에 사임서를 제출했습니다. 한국교회 차세대를 대표한다는 한 목사가 문서로 사임서를 제출했다면 이는 가볍게 볼 일이 아닙니다. 그래서 당회가 사임을 거부했다면 이해가 됩니다. 그런데 당회는 사임 대신 징계를 했습니다. 이것이 1차 거부입니다.

7월 말에 피해 자매 측 변호사와 모 방송 PD 등이 전 목사와 법률대리인, 수석 장로님 등을 함께 만나 사임을 요구했습니다. 교회 측은 여름 행사 등의 이유를 내세우며 당장은 곤란하다고 했지요. 이들은 이 사건을 어떻게 처리할 것인지를 8월말까지 알려 달라고 하는 한편 〈뉴스앤조이〉에도 그때까지 보도하지 말아 달라고 요청합니다. 하지만, 당회는 이 사임 처리 요구도 거절합니다. 이것이 2차 거부입니다.

9월 6일에 전 목사를 잘 아는 교계 중진 목사님 세 분이 교회 관계자들을 만나 전 목사가 피해자와 공동체에 사과하고, 교회를 사임하면 설교자를 보내 주겠다고 제안합니다. 당회는 이 요청도 거부합니다. 이것이 3차 거부입니다.

기독교윤리실천운동 본부가 삼일교회 당회에게 비공개로 내용증명을 보낸 것은 10월이었습니다. 서신의 전문이 공개된 적은 없지만 그 내용 중에 사임 요청이 있었습니다. 당회는 이번에도 거부했습니다. 이것이 4차 거부입니다.

교회개혁실천연대에서는 비공개 서신과 11월 10일의 성명서를 통해 당회가 전 목사의 사표를 수리하라고 촉구했습니다. 그러나 당회는 11월 1일에 있었던 전 목사의 공개적인 사과가 당회의 입장이라고 했습니다. 사임 처리 요구를 또 거부한 겁니다. 이것이 5차 거부입니다.

수십 차례에 걸친 간접적 사임 압박

2010년 9월 17일 〈뉴스앤조이〉가 전 목사 성추행 첫 보도를 한 이후, 기독 언론과 일반 언론을 가릴 것이 이 사건을 보도했습니다. 포털을 검색해 보니 첫 보도이후 사임 발표가 있던 12월 19일까지, 〈한겨레〉, 〈오마이뉴스〉, 〈국민일보〉, 〈동아일보〉, 〈서울신문〉, 〈경향신문〉 등 일반 언론에서만 60개가 넘는 기사를 쏟아냈더군요. 이 기사를 취급한 일반 언론사만도 40개가 넘었습니다. 하지만 이 모든 요구에 당회는 요지부동이었습니다.

당회는 80여 명이 모이던 교회가 2만여 명의 성도가 모이는 교회로 부흥하는 데 기여한 담임목사의 사임 처리를 정확한 확인 절차 없이 할 수 없었다고 해명했습니다. 그러나 이 주장에는 고개를 갸우뚱하게 됩니다. 당회의 해명대로라면 2010년 7월 10일의 징계는 성추행 사실을 정확하게 확인하지 않고 했다는 말이 되기 때문입니다.

목사가 어떤 일에 책임을 지고 교회를 사임하는 것과 교회 재판을 받아 수찬 정지를 당하는 것은 천양지차입니다. 불명예 퇴진이라 하더라도 목회자의 입장에서는 사임보다는 면직이나 수찬 정지가 훨씬 괴롭고 힘들 것입니다.

때문에 담임 목사를 징계하거나 사임시킬 땐 언제나 신중하고 정확한 확인 절차가 필요합니다. 그건 교회를 크게 부흥시켰느냐 그렇지 않느냐에 따라 좌우될 사안도 아닙니다. 그런데 삼일교회 당회는 마치 징계는 사실관계 파악이 덜 정확해도 되고, 교회를 2만 명으로 성장시킨 목사에게는 더 정확한 확인절차가 필요한 것처럼 말합니다. 천부당만부당한 말씀입니다.

핵심 그룹의 사건 축소 및 은폐 기도

다음으로는 교회 핵심리더 그룹의 사건 축소 내지 은폐 기도를 들여다보겠습니다. 이제까지의 언론 보도를 종합해 보면 성추행 사건 이후 삼일교회 내에는 피해 자매들을 꽃뱀이나 이단 신천지로 매도하는 분위기가 분명 있었습니다. 일부 교역자들은 진실을 알면서도 침묵하거나, 잘못을 바로잡으려는 교인들을 마치 교회를 분열시키는 세력으로 매도하는 설교를 했습니다.

교역자들은 성추행 실체에 대한 규명을 요구하는 글들을 조직적으로 지우거나 지우도록 지시했고, 소송 대리인을 통해 포털에 글 삭제 요청하는 일에도 간여했습니다. 이처럼 교회 지도층은 세상 사람들과 똑같은 방식으로 성추행 사건의 파장을 최소화하는데 급급했던 것입니다. 원인을 제거하려는 노력 대신 한 기독 언론의 표현처럼 교회 내 공안 분위기에 더 열을 올렸습니다.

거액의 전별금 지급

이제는 거액의 전별금 지급 논란에 대해 말씀드리겠습니다. 13개월 동안 비밀에 붙여졌던 거액의 전별금은 올 1월 15일 열린 예·결산 공동의회에서 슬그머니 공개되었습니다. 그러자 67명의 간사·목자·집사님들이 이대로 있을 수 없다며 들고 일어났습니다. 당회는 성추행 사건의 실체와 거액의 전별금 지급 근거를 분명하게 밝히라 요구한 것입니다.

4월 9일 제직회 때 내놓은 답변의 핵심은 13억 4500만 원이 전별금이 아니라는 것과 구강성교였습니다. 당회는 전 목사님께 지급한 거액의 주택 구입비 등을 1977년 제정한 당회 회칙에 근거해 지급했다고 밝혔습니다. 그러나 이 해명에는 문제가 많습니다.

우선 당회 회칙이 전 교인들에게 단 한 번이라도 공개된 적이 있는지 묻고 싶습니다. 총회 헌법 정치편 제9장 9조는, 당회가 학습인 명부, 입교인 명부 등 8가지 명부를 비치하도록 명하고 있는데 여기에 당회 회칙은 없습니다. 헌법적 규칙 13조도 교회마다 비치해야 할 10개의 문서를 지정했지만 거기에도 당회 회칙 같은 건 없습니다.

당회 회칙은 교회법적 근거가 전혀 없다는 이야기입니다. 당회는 이런 사적 문서를 근거로 성도들의 헌금 13억 4500만 원을 제직회의 동의를 구하지 않고 임의로 지출한 것입니다.

교인에 대한 민형사상 소송

이제는 한 교인에 대한 민형사상 소송에 대해 말씀드리겠습니다. 전 목사 사임 이후 당회가 제일 먼저 한 일은 성추행 사실을 인터넷에 알린 교인을 형사 고소한 것입니다. 삼일교회를 다룬 게시물을 내리라는 요구에 계속 불응했다는 게 그 이유였습니다.

교인 한 사람을 고소하기 위해 당회원 전원과 부목사 11명, 강도사 1명, 전도사 3명 등 교회핵심 리더 27명이 소송인이 되었습니다. 이들은 2개월 후 그 교인을 상대로 다시 2억 6천 만원의 손해배상 소송을 제기하였습니다.

더 충격적인 사실은 삼일교회 측이 성추행을 당한 피해자 자매까지 고소하려고 했다는 점입니다. 이 얘긴 2011년 6월 15일, 삼일교회를 대표하는 목사, 장로, 변호사가 자신들이 고소한 교인과 중재하기 위한 공적 자리에서 나온 이야기이니 틀림없을 겁니다.

삼일교회 당회는 매우 중대한 착각을 하고 있습니다. 교회나 교인의 명예는 대한민국 사법부가 지켜주는 게 아닙니다. 민형사상 고소에서 승소했다고 명예가 지켜질 것이라 생각했다면 큰 오산입니다. 우리 신앙의 선배들은 때리면 맞았고, 고소하면 옥에 갇혔습니다. 순교하면서도 예수님처럼 침묵했습니다. 성도와 교회의 영광은 매 맞고, 감옥 가고, 고문당하고, 끝내 순교하는 가운데 지켜지는 것입니다.

당회와 교역자, 진장님들의 명예를 지키려고 제기한 소송은 도리어 교회의 명예를 실추시켰습니다. 〈한겨레〉는 삼일교회가 민형사상 소송을 제기한 것을 가리켜 "자기반성보다는 전 목사를 보호하고 문제 덮기에만 급급"한 것 같다고 꼬집었습니다.

100주년기념사업협의회와 100주년기념교회는 양화진외국인선교사묘원 때문에 2007년부터 현재까지 수차례의 민형사상 고소를 당했습니다. 2007년 8월에 이재철 목사님이 사자 명예훼손 혐의로 형사고소를 당했지만 기각되었습니다.

그러자 선교사 후손이 중심이 된 경성구미인묘지회는 '도시공원 및 녹지 등에 관한 법률 위반'으로 100주년기념사업협의회를 고소했지요. 그 사건도 무혐의로 불기소되었습니다. 그러자 '예배 및 묘지 관리 업무 업무 방해'로 서울지검에 또 형사 고소하더군요. 지검에서 기각 당하자 고검에 항소했습니다. 고검도 각하하자 이번에는 서울고등법원에 재정신청을 냈습니다. 하지만 고등법원도 재정신청을 각하했습니다.

그러니 '양화진묘지 소유권 이전등기 말소' 민사소송을 또 제기하더군요. 저들은 1심에서 완전 패소했습니다. 하지만 다시 서울고등법원에 항소하여 법정 다툼 중에 있습니다. 이렇게 많은 민형사상 고소를 당하였지만 100주년기념사업협의회나 100주년기념교회는 6년간 단 한 차례도 고소하지 않았습니다.

모름지기 크리스천이나 기독교 단체라면 그래야 하지 않겠습니까. 삼일교회 당회가 이제라도 교인을 상대로 소송하고, 심지어 피해자까지 명예훼손으로 고소하려고 했던 사실을 반성하고 사과하길 진심으로 바랍니다.

하나 되지도, 성도들을 대변하지도 못한 당회

한 가지 더 살피겠습니다. 성도들을 대변하지 못한 당회에 대한 말씀입니다. 전 목사를 사임시키는데 162일이나 걸렸는데, 송태근 목사님 청빙까지는 또 1년 6개월이나 걸렸습니다.

청빙위원회가 실제 활동을 시작한 것은 2011년 3월 12일이었고, 최종 후보들을 결정한 건 10월16일이었습니다. 그런데 청빙은 8개월이 지난 6월 10에서야 확정되었습니다.

청빙에 시간이 이렇게 오래 걸린 것은 임시당회장님이 1~2순위 후보를 거부한 채 자기 사람을 심으려 했고, 전 목사를 다시 모셔야 한다는 일부

장로님들 때문이었습니다. 피해자매로부터 성추행 사실을 들었던 당회원들 가운데서 전 목사를 다시 모셔 오자는 주장을 끈질기게 했다는 사실앞에 할 말을 잃습니다.

그랬으니 당회가 전 목사를 재추대하려는 것 아니냐는 수군거림이 교인들 사이에 회자될 수밖에 없었던 것 아니겠습니까. 전 목사의 비밀 개척설 또한 당회의 분명치 못한 태도와 무관치 않습니다.

다섯 차례에 걸친 사임요구와 언론의 강한 압박이 없었더라면 당회가 담임목사 사임 건을 어떻게 처리했을지 모르겠습니다. 67명의 간사·목자·집사님들이 사건 실체를 밝히고 전별금 논란에 책임 있게 답하라고 공개적으로 요구하지 않았다면 당회는 삼일교회를 어디로 이끌었을까요?

최근 117명의 성도들이 당회에 전병욱 목사의 면직처분 절차를 노회에 밟아달라고 부탁했지만 받아들이지 않았음을 우리는 잘 압니다. 이를 통해 분명해지는 것은 아직도 당회는 별로 달라진 것 같지 않습니다. 담임목사 성추행 사건은 당회가 성도들을 대변하기 위해 존재하는지를, 군림하기 위해 존재하는지를 묻게 만듭니다.

결론

이제 결론을 말씀드릴 시간입니다. 당회원 일동이 2010년 12월 21일 홈페이지에 올린 글에는, 전 목사가 '80여 명이 모이던 교회를 2만여 명 모이는 교회로 부흥시켰다'는 대목이 나옵니다.

전 목사 청빙투표에 101명이 투표를 했기 때문에 이는 사실과 다른 진술입니다. 문제는 현재의 당회원들 대다수가 17년 전의 그 공동의회 때 계셨다는 것입니다.

그때 당회는 전 목사를 모시기 위해서 임시당회장이 시키는 대로 한 죄

밖에 없는 14명의 신성한 표를 가차 없이 무효로 만들었습니다. 그 댓가로 전 목사를 얻은 겁니다. 이처럼 작은 숫자를 무시하기 시작하면 천하보다 한 생명이 귀하다는 예수님 말씀은 설 자리를 잃게 됩니다. 그 결과, 교회는 세상과 비슷해지다가 똑같아질 것입니다.

제 눈에는 19년 전의 당회나 현재의 당회가 별로 달라 보이지 않습니다. 2만 명 교회를 지키기 위해 한 두 사람의 교인쯤은 얼마든지 희생시킬 수 있다는 사실을 당회가 똑똑히 보여 줬기 때문입니다.

162일 동안 사임을 온몸으로 막던 당회는 상황이 변하자 전 목사를 인사할 기회도 주지 않고 쫓아냈습니다. 그 전 목사가 약속을 어기고 인근에 교회 개척을 하니 구강성교까지 들먹이며 교인 차단에 나선 것 같습니다.

삼일교회 내에 뜻 있는 젊은이들이 아니었다면 전 목사님 사임에 관한 진실도 송태근 목사의 청빙도 없었습니다. 당회가 잘 해서 좋은 목사님을 모신 것이 절대 아님을 잊지 말아야 합니다. 때문에 과도하게 전 목사 비판에 집중하거나, 송태근 목사님의 청빙에 안도한 나머지 지난 2년 동안 당회가 저질렀던 과오를 쉽게 잊어서는 안 될 것입니다.

지금까지 살핀 것처럼 삼일교회의 최대 위기 때 드러난 당회의 '생얼'은 흉하게 일그러져 있었습니다. 당회는 당연히 알고 있어야 할 교단 헌법에 무지해서 담임목사를 불법 징계했습니다. 징계 중에 결혼식 주례를 할 수 있느냐는 기자의 질문에, 주일 대예배 설교만 아니면 괜찮다는 장로님도 계셨습니다.

노회에 청원한 전 목사의 2년간 목회 금지 건은 구두 약속이 문제가 되어서 부결되었습니다. 아무런 법적 근거가 없는 당회 회칙에 13억 4500만 원이 제직회 동의도 없이 몰래 지급되기도 했습니다. 벼룩 한 마리를 잡기 위해 초가삼간을 태우는 사람처럼 어리석고 무모한 재판에 당회원 전원,

부교역자 진장삼일교회의 직제 전원이 달려들기도 했습니다.

　이런 당회를 바꿔나가지 않는 한 삼일교회 성도들이 겪었던 아픔은 고민은 머지않아 우리 모두의 고민이자 아픔이 될 것입니다. 한국교회 당회를 위해 지혜와 슬기를 모아야 할 때입니다. 감사합니다.

삼일교회 교인들은 담임목사 청빙을 위해 적극적으로 나서기 시작한다. 청빙사무실을 개소해 임시당회장인 길자연 목사 중심의 밀실청빙이 아닌 투명하고 공개적인 담임목사 청빙의 첫발을 내딛고자 노력하고, 당회 장로들을 만나 적극적인 설득과 의견조율에 힘쓴다. 더불어 SNS상에서 대응책을 위한 커뮤니티를 만들어 삼일교인들 간의 다양한 의견을 주고받으며 전병욱 사건에 대한 의견개진과 공론화에 나선다. 그럼에도 청빙이 계속 늦어지자 임시당회장과의 적극적인 만남을 통해 조속한 청빙이 이뤄지도록 압박한 끝에 송태근 목사가 전병욱 목사 후임으로 삼일교회 담임목사 청빙이 확정된다. 노량진강남교회에서 19년간 청년목회를 사역하며 한국교회 대표적인 강해설교가로 인정받고 있는 송 목사는 다양한 세대를 품을 수 있는 목회역량을 가진 것으로 평가받고 있다. 그러나 송 목사가 찬성률 97.7%의 압도적인 지지를 얻어 위임목사 청빙 가결이 확정되었음에도, 청빙을 둘러싼 갈등은 진정되지 않았고, 송 목사는 7월 1일 첫 부임이후 3개월 동안은 임시목사로 있어야 했다. 송 목사는 정식 위임되자마자 위임예배를 통해, 전임이었던 전병욱 목사의 성추행 피해를 입은 여성도들에게 사과의 뜻을 전했다. 또 "교회가 할 수 있는 모든 책임을 다하겠다"며 차후 피해자 보상 및 사태수습에 매진하겠다는 입장도 밝혔다. 송 목사의 사과는 전 목사의 성추문 및 사임, 후임목사 청빙을 둘러싼 갈등 등 한바탕 홍역을 치른 삼일교회를 추스르는 단초가 됐다.

송태근 목사 "피해자매들에게 진심으로 사과"

[뉴스앤조이 2012.10.10.]

삼일교회 송태근 목사가 10월 10일 위임목사 취임 예배에서 전병욱 목사에게 성추행당한 피해여성들에게 사과했다. 아울러 피해자에 대해 책임을 다하고 교단과 한국교회에도 공식적으로 사과의 뜻을 밝히겠다고 말했다.

위임목사 인사에 나선 송 목사는 "이제 나는 공식적이고 책임 있는 위치에서 위임목사로서 담임을 시작한다"라고 말문을 연 뒤, 곧바로 피해자들에 관한 이야기를 꺼냈다. 지난 7월 삼일교회 5대 목사로 부임 후 하루도 편히 잠을 못 잤다고 밝힌 송 목사는 "임시목사로서, 지난 2년간 상처투성이가 된 피해자들과 교회 성도들에게 아무런 책임 있는 이야기를 할 수 없어 마음이 짓눌렸다"라고 말했다.

송 목사는 지난 3개월 동안 마음에 담아두었던 이야기를 하겠다며 우선 피해자들에게 사과의 뜻을 나타냈다. 그는 "상처 입고 만신창이 된, 있을 수 없는 오욕을 겪은 피해자매들에게 삼일교회 공동체 책임자로서 진심으로 머리 숙여 사과한다"라고 말한 뒤, 설교단 옆으로 나와 교인들을 향해 사과 인사를 했다. 아울러 그는 "교회가 할 수 있는 모든 책임을 다할 것이다"라고 약속했다.

이어 한국교회에 대해서도 사과하겠다는 뜻을 밝혔다. 송 목사는 "이번 일이 한 목회자의 문제이기 이전에 우리 교회 공동체와 한국교회 공동체의 문제"라며 "다시 한번 철저히 회개의 시간을 가지고 재발 방지에 혼신의 힘을 다할 것이다. 교단과 한국교회 앞에 공개적으로 사과할 것이다"라고 밝혔다.

예배에 참석한 교인들은 송 목사의 사과 발언에 눈물을 보였다. 한 교인은 "송 목사님이 하신 일도 아닌데 오히려 우리가 죄송한 마음이다"며 "이제까지 피해자에 대해 사과의 뜻을 밝힌 사람이 없었는데 담임목사님이 그런 의지를 보여주셔서 기대도 되고 감사하다"라고 말했다. 또 다른 교인은 "교회가 사회만큼의 상식도 없어서 안타까웠는데, 이번 계기로 교회가 교회다워지는 첫걸음을 뗀 거 같아 참 기쁘다"라고 말했다.

이날 위임 예배에는 길자연 목사왕성교회가 설교를 맡았고, 오정현 목사사랑의교회, 이규현 목사수영로교회, 장광우 목사영동중앙교회 등이 축사했다.

공개 사죄드립니다

'대한 예수교 장로회 삼일교회'는 전임목사의 성추행 사건과 관련하여 공개적으로 사죄의 말씀을 올립니다.

지난 2010년 7월에 불거진 "담임목사 성추행 사건"으로 해당 담임목사가 본 교회를 사임한 지 20개월이란 시간이 흘렀습니다. 하지만, 피해 당사자와 그 가족은 물론 교회 안팎으로 수많은 사람들의 마음에는 아직도 깊은 상처가 남아 있습니다. 성추행 사건의 가해자의 비신앙적이고 무책임한 태도뿐만 아니라, 이번 사건에 대한 본 교회의 잘못된 판단과 대처는 피해자들에게 더 큰 상심과 고통을 주었습니다.

본 교회는 성추행 사건에 대한 책임이 있는 주체로서, 이번 사건으로 인해 고통을 겪은 피해자들, 교회 내 성도, 한국교회에 아래와 같이 사과드리며 할 수 있는 책임을 다하고자 합니다.

첫째, 피해자들에게 깊이 사죄드립니다.

이번 사건으로 씻을 수 없는 오욕을 겪으며 상처받은 피해자들에게 다시 한번 사죄드립니다. 교회가 피해자들을 적극적으로 보호하고 가해자에 대해 적법한 징계 절차를 밟았어야 함에도 그렇게 하지 못한 점, 피해자들이 용기 내어 피해사실을 알릴 때에 이단 출신이라거나 실제보다 과장하여 주장한다는 등의 왜곡된 시선으로부터 보호해주지 못한 점 그리고 교회가 사후적으로라도 피해자들의 회복에 최선을 다해야 함에도 충분히 노력하지 못한 점 등을 시인하며 진심으로 사죄드립니다. 본 교회는 이제라도 피해자들의 치유와 회복을 위해 할 수 있는 책임을 다하고자 합니다. 피해자들이 받은 충격과 고통을 어찌 다 헤아리겠으며, 무엇으로 그 상처를 온전히 회복시킬 수 있겠습니까마는 본 교회가 할 수 있는 최선을 다할 것입니다.

둘째, 성도들에게 사과드립니다.

먼저 '영적 지도자의 성추행'이라는 초유의 사태를 사전에 예방하지 못하였고, 또한 이런 공개 사죄드립니다.

▶송태근 신임 삼일교회 담임목사가 위임 목사 취임 예배에서 전병욱 전 담임목사의 성추행으로 피해 당한 성도들에게 고개 숙여 사과했다. [2012.10.10. 사진 - 뉴스앤조이]

송 목사는 위임 예배 석상에서 전임목사의 성추행으로 피해를 당한 성
도들에게 사과했다. 이어 10월 31일엔 국민일보와 기독신문에 사과
광고를 게재하고 피해자들을 보호하지 못하고 가해자에 대해 적법한 징계절
차를 진행하지 못한 점, 성추행 사실을 알린 피해자에게 이단 출신이라거나
사실을 과장한다고 왜곡한 점 등을 적시했다.

삼일교회 공개 사과문

[국민일보 2012.10.31.]

〈공개 사죄드립니다〉

'대한 예수교 장로회 삼일교회'는 전임목사의 성추행 사건과 관련하여
공개적으로 사죄의 말씀을 올립니다.

지난 2010년 7월에 불거진 "담임목사 성추행 사건"으로 해당 담임목사
가 본 교회를 사임한 지 20개월이란 시간이 흘렀습니다. 하지만, 피해 당
사자와 그 가족은 물론 교회 안팎으로 수많은 사람의 마음에는 아직도 깊
은 상처가 남아 있습니다. 성추행 사건의 가해자의 비신앙적이고 무책임
한 태도뿐만 아니라, 이번 사건에 대한 본 교회의 잘못된 판단과 대처는
피해자들에게 더 큰 상심과 고통을 주었습니다.

본 교회는 성추행 사건에 대한 책임이 있는 주체로서, 이번 사건으로 인
해 고통을 겪은 피해자들과, 교회 내 성도, 한국교회에 아래와 같이 사과
드리며 할 수 있는 책임을 다하고자 합니다.

첫째, 피해자들에게 깊이 사죄드립니다.

이번 사건으로 씻을 수 없는 오욕을 겪으며 상처받은 피해자들에게 다
시 한번 사죄드립니다. 교회가 피해자들을 적극적으로 보호하고 가해자
에 대해 적법한 징계 절차를 밟았어야 함에도 그렇게 하지 못한 점, 피해
자들이 용기 내어 피해사실을 알릴 때에 이단 출신이라거나 실제보다 과

장하여 주장한다는 등의 왜곡된 시선으로부터 보호해주지 못한 점 그리고 교회가 사후적으로라도 피해자들의 회복에 최선을 다해야 함에도 충분히 노력하지 못한 점 등을 시인하며 진심으로 사죄드립니다. 본 교회는 이제라도 피해자들의 치유와 회복을 위해 할 수 있는 책임을 다하고자 합니다. 피해자들이 받은 충격과 고통을 어찌 다 헤아리겠으며, 무엇으로 그 상처를 온전히 회복시킬 수 있겠습니까마는 본 교회가 할 수 있는 최선을 다할 것입니다.

둘째, 성도들에게 사과드립니다.

먼저 '영적 지도자의 성추행'이라는 초유의 사태를 사전에 예방하지 못하였고, 또한 이런 불미스런 일들이 오랜 기간 반복되어 발생하도록 교회를 잘 섬기지 못하였음을 인정하며 사과드립니다. 또한, 전임목사의 성추행 사건에 대한 철저한 조사와 바른 권징을 촉구해 온 많은 성도의 충언에 귀 기울이지 못했고, 심지어 교회분열세력의 의견 정도로만 치부하려는 태도들을 바로 잡지 못하였던 점을 사과합니다. 아울러 교회 지도자들이 한 목소리를 내지 못한 채 성도들의 혼란을 가중시킨 점도 진심으로 사과합니다. 그럼에도 그 동안 모든 아픔을 감당하며 혼란 속에서도 자리를 지켜온 성도들에게 감사드리며, 참된 회복과 회개의 시간을 통해 교회 공동체의 양심과 도덕성을 회복하기 위해 최선을 다하겠습니다.

셋째, 한국교회 앞에 사과드립니다.

본 교회의 부덕함과 전임목사의 성추행 사건 때문에 큰 상처를 입은 한국교회 앞에 진심으로 머리 숙여 사과드립니다. 또한 이 사건 때문에 주의 몸 된 교회와 하나님의 영광이 세상에 조롱거리가 된 것을 마음 아프게 회개합니다. 특히 전임목사가 피해자들에 대한 아무런 사과나 반성의 행동 없이 '홍대새교회'를 개척하여 피해자들은 물론 한국교회와 사회에 심각한 우려와 분노를 유발시킨 현재의 상황에 대해 책임을 통감합니다. 본 교회가 사임처리를 유보하고 엄정한 권징절차를 진행하였다면 이런 초유의 사태를 방지할 수 있었을 것입니다.

이에, 삼일교회는 전임목사 성추행 사건의 조속한 해결을 위해 모든 노력을 다할 것입니다. 아울러 삼일교회 공동체도 동일한 죄인임을 인정하며 애통하는 마음으로 회개의 시간으로 엎드리겠습니다.

그 동안 삼일교회를 위해 기도해주신 모든 분들에게 깊이 감사드립니다.

2012년 10월 31일
대한예수교 장로회 삼일교회 당회원 및 교역자 일동

전병욱 목사가 사임 후 교회개척에 나서면서 피해여성신도들의 제보와 인터뷰가 이어지자, 그와 함께 동역했던 이들도 하나 둘 입을 열기 시작한다. 삼일교회 L집사도 그 중 한 사람이다. 그녀는 전 목사가 삼일교회 부임 이전 사역했던 신반포교회에서부터 함께한 멤버다. 어렵게 말문을 연 이 집사는 전 목사가 유명세를 얻으면서 초심을 잃어갔다고 이야기하며 설교마저 사회적으로 인정받기 위한 방편으로 여겼다고 했다. L집사는 2012년 9월 12일 전병욱의 교회개척 저지를 위한 '전병욱 목사 성범죄 기독교공동대책위원회' 기자회견을 통해 세간에 알려진 바와 달리 전 목사는 "자신을 믿어주지 않는 교회에서 사역할 수 없다"며 사임했다고 증언했다. 이제까지 전 목사는 성추행에 대해 공개사과를 했다고 알려져 있었으나 이는 전 목사 개인의 사과가 아니라 제3자에 의한 것임을 드러난 것이다. L집사는 이 사건을 통해 한 사람의 죄를 뽑아내려 할 때, 한국교회의 뿌리 전체가 얽혀 있었다며 전병욱 목사의 공개적인 회개를 진심으로 호소했다.

전병욱과 20년간 동역한 집사의 고백

[뉴스앤조이 2012.10.04.]

"전병욱 목사가 여성 비하 발언을 하면 그런 말을 하지 말라고 충고했다. 개인적으로 얼마든지 말할 수 있었다. 하지만, 삼일교회가 대형화되면서 그런 말을 하면 안 되는 분위기가 됐다."

L집사삼일교회는 전병욱 목사가 신반포교회 전도사로 사역하던 시절부터 함께한 골수 멤버다. 전 목사가 초등부와 대학부를 담당할 때, L집사는 주일학교 교사를 맡으며 대학부 활동을 했고, 전 목사가 삼일교회로 청빙되었을 때도 함께 옮겼다. 전 목사와는 담임목사와 교인의 '형식적인' 관계가 아니라, 밤늦은 시간에도 전화해 상담하는 '절친' 사이였다.

1993년 11월 삼일교회 담임이 된 전 목사는 승승장구했다. 차세대 청년목회자로 주목받으며 교인 수가 기하급수적으로 늘었다. 몇몇 사람이 모여 앉아 개인적인 이야기를 주고받을 수 있는 분위기는 옛 이야기가 되었다. 교회가 커 가며 전 목사를 둘러싸는 사람이 생겼고, L집사와 전 목사의 거리는 멀어졌다. 어쩌다가 한번 삼일교회로 함께 옮긴 신반포교회 멤버들과 모였지만, 그때마다 전 목사는 자신의 성공 스토리를 늘어놓을 뿐 필요한 대화를 나눌 수 없는 상태였다.

대형교회 목회자로 강단에 선 전 목사는 설교에서도 변화의 조짐이 보였다. 성경 몇 구절을 읽고는 본인이 읽은 책 이야기로 말씀을 대체하는 경우가 많았고, 어떻게 하면 사회적으로 인정받을 수 있는지에 관한 듣기 좋은 이야기들만 쏟아냈다. 그런 분위기가 최고조에 달아 교회를 옮겨야겠다고 생각할 때쯤, 전 목사 성추행 사건이 터졌다.

처음 사건이 불거졌을 때, 성추행 사실을 의심하진 않았다. 다만 그 정도가 얼마나 심각한지가 걱정될 뿐이었다. 전 목사는 신반포교회에 있을 때부터 여성 비하나 성희롱 발언을 자주 일삼았다. L집사는 그런 전 목사에게 버럭 화를 내며 따지기도 했다. 하지만, 대형교회 목회자와는 일 년에 한 번 대화하기도 어려웠다. 게다가 전 목사가 여러 사람에게 개별적으로 벌이는 성추행을 알 길이 없었다.

"목사님이 한 사람에게만 집중적으로 성적 농담을 던진 게 아니고 여러 사람에게 개별적으로 했다. 사건이 터지고 나서야, 나에게도 그런 말을 했던 것이 생각나며 연결이 된 거다. 지속해서 성추행을 당한 사람 말고, 한두 번 당한 사람을 치면 피해 규모는 어마어마할 거다."

사건이 터진 초반에는 전 목사가 불쌍하다는 생각도 들었다. 하지만, 피해여성에 대해 아무런 사과도 하지 않는 전 목사를 보며 그냥 넘어가서는 안 되겠다고 생각했다. 교회가 사태를 수습하는 과정도 실망스러웠다. 한 장로는 전 목사를 믿어 주지 못한 것에 대한 죄책감에 시달렸고, 또 다른 장로는 전 목사를 내쫓은 일 때문에 날마다 회개 기도를 한다고 했다.

면직해야할 일을 사임으로 처리하고, 범죄한 목회자에게 전별금을 챙겨 주는 등 교회의 모든 일 처리가 엉망이었다.

L집사는 '전병욱 목사 사건의 실체를 밝히라'는 공동 요청문 작성에 동참했다. 하지만, 공동요청문을 작성하는 과정에서도 대형교회의 한계는 고스란히 드러났다. 목사에게 순종해야 한다고 배운 한 청년이 부목사가 그 일에 참여하지 말라고 했다며 자기 이름을 빼 달라고 한 거다.

"너무 놀랐다. 죄의 심각성이 무서웠다. 한 사람의 죄를 해결하지 못해서 너무 많은 사람이 피해를 보았다. 피해여성이 겪은 고통뿐 아니라 교인끼리 서로 등을 돌려야 했다. 한 사람의 죄를 뽑아내려 할 때, 한국교회 뿌리 전체가 얽혀 있었다. 그동안 나 하나 은혜 받는 일만 생각했지, 교회의 정의로움에 무관심했다는 걸 깨달았다."

L집사는 피해자를 생각할 때마다 죄책감에 시달렸다. "왜 나는 몰랐나", "왜 나는 피해자매들에게 좋은 선배가 되지 못했나"라는 생각 때문에 늘 미안했다. 정작 죄책감을 느껴야 할 사람은 잘살고 있는데, L집사는 괴롭기만 했다.

전 목사에게 '할 말은 하자'고 배운 L집사는 '전병욱 목사성범죄기독교 공동대책위'김주연·박주연·백종국 공동대표 활동에 참여하며 공개적으로 전 목사의 회개를 촉구했다. 평소 알고 지내던 전 목사 사모와 가족에게는 미안했지만, 전 목사를 정죄하거나 저주하는 마음은 아니었기에 이해해 주길 바랐다.

L집사는 전 목사에게 정당한 징계가 내려질 때까지 포기하지 않고 활동을 이어 갈 계획이다. 전 목사 주변 사람들이 다 떨어져 나가고, 가진 것 하나 없이 하나님 앞에 자신의 모습을 돌아보는 날이 오길 바라면서 말이다.

"내 손으로 결과를 낳는 건 중요하지 않다고 생각한다. 결과 없는 일이 얼마나 많나. 하나님이 어떻게 일하실지 모른다. 정의롭지 못한 일에 무관심하지 않고 같이 하는 게 중요하기에 노력할 뿐이다. 당장 해결되지 않더라도 지금의 활동이 선한 영향을 끼칠 거라 생각한다."

송태근 목사의 부임 이후 삼일교회는 전병욱 목사 성범죄 사건에 대
해 후속조치까지 마련하고자 노력한다. 10월 31일 일간지 사과문 게
재에 이어 다음해인 1월 '한국여성의전화' 성폭력상담소이화영 소장에 의뢰해
피해사례 접수 및 보상 방안을 논의하고 교회 홈페이지를 통해 피해여성신도
들의 신고접수를 받아 상담치료에 드는 모든 보상을 책임지겠다고 선언했다.
상담을 맡았던 이 소장은 피해여성신도들이 한결같이 자신들은 전병욱 목사
의 성추행으로 괴로워하고 있는데 정작 전 목사 자신은 교회를 개척한데 대
해 분노했다고 밝혔다.

피해자에 대한 치유에 나서다

[삼일교회 2013.01.14.]

삼일교회는 2012년 10월 31일 국민일보와 기독신문에 전임 담임목사의
성추행 사건과 관련하여 상처받은 피해자들과 성도 여러분 그리고 한국
교회에 사죄의 말씀을 올렸습니다. 교회는 사죄문에서 밝힌 바와 같이 위
사건에 관한 책임을 통감하며 피해자들의 회복을 위해 아래와 같은 방안
을 실행하고자 합니다. 외부기관한국여성의전화, 외부 법률 전문가 등과의 협업
을 통해 보다 더 객관적이고 공정하게 진행될 것입니다. 피해자 여러분은
참고하시어 신청해주시기 바랍니다.

1. 피해자 접수 - "한국여성의전화 성폭력상담소"
가. 기간 : 2013년 1월 16일부터 2013년 2월 15일까지
나. 절차
(1) 사단법인 한국여성의전화 성폭력상담소(담당: 이화영 소장)으로 신
    청: 이메일 [counsel@hotline.or.kr] 또는 전화 [02-3156-5461]
*전화 상담시간 09:30~17:30

(2) 신청 후 상담기관과 면담 일정 확정

(3) 상담기관과 면담 및 사실관계 정리

(*) 신청 및 면담과 관련된 사항은 위 상담기관이 전담하여 진행하며, 신청인의 인적사항은 일절 교회 내부 또는 제3자에게 전달되지 않습니다.(피해자의 신상보호를 위함)

2. 대상자 검토 – "삼일교회"

가. 상담기관의 정리 및 통보

상담기관에서 사실관계를 정리한 후 삼일교회에 통보

나. 대상자 검토

사실관계를 검토하여 피해보상 대상자를 확정하여 상담기관에 통보

3. 회복 방안 결정 – "상담기관 및 법률자문단"

피해자의 바람을 존중하여, 상담기관 및 법률자문단이 협의한 후 사안에 맞는 회복방안을 결정하고, 교회는 그에 따른 재정적 책임을 부담함.

4. 위에서 말씀드린 신청접수, 대상자 선정, 회복방안의 실시 과정에서 삼일교회는 개인의 인적사항나이, 성명, 연락처 등을 일절 취득하지 않으며, 제3자로 유포되지도 않음을 재차 확인 드립니다. 아울러 교회는 이러한 사건의 재발을 방지하기 위한 제도적 보완책을 논의하여 시행하겠습니다. 이 공고문을 빌어 피해를 입은 자매들과 모든 성도님들께 다시 한 번 사죄의 말씀을 올려드립니다.

2013년 1월 14일

대한예수교장로회 삼일교회 담임 송태근 목사

피해보상대책위원회 위원장 이광영 장로

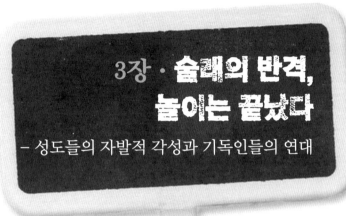

3장 · 술래의 반격, 놀이는 끝났다

- 성도들의 자발적 각성과 기독인들의 연대

삼일교회 외적으로도 다양한 움직임이 들불처럼 일어났다. 전병욱 목사의 참회 없는 교회개척은 성추행 피해를 당한 성도들을 모욕하는 행위였기에 보고만 있을 수 없었기 때문이다. 전병욱 목사의 목회재개를 막기 위해 범교계차원의 대응이 절실하던 때에 먼저 인터넷 카페 '전병욱 목사 진실을 공개합니다' 카페주소 http://cafe.naver.com/antijeon가 2012년 6월 20일 개설된다. 이 카페는 전 목사 사건의 사실관계가 아직 제대로 전달되고 있지 않다는 점에 주목하고 사건의 실체와 관련 자료들을 취합해 공개했다. 이 카페를 통해 입소문만으로 전해지던 녹취록이 공개됐다. 또한 피해자들의 증언들도 실었다. 논란도 만만치 않았다. 전 목사를 옹호하는 댓글들이 넘쳐났다. 때론 본질과 무관한 게시글이 올라와 사건과 전혀 상관없는 댓글 싸움이 벌어지기도 했다. 그러나 역기능 보다는 순기능이 더 강했다. 무엇보다 이제까지 전 목사 사건의 전말을 몰랐던 사람들에게 정보제공 창구로서의 역할을 수행했다. 또한 온라인 1인 시위, 홍대새교회 앞 릴레이 1인 시위, 책 반납 운동, 금식기도회 등 다양한 활동으로 전 목사와 홍대새교회를 압박했다. 특히 8월 15일 홍대새교회 창립예배에서 오정현 사랑의교회 담임목사가 초빙될 예정이었으나 강력한 여론전을 통해 이를 무산시켰다. 카페 출범에 이어 '전병욱 목사 성범죄 기독교공동대책위원회' 이하 대책위가 결성됐다. 대책위는 본 카페와 교회개혁실천연대, 교회2.0목회자운동, 기독여민회, 기독교윤리실천운동, 성서한국 등이 참여했는데, 본 카페는 대책위 활동을 활발히 지원하기도 했다.

'전병욱 목사 진실을 공개합니다' 카페 출범

'전병욱 목사 진실을 공개합니다'는 전병욱 목사의 성추행 관련 진실과 함께 그의 목회 저지를 위한 캠페인을 활발히 수행했다. 가장 먼저 기획된 캠페인은 온라인 1인 시위. 이 시위에서는 기발한 문구들이 쏟아졌다.

▶전병욱 목사의 목회 저지를 위해 있었던 온라인 1인 시위. 2012.07.

　전병욱 목사의 회개없는 교회개척을 저지하기 위해 기획한 책반납 행사와 홍대새교회 앞 촛불예배. 책 반납행사엔 전국 각지에서 400여 권이 넘는 책이 모아졌다. 책을 보내온 이들 대부분은 전 목사가 책에서 저술한 설교와 실제 행동이 일치하지 않는데 분노했다. 2012.08.

　'전병욱 목사 진실을공개합니다' 카페 활동이 순탄하게 진행된 것만은 아니었다. 카페에서는 2012년 10월 평양노회를 앞두고 제2차 책반납 행사를 기획했는데, 이 때 홍대새교회 측과 충돌이 벌어졌다. 새교회측 성도들은 전 목사의 저서를 반납하기 위해 새교회를 찾은 이진오 목사와 카페 회원들을 거세게 밀쳐냈고 이 과정을 채증까지 했다. 심지어 현장을 취재하던 뉴스앤조이 취재기자의 취재 장비를 탈취하는 행동도 서슴지 않았다. 행사는 새교회 측 황 모 목사가 전 목사의 저서를 수령하면서 마무리됐지만 위험천만한 상황은 계속됐다.

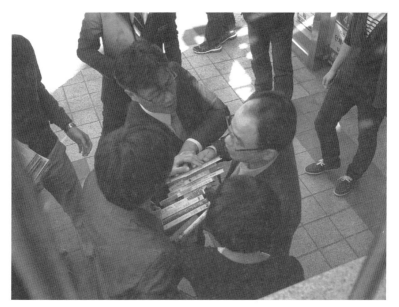

▶제2차 책반납행사에서 물리적 충돌이 빚어졌다. 홍대새교회 측은 행사 자체에 대해 격앙된 반응을 보였다. 사태는 새교회 측 황 모 부목사가 책을 수령하면서 일단락됐다. [2012.10.14.]

▶온라인 카페 〈전병욱 목사 진실을 공개합니다〉는 전 목사의 목회 저지를 위해 다양한 활동을 수행했다. 카페 출범 뒤 먼저 홍대새교회 앞에서 릴레이 일인 시위를 벌이며 시민들에게 전 목사의 부도덕한 교회개척을 알렸다.[2012.08.25]

인터넷 카페 '전병욱 목사 진실을 공개합니다'는 전병욱 목사의 회개를 촉구하는 구체적인 행동으로 먼저 '책 반납 운동'을 진행했다. 책 반납 운동은 그가 평소 저술에서 역설한 바와 달리 자신의 죄과에 대해 이렇다 할 회개와 사과가 없다는 점에 착안, 그의 말과 행동의 괴리를 질타하기 위해 기획된 퍼포먼스였다. 책 반납 운동에 대한 관심은 무척 뜨거웠다. 카페를 통해 전국에서 매일 같이 그가 저술한 책이 모였으며, 짧은 기간 동안 약 420권 가량의 책이 모아졌다. 삼일교회 성도들도 100여 권의 책을 내놓으며 동참했다. 책 반납 운동을 위해 카페 회원들과 삼일교회 성도들은 홍대새교회 앞에 모여 다시 한 번 전 목사의 회개를 촉구했다. 이 날 집회에 대해 홍대새교회 측에 미리 알렸으나, 교회의 문은 닫혀 있었다. 집회에 참여한 이들은 아무런 대답도 듣지 못한 채 이 책들을 모두 교회 정문에 쌓아둔 채 발길을 돌려야 했다.

전 목사님 당신의 베스트셀러 당신이나 읽으세요

[뉴스미션 2012.08.18.]

전병욱 목사의 베스트셀러 400여 권이 저자에게로 반송됐다. '전병욱 목사, 진실을 공개합니다' 카페 회원 및 삼일교회 성도 20여 명은 18일 오전 서울 상수동 전병욱 목사가 개척한 홍대새교회를 찾아, 백 여명으로부터 받은 그의 저서 420여 권을 반납했다.

잘못에 대한 분명한 회개와 피해자들에 대한 사과가 전제되지 않는 한, 베스트셀러가 된 그의 신앙서적들은 단지 '울리는 꽹과리'에 불과하다는 것을 보여주기 위해서였다.

이진오 목사는 책을 반납하면서 전병욱 목사의 책 한 구절을 읽었다. '저에게는 여동생 두 명이 있습니다. 자매들을 만날 때는 여동생처럼 대합니다. 그러면 소중하게 대할 수밖에 없습니다'

그는 "전병욱 목사는 수많은 책에서 음행과 간음을 하지 말고 가정을 소중히 여기고, 자매를 아끼라고 말하면서도 본인은 자매같고 딸같은 피해자 10여 명을 성추행 했다"며 "글과 말이 거룩하다고 자신이 거룩한 것이 아니다. 우리는 지금 전병욱 목사를 모욕하거나 틀렸다는 말을 하려는 것이 아니라, 자신이 쓴 글과 설교를 돌아보라고 하는 것"이라고 말했다.

약 한 달간 전병욱 목사의 책을 모으는 동안 전국 각지에서 백 여명이 소장한 책을 보내 왔다. 많게는 7권에서부터 한 권까지 매일 두 세권씩 배달돼 왔다. 메세지를 동봉한 택배도 있었다.

이 목사는 "책을 보내오면서 편지를 함께 보내온 분들도 많았다"며 "읽으면서 힘을 얻은 책이었는데, 이런 책을 쓰면서도 그런 행위를 해 왔다니 마음이 아프다는 내용이었다"라고 소개했다.

삼일교회에서도 책 100여 권이 모아졌다. 교회 안에 박스를 두고, 전병욱 목사의 회개와 징계에 동참해 달라는 제안에 조용한 참여가 이뤄졌다.

이날 책 반납 행사에는 삼일교회 청년들도 10여 명 정도 참석했다. 서로는 잘 모르지만 취지를 보고 참여한 청년들이었다.

신창조삼일교회 군은 "전병욱 목사를 정말 좋아했기 때문에 너무나 안타깝다"며 "자꾸 돌이킬 수 없는 길로 가는 것 같아 잘못 가는 걸 아셨으면 좋겠다는 마음으로 이 일에 참여했다"라고 말했다.

이들은 책 반납을 하면서 홍대새교회 측에 미리 상황을 알렸지만, 이날 교회 문은 굳게 닫혀 있었다.

이진오 목사는 "홍대새교회 측에 여러 경로로 알렸고, 전병욱 목사도 통화는 안돼서 문자를 보냈기에 알고 있을 것"이라고 말했다.

전 목사의 회개를 촉구하는 이들은 일주일 뒤인 오는 25일(토)에는 11시부터 6시까지 1인 시위를 하는 등 지속적으로 압박을 가할 예정이다. 오는 9월 합동총회와 10월 평양노회 회의를 앞두고 전 목사의 치리를 촉구하는 일간지 광고를 위한 모금도 진행 중에 있다.

이 목사는 "성범죄자가 회개도 없이, 더군다나 청년 사역을 하는 것은 말도 안되는 일"이라며 "끝까지 포기하지 않고 이 일에 나설 것"이라고 말했다. 이날 책 반납 후에 모든 참석자는 교회 앞에서 손을 붙잡고 짧게 기도했다. "우리 모두가 잘못했습니다. 육신의 정욕, 안목의 정욕, 이생의 자랑에 모두가 눈이 멀었습니다. 용서해 주십시오. 한 사람을 죽이려는 것이 아닙니다. 진정한 회개와 합당한 징계가 있게 해 주시옵소서. 피해자를 위로해 주시고 다시는 이런 피해자가 나오지 않도록 해 주십시오"

▶제1차 전병욱 저서 반납행사 [2012.08.18.]

전병욱 목사의 홍대새교회 개척은 그간 삼일교회 내에서 그와 함께 했던 교인들이 삼일교회 밖에서도 사건해결을 촉구하는 계기가 되었다. 송태근 목사의 청빙으로 삼일교회 내적으로 안정을 찾아감에도, 이들은 평양노회를 찾아가 전병욱 목사가 다시는 목회직을 맡지 못하게 하는 면직을 적극적으로 청원한다. 목사의 면직권은 교회가 아닌 소속 노회에 있기 때문이다. 지난 2월 있었던 '공동 요청문'에 이어 2012년 10월 15일과 16일 양일 간, 평양노회에 맞춰 삼일교회 당회에 전 목사 면직을 청원한 이들 총 118명의 삼일교회 성도들은 신임 송태근 목사 위임 직후 '삼일교회 전임목사 전병욱의 목사직 면직을 요청합니다'는 제하의 청원문을 통해 당회 측에 △전병욱 목사의 면직을 평양노회에 요청해줄 것 △13억 전별금 회수 △피해자매들에 대한 사과와 적절한 보상대책 마련 △홍대새교회로 옮긴 허 모 장로에 대한 면직 등 총 네 가지의 요구사항을 전달했다. 결과는 실망스러웠다. 전목사 면직 청원은 평양노회와 당회 측이 절차상의 문제로 이견을 드러내며 정식 접수조차 되지 않았다.

이후 1년 여간 평양노회가 열릴 때마다 삼일교회 측은 당회의 결의를 거친 전병욱 목사의 면직청원문을 줄곧 제출했고, 교인들 또한 매번 정기노회와 임시노회가 열리는 곳까지 찾아가 피켓 시위를 벌이며 전 목사에 대한 면직을 촉구했다. 이에 대해 노회 측은 무대응으로 일관하며 면직청원 접수조차 받아주지 않고, 전 목사 면직은 노회에서 단 한 번도 안건으로 상정되지 않았다.

삼일교인들의 전병욱 목사 면직청원문

[2012.10.10.]

존경하는 삼일교회 송태근 목사님 그리고 장로님

지난 4월 9일에 열린 제직회에서 발표한 대로 삼일교회 전임목사 전병욱은 10여년에 걸친 심각한 성범죄를 저지르고 사임하였습니다. 그러나 성중독 치료비 명목 등으로 13억원의 전별금을 받아갔음에도 범죄 사실을 부인하며 지난 5월 '홍대새교회'라는 명칭으로 교회를 개척하였고, 홈페이지를 통해 예배 사진과 설교까지 버젓이 공개하고 있는 실정입니다.

최근 일부 피해자매들이 어렵게 용기를 내어 언론사와 인터뷰를 통해 직접적으로 심경을 밝히기도 했습니다. 인터뷰 내용의 공통점은 피해자가 당사자 본인들인데도 위로나 치유는커녕 오히려 교회 안의 상황으로부터 또 다시 상처를 받고 괴로워하고 있다는 점입니다. 게다가 최근 전 목사의 교회 개척으로 인해 더 큰 충격을 받았다고 합니다.

전 목사의 범죄 사실들이 언론을 통해 하나 둘씩 공개될 때마다 전병욱 목사의 범죄에 대한 분노와 함께 전 목사의 범죄 사실을 알고도 제대로 치리하지 못했다는 점에서 삼일교회 책임에 대한 이야기가 끊이지 않고 나오고 있습니다. 지난 6월 28일 아직, 담임목사 청빙이 완료되지 않았던 시점에서 삼일교회 평신도들이 직접 평양노회로 찾아가 '전병욱 목사 면직 청원서'를 제출하기도 했지만 절차상의 이유를 들어 반송되어 온 일도 있었습니다. 그런데도 지금까지 삼일교회 당회에서는 아무런 공식적인 언급이 없었으며 심지어 당회 구성원인 장로님 중 한 분이 홍대새교회로 옮겨가면서 당회 이름으로 발표한 4월 9일 제직회의 발표문 자체를 근본부터 부정하게 된 사태까지 벌어졌습니다.

이제 우리교회의 담임목사 청빙이 완료되었고, 당회도 완벽하게 구성되었으므로 이 사태를 더 이상 지체해서는 안 될 것입니다.

이러한 이유로 삼일교회 당회에 다음과 같은 내용을 요청합니다.

하나. 전병욱 목사의 면직을 평양노회에 정식으로 요청해주시기 바랍니다.

둘. 전병욱 목사에게 전달된 전별금 13억을 회수하여 주시기 바랍니다.

셋. 피해자매들에게 공식적으로 사과하고 피해자매들에게 적절한 피해 보상을 해주시기 바랍니다.

넷. 홍대새교회로 옮긴 허 방 장로에 대한 면직을 처리해주시기 바랍니다.

삼일교회가 하나님의 이름을 더럽히는 범죄에 대해 뼈아프게 반성하며, 결단을 내리고 행동하는 모습을 보여 주기를 간절히 바랍니다.

장로교합동 평양노회는 성범죄자 전병욱 목사를 징계하라!

'**전**병욱 목사 성범죄 기독교공동대책위'는 2012년 10월 10일 동아일보, 경향신문, 노컷뉴스에 의견광고를 냈다. 이 광고는 15일과 16일로 예정된 평양노회에 발맞춰 전병욱 목사 면직을 압박하기 위한 목적이었다. 무엇보다 평양노회가 4월에 이어 6월 절차상의 이유를 들어 전 목사면직에 미온적인 태도를 취한 것이 광고게재의 중요한 동기로 작용했다.

동아일보 / 경향신문 / 노컷뉴스 의견광고 2012.10.10.

장로교합동 평양노회는 성범죄자 전병욱 목사를 징계하라!

"목사 될 자는.. 학식이 풍부하며 행실이 선량善良하고 신앙이 진실하며 교수에 능한 자가 할지니 모든 행위가 복음에 적합하여 범사에 존절함과 성결함을 나타낼 것이요. 자기 가정을 잘 다스리며 외인外人에게서도 칭찬을 받는 자로 한다.디모데전서 3:1~7" 장로교 헌법 정치 부분 제2조 목사의 자격

전병욱 목사의 성범죄는 여러 언론의 취재와 피해 당사자들의 직·간접적인 증언을 통해, 또한 삼일교회 당회의 공식적 발표를 통해 그 진상이 밝혀졌습니다. 특히 삼일교회 당회는 2012.4.9. 재직회를 통해 담임목사였던 전병욱 목사로부터 장기간에 걸쳐 다수의 자매들이 가벼운 성추행에서 심각한 성폭행까지 당했다는 사실을 발표했습니다. 당회는 이를 피해자들이 증언한 녹음파일과 전병욱 목사와 피해자간 통화한 녹음을 듣고 피해자들을 직접 만나 확인했습니다. 전병욱 목사의 성범죄 사실에 대한 진실은 네이버 카페 '전병욱 목사! 진실을 공개합니다'http://cafe.naver.com/antijeon의 "사건의 실체를 공개합니다"에 올라와 있는 피해자들의 직접 증언과 삼일교회 당회 발표문, 삼일교회 집사들이 노회에 올렸던 면직청원문 등을 통해 정확하게 확인할 수 있습니다.

그러나 삼일교회 당회는 사실을 숨기기에 급급했고, 전병욱 목사에 대해 설교 중지 및 수찬 정지 등 미온적인 징계를 행했으며, 심지어 재직회

와 교인총회에 어떤 보고도 없이 전병욱 목사와 2년 간 수도권 개척 금지를 합의하고 전별금으로 13억 4500만 원을 지급하는 등 월권을 행했습니다. 교인들이 평양노회에 제출해 달라고 요청한 면직청원서도 받지 않았고, 심지어 전병욱 목사의 성범죄 사실을 개인 블로그에 고발한 교인을 상대로 2억 6000만 원의 배상 소송을 제기하기도 하는 등 오히려 전병욱 목사에게 면죄부를 주었습니다. 이 과정에서 신자인 피해자들에 대한 어떠한 목회적 돌봄이나 보상도 없었습니다.

전병욱 목사에 대한 징계 권한을 가지고 있는 평양노회는 전병욱 목사 사건에 대해 지나치게 소극적이고 심지어 편파적이었습니다. 평양노회는 삼일교회 당회가 전병욱 목사와 합의했다고 올린 2년간 수도권 개척 금지안을 의결했다가 절차적 이유로 기각 처리했습니다. 평양노회는 사건의 실체인 성범죄 피해를 당한 신자들의 고통, 목회 윤리의 실종, 교회의 거룩성 상실을 등한시 한 채 정치적 결정을 내려 면죄부를 준 것입니다. 이후 노회는 삼일교회 신자들 117명이 서명해 노회에 제출한 전병욱 목사 면직 청원서를 당회를 거치지 않았다는 절차를 이유로 반려하고, 교단 외 단체인 '교회개혁실천연대'의 사건의 실체에 대한 조사 요청서도 뜯어보지도 않고 거절했습니다.

그러나 노회는 단지 행정적 행위를 하는 곳이 아니라 공교회를 대표하는 기구로서 교회의 거룩성을 유지해야 하는 막중한 책무가 있음을 생각할 때 피해자들의 직접 증언이 있는 사건을 묵인하는 것은 직무유기 하는 것입니다.

삼일교인들의 적극적인 대처와 기독교공동대책위의 다각도적인 압박은 이 사건에 대한 책임을 회피하며 숨기 급급했던 이들에게 긴장과 각성을 촉구하는 기독운동으로 자리 잡게 된다. 그러나 그 뜨거운 열기에도 불구하고, 전병욱 목사에 대한 면직 청원은 하루 이틀이 아닌 여러 해를 넘긴 채 지금까지도 표류하고 있다. 이는 앞서 언급한 데로 치리권을 가진 평양노회가 면직청원서를 수년간 접수조차 받지 않고 있기 때문이다. 상식을 이야기 하는 일이 기적이 되어버린 이 비정한 현실은 제2, 제3의 전병욱을 잉태할 수밖에 없는 구조적 모순과 더불어 양심을 잃어버린 평양노회의 민낯에 그 책임이 있다. 아래 기사는 최근까지도 이 사건에 미온적인 평양노회의 현 주소를 보여준다. 평양노회의 철저한 냉대와 무관심은 수많은 이들에게 잔인한 비수가 되어 꽂히기에 충분하다. 평양노회와의 길고도 질긴 갈등은 다음 장에서 심도 있게 다루고자 한다.

한 영혼의 울부짖음은 들리지 않는가?

[베리타스,2014.04.15.]

예장합동 교단 평양노회가 열렸던 14일, 노회장인 평강교회 앞은 긴장감이 감돌았다. 이번 노회에서 전병욱 목사가 개척한 홍대새교회의 노회 가입이 다뤄질 것이라는 소식 때문이었다. 노회가 시작되기 앞서 '전병욱 목사 성범죄 기독교 공동대책위원회'(이하 공대위) 소속 활동가들이 속속 모여들었다. 이들은 전병욱 목사의 면직을 촉구하는 피켓 시위를 벌이는 한편 노회장으로 들어가는 목회자들에게 성명서를 나눠주며 분주히 움직였다.

그러나 정작 노회는 싱겁게 끝났다. 해당 안건이 다뤄지지 않았기 때문이었다. 그런데 이 과정에서 의외의 사실 하나가 발견됐다. 전병욱 목사 면직이 아예 안건으로 상정조차 되지 않았음이 드러난 것이다.

전 목사 면직이 쟁점으로 떠오른 시점은 그가 새교회 개척을 본격화한

2012년 6월이었다. 당시 삼일교회 성도들은 평양노회를 찾아 전 목사 면직을 간곡히 청원했다. 삼일교회 당회도 면직안을 제출했다. 이러자 2012년 11월 임시노회에서 이 안건이 다뤄질 것이라는 전망이 제기됐다. 하지만 전 목사 면직은 불발로 그쳤다. 그러다가 해를 넘겨 2013년 4월 다시한 번 이슈로 떠올랐다.

평양노회는 세 차례 모두 면직안 접수를 거절했다. 성도들이 낸 면직청원은 당회를 거치지 않았다는 이유로, 그리고 당회가 낸 면직안은 시찰회를 거치지 않았거나, 당회 결의 없이 장로 개인 명의로 제출했다는 이유에서였다. 올해 평양노회에서 전 목사 면직안이 올라오지 않은 이유도 역시절차상 하자 때문이었다.

익명을 요구한 평양노회 내부 관계자는 "2012년 당시 시찰장이 면직안을 받았다. 그런데 시찰서기가 노회 임원들에게 보내지 않은 것 같다"고밝혔다. 부노회장인 강 모 목사도 "노회 안에서 서류가 실종된 것 같다"고말했다. 이야기를 종합하면 누군가가 면직안이 임원회에 가지 못하도록방해한다는 추론도 가능하다.

상처 입은 영혼보다 더 중요한 건 절차?

삼일교회 성도들이 면직청원을 통해 적시한 전 목사의 성추행 사례는 8건에 이른다. 적시된 사례 외에도 크고 작은 성추행 사례들이 계속해서드러나는 중이다. 전 목사에게 성추행 피해를 당한 여성도들은 그의 교회개척에 대해 참담한 심경을 토로하고 있다.

목회자는 상처 입은 한 영혼을 천하보다도 더 귀하게 여겨야 하는 직분이다. 목회자의 야수적인 욕망으로 몸과 마음에 씻을 수 없는 수치를 당한 영혼들은 힘겹게 하루하루를 보내고 있다. 그러나 평양노회 목회자들의 생각은 조금 다른 것 같다. 더욱이, 전 목사의 성추행 사건이 얼마나 심각한지 모르는 목회자들이 상당수다. 심지어 어느 목회자는 노회가 열리는 평강교회 앞에서 성명서를 나눠주는 활동가에게 전 목사가 무슨 잘못을 했는지 되려 묻기까지 했다.

절차는 중요하다. 그러나 절차보다도 더 중요한 건 상처 입은 영혼들의 울부짖음이다. 평양노회 노회장 이하 소속 목회자들의 생각은 각자 다를 것이다. 그러나 2년 가까운 시간 동안 삼일교회 성도들과 공대위 활동가들이 줄기차게 제기해온 전 목사 면직청원을 절차상 하자만을 문제삼아 무시했다는 사실을 놓고 보면 적어도 목회자들은 한 영혼의 울부짖음엔 관심이 없어 보인다.

세상 사람들의 눈에 비친 노회는 목사들의 기득권 클럽이다. 전 목사 면직건을 대하는 평양노회의 태도는 세상 사람들의 시각이 틀리지 않았음을 보여준다. 세상이 교회를 걱정하는 시대의 한 단면이다.

4장 · 사라진 공의, 노회의 민낯

– 평양노회의 직무유기는 현재진행형

성범죄 목사의
교회 개척과
목회를 반대한다

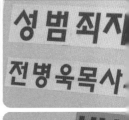

성 범 죄 지

전병욱목사

목사를

전병욱목사님,

피해자들에게

당하게 징계하라! 진정으로 사과하세요. http://cafe.n

반납

하나님 앞에
부끄럽지 않은가!

는 전병욱
목사를 징계하라!

딸 같은 애들

전병욱 목사가 성범죄를 저지르고도 수년 여에 걸쳐 제대로 된 징계 없이 사임 후 새교회를 개척할 수 있었던 과정은 한국기독교계 전체의 무너진 기강과 도덕성의 현주소를 세상에 여과 없이 보여주는 사건이었다. 교회 내적으로 초동대응에 실패한 삼일교회 당회의 비민주적인 모습과 밀실청빙이 주요 문제로 대두되었다면, 교회 외적으로는 평양노회의 무책임하고도 불성실한 모습이 수많은 지탄을 받았다. 삼일교회는 대한예수교장로회 합동 산하 평양노회 소속 교회로, 전 목사에 대한 궁극적인 치리권은 평양노회가 갖고 있다. 성범죄를 일으킨 목사에 대해 교회법상의 권징을 내리고 교회 공동체와 사회 전체를 향해 신앙인의 양심을 앞장서서 외쳐야 할 평양노회는 사건의 가해자인 전병욱 목사의 징계 및 치리에 완전히 실패했다.

전 목사 사건과 관련해 평양노회가 처음 언론에 노출된 시점은 2011년 4월이었다. 그러나 그보다 먼저 기독교개혁 시민단체인 교회개혁실천연대실천연대는 2010년 12월 17일 고영기 당시 평양노회장상암월드교회 담임 앞으로 '삼일교회 전병욱 목사 권징에 관한 권고문'이라는 제하의 공문을 보냈다. 실천연대측은 이 공문을 통해 권징권을 가진 평양노회가 전 목사에 대해 적절한 처리를 하지 않고 있다며 노회 측에 조속한 권징을 촉구했다. 그로부터 4년의 시간이 훌쩍 지나갔다. 전 목사는 아무런 제재 없이 범죄를 일으킨 삼일교회와 근거리인 홍대에 새교회를 개척했다. 홍대새교회는 교단 명의를 사용하며 예금주를 '대한예수교장로회새교회'로 명시한 법인 통장을 개설해 사실상 교단 소속 교회로 행세하고 있다. 그 사이 피해자들은 그의 교회개척에 분노하며 힘겨운 나날을 보내는 상황이다. 이런 상황을 초래한 근본적인 책임은 평양노회가 짊어져야 할 것이다.

전병욱 목사 권징에 관한 권고문

[교회개혁 실천연대 2012.12.17.]

삼일교회 전병욱 목사 권징에 관한 권고문

예장합동 평양노회는 삼일교회 전병욱 목사를 권징하시기 바랍니다.

귀 노회 소속 삼일교회 전병욱 목사(이하 전 목사)는 지난 11월 1일 교회 홈페이지에 "사랑하는 삼일교회 성도 여러분께"라는 글을 올려, 자신의 성추행 범죄가 사실임을 인정하고 사의를 표했습니다. 그러나 당회는 사의가 수리하지 않고 있고, 전 목사에 대한 권징권을 가진 귀 노회 또한 귀 교단 헌법 권징조례가 정한 적절한 처리를 하지 않고 있습니다.

이번 성추행 사건은 결코 경미한 사건이 아니며, 이는 교회측도 인정하는 바입니다. 어깨를 주물러 달라는 전 목사의 요구에 피해자가 성적 수치심을 느낀 사건이라고 잘못 보도한 인터넷 언론에 대해 기사 수정을 요청한 이가 바로 교회측 변호사라는 사실이 이를 증명합니다. 이번 성추행 사건은 주님의 몸된 교회에서 결코 있어서는 안 될 심각한 범죄이며, 공적인 처리와 함께 범죄자에 대한 치료가 필요한 상황으로 확인됩니다.

귀 교단 헌법 권징조례 4장 19조에 의하면, 목사에 관한 사건은 노회 직할에 속합니다. 또한 2장 7조는 "누가 범죄하였다는 말만 있고 소송하는 원고가 없으면 재판을 열 필요가 없다. 단 권징할 필요가 있는 경우에는 치리회가 원고로 기소할 수 있다"고 되어 있습니다.

따라서 전 목사의 성추행 범죄 사건은 노회 직할에 속하며, 이 사건에 대해 소송하는 원고가 없더라도 권징할 필요가 분명히 있으므로 치리회인 노회가 원고로서 전 목사를 기소함이 옳습니다.

부디 귀 노회가 이번 사건을 교회법의 절차에 따라 신속히 처리하시어, 교회의 거룩성과 하나님의 공의를 바로 세우기를 기대합니다. 뿐만 아니라 삼일교회의 회복을 돕고, 전 목사의 치료와 재활에 조력하시기를 강력히 권고 드립니다.

2010년 12월 17일

교회개혁실천연대
(공동대표 오세택 백종국)

전병욱 목사 관련 사안이 삼일교회에서 평양노회로 넘어가기 시작한 시점은 2011년 4월이다. 삼일교회 이 모 장로는 노회에 전 목사와 관련 "2년간 목회 금지, 2년 후 수도권 내 목회금지"를 골자로 하는 청원을 제출했다. 삼일교회측은 '2년간 목회 금지' 조항이 전 목사와 구두로 합의했다고 주장했다. 이에 대해 일부 노회원들은 전 목사의 소명을 들어야 한다는 이의를 제기했고, 전 목사 측에서도 '합의한 사실이 없다'고 주장해 논란이 일었다. 이때 전 목사 측의 입장을 전달한 장본인은 고영기 당시 평양노회장이었다. 국민일보 2011년 4월 13일자 보도에 따르면 고 전 회장은 삼일교회 측 청원에 대해 "노회에 제출되는 서류는 노회 개최 2주 전 시찰회를 거쳐야 한다는 세칙이 있음에도 이 장로는 노회 당일 '2년 목회제한' 규정을 첨가해 제출했다"면서 "이것은 노회 절차를 따르지 않는 불법사항"이라고 밝히기도 했다. 우여곡절 끝에 노회는 전 목사 사임건을 통과시켰다. 그러나 이후 줄곧 절차적인 문제를 들어 전 목사의 목사직 면직 조치는 취하지 않고 있다.

평양노회, "전병욱 목사 2년간 목회 금지"

[뉴스앤조이 2011.04.12.]

전병욱 목사가 앞으로 2년간은 목회할 수 없다. 2년 뒤 목회를 한다 해도 수도권에서는 할 수 없다. 이는 전 목사가 삼일교회를 사임할 때 당회와 구두로 약속한 사항이다.

4월 11일 열린 평양노회노회장 허충욱 목사 정기노회에서 정치부가 삼일교회 전병욱 목사 인사 건을 보고했다. 2월 15일 열린 임시노회에서 전병욱 목사 사임 건을 정치부에 맡겨 처리하기로 했고, 정치부는 전 목사의 사표를 수리하고 길자연 목사를 삼일교회 임시 당회장으로 선임하여 모든 일을 처리케 한 바 있다.

정치부 보고에 이어 삼일교회 당회가 추가 청원을 하였다. 삼일교회 이광영 장로는 청원 내용이 전 목사가 사임할 때 당회원들과 구두로 약속한 것이라고 했다. 청원 내용은 △사퇴 사안이 중대하므로 적어도 2년간 회개와 치료를 거치기 전에 개척 교회를 포함한 모든 목회 활동을 중단한다 △회개와 치료 후에는 삼일교회에 영향을 주지 않게 수도권을 벗어난 곳에서 목회한다는 것이다. 삼일교회 당회는 만약 전병욱 목사가 약속을 이행하지 않거나 약속을 이행하더라도 당회가 충분히 만족하지 못하면, 모종의 적절한 조치를 하겠다고 했다.

이 청원이 나온 뒤 일부 노회원들은 전 목사의 소명을 듣고 사임 문제를 처리해야 한다고 했다. 충신교회 박창배 목사는 노회와 정치부가 당사자들의 이야기를 들어 주어야 하는데 그러지 못했다고 했다. 박 목사는 노회원들을 가리키며 "여러분도 전병욱, 최종천 목사와 똑같은 일을 당할수도 있다. 지금은 내 일 아니라고 이러고 있는데, 똑같은 일을 당하면 의논할 상대가 노회 어른들과 노회밖에 없다. 그런데 노회에서 그 문제를 제대로 처리해 주지 않으면 어디에 가서 이야기하며, 어떻게 노회를 믿고 목회하겠느냐"라고 했다. 박 목사는 "만약 전병욱 목사가 삼일교회 옆에 교회를 지으면 우리는 전 목사도 잃고 삼일교회 교인도 잃을 것이다.

그러므로 전 목사도 살리고 삼일교회도 살리는 방향을 선택할 수 있게 양쪽의 이야기를 듣고 처리해야 한다"라고 했다.

성도교회 구복조 목사도 정치부에서 소명하지 못한 사람들을 이 자리에서 소명케 하자고 했다. 또 정치부가 결의한 임시 당회 체제는 없는 것으로 하고, 정치부 안에 5인위원으로 구성된 기소위원회 또는 조사처리위원회를 만들어, 교회마다 위원회 결정에 따라 처리하면 좋겠다고 했다.

이처럼 이전 임시노회의 결의를 뒤집으려는 발언이 몇 차례 이어졌다. 하지만, 전병욱 목사 인사 문제는 삼일교회 당회의 추가 청원까지 포함하여 전 목사 사임을 수리하는 것으로 결정했다.

평양노회가 전병욱 목사 치리를 사실상 방관한 덕에 그가 목회를 재개하자 기독교 전체의 책임을 통감한 양심 있는 목회자들이 직접적인 단체행동에 나선다. 그 중에서도 '건강한 작은교회'를 지향하는 목회자들의 모임인 '교회2.0목회자운동'이 6월 '전병욱 목사 목회 복귀와 교회 개척에 대한 우리의 입장'이라는 제하의 성명을 발표했다. 이 단체 소속 목회자들은 전 목사의 목회재개를 "사회의 상식적 도덕률을 깨뜨리는 만행이자 예수 그리스도의 몸 된 교회를 모욕하는 배도행위"라고 규정하고 평양노회에 성경의 원리와 교회법에 따른 권징을 촉구했다. 이들은 목회자를 향해서도 자숙을 촉구했다. 제 식구 감싸기 관행이 만연한 목회자 사회를 향한 경종의 메시지였다.

전병욱 목사 목회 복귀와 교회 개척에 대한 우리의 입장

[교회2.0목회자운동 2012.06.07.]

'교회2.0목회자운동'에 참여하고 있는 목회자들은 애통한 마음으로 우리 목회자들의 죄악을 고백하고 참회하는 바입니다. 현 한국교회의 무기력함과 분열, 부패와 상업주의는 우리 목회자의 죄악과 허물 탓인 점을 자백합니다. 또한 여러 목회자의 탐욕과 권위주의, 윤리적 탈선으로 교회가 세상의 소금과 빛이 아니라 손가락질과 개혁의 대상이 되었음을 통탄합니다.

특별히 삼일교회 담임목사였던 전병욱 목사의 실족과 관련한 일련의 과정과 현재 진행 중인 목회 복귀와 개척 시도를 둘러싼 상황은, 한국교회 목회자 타락과 윤리 실종의 대표적 모습을 보여주고 있습니다. 언론에 보도된 바와 삼일교회 당회의 발표, 전병욱 목사의 담당 변호사였던 분의 증언 등을 따르면 전병욱 목사의 행위는 성범죄였습니다. 우연한 실수나 단순한 안마 행위가 아니라 위력과 위계에 의한 심각한 수준의 성범죄였으며, 피해자가 다수라는 면에서 그 상습성과 반복성은 우리 모두에게 충격을 줍니다.

전병욱 목사는 마땅히 하나님과 사람 앞에 회개하고 치료를 받아야 합니다. 그럼에도 공개 참회나 적절한 회복 과정 없이, 추종자들과 은밀히 목회하다가 개척을 정식으로 선언하고 노골적인 홍보 활동을 벌이고 있습니다. 유사하게 죄를 범한 목회자가 회개하고 은거한 후에 은밀히 목회에 복귀하는 경우는 있었지만 이처럼 후안무치하고 공공연하게 교회의 권위와 목회 윤리를 뿌리째 흔드는 일은 없었습니다. 이는 사회의 상식적 도덕률을 깨뜨리는 만행이자 예수 그리스도의 몸 된 교회를 모욕하는 배도 행위입니다.

그동안 한국교회는 전병욱 목사의 명백한 성범죄에 대해 아무런 징계나 자정 조치를 하지 않았습니다. 심지어 침묵함으로 무언의 동조자와 방관자가 되었음을 개탄합니다. 이제 우리 목회자들은 먼저 자신을 겸비하게 돌아보고 스스로 각성할 것을 촉구합니다. 지금이라도 성경적 원칙과 교회법, 기독교 윤리의 '회복적 정의'의 원리에 따라 전병욱 목사 사건을 바로 잡아야 합니다. 이에 우리는 교회의 거룩함과 목회 윤리의 회복을 위해 다음과 같이 권고 드리는 바입니다.

1. 전병욱 목사는 몰염치한 목회 복귀와 개척 시도를 즉시 중단하고 하나님과 사람 앞에 참회하고 영적 회복과 치료를 받기를 바랍니다. 피해자들에게 마음을 담아 공개적으로 사과하고, 삼일교회와 한국교회 앞에 죄책을 공개적으로 시인하고 참회하기를 바랍니다.

2. 대한예수교장로회합동 평양노회는 노회원인 전병욱 목사의 죄악에 대해 공식적으로 조사하여 성경의 원리와 교회법에 따라 정당히 권징하기를 촉구합니다.

3. 한국교회 지도자들과 전병욱 목사가 참여했던 여러 단체는 한국교회와 성도들을 위해 전병욱 목사의 행위에 대한 방조를 중단하고 견해를

밝혀 주기를 바랍니다.

4. 목회자들에게 호소합니다. 작금의 현실을 우리의 회개와 통회 자복을 요청합니다. 먼저 우리가 모두 자숙하고 자신을 지켜 거룩한 삶을 추구하기를 호소합니다. 목회자 중에 전병욱 목사의 개척과 복귀를 공공연하게 돕거나, 공식적인 참회와 회복 과정을 거치지 않은 그를 강단에 세우거나, 개척하는 교회를 지지하는 주장이나 행위를 하는 일이 없기를 바랍니다.

5. 기독교 언론이나 출판사, 단체에서 전병욱 목사를 출연시키거나 협력해서는 안 됩니다.

6. 전병욱 목사와 홍대새교회를 개척하려는 성도들에게 호소합니다. 여러분의 목회자에 대한 관용과 개척의 열의와 순수한 참여를 이해하지만, 명백히 죄악을 범한 목회자에 대한 무분별한 추종은 하나님의 교회를 훼파하는 행위임을 인식해야 합니다. 여러분의 교회인 삼일교회에서 성심을 다하시기를 부탁합니다.

7. 피해자들과 가족, 피해자 지인들에게 당부합니다. 여러분의 상처 입은 마음을 우리 주님께서 어루만져주시기 바라며, 두려움과 분노를 극복하고 담대히 진실을 밝혀주시기 바랍니다.

이 일이 진정 자기 자신을 자유롭게 하고 상처를 극복하는 과정이 되며, 한국교회를 새롭게 하고 가해자를 돌이키는 진정한 회복을 위한 것임을 판단해 주시기 바랍니다. 여러분이 용기를 낸다면 우리가 돕겠습니다.

8. 한국교회 성도들은 이 사건의 실상에 대한 왜곡된 정보와 피해자가 이단이 보낸 자라는 등의 거짓말에 속지 마시고 온전한 분별력을 가져주시기 바랍니다. 그리고 한국교회 목회자들이 거룩하고 순전한 목자로 설 수 있도록 기도해 주시고 부끄러운 모습에 대해서는 책망해 주시기 바랍니다.

우리는 하나님의 사랑과 공의를 믿습니다. 우리는 하나님의 공의에 따른 책망과 징계가 사랑을 배제하지 말아야 함을 인식합니다. 온전한 회개와 적절한 징계는 심판이 아니라 오히려 온전한 회복을 위한 것입니다. 진정 한국교회는 죄를 범한 자와 공동체를 위한 '회복적 정의'를 시행해야 합니다.

지금이라도 전병욱 목사가 진정한 참회와 교회법에 따른 치리를 받고, 회복을 위한 과정을 따르고자 한다면 우리 목회자들도 작은 섬김을 아끼지 않을 것입니다. 그러나 전병욱 목사가 끝까지 권고를 무시하고 개척을 진행한다면 우리는 한국교회 목회자들과 기독지성인들, 기독교 단체와 시민사회 단체들과 연대해 온 힘을 다해 저지할 것을 밝히는 바입니다.

2012년 6월7일 교회2.0목회자운동

평양노회의 무책임한 모습은 삼일교인들에게도 마찬가지였다. 2012년 2월 공동요청문을 올린 삼일교회 성도들이 뒤이은 6월 '삼일교회 전임목사 전병욱 씨의 목사직 면직을 청원합니다'는 제하의 면직 청원서를 작성해 평양노회에 전달했으나 이 역시 평양노회는 절차상의 이유를 들어 청원 접수를 거부했다. 이후 평양노회는 두 세 달에 한번 열리는 노회장에 삼일교회 성도들이 지속적으로 찾아가 면직청원서를 제출하고, 의견을 개진하려 하였으나 줄곧 전병욱 목사 면직과 관련한 모든 의제는 절차상의 이유를 들어 안건으로 상정조차 하지 않았다. 이에 성도들은 '전병욱 목사 면직 청원서 서명페이지 https://www.facebook.com/truejeon를 개설해 온라인 여론 결집에 나서기도 했다. 성도들이 전 목사의 목사직 면직에 발 벗고 나섰다는 점은 무척 고무적이었다.

삼일교인들이 제출한 전병욱 목사의 목사직 면직 청원서

[2012.06.28.]

존경하는 대한예수교 장로회 평양노회 노회장님 이하 목사님, 삼일교회는 60여년 이상의 전통을 가지고 그동안 하나님의 말씀을 전하고 선교하는 교회로 사명을 감당하여 왔습니다. 최근에는 하나님의 은혜로 청빙을 마무리 하고 새 마음 새 각오로 다시금 일어서려고 하고 있습니다.

그러나 안타깝게도 저희는 이러한 상황 속에서 삼일 교인 뿐 만 아니라 기독교 정신의 근간을 흔드는 사안에 대해 이야기 하고자 합니다.

삼일교회 전임목사인 전병욱은 10여 년에 걸친 심각한 성범죄를 저지르고 사임하였고, 전별금으로 13억 이상의 돈을 받아갔습니다. 그러나 최근 삼일교회와 가까운 곳에 '홍대새교회'라는 명칭으로 개척을 공식화 하였고 홈페이지까지 개설하였습니다.

성범죄는 한 인간의 영혼을 말살하는 잔혹한 범죄입니다. 성희롱 발언만 나와도 해당 국회의원이 사임을 해야 할 만큼 성범죄가 주는 사회적 파장은 매우 크며 그 죄질의 경중이 무겁습니다. 하물며, 세상보다 더 높은 도덕성이 요구되는 목회자가 구체적인 회개의 열매 없이 개척하였다는 사실은, 대한민국 기독교 역사에 치명적인 불명예를 안기는 사건일 것입니다.

목사의 직무와 자격에 대한 부분은 대한예수교장로회 헌법에 너무나도 명확하게 명시되어 있습니다. 전병욱 목사는 이러한 자격에 현격하게 미달할 뿐 만 아니라 향후 한국교회는 물론 일반 사회에까지 물의를 일으키는 지경에 와 있습니다.

장로교 헌법 정치 부분 제 2 조 목사의 자격

목사 될 자는 총신대학교 신학대학원을 졸업하고 학식이 풍부하며 행실이 선량善良하고 신앙이 진실하며 교수에 능한 자가 할지니 모든 행위가 복음에 적합하여 범사에 존절함과 성결함을 나타낼 것이요,

자기 가정을 잘 다스리며 외인外人에게서도 칭찬을 받는 자로 연령은 만 30세 이상자로 한다. 단, 군목과 선교사는 만 27세 이상자로 한다.딤전3:1~7

삼일교인들은 이미 공동요청문을 통해 삼일교회 당회에 이러한 문제를 제기 하였고, 교인들이 받을 상처와 충격을 고려해 교회 내에서 공식적으로 서면을 통해 공론화 하고 청빙을 기다리며 기도하고 있습니다. 그러나, 일련의 사태들과 홍대새교회의 개척은 사건에 대한 처리가 명쾌하지 않았던 것으로 판단됩니다.

얼마 전 대한예수교장로회 합동 개혁 측은 사회적 물의를 일으킨 이근안을 목사직에서 면직하였습니다. 이근안의 경우, 징역형을 통해 그 죗값을 받았음에도 불구하고 면직 처리 되었습니다. 이에 비해 다수의 성범죄를 저지른 전병욱을 아무런 제재 없이 2년 만에 개척하도록 이대로 수수방관하는 것은 신앙의 양심과 사회적 윤리의 잣대로 보아도 도무지 인정

하기 어려운 부분입니다.

　이에 삼일교회 성도 105명은 대한예수교장로회 총회 헌법 헌법적 규칙 제 3조에 의거, 별첨과 같이 수집된 자료에 근거하여 삼일교회 전임목사 전병욱에 대하여 목사직 면직을 간곡히 요청하는 바입니다.

▶전병욱 목사 면직촉구 기자회견[2012.10.15. 사진 - 뉴스앤조이]

전병욱 목사의 면직을 평양노회에 처음 권고했던 교회개혁실천연대실천연대는 다시 한번 행동에 나선다. 실천연대는 2012년 6월 29일 '전병욱 목사와 홍대새교회에 권고합니다'는 제하의 성명을 발표해 전 목사의 개척포기와 홍대새교회의 전 목사 청빙포기, 그리고 평양노회의 전 목사 면직을 촉구했다. 실천연대가 평양노회에 전 목사 권징을 권고한지 6개월 만에 또 다시 같은 요구를 제기한 것이다. 실천연대는 성명을 통해 목사의 직분은 평양노회의 교단 헌법에서 정한 대로, 행실이 선량하고 모든 행위가 복음에 적합하며 범사에 성결함을 나타내야 하기에 그렇지 못한 전병욱 목사는 면직됨이 옳다고 강력히 촉구하고 있다. 더 이상의 징계유보는 직무유기라고 주장했지만, 이러한 노력에도 평양노회의 직무유기는 여전히 현재 진행형이다.

전병욱 목사와 홍대새교회에게 권고합니다

[교회개혁실천연대 2012.06.29.]

1. 전병욱 목사는 홍대새교회 개척을 포기하기 바랍니다

전병욱 목사 측 대리인은 최근 한 언론과의 인터뷰에서 "피해여성들의 주장은 사실이 아니다. 이들은 전 목사를 사임시키려고 과장되거나 허위 사실을 말하고 있다"라고 주장했습니다. 이를 통해 전 목사는 잘못을 시인하지 않고 오히려 사실을 은폐하고 있음을 알 수 있습니다.

전 목사가 자신의 범행으로 인해 평생 씻기 힘든 상처를 입은 피해자들과 그 가족들에게 진심으로 사죄한 증거는 없습니다. 또한 그는 베스트셀러 작가로서, 과거 자신의 저서를 읽고 큰 영향을 받았으나 본 성추행 사건으로 인해 극심한 영적 공황상태에 빠진 전국의 독자들에게 공개 사과하지 않았습니다. 전문가들의 의견을 종합할 때 전 목사는 성중독 환자로 판단되며, 이에 삼일교회 당회 또한 성중독 치료비를 지급했으나 그가 치료 받은 증거는 없습니다.

뿐만 아니라 사임2010년 12월부터 개척2012년 8월까지 18개월의 기간은 홍악한 죄질을 감안할 때 자숙의 기간이라 하기엔 너무 짧습니다. 전병욱 목사는 현재 진행 중인 교회 개척 준비를 중단해야 합니다. 지금은 교회를 개척할 때가 아닙니다. 잘못을 시인하고 회개하고 사죄할 때 입니다. 피해자와 그 가족은 물론 삼일교회 성도들과 나아가 한국교회 전체를 향해 용서를 구하며 자숙해야 합니다.

2. 홍대새교회는 전병욱 목사 청빙을 포기하기 바랍니다

홍대새교회의 교회 개척을 환영합니다. 하지만, 전병욱 목사 청빙에는 반대합니다. 과거 전 목사가 시무할 당시 삼일교회는 주변으로부터 목사를 우상화한다는 의혹을 받아왔고, 결국 이는 지난 성추행 사건 발생의 원인이 되었습니다. 반면 반갑게도, 현재 홍대새교회는 홈페이지 게시판을 통해 "홍대새교회는 하나님의 교회입니다.

전병욱 목사의 교회라고 생각하시는 분이 있다면 교회의 본질을 제대로 파악하지 못하신 것이라 생각합니다"라고 밝히고 있으니 참 다행입니다. 만일 위 언급이 진실하다면, 전 목사 청빙을 포기하기 바랍니다. 굳이 전 목사를 개척 목사로 고집하여 '결국 홍대새교회도 전 목사의 교회 아니냐'는 의혹을 살 필요는 없습니다. 게다가 현재 전 목사는 잘못을 은폐하고 피해자들에게 사죄하지 않고 있기에 목사직에 적합한 자가 아닙니다. 부디 전 목사 청빙 계획을 포기하여, 홍대새교회가 전 목사의 교회가 아닌 하나님의 교회임을 증명하기 바랍니다.

2012년 6월 29일

교회개혁실천연대(공동대표 박종운 백종국 오세택 정은숙)

예장합동 평양노회에게 요청합니다

전병욱 목사를 면직시키기 바랍니다.

대한예수교장로회 합동 측 평양노회 소속 전병욱 목사는 2009년 11월경 당시 담임하던 삼일교회 당회실에서 여성 교인을 성추행 했습니다. 진상 파악을 위해, 2012년 4월 9일 삼일교회 당회의 공식 발표 내용 일부를 그대로 옮기면 다음과 같습니다. "그 내용은 당회장실에서 피해자를 호출하여 옷을 벗은 후 구강성교를 한 것입니다. 이 사실을 장로들은 2010년 12월 초 자매를 만나 증언을 들었습니다. 이 외에도 장기간에 걸쳐서 다수의 자매가 성피해를 당했다는 제보가 접수되었지만, 이것을 다 확인할 수는 없었습니다." 이를 통해 당시 전 목사는 목사로서 절대 용납될 수 없는 심각한 범죄를 저질렀음을 분명히 알 수 있습니다.

이에 본 교회개혁실천연대는 2010년 12월 17일 귀 노회에 〈삼일교회 전병욱 목사 권징에 대한 권고문〉을 발송하여, 귀 노회가 전병욱 목사를 권징하여 교회의 거룩성을 지키기를 요청했습니다. 그러나 귀 노회는 2011년 4월 11일 삼일교회 당회가 제출한 청원, 즉 전 목사의 최소 2년 이내 목회 금지와 목회 복귀 시 수도권 내 목회 금지에 대한 청원을 절차상 하자를 들어 부결시켰기에, 본 단체는 심히 유감으로 생각합니다.

최근 전병욱 목사는 오는 8월 15일 홍대새교회를 개척하고 목회에 복귀하겠다고 밝혔습니다.

이에 본 단체는 전 목사가 회개와 치료를 통해 목사직을 다시 수행할 만한 자격을 회복했는지 확인하고자 면담을 신청했으나 거절당했습니다. 이에 본 단체는 아래 정황 증거로 판단 할 때, 전 목사는 절대로 교회를 개척하거나 목회에 복귀해서는 안 된다는 결론을 내리게 되었습니다.

전병욱 목사 측 대리인은 최근 한 언론과의 인터뷰에서 "피해여성들의 주장은 사실이 아니다. 이들은 전 목사를 사임시키려고 과장되거나 허위 사실을 말하고 있다"라고 주장했습니다.

이를 통해 전 목사는 잘못을 시인하지 않고 오히려 사실을 은폐하고 있음을 알 수 있습니다.

그리고 전 목사가 자신의 범행으로 인해 평생 씻기 힘든 상처를 입은 피해자들과 그 가족들에게 진심으로 사죄한 증거가 없습니다.

또한 그는 베스트셀러 작가로서, 과거 자신의 저서를 읽고 큰 영향을 받았으나 본 성추행 사건으로 인해 극심한 영적 공황상태에 빠진 전국의 독자들에게 공개 사과하지 않았습니다. 전문가들의 의견을 종합할 때 전 목사는 성중독 환자로 판단되며, 이에 삼일교회 당회 또한 성중독 치료비를 지급했으나 그가 치료 받은 증거는 없습니다.

뿐만 아니라 사임2010년 12월부터 개척2012년 8월까지 18개월의 기간은 흉악한 죄질을 감안할 때 자숙의 기간이라 하기엔 너무 짧습니다. 게다가 새 교회마포구 상수동가 옛 교회용산구 청파동로부터 이동시간 15분, 직선거리 4km에 불과한 너무 가까운 곳이기에 상식적인 목회 윤리에 부합하지 않습니다. 그러므로 전 목사의 목회 복귀와 교회 개척은 용납될 수 없습니다.

본 단체는 귀 노회가 심각한 성범죄자를 목사로 용인하고 교회 개척도 받아주는 노회가 아니기를 바랍니다. 더 이상의 징계유보는 직무유기일 뿐입니다. 늦었지만 이제라도 전병욱 목사를 면직하기 바랍니다. 삼일교회 교인들 또한 지난 6월 28일 귀 노회에 면직 청원을 제출한 바 있습니다. 또한 현재 홍대새교회는 홈페이지에 자신을 "대한예수교장로회"라고 소개하는데, 이는 향후 귀 노회에 가입 의사를 추측케 합니다. 만일 가입 신청 한다면 절대로 수락해서는 안 될 것입니다. 본 단체는 귀 노회가 홍대새교회의 가입을 받아들여 성추행 노회로 낙인찍히기를 원치 않습니다.

물론 목사도 한 그리스도인이기에, 아무리 심한 죄를 범했더라도 진정으로 회개하면 하나님의 은혜로 용서받을 수 있습니다. 하지만, 목사의 직분은 다릅니다. 귀 교단 헌법이 정하기를, "목사 될 자는 행실이 선량하고 신앙이 진실하며 모든 행위가 복음에 적합하여 범사에 존절함과 성결함을 나타"내고 "자기 가정을 잘 다스리며 외인에게서도 칭찬을 받는 자" 4장 2조 목사의 자격이기에, 그렇지 못한 전 목사는 면직됨이 옳습니다.

또한 성직자는 당대 최고의 윤리적 기준을 따른다고 스스로 자임하고 세상으로부터 그렇게 요구받는데, 이에 비추어 전 목사는 범한 죄의 위중함에 비해 회복됐다고 볼 수 있는 가능성이 미비하여 목사의 자격을 갖췄다고 인정할 수 없어 그를 면직함이 타당합니다.

부디 귀 노회가 전병욱 목사를 면직하여, 귀 교단 헌법이 정한 노회의 존재 목적, 즉 "교회도리의 순전을 보전하며, 권징을 동일하게 하며, 신앙상 지식과 도리를 합심하여 발휘하며, 배도함과 부도덕을 금지"10장 1조 노회의 요의함을 구현하기 바랍니다.

2012년 6월 29일

교회개혁실천연대(공동대표 박종운 백종국 오세택 정은숙)

평양노회는 전병욱 목사의 면직에 대해 모르쇠로 일관한다. 이 와중에 전 목사가 개척한 홍대새교회가 대한예수교장로회합동 교단 명의를 사용하고 있다는 사실이 드러났다. 새교회는 심지어 예금주를 '대한예수교장로회새교회'로 밝힌 법인통장을 개설하기까지 했다. 이에 대해 평양노회 측은 새교회가 노회에 가입돼 있지 않다면서도 새교회의 노회가입 신청여부에 대해서는 확인해 줄 수 없다는 입장을 밝혔다. 새교회의 교단명칭 사용과 평양노회의 모호한 태도는 노회가 소극적으로 전 목사의 치리를 거부하는 동시에 음성적으로 전 목사를 지원하고 있는 것 아니냐는 의구심을 불러일으키기에 충분했다.

홍대새교회, 노회 가입 없이 교단 명칭 사용

[뉴스앤조이 2012.08.28.]

'대한예수교장로회 새교회The NEW Presbyterian Church'. 전병욱 목사가 시무하는 홍대새교회는 홈페이지에 이처럼 소속 교단을 밝히고 있다. 온라인 헌금을 위해 개설한 은행 계좌에도 '대한예수교장로회새교회'라고 예금주를 명시하고 있다. 하지만, 교회가 노회 가입 없이 교단 명의를 사용하고 있어 논란이 예상된다.

대한예수교장로회 합동 평양노회 박광원 서기는 〈뉴스앤조이〉와 통화에서 "홍대새교회는 노회에 가입되지 않은 상황이다"라고 밝혔다. 홍대새교회가 가입 서류를 제출했는지는 "노회가 심사를 해서 결정하기 전에는 신청 여부를 말할 수 없다"라고 답했다.

홍대새교회 대변인 격인 남동성 변호사는 "'대한예수교장로회'를 쓰는 것에 대해 노회가 문제삼으면 이야기하겠다"며 즉답을 피했다. 다만 남 변호사는 "전병욱 목사가 평양노회 소속이고 황은우 목사도 총신대를 나왔기 때문에 대한예수교장로회 아니겠느냐"며 "교회를 개척했으니 특별한 사정이 없으면 대한예수교장로회로 들어간다"라고 답했다.

하지만, 교회가 노회에 가입되지 않은 채 '대한예수교장로회 새교회'라고 소속을 밝히는 것은 적절치 않다는 지적이 나왔다. 한 노회 관계자는 "전병욱 목사는 노회 소속이지만 홍대새교회는 노회 법상 교회가 아니기 때문에 교단 소속을 기재하는 것은 바람직하지 않다"라고 말했다.

이어 "홍대새교회는 엄밀히 말해 '집회소'나 '기도처'로 부르는 것이 더 타당하다"라고 덧붙였다.

한편 홍대새교회 측은 온라인 헌금 공지 글에 "헌금의 투명성과 안전성을 위해 헌금 계좌를 개설하였습니다. 헌금은 반드시 실명으로 부탁드립니다. 연말정산을 위해서라도 정확한 정보 기재가 필요합니다"라고 알렸다. 하지만, 헌금지정 기부금에 대한 소득공제를 받기 위해서는 문화체육관광부장관 또는 지방자치단체장의 허가를 받아 설립한 비영리법인인 총회 노회에 소속되어야 한다.

전 병욱 목사의 목회재개는 목회자들의 양심을 각성하게 하는 효과를 가져왔다. '건강한 작은교회'를 지향하는 목회자들의 모임인 '교회 2.0목회자운동'이 6월 '전병욱 목사 목회 복귀와 교회 개척에 대한 우리의 입장'이라는 제하의 성명을 발표한데 이어, 구교형 성서한국 사무총장, 황영익 서울남교회 담임목사 등 목회자 16명은 2012년 8월15일 '전병욱 사건 관련 한국교회 목회자의 참회 및 공동 권고문'을 발표해 참회와 회개의 뜻을 밝혔다. 이들 목회자들은 이어 전 목사에 대해서는 진정성 있는 참회를, 그리고 예장합동 교단 및 평양노회에 대해서는 엄중한 면책을 촉구했다. 특히 이들은 전 목사에게 면죄부를 주려는 일체의 시도를 중단하라고 경고했다.

전병욱 사건 관련 한국교회 목회자의 참회 및 공동 권고문

[2012.08.15.]

전병욱 목사의 심각한 성범죄 사건과 관련하여 우리 목회자들은 하나님 앞에 깊이 참회하며 이 땅의 모든 그리스도인들과 국민들에게 사과를 드리며 용서를 구합니다. 우리는 이 사건이 우리 목회자들을 책망하시는 하나님의 엄중한 경고로 받아들입니다. 따라서 범죄한 목회자 한 사람을 비판하기 이전에 먼저 우리 목회자들의 죄악과 소명 상실과 윤리 부재를 참회하며 깊이 뉘우치는 바입니다.

먼저 이 사건의 피해여성들에게 주님의 위로가 함께 하기를 기도드리며, 부디 이 상처를 극복하고 그리스도 안에서 승리하기를 바랄 뿐입니다. 아울러 이 사건 때문에 분노하고 상처 입은 이 땅의 수많은 그리스도인들에게 우리 목회자들은 '죄송합니다'는 말씀 밖에 드릴 수 없습니다.

이 사건을 계기로 한국교회가 더욱 정결하게 되고, 교회의 자정적 개혁을 통하여 한국교회가 더욱 성숙하도록 기도해 주시기를 당부 드립니다. 또한 한국교회의 치부를 목격하고 실망하신 모든 분들에게 사죄를 드리며 한국교회가 기독교 본래의 가치를 따라 보다 투명하고 깨끗한 공동체가 되도록 격려해주시기 바랍니다.

우리는 전병욱 목사가 피해자들에게 대한 사과와 진정한 참회를 하기는커녕 홍대새교회를 개척함으로 교회의 거룩성을 훼손하고 예수 그리스도의 교회를 모욕하는 일에 대해 심히 분노합니다. 사회적 상식과 도덕기준에도 미치지 못하는 몰염치한 목회 복귀와 개척 강행에 한국교회 목회자로서 부끄러움을 느끼지 않을 수 없습니다.

우리는 부디 전병욱 목사가 스스로 돌이켜 바로 서기를 바랍니다. 또한 한국교회의 모든 지체들이 이 일을 우리 모두의 일로 받아들이고 가슴을 치며 참회하고 교회의 교회됨을 회복하기를 바랍니다.

이에 우리 목회자들은 참회하는 마음으로 우리의 죄악을 고백하며, 하나님의 사랑과 공의를 담아 실족한 전병욱 목사를 엄중히 책망하며, 한국교회와 사건 당사자들에게 한국교회의 자정적 해결과 대안적 노력을 호소하는 바입니다.

1. 우리는 참회합니다. 하나님! 우리 목회자들의 죄악과 연약함을 자백하며 하나님의 은혜를 구하오니 저희를 부르신 거룩한 부르심에 따라 정결하고 순전한 목회자가 되어 교인들을 온전히 섬기기를 소원하오니 우리들을 새롭게 하옵소서.

2. 전병욱 목사에게 권고합니다. 모든 피해자들에게 진정성 있는 사과를 하고 온전한 회개와 자숙의 기간을 가지십시오. 예수 그리스도의 교회를 훼파하며 한국교회를 영적 도덕적으로 추락시키는 교회개척과 설교와 일체의 활동을 즉각 중단하기를 강권합니다.

3. 평양노회와 합동측 총회에 요청합니다. 성경의 치리원칙과 장로교 헌법의 규정에 따라 전병욱 목사를 재판 건으로 치리하여 엄중히 면직조치를 하기를 요청드리며, 개척을 사실상 용인하거나 그에게 면죄부를 주는 일체의 정치적 시도를 중단하기를 권고합니다.

4. 삼일교회 당회에 요구합니다. 사건에 대해 포괄적 책임을 지닌 교회로서 전병욱 목사의 성범죄의 실체를 정확하게 조사하고, 목사 치리권이 있는 평양노회에 징계를 요청하십시오.

5. 한국교회에 호소합니다. 한국교회의 책임성 있는 교단과 신학교 및 주요 교회연합기관들은 교회 내 성범죄 근절을 위한 연구와 대책 마련에 시급히 나서기 바랍니다.

우리는 전병욱 목사가 회개의 자리로 내려가고, 공교회에 의해 합당한 징계가 이루어질 때까지 최선의 노력을 다할 것입니다. 아울러 다시는 이러한 일이 교회 안에서 발생하지 않도록 예방과 대안 마련을 위해 작은 노력을 아끼지 아니하고자 합니다.

2012년 10월 12일

성명제안 발기인 : 강경민, 구교형, 권오헌, 김동춘, 김정태, 김형국, 김형원, 박득훈, 박철수, 방인성, 오세택, 이문식, 이진오, 정성규, 최현범, 황영익

서명인 : 강성모 강신욱 강종수 공기현 권순익 권영석 김건주 김관성 김광석 김광현 김기범 김덕신 김도훈 김명호 김범수 김병년 김산 김성률 김승우 김승지 김영태 김예환 김원중 김윤기 김일선 김장현 김장환 김정건 김정일 김종일 김종호 김진명 김창훈 김태완 김태정 김현주 나유진 나창경 남오성 남태일 노승수 노재화 다니엘조 맹경재 민석기 박근호 박성진 박영석 박영섭 박주한 박창열 박훈 박희명 방영진 배영진 배지용 백광모 백봉태 서동진 서한석 석진철 성기문 소동욱 송병주 송창국 신동식 신종철 신형진 심재훈 안석 양명규 오원옥 오준규 온문수 우창연 원용일 유병철 유형석 윤관식 윤동일 윤영환 윤종곤 윤철수 이광석 이광하 이남진 이상준 이석환 이선학 이왕현 이요엘 이유정 이진석 이창호 이청운 이태승

이형기 임도훈 장동근 전남식 전명성 전은덕 전택보 정상직 정영진 정우
현 정혁구 조성우 조윤하 채승경 최인우 최장원 최정호 최준혁 최창균 최
헌영 하용국 한종호 한준호 한진구 한희준 현승민 홍정근 황명열 황옥철
황청명 126명

기록으로 보는 평양노회의 직무유기

"삼일교회 교인 십여 명은 28일 오전 10시 삼성동 예장합동 총회본부의 평양노회를 방문, 전병욱 목사의 면직을 청원하는 서류를 제출했으나 서류 접수가 거부당했다. 삼일교회가 소속된 평양노회의 사무실을 찾은 삼일교회 교인들은 직원이 연결해 준 노회 관계자와의 전화통화에서 절차상 결격사유가 있어 청원서를 접수할 수 없다는 답변을 들었다. 교회를 대표하는 당회가 아닌 평신도 자격으로 하는 목회자 면직 청원은 불가하다는 이유였다. 또 서류를 접수받아야 할 사무실 직원이 노회 관계자와의 전화통화 후 급히 자리를 피해, 교인들은 사무실 책상 위에 서류를 두고 나올 수밖에 없었다."

　－ 뉴스미션, 성도들 '전병욱 목사 면직' 청원에 노회는 '나 몰라라'_2012.06.28.

"대한예수교장로회 합동예장합동 평양노회조은칠 노회장는 교회개혁실천연대개혁연대·공동대표 박종운·백종국·오세택·정은숙가 보낸 전병욱 목사 면직 청원과 홍대새교회 노회가입 거부요청을 거부했다. 중략 하지만 노회는 내용을 확인하지 않은 채 수취 거부했고 공문은 7월 9일 반송 처리됐다. 박광원 노회 서기는 기자와의 통화에서 '당회와 시찰회를 거쳐 정식 절차를 받은 공문만 받는다'며 거부 이유를 밝혔다. 공문 내용을 검토조차 하지 않은 이유에 대해서는 '인터넷에서 이미 나온 내용이라서 보지 않았다'고 답했다."

　－ 뉴스앤조이, 평양노회, 전병욱 목사 면직 요청 또 거부_2012.07.10.

"전 목사가 몸 담았었던 삼일교회 당회는 이미 전 목사 면직 청원 건을 노회에 상정했다. 그리고 지난달 15일 열린 평양노회 정기노회에서도 산하 '시찰회' 논의 절차를 거친 뒤 다음 번 열릴 노회에서 다루기로 결의한 바 있었는데도 안건이 상정되지 않은 것이다. 삼일교회 측은 시찰회에 서류를 넘겼고 시찰회 논의를 거친 만큼 당연히 이번 임시노회에 안건으로 올라올 것으로 예상했다. 노회 측에 이유를 확인했지만 시찰회로 책임을 떠넘겼다. 게다가 임시노회에서 다뤄지려면 개회 열흘 전에 안건이 올라와야 하기 때문에, 만약 지금 시찰회에서 안건을 올린다 하더라도 소용없다고 노회 측은 밝혔다."

    – CBS 노컷뉴스, 성추행 논란 목사 면직, 왜 못 다루나?_2012.11.06.

"대한예수교장로회 합동예장합동 평양노회가 11월 12일 임시노회에서도 전병욱 목사 면직 건을 다루지 않았다. 임시노회 개회 열흘 전에 노회 임원회로 안건이 접수되어야 하는데 기간 내에 제출되지 않았다는 이유 때문이다. 중략 담당 시찰장 서문강 목사중심교회는 서류를 접수하지 않은 이유에 대한 언급을 꺼렸다. 서 목사는 〈뉴스앤조이〉와 통화에서 '말할 수 있는 위치가 아니다', '할 말이 없다'는 말을 반복했다. 아울러 면직 권한을 가진 노회는 기한 내에 서류가 올라오지 않았다며 시찰회로 책임을 떠넘기고 있다."

    – 뉴스앤조이, 평양노회, 전병욱 목사 면직 또 안 다뤄_2012.11.12.

"대한예수교장로회 합동 평양노회는 4월 15일 개최한 정기회에서도 전병욱 목사 문제를 다루지 않았다. 삼일교회 한 장로가 지난 3월 중순 전 목사 면직 청원서를 노회에 제출했으나, 노회는 이를 받아들이지 않았다. 당회의 결의를 거치지 않은 청원이었기 때문이다. 삼일교회는 지난해 두 차례 당회 결의를 거쳐 노회에 전 목사 면직 청원서를 제출했다. 그러나 노회는 한번은 시찰회를 거치지 않았다는 이유로 또 한번은 노회 개회 열흘 전에 제출하지 않았다는 이유로 청원서를 받지 않았다. 이번에 낸 청원서는 정기회가 열리기 20여 일 전 제출한 것이지만, 당회 결의 없이 한 장로가 낸 것이었다."

 − 뉴스앤조이 : 평양노회, 전병욱 목사 문제 또 못 다뤄_2013.04.16.

"전병욱 목사가 소속돼 있는 예장 합동총회 평양노회는 이틀간 봄 정기노회를 개최했는데 전병욱 목사의 성추행 사건은 다루지 않았습니다. 중략 전임 노회장은 노회가 열리기 전 "청원서를 보지 못했다"라고 한 언론과의 인터뷰를 통해 밝혔고, 노회 관계자들은 "삼일교회의 한 장로가 당회 결의를 거치지 않고 개인의 이름으로 청원서를 내 접수를 받지 않았다"라고 주장했습니다. 하지만, 청원서를 개인 자격으로 낸 인물로 지목되고 있는 삼일교회 장로는 "당회의 결의를 거쳐 청원서를 낸 것이 맞다"라고 반박했습니다."

 − Good TV뉴스 : 전병욱 목사 또 처벌피해_2013.04.19.

"'전병욱 목사 성범죄 기독교 공동대책위원회' 운영위원 이진오 목사는 "노회는 공교회 조직으로서 있는 것인데 공교회 거룩성이 훼손됐는데도 불구하고 '우리는 행정적 문제만 갖고 있다'라고 하는 것은 명백한 직무유기이며 목사로서의 신앙 양심도 버리는 것"이라고 비판했다."

 − CBS노컷뉴스, 성추행 논란 목사 면직, 왜 못 다루나?_2012.11.06.

더 함공동체 이진오 목사는 전병욱 목사의 목회재개가 이뤄진 시점부터 그의 죄상을 고발하고 합당한 권징을 촉구해왔다. 인터넷 카페 '전병욱 목사 진실을 공개합니다'를 개설해 사건의 진실을 적극 알린 주인공도 바로 이진오 목사였다. 이 목사는 9월과 10월 사이 기독교 인터넷 신문 뉴스앤조이에 총 세 차례에 걸친 기고문을 통해 전 목사 사건의 심각성과 이 사건이 한국교회에 던져주는 의미, 그리고 전 목사에 대한 권징을 호소했다. 이 목사의 호소문엔 전 목사 사건을 대하는 목회자들의 미온적인 태도에 대한 안타까움과 피해자들의 아픔을 헤아리는 심정이 녹아들어 있다. 삼일교회 당회와 전 목사 책을 출판했던 출판사 '규장'은 이 목사의 호소에 적절한 답을 내놓았다. 삼일교회는 2012년 10월 31일 일간지에 공식 사과광고를 게재했고, 도서출판 규장은 전 목사 저술의 절판을 약속했다. 그러나 목회자 단체와 궁극적인 치리권을 갖고 있는 평양노회는 여전히 묵묵부답이다. 정치적인 이해타산과 제 식구 감싸기 관행으로 평신도들의 불신과 피해여성도들의 상처는 그 골이 깊어지고 있다.

응답하라 예장합동 평양노회!

[이진오 2012.10.]

#1] 전병욱 권징 없이 교회 갱신도 없다(2012.09.24.)

교단 개혁을 위해 뛰어다니는 목사들이 있습니다. 용역을 배치하고 가스총을 든 총무를 해임하고, 여자 도우미가 있는 노래주점을 출입한 총회장 당선자를 불신임하기 위해 긴급동의안을 만들고 서명하며 동분서주하고 있었습니다. 물론 중요한 문제입니다. 그런데 그런 분 중에도 전병욱 목사의 성범죄 문제에 관심을 두는 분은 없었습니다.

우여곡절 끝에 전단을 모두 나누어 주고 피켓을 들고 1인 시위를 시작했습니다. 그랬더니 오가는 목사들이 한마디씩 합니다. 말은 많았지만, 내용은 "해 봐야 소용없다. 성스러운 총회에 와서 왜 소란스럽게 하냐" 뭐 그런 말들입니다.

알려진 대로 직접 피해를 공개적으로 증언한 피해자만도 8명입니다. 비공개로 증언한 피해자들은 수를 헤아리기도 어렵습니다. 그런데 그 피해라는 것이 욕 몇 마디 들은 것이 아니라 표현하기도 민망한 성범죄를 당한 것입니다. 어떤 자매는 그 고통으로 서울을 떠나 지방으로 내려갔습니다. 어떤 자매는 아예 국외로 나갔습니다. 실수, 안마 등으로 미화되다가 심지어 꽃뱀, 신천지 소리까지 듣고 나니 도저히 교회에 나갈 수도 함께 교회에 출석했던 남편, 시댁 식구 볼 면목이 없어 눈물로 밤을 지새웠습니다.

저는 합동 총회장에서 합동 내 갱신 모임인 '교회갱신을위한협의회교갱협' 분들을 많이 만났습니다. 총회 전부터 수련회에서, 또 각종 언론과의 인터뷰를 통해 총회 개혁을 위해 제도를 이렇게 바꾸어야 한다, 총회장은 이런 사람이 해야 한다 말하였고 총회장에서도 열심인 것 같았습니다. 그런데 정작 자신이 속한 교단의 청년 사역의 대표 주자였던 전병욱 목사의 성범죄에 대해서는 단 한마디를 하는 것을 못 들었습니다. 모르는 것일까요?

이렇게 많은 언론이 보도했고, 거기다 필자가 네이버 카페까지 만들어 피해자들의 직접 증언도 올리고, 녹취록 일부도 올리고, 수많은 글과 관련 자료가 올라와 있는데 아직도 내용도 사실도 모른다는 말입니까? 신도들이 목사에 의해 성범죄를 당하고 그 때문에 가슴 아파하고 있고, 권징도 치리도 한 차례도 제대로 이루어지지 않고, 한국교회 거룩성이 땅에 떨어지고, 하나님의 이름이 조롱을 받는데 도대체 무엇을 위한 갱신이고, 누구를 위한 개혁입니까?

다행히 교갱협 분들이 앞장서서 총회를 어지럽힌 총무를 해임하고 총회장을 불신임하기 위해 '비상대책위원회'를 구성하고 전면전을 한다고 하니 반가운 소식입니다. 그러나 아무리 총무를 해임하고 총회장을 불신임해 사퇴시키더라도 목사로부터 성범죄를 당해 고통받고 있는 신자들의 아픔을 치유하지 않는다면 교단 개혁은 헛것일 것입니다. 교회의 거룩성은 회복될 수 없습니다.

한미준의 지도적 위치에 있는 목사님들, 교갱협을 주도하고 있는 목사님들 엄청난 변화와 개혁을 이룰 수 없더라도 최소한 상식 이하로 성범죄를 저지른 전병욱 목사만큼은 반드시 치리하고 권징해 주시기 부탁드립니다. 바로 거기서부터 진정한 개혁과 갱신이 시작될 것입니다.

#2] 삼일교회 당회와 평양노회 임원들께 드리는 공개서한(2012.10.05.)

삼일교회 당회에 호소합니다!

먼저 삼일교회 당회에 호소합니다. 삼일교회 당회는 2010년 전병욱 목사의 성범죄 사실을 피해자들이 증언한 녹음 파일과 직접 증언을 듣고 분명히 파악하고 있었습니다. 이때 당회는 피해자들에 대한 적절한 목회적 돌봄과 보상을 시행했어야 하며, 교회적으로 죄 고백과 회개의 시간을 가졌어야 합니다. 또 그 회개의 일환으로 당회에 목사에 대한 치리권이 없음으로 성범죄 사실을 파악한 내용을 평양노회에 올려 정당하게 권징되도록 조치했어야 합니다.

그러나 삼일교회 당회는 사실을 숨기기에 급급했고, 전병욱 목사에 대해 설교 중지 및 수찬정지 등 미온적인 징계를 행했으며, 심지어 직원회와 교인총회에 어떤 보고도 없이 전병욱 목사와 2년 간 수도권 개척 금지를 합의하고 전별금으로 13억 4500만 원을 지급하는 등 월권을 행했습니다. 교인들이 평양노회에 제출해 달라고 요청한 면직청원서도 받지 않았고, 심지어 전병욱 목사의 성범죄 사실을 개인 블로그에 고발한 교인을 상대로 2억 6000만 원의 배상 소송을 제기하기도 하는 등 오히려 전병욱 목사에게 면죄부를 주었습니다. 이 과정에서 신자인 피해자들에 대한 어떠한 목회적 돌봄이나 보상도 없었습니다.

이제 송태근 목사께서 새로운 담임목사로 청빙되었고, 10월 10일(수) 위임예배도 진행되는 시점에 삼일교회는 결자해지하는 심정으로 이 문제를 정면으로 직시하고 풀어내야 합니다. 먼저는 눈앞에 닥친 평양노회에 당회에서 파악한 피해 사례와 증언들을 모아 전병욱 목사에 대한 정당한 권징을 요청해 주시기 바랍니다. 피해자매들에 대해 공개적인 사과와 필요하면 적절한 보상도 이루어져야 합니다. 전병욱 목사 사건을 제대로 치리하지 못한 당회원들과 부교역자들도 적절한 책임을 져야 할 것입니다. 더불어 삼일교회 교인 전체가 일정 기간 교회적인 회개의 기간을 선포하고 진심으로 회개해야 합니다.

평양노회에 요청합니다

평양노회에 요청합니다. 평양노회는 전병욱 목사 사건에 대해 지나치게 소극적이고 심지어 편파적이었습니다.

지난 2011년 봄 평양노회는 삼일교회 당회가 전병욱 목사와 합의했다고 올린 2년간 수도권 개척 금지안을 의결했다가 절차적 이유로 기각 처리했습니다.

이후 노회는 삼일교회 신자들 117명이 서명해 노회에 제출한 전병욱 목사 면직 청원서를 절차를 이유로 반려하고, 교단 외 단체인 '교회개혁실천연대'의 사건의 실체에 대한 조사 요청서도 뜯어보지도 않고 거절했습니다. 아무리 삼일교회 당회의 정식 요청이 없었다고 하더라도 피해자들의 직접 증언이 언론에 의해 보도되고, 삼일교회 신자들이 직접 증거들을 담아 청원하고, 기독교 단체가 조사를 요청하는데도 이를 묵인하는 것은 명백한 직무 유기입니다.

평양노회는 지금이라도 사건의 실체를 정확하게 조사해 합당한 권징을 시행해 주기를 촉구합니다. 조사해서 죄가 없으면 없다고 하면 됩니다. 죄가 있다면 죄에 해당하는 절차와 내용에 따라 징계를 내려 달라는 것입니다.

삼일교회 당회 및 평양노회 임직원 여러분! 제발 피해자들의 눈물어린 호소에 귀를 기울여주시기 바랍니다. 이로 인해 아파하고 있는 한국교회 성도들과 이를 바라보고 있는 세상 사람들의 눈과 귀를 생각해 주시기 바랍니다. 전병욱 목사가 진심어린 사죄와 회개도 없이 또 정당한 징계도 없이 교회를 개척하고 이 교회가 부흥하고 성장한다며 그 자체로 하나님의 이름이 망령되이 일컬음을 받고, 한국교회의 권위가 실종되는 것이 아니겠습니까?

#3] 응답하라! 예장합동 평양노회(이진오, 2012.10.31.)

저는 그동안 여하한 사죄문들이 말로만 사죄하는 것에서 그친 것을 많이 보아온터라 이번 사죄문이 사건 해결을 위해 모든 노력을 다하겠다고 밝힌 것에 대해 대단히 고무적이라 생각합니다.

삼일교회 당회는 교회 내에 피해자 보상과 치유를 위한 대책위를 구성하고, 전병욱 목사 징계를 요구하는 탄원문을 소속 중부시찰회 시찰장서문강 목사의 서명을 받아 장로교합동 평양노회에 제출했습니다.

그러나 안타깝게도 평양노회는 안건 제출 기간이 지나서 탄원서가 제출 되었고, 시찰회에서 정식으로 다루지 않고 올라왔다는 이유로 탄원을 기각하고 시찰회로 돌려보냈습니다. 그리고 이제 11월 6일 평양노회 임시노회를 앞두고 있습니다. 삼일교회 당회가 다시 시찰회를 통해 탄원문을 제출하려고 하니, 노회 정치부장인 고영기 목사가 나서 전병욱 목사가 삼일교회를 사임했는데 왜 삼일교회가 나서냐며 또 문제제기를 하고 있습니다. 그래서 이번에는 피해자가 직접 서명한 탄원서를 제출했습니다.

사실 생각해 보면 지난 2년 동안 전병욱 목사가 10여 년 동안 밝혀진 것만 10여 명의 여성들에게 심각하게 성범죄를 저지른 사건에 대해 정당한 징계가 이루어지지 않은 데는 몇몇 목사들의 심각한 직무유기가 있었습니다.

먼저 현재 평양노회 정치부장으로서 안건 접수 및 처리를 지연하고 있는 고영기 목사는 당시 평양노회 노회장이었습니다. 고 목사는 삼일교회 당회가 전병욱 목사와 합의해 2년간 수도권 개척을 금지키로 한 것에 대해 최초에는 승인했다가 이후 전병욱 목사가 합의 사실을 부인하니 기각시켜 전병욱 목사에게 면죄부를 주었습니다. 이 과정에서 전병욱 목사는 퇴직금을 포함한 전별금으로 13억 4천 5백만 원을 받아서 개척 준비를 진행해 1년이 조금 넘어 삼일교회 인근에 '홍대새교회'를 개척했습니다.

당시 임시당회장이었던 길자연 목사는 임시당회장으로서 전 담임목사의 성범죄에 대한 어떠한 조사나 치리 요구도 하지 않으며 직무를 유기했습니다. 이 과정에서 삼일교회 당회가 어떤 권한도 없이 전병욱 목사에게 전별금을 주고 이런저런 합의를 했습니다. 또 삼일교회 후임목사 청빙을 2년이나 유예시켜 삼일교회 내부의 혼란을 부추겼고, 결과적으로 전병욱 목사가 개척한 교회에 삼일교회 신자들이 이탈하도록 방치했습니다. 오정현 목사는 전병욱 목사의 개척을 측면에서 지원한 것으로 알려졌습니다. 그리고 최근 송태근 목사의 사죄와 징계 요구에 대해 만류하는 등 전병욱 목사를 비호하고 있습니다.

평양노회 임직원 여러분! 잘 알다시피 노회는 단지 행정적인 절차만을 수행하는 사적 조직이 아닙니다. 복음 전파와 교회의 거룩성을 유지하기 위해 노력해야 하는 공교회 조직입니다. 필요할 때는 조사하고 징계도 해야 합니다. 이미 삼일교회 당회와 피해자 탄원서가 제출되었습니다. 이제 11월 6일 임시노회에서 이에 대한 분명한 응답이 있어야 할 차례입니다. 필요하다면 사실 여부를 정확히 조사해서 죄의 정도에 따라 경책할 것은 경책하고, 면직해야 한다면 면직해 교회의 거룩성을 회복시켜 주시기를 부탁드립니다.

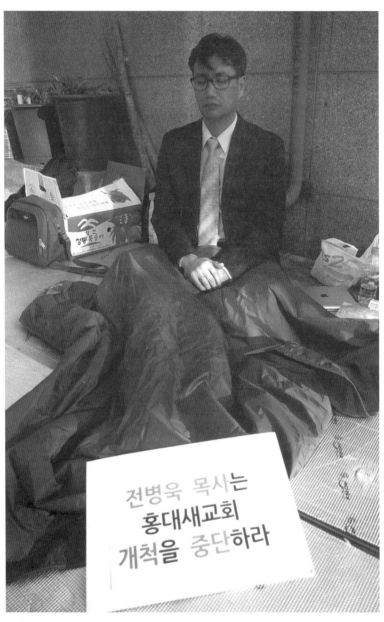

▶더함공동체 교회 이진오 목사가 전병욱 목사 권징을 촉구하기 위해 홍대새교회 앞에서 금식기도를 하고 있다.[2012.10.14.]

2013년 4월 평양노회 직후 발행된 기사. 이 기사는 전병욱 목사 면직을 놓고 삼일교회 당회와 노회가 절차상의 문제로 이견을 드러내고 있음을 꼬집는다. 기사에 따르면 삼일교회 측 이 모 장로는 당회 결의가 통과된 전 목사 면직 청원서를 노회에 제출했다고 주장하는 반면, 노회는 서류 미비를 이유로 청원서를 반려했다고 맞서는 모양새다.

요약하면, 권징권을 가진 노회는 줄곧 절차상의 하자를 이유로 면직건을 다루지 조차 않아왔다. 한편, 삼일교회 측은 전 목사의 면직 보다는 피해자 보상 등 사후 수습에만 주력하겠다는 모양새다. 노회의 무관심과 삼일교회 측의 미온적 태도로 인해 전 목사의 권징은 점점 더 요원해져만 가는 상황이다.

삼일교회 당회의 '전병욱 목사 면직 청원서' 어디로?

[뉴스미션 2013.04.17.]

삼일교회 당회가 전병욱 목사 면직 청원서를 소속 노회인 예장합동 평양노회에 제출했지만, 노회에서 이를 정식 접수하지 않은 것으로 확인됐다.

삼일교회 측은 당초 당회의 청원서 제출 여부를 외부에 공개하지 않았었다. 때문에 관련 서류가 노회에 제출됐는지도 불투명한 상황이었다.

이에 따라 일각에서는 당회 결의가 이뤄지지 않은 채 한 장로의 개인 명의로 노회에 해당 청원서가 제출된 것으로 알려지기도 했다.

교회 한 관계자는 "청원서 관련 논의 당시 찬반 의견이 대립돼 당회 결의가 통과되지 않은 것으로 알고 있다. 그래서 노회 시찰회나 정치부가 서류 미비 등을 이유로 청원서를 받지 않은 것으로 안다"라고 설명했다.

하지만, 본지가 노회에 개인 명의로 청원서를 제출했다는 해당 장로에게 확인해 본 결과, 개인이 아닌 당회 결의가 통과된 청원서가 노회에 제출된 것으로 확인됐다.

이 장로는 본지와의 통화에서 '개인 이름으로 청원서를 냈느냐'는 질문에 "교회 일을 한 사람 이름으로 한다는 게 상식적으로 말이 되느냐"며 "당회 결의를 거쳐 청원서를 냈다"라고 밝혔다.

또 노회가 당회의 청원서를 접수하지 않은 이유에 대해서는 "그건 노회에 물어보라"며 잘라 말했다.

하지만, 노회 측은 삼일교회 당회가 제출한 청원서에 대해 대답을 피했다. 노회장과 서기 목사는 "바쁘다"며 답변을 거부했고, 노회 사무실 관계자는 "모르는 일"이라면서 "관련된 서류를 본 적도 없다"라고 답했다.

이에 따라 전병욱 목사의 성범죄에 대한 노회의 조사 및 징계 처리는 또 한번 물건너간 상황이다. 삼일교회 역시 현재로선 성추행 피해자들의 회복과 보상 방안에 집중하겠다는 방침이다.

삼일교회 관계자는 "담임목사님과 당회도 교회 안정에 더 힘쓰고 있는 상황"이라며 "교회가 또 다시 노회에 전병욱 목사 면직 청원을 시도할 가능성은 희박하다고 본다"라고 설명했다.

5장 · 성공한 목회자는 처벌할 수 없다?

- 그들이 전병욱을 감싸는 이유

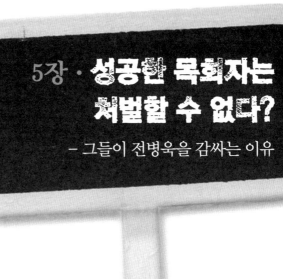

성범죄 목사의
교회 개척과
목회를 반대한다

성범죄를 저지른 목사에 대해 무책임으로 일관한 평양노회의 모습은 집단이기주의로 점철된 노회의 한 단면을 보여주는 것이었다. 교회 부흥이라는 세속적 가치로 인해 붕괴된 도덕성과 공의에 대한 몰이해, 죄에 대한 무감각 속에 전병욱 목사는 목회를 재개할 수 있었다. 전 목사를 맹목적으로 추종하는 신도들의 일그러진 신앙과 제 식구 감싸기에 급급해 치리를 게을리 한 삼일교회와 예장합동 교단 측의 잘못도 이러한 결과의 한 원인일 것이다. 한 마디로 전 목사의 교회개척은 한국교회가 안고 있는 모순의 총집합인 셈이다. 어느 하나의 원인이 결정적으로 작용하지 않은, 한국교회에 내재한 모순들이 긴밀히 상호작용한 결과임을 베리타스의 기사는 설명하고 있다.

전병욱 씨의 목회재개는 모순의 종합 선물세트

[베리타스 2012.07.05.]

전병욱 전 삼일교회 담임목사의 교회개척을 두고 잡음이 끊이지 않고 있습니다. 사실 그의 거취는 햇수로만 3년째 세인들의 입길에 오르내리고 있는 상황입니다. 그가 계속해서 기독교계의 이슈로 떠오르는 이유는 다양합니다. 먼저 그가 스타목회자였다는 사실이 한 이유입니다.

그는 삼일교회 시무 당시 신도들의 인기를 독차지 했습니다. 비단 삼일교회뿐만 아니라 타교회 젊은이 사이에서도 그의 인기는 높았습니다.

두 번째로 그가 성범죄를 저질렀다는 점입니다. 목회자의 성추문은 무척 민감한 사안입니다.

더구나 성추문의 장본인이 스타목회자였다는 사실은 사건의 폭발력을 무한대로 증폭시켰습니다. 더욱이 그가 저지른 성범죄의 구체적인 내용이 제대로 적시되지 않았고, 그래서 그의 행적은 논란의 불씨가 됐습니다. 또 삼일교회 사임 이후 불과 1년 6개월 만에 목회재개를 선언해 논란을 스스로 자초한 면도 있습니다.

이 대목에서 한 가지 의문이 듭니다. 전병욱 씨의 목회재개가 과연 그와 그를 따르는 추종자의 문제로 국한되는 것인가 하는 의문 말입니다. 결론부터 이야기하자면 그의 교회개척은 한국교회가 안고 있는 모순들의 총집합입니다.

그의 성추문 의혹이 처음 불거진 시점은 2010년 9월이었습니다. 만약, 이때 삼일교회 측이 그의 범죄사실을 제대로 규명했다면? 그리고 삼일교회가 속한 예장합동 교단이 그에 대해 적절한 징계를 내렸다면? 답은 자명합니다. 그는 목회재개를 엄두조차 내지 못했을 것입니다.

즉, 그의 새교회 개척은 징계가 제대로 이뤄지지 않은 데 따른 결과물입니다. 흡사 친일파나 5공 세력을 단죄하지 않은 탓에 보수정권이 들어서자 이들이 제 세상 만난 듯 활개를 치고 다니는 것과 똑같은 이치입니다.

무엇보다 삼일교회 측은 처음부터 솔직하지 못했습니다. 전병욱 씨는 성범죄 의혹이 언론에 보도되기 직전 안식년에 들어갔습니다. 이때 교회 측은 이른바 '저수지 교회' 사역을 위해 안식년에 들어간다고 발표했습니다. 하지만, 한 달 후 이뤄진 언론보도는 교회 측의 발표와는 사뭇 다른 내용이었습니다. 언론보도는 그가 3개월 설교정지, 6개월 수찬정지의 징계를 받았다고 적었습니다. 결국, 안식년은 징계를 위장하기 위한 꼼수였음이 드러난 것입니다.

언론보도 이후에도 교회 측은 성추행 의혹과 관련해 일체 공개적인 언급을 피했습니다. 또 변호사를 기용해 그의 성추문이 미칠 파장을 축소하는 방향으로 몰아갔습니다. 신도 80명의 교회를 2만의 대형교회로 성장시킨 공로가 있는 목사라는 이유를 내세워서 말입니다.

평양노회 역시 그의 치리에 대해 결연한 의지를 보이지 않았습니다. 목회자에 대한 권징은 교회의 상위기관인 노회의 권한입니다. 삼일교회는 2010년 12월 우여곡절 끝에 전병욱 씨를 사임시키고 이듬해인 2011년 4월 '2년 간 목회금지, 2년 후 수도권 목회금지'를 뼈대로 하는 청원을 상위기관인 평양노회에 올렸습니다. 그런데 평양노회는 이를 반려했습니다. 노회 측이 전 씨측의 입장을 수용했기 때문이었습니다. 전 씨측은 고영기 전 평양노회장을 통해 "2년간 목회금지나 수도권 목회금지에 대해 합의한 적이 없다"는 입장을 전해왔고, 노회 측은 이를 수용했습니다.

평양노회가 의결을 미룬 또 다른 이유는 "한 목회자의 생명이 달린 중요한 문제"라는 주장이었습니다. 이 같은 주장은 삼일교회 측이 전병욱 씨에 대한 치리를 미룬 이유와 동일했습니다. 노회는 통상적으로 목회자, 특히 성공한 목회자에겐 관대한 입장을 취합니다. 신도수 많은 교회가 많을수록 기득권이 강화되기 때문입니다. 평양노회의 전 씨에 대한 미온적인 치리는 이런 맥락에서 이해되어야 합니다.

무엇보다 사건의 파장을 최소화하려던 교회 측의 조치는 결과적으로 전병욱 씨에게 유리하게 작용했습니다. 교회가 앞장서서 사건을 축소해주니 자신은 목회재개만 신경 쓰면 될 일이었기 때문입니다. 교회 측은 뒤늦게나마 제직회를 열어 그의 범죄사실을 공개했습니다. 만약 그의 교회 개척이 가시화되지 않았다면 이런 일도 없었을 것입니다.

현재 삼일교회와 새교회는 전병욱 씨가 2년간 목회금지를 약속했느니 마느니 하는 문제를 갖고 옥신각신합니다. 이 같은 갈등은 사실 노회 측이 초래한 측면이 강합니다. 즉 노회 측에서 전 씨의 치리에 미온적인 태도를 취한 탓에 이 같은 갈등이 벌어지고 있다는 말입니다. 결국 예장합동 교단 역시 전 씨의 개척에 따르는 책임을 면치 못하게 됐습니다.

처음부터 교회 측이 결연한 의지로 사건의 실체를 명확하게 규명하려 했다면, 그리고 교단이 읍참마속의 심정으로 그를 치리했다면 지금 같은 볼썽사나운 일은 벌어지지 않았을 것입니다.

다시 처음의 문제의식으로 되돌아가봅시다. 전병욱 씨의 교회개척이 단순히 그의 개인적 성향과 그를 맹목적으로 추종하는 신도들만의 문제일까요? 그렇지 않습니다. 초기부터 사건을 축소하려던 삼일교회 측과 전 씨에 대한 치리에 미온적이었던 교단 모두 책임소재에서 자유로울 수 없습니다.

회개하지 않는 목회자, 그를 맹목적으로 따르는 교인, 충격파를 의식해 목회자의 범죄를 가리는데 급급했던 교회, 성공한 목회자를 떠안고 가려했던 예장 합동교단. 전병욱 씨의 개척은 이 나라 개신교가 안고 있는 모순의 종합 선물세트입니다.

전병욱 목사가 목회재개를 할 수 있었던 중요한 요인 중 또 다른 이유는 맹목적으로 그를 옹호하는 신도들의 존재다. 이들은 전 목사의 성범죄 사실이 상당부분 드러났음에도 이를 받아들이지 않거나, 일회성 일탈로 치부하는 경향이 강하다. 이에 대해 2003년까지 전 목사와 함께 사역했던 한 성도는 '전병욱 목사 진실을 공개합니다'에 글을 올려 전 목사 성범죄의 심각성을 알렸다. 이 성도는 전 목사가 "단순히 남자로서 성적인 문제에 걸려 넘어진 것"이 아니라 "그의 열등감과 콤플렉스, 왜곡된 성의식, 영적 교만 등이 맞물려 일어났다"라고 지적했다. 이 성도는 평양노회와 예장합동 교단을 향해 전 목사를 살리는 길은 "그전병욱 목사를 올바로 치리하고 제대로 된 치료를 받기 위해 행동으로 나서는 길"이라고 일갈했다. 모르쇠로 일관하는 평양노회가 꼭 곱씹어야 할 대목이다.

전 목사의 사건을 바라보는 잘못된 시각과 인식에 대하여

전 목사를 옹호하는 입장을 갖고 계신 분들 중에, 전 목사는 훌륭한 목회자였는데 어쩌다가 성문제로 넘어졌다고 생각하시는 분들이 꽤나 많은 것을 보고 심히 놀랐습니다. 이것은 성범죄에 대한 이해가 부족하거나, 성범죄의 심각성을 제대로 알지 못한다는 증거이니 말입니다. 어떤 이는 당신들이 전 목사 보다 더 죄를 지었으면 지었다고 까지 하는데, 속으로 음란한 생각을 품거나, 혼자 방에서 음란물을 보는 것과 실제 행동으로 옮긴 성범죄는 엄연히 다른 죄입니다.

전 목사가 하나님 나라의 일을 하며 많은 생명을 살리고, 설교로 많은 이들에게 은혜를 주었으며, 작은 교회를 큰 교회로 성장시켰다는 것과 성범죄는 별개의 일입니다. 대부분의 성범죄는 스트레스를 많이 받거나, 원활한 성생활이 안 되거나, 넘쳐나는 성욕 때문에 일어나는 것이 아니라, 왜곡된 이성관과 타인에 대한 공감 능력이 부족해서 일어나는 범죄이기 때문입니다.

호르몬이 넘쳐나고 마음에 음란한 생각이 요동친다고, 누구나 다 나가서 성범죄를 저지르거나 자신의 성적 환타지를 실행에 옮기지는 않지요.

얼마 전에 제가 읽은 기사에, 성범죄에 있어서 피해자의 심신의 치료도 중요하지만 그 못지않게 가해자들의 심리적 치료와 교육이 절실하다는 내용이 있었습니다. 기사의 요지는 재범을 막기 위해서는 엄격한 사법 처리도 중요하지만 그에 못지 않게 가해자의 심리를 알아야 한다는 내용이었습니다. 일부분이 제가 여기서 말하고 싶은 부분이 있어 몇 가지 인용을 하고자 합니다.

어린 의붓딸을 성추행해 온 파렴치한 계부가 6년 형을 받아 복역을 하면서 가해자 치료 프로그램에서 한다는 말이 "어차피 걔도 크면 남자랑 성관계 할 텐데 내가 미리 알려 주려고 그랬죠. 일종의 성교육을 시킨 거에요." "감옥에서 5년을 있으면서 받을 벌을 다 받았고 신도 나를 용서했다. 이 정도면 충분히 죗값을 치른 것이 아니냐"라고 했다더군요. 어디서 많이 들은 듯한 말 아닙니까? 피해자를 성추행 하면서 "니 결혼 생활에 도움이 된다" "하나님이 용서했고 부자인 대형교회를 사임했으니 죗값을 다 치른것 아니냐" 저는 이 부분을 읽고 소름이 쫙~ 끼쳤을 정도입니다.

또 기사는 가해자의 문제의 본질은 상대방의 고통이나 감정을 공감하지 못하는 데에서 나오는 것이라 말합니다. 직장 상사나 자신보다 높은 사람일 때, 상대가 어려운 상대 일수록 피해여성이 제대로 대처하지 못하는데, 피해자가 민망하거나 겸연쩍어 피식~ 웃기라도 하면 '아~ 이렇게 하는 걸 싫어하지 않는구나~'라고 오해를 한답니다. 가해자들은 피해자가 적극적으로 저항을 안 하면, 가벼운 성추행 정도는 남녀 간의 애정 행위로 착각하기도 하고 자신에게 호감이 있다고 오해도 한답니다.

피해자들의 글을 보면, 전 목사는 처음부터 세게 나가지 않고 약하게 시도하다 상대가 강한 저항을 하지 않으면 점점 더 강도를 높여 갔습니다. 윗글의 맥락으로 이해하면 고개가 끄덕여질 지경입니다. 왜 "피해자매의 의사에 반하지 않았다"라는 말을 한 것인지 이해가 갑니다. 심지어 전 목사는 자신이 한 일을 제대로 알지도 못하는 것 같습니다. 피해자매에게 자신을 남자로 보지 않는다고 화를 냈다는 장면을 보더라도 자신은 그저 피해자매들과의 관계를 남자대 여자로 인식하는 것 같습니다.

그러니 전 목사가 훌륭한 목회자이나 단순히 성적 문제로 한순간에 넘어졌다고 생각하는 것은 그렇게 생각하는 사람들도 성의식이 잘못 되어 있음을 반증하는 것입니다. 물론 피해자들에 대한 공감 능력도 없는 것이구요. 상식적으로 생각해 보아도 어떻게 10년이 한순간 넘어진 것이 될 수 있으며, 처음부터 지금까지 점점 강도가 세졌다는 것을 글을 읽고도 깨닫지 못하는 것입니까? 차라리 지금 들킨게 천만다행인지도 모릅니다. 들키지 않았다면 그 다음은 생각조차 하기 싫군요.

보통 성범죄자들의 태도에 변화가 오기 시작하는 시점은 대개 역할극을 하면서 라고 합니다. 성범죄 상황을 정해주고 저마다 피해자, 가해자, 공범자, 피해자의 가족 등이 되어 보게 하는 방식이죠.

전북의 한 성폭력상담소 상담원은 "피해자의 오빠나 아들의 처지에서 역할극을 하던 성범죄자가 '범인을 잡아서 죽이겠다'고 할 정도로 흥분하기도 한다"며 "그때부터 자신의 범죄를 진심으로 뉘우치게 된다"라고 했답니다. 그러니 만약 전 목사가 진정으로 하나님 앞에서 회개 했고, 진심으로 피해자매들에게 미안한 마음을 갖고 있다면 지금까지 했던 발언들은 하지 못했겠죠.

물론 바로 코앞에서 이렇게 빨리 다시 사역을 시작하지도 않았을 거구요. 여타 다른 성범죄자들과 전 목사가 다 똑같다는 것은 아닙니다. 전 목사 사건의 심각성은 그가 많은 영혼을 책임지고 있었던 목회자였던 만큼 일대일로 저지른 다른 성범죄자들 보다 영적으로 봤을 때는 더 죄질이 나쁘지요. 전 목사의 문제를 단순히 남자로서 성적인 문제에 걸려 넘어진 것이라고 생각해서는 안됩니다. 전 목사의 문제는 그의 열등감과 컴플렉스, 왜곡된 성의식, 영적 교만 등이 맞물려 일어난 사건입니다. 위에서 말한 왜곡된 이성관 때문에 문제가 있었더라도, 하나님과의 관계가 똑바로 서 있고, 하나님께서 맡기신 양떼들에 대한 책임감을 잊지 않았더라면 이렇게 까지 오지도 않았을 것입니다.

성적인 문제만이 아닙니다. 자신이 이룬 업적?들과 능력있는 목사로 인정 받는 등의 일들이 없었다면 이런 일은 일어나지 않았을 거란 생각을 해봅니다. 제 정신인 목사가 자신의 브로마이드를 보고 치우라고 말하지 않고, 무슨 친위대도 아니고 청년들로 이루어진 경호팀까지 데리고 다닐 정도면 그는 이미 바른 길에서 벗어난 것입니다. 하나님 보다 자신이 위에 있었음을 증명하는 일인 것입니다.

전 목사를 옹호할 정도로 그를 사랑하는 분들께 간곡히 부탁드립니다. 전 목사는 꼭 치료를 받아야 합니다. 이것은 비단 저나 이곳에 계신 분들만의 의견이 아닙니다. 선배 목사님들도 치료를 권유했다고 합니다. 그러니 섣부른 옹호로 그를 더 곤경에 처하도록 하지 말고, 이곳에 와서 비난할 에너지로 그가 제대로 된 치료를 받도록 하는 것이 더 그를 사랑하는 방법인 것 같지 않습니까? 전 목사를 비판하는 사람들에게 도리어 비난의 화살을 돌리지 말고 차라리 감사하십시오. 더 이상 범죄하지 않도록 해준 바리게이트 일 수도 있습니다. 그가 11계명을 못지키고 차라리 들킨게 더 다행입니다.

p.s
평양노회나 교단도 마찬가지입니다. 전 목사를 진정 살리고 싶으십니까? 그래서 침묵 하시는 것입니까? 과연 침묵하고 외면하는 길이 전 목사를 살리는 길일까요?

그를 올바로 치리하고 전 목사가 제대로 된 치료를 받기 위해 행동으로 나서는 길이 진정 전 목사를 살리는 길이며, 통탄에 빠진 한국 교계를 살리는 길일 것입니다. 어차피 치료비 명목으로 1억을 받아 갔다 하지 않았습니까? 그것으로 그렇게 좋아하는 미국으로 치료를 받고 오라고 하십시오. 여기에 모인 사람들이 평양노회나 교단을 싸잡아 비난하는 것이 괘씸하십니까? 전 목사와 위태로운 우리나라 기독교를 위해 행동하지 않는 것이 같은 범죄자끼리 감싸는 일로 호도되는 것이 못마땅 하십니까? 그렇다면 침묵하지 말고 무엇이 제대로 된 행동인지 보여 주시면 될 것 같습니다.

구교형 목사는 전병욱 목사의 성추문이 불거진 시점부터 강력한 어조로 전 목사와 삼일교회를 질타한 바 있었다. 구 목사는 전 목사의 교회개척이 기정사실화된 2012년 7월 한국교회 전반을 향해 또 다시 비판의 날을 세웠다. 구 목사는 한국교회와 성도들이 전 목사 사건을 해결하지 못할 것이라고 단언한다. "진리와 진실에는 관심 없이 자기만 잘되면 그만인 마음을 갖고서도 은혜 받고 있다고 착각하는" 성도들과 "이단과 사이비성 짙은 교회와 목사도 규모가 크고 영향력만 있으면 다 받아들여주고", "공명정대한 사실판단 보다는 '우리가 남이가?' 식의 동업자 의식"으로 가득한 노회와 교단의 잘못된 신학 때문이라는 것이다. 요약하면 사이비 신학을 멈춰야 한다는 주장이다.

구교형, "신천지 · 호환 마마보다 무서운 전병욱 바이러스"

[뉴스앤조이, 2012.07.13.]

전병욱 목사 사건은 수년째 한국교회를 수치스럽게 하는 또 다른 슬픔임이 틀림없다. 그러나 소문만 무성했지 뜻밖에도 정확히 알고 있는 사람이 드물고, 사건의 실체에 접근해 있는 사람들도 언급조차 회피한다. 왜? '점잖지 못한 일'이기 때문이다. 나 역시 그랬다. 그러나 설마했던 전병욱 목사가 소위 '개척'을 한다며 뻔뻔하게 다시 등장한 것은 우리의 점잖고 순진한 기대가 얼마나 환상에 근거한 허구인지 깊이 깨닫게 했다. 전병욱 재등장과 그것을 너무 쉽게 허용하는 기독교계의 풍토는 한국 기독교와 교회가 허위의식과 거짓 신앙에 깊이 뿌리박혀 있는가를 보여 주는 시금석이다.

1. 전병욱 사건을 정말 아는가?

전병욱 사건은 대다수 사람들에게는 여전히 모호할 뿐이다. 그저 '불미스러운 일'부터 '마사지', '안마' 등 온갖 점잖은 정치적 수사들로 가려져 전병욱 목사 같은 사람이 적당히 숨어 계속 장난을 칠 수 있는 놀이터를 제공하고 있다. 그러나 내가 확인한 정도만으로도 전병욱 목사는 직접적인 성관계_{흔히 말하는 섹스}만을 제외한 거의 모든 추행을 저질렀다. 구강성교는 물론 선교 현장을 비롯한 온갖 곳에서 여성들의 중요한 곳들을 함부로 만지고, 심지어 주일예배 중간에도 여성 교인을 불러 추행을 하고, 결혼식 주례 요청하러 온 예비 신부조차 몸을 더듬었다. 목사의 권위에 눌려 반항하지 못한 여성들은 지속적인 추행 대상이 되었고, 반항하는 여성들은 왕따를 당했다. 단순한 실수나 우발적 충동이 아니라, 10여 년을 두고 지속적이고, 반복적이고, 계획적으로 이루어졌고, 드러난 피해자만도 10여 명이 넘는다.

이제 와서라도 이걸 아는 게 왜 중요한가?

전병욱 목사와 사건의 실체를 제대로 모르니, 약간의 실수니 피곤해서 마사지를 받았느니 하는 정치적 수사가 여전히 가능하고, 심지어 피해자를 포함해 전 목사를 비판하는 사람들은 신천지라는 얘기까지 돌고 있는 것이다. 홍대새?교회라는 곳도 바로 이러한 허위의식과 거짓신앙의 터 위에 세워지고 있는 슬픈 현실이다.

"성추행 사건이 사실은 확대된 감이 없지 않지만, 사실에 있어서도 전병욱 목사가 지병이 있었던 관계로 어깨를 주물러 달라는 요구에 성적 수치심을 느꼈다는 30대 청년의 고발은 여전히 논란으로 남는다. 이런 경우가 아니라 그냥 표현하는 말만 듣고도 성적 수치심을 본인이 느꼈다면 할 말 없는 것이지만, 객관적인 시각으로 볼 때 의도가 있지 않았나 싶을 정도로~."

– 네이버 블로그, '하얀비 풀꽃편지'

"저는 나름대로 교회 내에서 들리는 모든 소문을 가능한 한 다 듣고 수집해 보았는데, 분명 일부는 말도 안 되는 허위도 있지만, 그 모든 것이 다 사실이라 한들 목사님을 성중독자로 볼 수는 없을 것입니다."

– 네이버 블로그, '전병욱 목사 중보기도모임'

마치 '아무리 많은 사람을 멋대로 죽였다고 한들, 그 사람을 살인자라고 할 수는 없다'는 식으로 자기가 하는 말이 무슨 뜻인지도 모르고, 믿고 싶은 것만 믿으려는 사람들이 전병욱 주위에는 여전히 많다. 이제 전병욱을 부추기며 문제를 호도하려는 자들은 더 이상 입을 다물어야한다.

또 이런 이야기를 할 때 듣는 지적들이 있다.

'피해자 여성을 생각하라. 이런 사례의 공개는 그들을 두 번 죽이는 짓이다.' 일리 있는 지적이다. 지금껏 소위 교회 개혁 진영이 사건을 다 알면서도 뜸을 들인 것 중 하나도 바로 그 때문이었다. 그래서 지금도 그들의 신상이 보호될 수 있도록 할 수 있는 한 조심하고 있다. 그러나 바로 그 점이 문제가 터져도 가해자는 아랑곳없이 활개치고 다니고, 피해자는 억울함에 피를 토하면서도 일방적으로 당할 수밖에 없고, 또한 아무런 대책도 없이 비슷한 문제가 계속될 수 있는 토양이다. 이런 풍토에서는 적어도 교회 내, 특히 목회자의 성폭력 문제는 조금도 해결될 가능성이 없다.

또 '폭로가 전부는 아니지 않은가? 가뜩이나 교회에 대한 부정적 인식이 많은 시대에 문제를 자꾸 확대하면 안 된다'는 말도 있다. 전형적인 주객전도다. 문제를 일으킨 사람집단보다 그것을 바로잡자고 나서는 사람집단에게 문제의 책임을 뒤집어씌우는 태도다. 더구나 내가 아는 한 교회 개혁 진영 누구도 남의 흠이나 찾아다니는 한가한 사람은 없다. 참다못하여 할 수 없이 내놓은 문제만으로도 산을 이룬다.

2. 전병욱 목사 등이 세우려는 것은 교회가 맞는가?

올해 전병욱 목사가 '교회를 개척'한다고 했을 때, 나 역시 보증금 500만 원, 월세 25만 원짜리 지하 공간을 얻어 2년째 교회로 모이는 목사로서 같은 '개척'이라는 말에 모멸감을 느낀다.

물론, 나는 그런 짓을 안했으니 선하고 그는 그런 행동을 했으니 부정하다는 것도 아니고, 완전하고 무흠한 현실 교회란 없다는 것을 모를 만큼 순진하지도 않다. 그러나 어떠한 논리와 현란한 언어로 포장해도 목회자로서 있기 힘든 죄를 저지르고 하나님의 교회를 세간의 비웃음거리가 되게 한 공적 범죄에 대해서는 납득할만한 해명과 조치가 있어야 한다. 그러나 전병욱 사태에는 정치적 수사와 변명, 기득권적 이해관계만 난무했다.

최근 새교회라는 곳에서 전병욱 목사 설교한 내용을 들어보라. "주님은 세리, 창기도 다 용서하셨다. 그러나 자기 의에 빠진 바리새인만은 용서하지 않으셨다." 물론 맞는 말이다. 그러나 세리나 창기 같은 죄를 지은 자신은 주님의 용서를 받지만, 자신을 정죄하며 혼자만 잘 났다고 외치는 소위 개혁주의자들은 바리새인처럼 용서받지 못한다는 말처럼 들린다.

특히, 그는 세상이 '하나님 앞에서 자신의 욕망을 멈추는 법을 배우지 못했다'며 탄식하고, 술과 춤 등 환락 문화에 취한 홍대 문화를 변화시키고, 치유하려는 꿈이 바로 홍대새교회의 사명이라고 한다. 자신의 욕망을 멈추는 법은 배우지 못한 목사가 세상의 욕망을 치유하겠다고 외치는 헛소리를 우리는 쉽게 은혜라고 부른다. 그리고 '하나님이 주시지 않은 여자를 쫓아다니는 것도 다 탐욕입니다'라고 당당하게 외칠 수 있는 용기도 바로 은혜만 받으면 그 뿐이라는 우리의 천박한 신앙 현주소다. 그래서 전병욱 목사와 중보기도모임이라는 해괴한 카페마저 등장하는 것이다.

그렇다. 이것은 분명 단지 전병욱의 도덕성 문제가 아니라, 한국교회가 뿌리 박고 있는 신학과 신앙의 문제다. 위선과 거짓을 외쳐도 강단만 붙들면 하나님의 말씀이라고 존경받는 목회자와 강단의 문제다. 진리와 진실에는 관심 없이, 자기만 잘되면 그만인 마음을 갖고서도 은혜 받고 있다고 착각하는 교인들의 문제다. "은혜 받았다?" 성경은 하나님과 그의 나라의 가치와 존엄성이 우리의 탐욕과 자존심을 뚫고 들어와 죄의 본성 자체를 뒤흔들 때 이 말을 쓰지만, 우리는 숨겨진 내 탐욕과 이기심이 강단의 권위를 빌어 아전인수식으로 나를 정당화할 때 이 말을 쓴다. 결국 내가 듣고 싶은 말을 목사 입을 통해 들었을 때 우리는 '은혜 받는다.'

그래서 이제 목사들이 책임 있게 나서야 한다. 목사들이 자신과 자기 당파의 이익을 하나님의 이름으로 정당화하려는 시도를 바른 신학과 신앙으로 꾸짖어야 한다. 전병욱 사태는 분명 우리의 신학과 신앙의 건강성을 묻는 지표다.

홍대새교회로 참여하는 분들의 세세한 사정을 나는 다 헤아릴 수 없다. 혹시 전병욱 목사와 그 진실을 잘 알지 못해서라면 이제라도 돌이키길 바란다. 그러나 그걸 알면서도 '은혜만 받으면 그 뿐'이라 믿는다면 그건 이단이지, 하나님의 교회가 아니다. 적어도 거짓과 망령됨의 공모자가 되지는 말아야 한다. 우리가 완전한 성도, 완전한 교회를 감히 말할 수는 없지만, 적어도 이단과 사이비와는 질적으로 다른 무엇은 있어야 하지 않을까? 그런데 우리는 조용기 목사의 절대 체제와 통일교의 그것, 대형교회 세습과 북한의 3대 세습, 전병욱과 JMS 정명석 교주와의 차이를 정말이지 알기 힘들다.

3. 전병욱 사태 뒤에는 기독교의 기득권이 있다.

예수님이 당신의 마지막 한 주간 중 첫 날부터 성전을 뒤엎으신 것은 마땅히 하나님을 섬겨야 할 성전체제가 오히려 종교적 기득권과 이해관계로 얼룩진 가장 큰 장사터였기 때문이다.마21:12, 13 전병욱 사태가 오늘 이 지경까지 된 데에는 교회 안팎의 온갖 종교적 기득권 의식이 있었기 때문이다.

우선, 삼일교회 당회다. 당회는 처음 사태를 접하고서도─물론 이전부터 전혀 모르지도 않았을테지만─정확한 진상을 파악하려는 의지가 전혀 없었다. 왜일까? 그들에게는 하나님의 교회와 진리수호에 대한 열정보다는 2만 명 교회로 성장시킨 전 목사를 지켜야 삼일교회의 화려한 미래가 계속된다고 믿었기 때문이다. 그래서 오히려 그런 '불미스러운 일'을 유포시키는 자들을 제어하고, 안식년이라는 고급스러운 용어를 동원해 꼼수를 부리다가 더 이상 막을 수 없게 되니 뒤늦게 약간의 진상을 공개하고 전 목사 사임을 추진하였다.

마음에도 없는 일을 하기에 당회는 전병욱 목사 사임을 추진하면서, 주택구입비 10억 원, 퇴직금 1억 1000만원, 개척 금지에 따른 생계비 1억 3000만 원, 성 중독 치료비 1억 원 등 모두 13억 4500만 원이라는 어마어마한 돈을 지급한다. 도대체 문책을 받은 것인가, 포상을 받은 것인가? 수도권 개척 금지 조항 역시 꼼수다. 전병욱 목사가 문제 있으면 전국 어디서든 개척하지 말아야지, 다른 곳에서는 어떤 일을 벌이든 자기 교회 교인만 빼 가지 않으면 그 뿐이란 말인가? 그런 어정쩡한 처리로 인해 삼일교회는 전병욱 목사 사임 후에도 여전히 그의 일거수일투족에 심하게 흔들리는 것이다.

둘째, 삼일교회와 전병욱 목사가 소속한 평양노회, 합동 교단이다. 개별 교회를 우선하는 개신교에서 교단과 같은 연합 기구가 굳이 존재하는 이유는 명백하다. 이단, 사이비로부터 신학과 신앙을 보호하고, 교회의 거룩함과 도덕성을 지켜 그리스도의 한 몸 됨을 보존하는 데 있다.

그러나 한국교회는 갈수록 노회나 총회 등 교단 조직이 정말 필요한가에 심각한 의문을 들게 한다.

이단과 사이비성 짙은 교회와 목사도 규모가 크고 영향력만 있으면 다 받아들여 주고, 삼척동자도 다 알만한 명백한 잘못을 저질러도 절차만 따지다가 몇 년은 그냥 흘려보내며 문제를 풀 능력도, 의지도 없는 모습을 보인다. 그래서 상회비나 받아 챙기기 위해 교단이 있다는 불편한 진실이 나돈다. 평양노회는 최근 전병욱 목사 면직 청원 요청조차 아예 거부함으로써 스스로 존재 이유를 부인했다.

단언컨대 총회나 노회, 당회는 전병욱 사태와 같은 문제를 결코 해결하지 못할 것이다. 그들은 왜 목회자 문제 해결에 항상 실패할까? 공명정대한 사실판단보다는 '우리가 남이가?' 식의 동업자 의식 때문이다. 2003년 간통 현장에서 발각돼 난간에서 떨어져 죽은 한기총 전 공동회장 장효희 목사도 해당 교회와 한기총을 통해서는 과로사로 포장되었다. 수년 전 동대문의 어느 감리교회 목사도 여전도사와 간통한 것이 그녀의 남편에게 발각돼 여전도사는 사실을 시인하였고, 시종일관 부인한 그도 결국 거짓이 밝혀져 법정 구속되었으나 해당교회는 이를 비판하는 성도들을 오히려 핍박하고 거짓 목사를 일방적으로 두둔하는 사이비적 행태를 보였다.

이렇게 모두의 이해관계에 얽혀 쉬쉬하는 동안 거룩해야 할 교회는 성범죄로 물들어 가고, 가해자는 더욱 노골적이 되고 피해자는 더욱 일방적으로 피해만 당하고 있다. 일반 사회에서라면 절대 용납될 수 없는 행태임에도 교회에서는 얼마든지 용납되었다. 왜? 하나님은 모든 것을 용서하시고, 문제를 일으킨 분은 '하나님의 종님'이신 목사이기 때문이다. 이제 이런 사이비신학을 멈춰야 한다.

그러므로 파렴치한 전병욱 목사를 용납하지 않고, 부정직한 종교 현상을 개척이라는 이름으로 정당화하지 않는 것이 문제 해결의 첫 걸음이 될 것이다. 그리고 이 사태를 계기로 교회 내 성폭력의 실태 파악과 해결 방안을 범 기독교적으로 진지하게 논의해야 할 것이다. 전병욱 목사는 피해자와 사랑하는 자신의 가족들을 위해서도 제발 이런 유치한 짓을 그만두기를 충심으로 부탁하며, 교회 창립일로 예정된 8월 15일이 오히려 탐욕을 포기하는 용기 있는 날로 기억되기를 바란다.

전병욱 목사는 종종 다윗과 비교됐다. 다윗이 부하 우리야의 아내 밧세바를 범하고 회개했듯 전 목사도 자신의 과오를 뉘우쳤다는 것이다. 전 목사의 과오에 대해 책임을 물어서는 안 된다는 경향도 강하다. 그러나 전 목사 회개의 진정성은 앞장에서 살펴본 바 있듯 의문점 투성이다. 이와는 별개로 백석대에 출강하는 성기문 교수는 뉴스앤조이 기고문을 통해 다윗이 회개함으로써 모든 죄가 면책됐다는 일반의 인식이 오류투성이임을 드러내준다. 성 교수는 다윗이 나단의 질타를 받아들여 자기 죄를 인정했지만 "다윗의 범죄에 대한 하나님의 징벌은 다윗과 다윗의 가문과 이스라엘에게 공공연히 드러날 것이다"라고 지적했다. 성 교수는 이어 "다윗은 자기 범죄에 대하여 하나님이 철저하게 징계하실 것이라는 사실을 알지 못한다"라고 덧붙였다. 성 교수의 다윗의 범죄와 이에 대한 하나님의 징벌을 통해 중요한 시사점을 던진다. 즉 다윗의 회개가 죄를 범한 목회자의 면책 수단이 아니라는 사실을 말이다.

성기문 "죄의 삯은 사망이다" I, II

[뉴스앤조이 2013.01.]

외국은 잘 모르겠고, 국내에서 열이면 열 성범죄를 저지른 목사들은 다윗과 밧세바 사건삼하11~12장을 가지고 자기를 변호하거나 합리화시키는 고약한 습관을 발견하게 된다. 그들은 주로 강단에서 혹은 공적으로 자신의 잘못을 '고백'한 후에, 다윗이 왕좌에서 물러나지 않은 것처럼 자신도 강단에서 물러나지 않겠다고 당당히 주장한다. 이러한 상황 때문이라도, 과연 다윗의 어떤 이유로 성범죄를 저질렀는지, 그가 어떤 처벌을 받았는지, 그리고 그 사건이 우리에게 어떤 실제적인 의미로 다가오는지를 살펴볼 필요가 있다.

1. 잘못된 장소

모든 사건은 제자리를 떠나 있을 때 발생하는 것 같다. 이스라엘이 야웨의 전쟁을 수행하기 위해 모압과 전면전을 치루고 있었던 상황이었다. 봄이 돌아와 '왕들이 전쟁을 수행하던 때'에삼하 11:1 전쟁터에 있어야 할 다윗은 야웨의 언약궤와 요압과 그의 부하들과 온 이스라엘 군대를 암몬과 벌이는 전쟁터로 내보내고 홀로 예루살렘 백향목 궁전에서 안락하게 지내고 있었다. 이 전쟁은 하나님의 전쟁이었고 이스라엘에게 유업으로 준 땅에서 행하는 필수적인 전쟁이었다. 삼하 11장의 주동사는 '보내다'이다. 심지어 다윗은 '엘리암의 딸이요 헷 사람 우리아의 아내 밧세바'와 간음하기 위해 사람을 보내 그녀를 데려오고 그녀가 임신하자 전쟁터로 사람을 보내 우리아를 데려온다. 다윗은 그뿐만이 아니라, 자신의 완전 범죄를 위한 첫 번째 작전이 실패하자, 우리아가 죽도록 격렬한 전쟁터의 최전선으로 보낸다.

2. 잘못된 생각 – 욕망

우리는 다윗이 왕이 아니었을 때와 왕이 되어 전성기를 이룰 때 커다란 차이를 발견할 수 있다. 전쟁터에 가지 않고 예루살렘을 지키던 다윗 왕은 백성들의 사생활에 관심을 갖게 되었다. 나라를 지키고 하나님 말씀을 잘 준수해야 할 왕은 본래의 업무에서 떠나 다른 것에 관심을 갖게 되었다. 다윗은 개인적인 욕망에 사로잡히게 되었다. 왕은 개인의 사생활에 관심을 갖지 말아야 한다. 나단이 다윗을 꾸짖으며 한 신탁처럼, 당시 고대 근동은 일부다처제였기 때문에, 왕이 원한다면, 적법하게 많은 아내를 얻을 수 있었다. 그러나 십계명이 엄격하게 경고하듯이, 이웃의 아내를 '탐내는 것'은 금지되어 있었다. 하물며 다윗과 백성과 하나님을 위하여 이스라엘 군대가 전쟁을 벌이고 있을 때에야 오죽하겠는가? 성경에서도 왕이 궁전에서 개인의 사생활을 엿보는 것은 이번이 처음이 아니다. 창세기 26장 8절을 보면, 아비멜렉이 창을 통해 이삭의 집안에서 벌어지고 있는 부부 애정사를 들여다본 것으로 나타난다. 여기에 사용된 동사 샤카프가 '내려다보다'라는 의미란 것을 생각해 보면, 아마도 왕이 왕궁의 창문 너머로 내려다보았던 것 같다. 왕이 개인의 사적 영역에 관심을 갖는 것이 문제의 시작이었다. 왕이 무슨 이유로 개인의 은밀한 가정사에 관여하는가? 다윗은 정치적 욕구로 부하들의 집을 사찰하고 있었던 것인가? 음란적 욕구로 부하들의 아내들을 훔쳐보고 있었던 것인가?

3. 욕망의 열매

절제할 줄 몰랐던 다윗의 성적 욕심은 밧세바를 데려와서 동침함으로서 범죄한다. 다윗이 월경이 끝난 후에 정결 의식을 수행하는 밧세바를 보았다.레15:28~30 밧세바의 목욕은 누구를 유혹하기 위한 에로틱한 샤워가 아니라, 성전으로 나아가기 위한 제의적으로 정결의 목욕이었다. 정결목욕은 밧세바가 임신할 수 있는 상태가 되었음을 의미하기도 했다. 결국 밧세바의 임신 사실을 들은 다윗은 그 죄를 합리화하기 위해 우리아를 불러들여 동침을 권했다.

그러나 우리아가 거부하자, 다윗은 그를 전쟁터의 최전방으로 보내 죽게 만든다. 역설적이게도 우리아의 죽음은 랍바 점령의 기폭제가 되었다. 다윗은 랍바도 얻고 자신의 연적 우리아도 제거하는 '일타쌍피一打雙皮'의 기회를 얻는다. 다윗이 밧세바를 얻는 일은 이전에 나발의 아내 아비가일의 예를 떠올리게 한다.삼상 25장

4. 죄의 삯은 사망

나단의 비유에 다윗의 즉각적인 반응은 야웨로 맹세하여 "이 일을 행한

자는 반드시 죽어야 한다"라고 선언한다.삼하 12:5 나단의 말이 흥미롭다. 하나님은 사울의 집뿐만 아니라 사울의 아내들도 다윗에게 주었는데, 그런데 무엇이 더 부족한가라고 질책한다. 다윗의 범죄는 "네가 칼로 헷 사람 우리아를 치되 암몬 자손의 칼로 죽이고 그의 아내를 빼앗아 네 아내로 삼았도다"라고 규정할 수 있다.9절 나단은 다윗에게 하나님 분노의 결과를 예고한다. "칼이 네 집에서 영원토록 떠나지 아니하리라 내가 너와 네 집에 재앙을 일으키고 내가 네 눈앞에서 네 아내들을 빼앗아 네 이웃들에게 주리니."삼하12:10~11 구약에 나오는 하나님의 징벌은 대개 보응적이다. 그가 칼로 우리아를 죽였듯이, 다윗과 다윗의 집에 칼의 재앙이 있을 것이며, 다윗이 우리아의 아내를 빼앗았듯이, 다윗의 아내들이 이웃들에게 빼앗길 것이다. 이와 같은 끔찍한 재앙이 임할 것을 선포하자 다윗은 즉각적으로 자기 죄를 인정한다. "내가 여호와께 죄를 범하였노라."삼하 12:13

5. 하나님의 용서는 없었다

우리말 성경은 "여호와께서도 당신의 죄를 사하셨다"삼하 12:13라고 번역하지만, 여기서 사용된 '용서하다'아바르라는 표현은 '지나가다'라는 의미일 뿐이다. 어째서 본문은 애매모호한 단어를 사용하고 있는가? 또한 이 문맥은 그가 비록 '죽을 죄'를 지었지만, 그가 당장 범죄로 인해 죽지는 않을 것이라는 의미다. 그렇다면 이것은 다윗이 죄를 인정했다고 해서, 다윗의 행한 범죄가 용서받았으며, 죄책이 면제된다는 것을 의미하는가? 그렇지 않다. 절대로 그렇지 않다. 다윗의 인구조사의 경우삼하 24장와는 달리, 여기에서 나단은 다윗에게 징벌을 선택할 기회를 주지 않는다. 하나님의 다윗에 대한 징벌의 계획은 무척 혹독했으며 평생 지속되는 것이었다. 다윗의 죄의 인정 전에 주어졌던 징벌은 다윗이 범죄를 인정한 후에도 변하지 않았다. 오히려 다윗 개인적인 범죄는 집안의 범죄가 되었고 국가적인 범죄가 되었다. 다윗의 범죄에 대한 하나님의 징벌은 다윗과 다윗의 가문과 이스라엘에게 공공연하게 드러날 것이다.삼하12:12

6. 다윗의 큰 범죄가 주는 의미

죄의 용서와 죄의 책임은 구분해야 한다. 다윗이 직접적으로 징계를 받지 않았다고 해서, 다윗의 죄의 인정이 하나님의 용서와 책임의 면제를 낳는 것이 아니라는 것을 알 수 있다. 하나님은 다윗의 죄의 삯인 밧세바가 낳은 첫 아들을 죽이시는 것으로 다윗에게 임하는 재앙을 시작하신다. 구약을 통해 볼 때, 율법서를 통해 보더라도 다윗이 행한 살인죄나 간음죄는 사형에 해당하는 중죄에 속한다. 이와 같은 중죄에 대한 즉각적이고 개인적인 단죄斷罪가 모든 범죄에 적용되지 않는 경우도 있다. "적용이 안된다"는 표현보다는 더 크고 중대하게 적용되는 경우가 많았다고 말하는 것이 더 적합할 것이다. 왕이 개인적으로 범죄하면 그 왕가에 재앙이 임하는 것이 그것이다. 다윗의 인생을 통해 볼 때, 다윗 한 개인의 범죄나 판단 착오 때문에 이스라엘 백성에게 임한 큰 재앙이 있었다. 사무엘하 24장의 인구조사가 그 경우다. 이와 같은 다윗의 이야기는, 우리가 착각하듯이, 죄의 인정이 범죄에 따른 모든 책임과 결과에서 면제됨을 의미하는 것이 아니다. 그러므로 이 본문을 죄의 고백이 하나님의 처벌죄의 책임을 무효화하는 증거로 삼을 수 없다.

다윗의 성범죄, 용서보다 '대가'에 주목하자

지난번에 이어 이번 회에는 다윗에게 임한 하나님의 징계를 그 문맥과 사무엘하 후반부의 문맥에서 조금 더 살펴보고, 이 이야기에 대한 현대적 적용점을 찾아보려고 한다.

1. 하나님은 다윗을 어떻게 징벌하셨는가

지난 호에 언급한 대로, 이 이야기의 핵심 구절 가운데 하나는 "여호와께서도 당신의 죄를 사하셨다"삼하 12:13라는 구절이다. 그런데 문제는 이 구절은 명확한 오역이다. 엄밀하게 말하자면, "여호와께서 당신의 죄를 옮기셨다"로 번역해야 한다. 오역이라는 필자의 주장은 지난 호에서 언급한 대로, '다윗과 다윗의 가문에 임할 재앙들'에 관한 나단의 신탁을 통해서도 명확하게 드러난다. 그런데 이 문장은 하나님이 다윗을 심판하지 않으셨다고 말하고 있지도 않지만, 하나님이 다윗의 범죄에 대한 진노를 누구에게 옮기셨는지도 명확하게 말하고 있지 않다.

이 구절과 관련하여 지금까지 이해된 바는 다음과 같다.

1) 다윗의 죄는 용서받았다는 입장

다윗이 자신의 죄를 고백하였고 그로 인해서 "그의 죄가 옮겨졌기에 그가 죽지 않을 것"13절이라는 표현 때문에, 우리말 성경개역, 개역개정이나 일부 다른 외국어 번역 성경에서는 아래의 2와 연관 지어 다윗의 죄가 용서받은 것으로 이해되었다.

2) 다윗의 죄는 타인에게 즉, 자기 아들에게 넘겨졌다는 입장

"당신이 죽지 아니하려니와 당신이 낳은 아이가 반드시 죽으리이다."14절 이 입장은 다윗의 죄에 대한 징벌이 밧세바와의 사이에서 처음으로 낳은 아이에게 임하게 될 것이라는 표현에 근거한 것이다. 이러한 해석들의 가장 중대한 문젯거리는 본문이 명시적으로 하나님의 '용서'를 말하고 있지 않다는 것이며, 죄를 지은 당사자인 다윗이 죽지 않고 그의 자식이 죽는 것이 과연 하나님의 용서하겠느냐는 것이다. 나단이 전한 하나님의 마지막 신탁은 앞에서 나단이 전한 우화에 대한 다윗의 말에 대한 조롱일 수 있다. 다윗은 말했다. "이 일을 행한 그 사람은 마땅히 죽을 자라."5절 하나님은 말씀하셨다. "당신이 낳은 아이가 반드시 죽으리이다."14절 그런데 신기하게도 히브리어로는 5절이 "이 일을 행한 그 사람은 죽음의 아들이라벤-마베트 하이쉬 하오세 조트"라고 말하며, 14절은 "너에게서 태어나는 아들도 정녕 죽을 것이다감 하-벤 하일로 레카 모트 야무트"라고 말한다. 구약을 보면, 세 치 혀로 한 말 때문에, 혹은 자기가 벌인 잘못이 자기에게 동일하게 돌아오는 경우가 있는데, 다윗의 경우도 비슷하다고 하겠다. 다윗은 여호와께 범죄하였지만, 여호와는 다윗의 범죄를 옮기셨다. 다윗은 자기 말로 자기에게 임할 재앙을 결정한 꼴이 되어 버렸다.

3) 다윗과 다윗의 가문은 함께 죄의 징벌을 받게 되었다는 입장

이것은 필자가 지지하는 입장이다. 위의 1, 2의 논의를 통해서 볼 때, 나단이 다윗에게 한 말 "당신의 죄가 옮겨졌으니, 당신은 죽지 않을 것이다"라는 말은 나단의 우화에 대한 '말장난'에 불과하다. 이것이 정말로 하나님이 다윗의 범죄를 용서하셨다거나 다윗에게 임할 재앙이 취소되었다고 말할 수는 없다. 이것은 문맥적으로나 나단이 선포한 신탁이 단계적으로 실현되었다는 점에서도 그렇다. 하나님은 이미 다윗의 죄를 어찌 처벌해야 할지를 우화를 통해 다윗에게 물어보셨고 다윗은 자신이 받을 재앙을 결정한 꼴이 되어 버렸다. 우화 후에 나단이 전한 신탁에 따르면, 하나님은 그 재앙을 거기아들의 죽음에서 멈추지 아니하시고 다윗과 다윗의 가문에게 재앙을 임하게 하실 것이다.

"이제 네가 나를 업신여기고 헷 사람 우리아의 아내를 빼앗아 네 아내로 삼았으니 칼군사적 재앙이 네 집에서 영원토록 떠나지 아니하리라. 5보

라 내가 너와 네 집에 재앙을 일으키고 내가 네 눈앞에서 네 아내를 빼앗아 네 이웃들에게 주리니 그 사람들이 네 아내들과 더불어 백주에 동침하리라 너는 은밀히 행하였으나 나는 온 이스라엘 앞에서 백주에 이 일을 행하리라."삼하 12:10~12

2. 우리에게 주는 교훈은 무엇인가

우리가 두 차례 걸쳐 살펴본 다윗과 밧세바, 그리고 나단의 신탁에 나타난 일련의 사건들삼하 11~12장은 다음과 같이 정리할 수 있으며 그것을 통해서 우리가 배워야 할 교훈거리는 다음과 같다.

1) 다윗의 성적인 범죄는 자신의 권력에 심취하여 자기가 '하나님의 종'이라는 주어진 본분을 망각하는 것에서 시작되었다. 이와 같은 중대한 범죄는 다윗이 '왕궁과 같이' 높고 화려하고 안락한 자리에 앉아서 하나님과 장수들과 이스라엘 군대를 호령하고 통제하는 자리에 서게 될 때, 자신이 하나님의 종으로 부리심을 받는다는 것을 망각하게 될 때 발생한다.

2) 다윗의 성적인 범죄는 가까이에 있는 자들을 욕망의 대상으로 삼았다. 항상 그들을 '욕정의 눈으로' 관찰하고 기회를 틈타며 자기 사적인 성욕을 채우는 데 자신의 권력을 사용하였다.

3) 다윗은 자신의 은밀한 범죄를 정당화하기 위해 더 많은 범죄를 저질렀다.

4) 다윗은 자신의 범죄가 밝혀지거나 다루어지거나 지목을 받게 되면, 나단의 우화에서처럼 자기를 범죄자와 별개의 존재로 여기거나 우화를 들은 후에 마지못한 범죄 사실을 인정함으로써 윤리적 부담을 덜고자 하였다. 심지어 사람들은 그를 회개한 자, 하나님의 용서를 받은 자로 오해하기까지 하였다.

5) 다윗은 하나님이 자신의 성범죄와 살인 음모까지 모든 것을 알고 계

신다는 것을 잊었다. 다윗은 자기 범죄를 하나님이 철저하게 징계하실 것이라는 알지 못한다. 다윗은 아마도 하나님의 '은혜의 용서의 교리'의 달콤함에 속아, 지도자의 범죄가 얼마나 큰 범죄인지, 그것에 공동체에 얼마나 큰 부정적인 여파와 재앙을 가져올 것인지를 미처 깨닫지 못했던 것 같다.

필자가 10여 년 전 기독교윤리실천운동 건강교회운동 총무로 일했을 때만큼이나 요즘도 목회자들의 성 추문과 성범죄 소식이 심심치 않게 들려온다. 목사들은 교회당에서 교회 사무실에서 목사 숙소에서, 기도원 가다가 호텔에서 교회 직원이나 전도사나 집사나 여신도들을 상대로 성범죄를 저질러 왔다. 새벽 기도 후에, 한밤중에 간음과 간통을 저질렀다. 사랑에 빠져 모든 것을 다 버리고 도피하는 것은 '낭만적인 사건'에 속한다! 여인들을 성적으로 농락하는 것은 이단 사이비 교주의 전유물이 아니었다!

이러한 은밀한 범죄는 결국 누구의 입을 통해서건 들통 나게 되어 있었다. 신기하게도 목사의 사모들이 남편 목사의 무죄를 항변하는 데 앞장서는 경우가 많았다. 사건이 공론화가 되면, 어떤 목사들은 교인들 앞에서 당당하며 공적으로 회개의 말을 하며 '다윗이 용서받은 것처럼' 자신도 하나님 앞에서 용서를 받았다고 주장한다. 다윗이 왕직에서 물러나지 않았던 것처럼, 자신도 목사직을 유지하는 것이 정당한 것인 양, 다윗과 밧세바 사건을 증거 구절prooftext로 삼는다.

책임을 묻는 나단과 같은 사람들에게 "하나님이 알아서 하실 것"이라고 항변하는 목회자들을 종종 본다. 어떤 정치인의 주장처럼, "역사가 알아서 하게 하라"는 말처럼 "하나님이 알아서 하실 것"이라는 말은 책임 회피나 일시적 모면의 수사학이 아니다. 두렵건대 우리는 이미 다윗 이야기를 통해 '하나님이 알아서 하신 일들'을 보았다는 점을 잊지 말자.

故 옥한흠 목사의 장남인 옥성호 출판본부장국제제자훈련원이 전병욱 목사의 교회개척에 대해 입을 열었다. 그는 뉴스앤조이 기고문을 통해 전병욱 현상이 '목사' 라는 두꺼운 외피옥 본부장은 이를 갑각이라고 표현했다를 탈피하지 못해 생기는 전형적인 하등종교 현상이라고 했다. 그러나 그는 다소 낙관적인 시각으로 전병욱 현상을 바라본다. 즉 전병욱 현상이 '하나의 작은 리트머스 시험지' 라면서 "우리는 한국교회를 둘러싼 수많은 갑각들 중 하나를 벗겨 낼 호기를 지금 맞고 있다"는 것이다. 그의 낙관적인 시각이 타당한지의 여부는 좀 더 시간이 필요할 것으로 보인다. 여전히 전 목사를 옹호하는 성도들이 많고, 이와 비례해 전 목사의 치리는 계속해서 늦어지고 있기 때문이다.

옥성호 "목사라는 갑각, 전병욱의 갑각을 떼어 내자"

[뉴스앤조이 2012.06.26.]

1. 믿음신앙 좋은 자매라는 환상

잠시 눈을 감고 내 머리에 떠오르는 교회 내 믿음 좋은 자매, 신앙 좋은 자매를 한번 떠올려 보자. 아마 최소 몇 명의 여자들이 생각날 것이다. 항상 긍정적인 말을 하고 얼굴에는 항상 미소를 띠고 있으며, 무엇보다 지도자권위에게 순종하고 교회 내에서 봉사 내지 선교 활동에 열심이며 공적 모임에 절대 빠지지 않고 집회 시간 중 누구보다 열정적으로 기도하고 두 손 들고 눈물로 찬양하며 하루도 Q.T를 빼먹지 않는 그런 자매. 몇 명은 분명 우리 주변에 있을 것이다.

우리는 이런 사람들, 평생을 기독교 환경 안에서 특히나 목사는 하나님의 종이라는 도식 아래 살아온 사람들 중에서도 주변에서 믿음 좋다는 소리를 듣는 여자의 심리를 생각해야 한다. 내가 그런 여자가 아니라 100%는 모르지만 나도 나름 교회 밥 먹고 자란 사람이라 이것 하나는 말할 수 있겠다. 그런 여자들의 심리는 일반적으로 우리가 생각하는 사회 속의 여자들과 많이 다르다는 사실을.

그들은 좋게 말하면 착하고 나쁘게 말하면 나름의 환상 속에서 살고 있다. 누가 보아도 겉으로 드러나는 신앙의 모습들은 거의 완벽에 가까운데, 어딘가 아주 중요한 부분에서 나사가 한 두 개 이상 빠진 것 같은 사람. 이런 자매들이 그런 성향을 더 강화시키며 나이가 먹어 집사가 되고 권사가 되면 이제는 더 이상 어떻게 할 수 없는 상태가 된다. 그런 경우 그런 자매로부터 가장 힘든 시간을 보내는 사람들은 다름 아닌 그들의 자식이다. 주변으로부터 수도 없이 '신앙 좋다, 믿음 좋다'라는 말을 듣는 그들, 그러나 그런 칭찬들은 그들을 더 자신들만의 세계 속에 가두게 하는 독이 될 수도 있음을 기억할 필요가 있다.

2. 큰 교회 목사라는 위치가 주는 말할 수 없는 위엄과 권위

교회에서 믿음 좋다는 칭찬을 받기 위한 선결 조건은 무엇보다 지도자에 대한 절대 순종이다.

큰 교회, 작은 교회를 떠나 교회 지도자와 의견 충돌이 있는 사람은, 그 사람의 의견이 아무리 옳더라도 교회에서 믿음 좋다는 칭찬받기는 거의 불가능에 가깝다. 차라리 마태복음 한 번도 안 읽어 본 초신자이지만 등록한지 얼마 되지 않아서부터 교회 내 봉사에 열심을 내고 담당 목사에게 밥도 자주 대접하고 그렇게 한다면, 그 사람은 조만간 믿음 좋은 형제로 바로 등극하게 될 것이다.

이처럼 우리 교회에서 목사, 특히 담임목사가 갖는 지위는 거의 절대적이라고 해도 과언이 아니다. 한국교회 전체에서 목사라는 타이틀이 주는 힘은 가히 상상을 초월한다. 이게 얼마나 웃긴가? 그 어려운 화란 자유대학에서 신학을 공부한 손봉호 장로도 목사가 아니라는 이유로 인해 목사들로부터 보이지 않는 '따' 또는 '무시'를 받는 것이 한국교회의 현실이다.

딸랑 몇 달 과정의 단기 속성 코스로 목사가 된 사람도 자신이 목사라고 몇 년 걸쳐 신학을 공부한 사람을 웃기게 생각한다면? 그리고 성도들은 그냥 그 사람 뒤에 붙은 타이틀만으로 사람을 평가한다면? 웃긴 일이다. 그러나 이게 우리의 현실이다.

자, 크던 작던 목사라는 타이틀이 주는 힘은 분명한 현실이고 교회 성도에게 있어서 그들에 대한 순종은 성도가 교회 내에서 갖는 위상에 절대적 영향을 발휘한다. 그런데 지금 우리가 얘기하는 목사가 무슨 시골 작은 교회도 아니고, 보통 중형 교회도 아니고 바로 다음과 같은 목사이다.

그는 그냥 남 또는 아버지가 키워 놓은 큰 교회를 덜컹 물려받은 재수 좋은 목사가 아니라 스스로 이름도 없던 작은 교회를 한국을 대표하는 교회들 중의 하나로 직접 성장시킨 목사이다. 또한 한국에선 드물게 자신만의 콘텐츠를 가지고 스스로 글을 쓸 수 있을 뿐 아니라 내는 책 마다 베스트셀러를 기록하는 작가이기도 하다. 교보문고에는 전병욱과 관련해 다음과 같은 얘기가 전설처럼 전해 온다. 이문열 같은 작가도 출판사의 적극적 홍보가 없으면 한 시간 사인회를 유지하기 힘든 것이 현실인데 전병욱이 사인회를 했을 때 두 시간이 넘게 줄이 줄어들지않아 교보 역사상 최초로 사인회 시간을 연장했다는 사실이다

그가 인터넷에 올리는 설교는 최소 수 만의 사람들이 접속해 들으며, 홈페이지에 그가 사소한 글 한 줄 또는 사진 한 장 올리면 채 30분이 안 되어 수백의 조회 수를 기록한다. 그는 매일 남들이 정신없이 자고 있을 새벽 3시 전에 일어나 낙타 무릎이 되도록 기도한 후, 자전거를 타고 체력을 다지며 보통 사람이 한 달에 한 권 읽기도 힘든 책들을 하루에도 몇 권씩 읽는다.

그게 다가 아니다. 대부분의 목사들이 한 주에 하나 준비하기도 힘들다는 설교도 그가 손을 대면 그냥 가뿐하게 일주일에 열 개 정도는 바로 준비되고, 그의 입담을 통해 전해지는 설교에 목을 매는 사람들은 한국뿐

아니라 한국인 모여 사는 곳 어디라면 사방팔방에 널려 있다.

그래서 혹 사람들은 그를 한국교회 미래를 책임일 지도자 또는 한국교회의 황태자라고 부르기도 한다.

자, 이런 사람이 지금 위에서 말한 평생 교회 안에서 순종을 배우며 자란 믿음 좋은 자매에게 은밀히 다가온다면? 그것도 단 둘이, 그들 둘 밖에 없는 상황에서 "너는 나에게 힘이 되는 존재야, 너는 내게 위로가 되는 존재야"라고 말하며 그 자매에게 손을 뻗는다면? 그걸 거부할 수 있는 사람이 과연 얼마나 될까? 게다가 그 단계까지 이미 교묘하게 단계별로 발전된 상태라면 말이다.

3. 인간은 누구나 자신을 보호하려 한다

전병욱과의 사건을 남녀 간의 섹스로 인정하는 순간 그 사건은 다음 두 가지의 카테고리 중 하나에 속하게 된다. 우리의 믿음 좋은 자매는 결혼한 남자와 간통을 저질렀거나 또는 남자로부터 성폭행당했거나 둘 중 하나의 경우에 해당된다. 이 두 가지는 다 여자에게 특히 위에서 말한 신앙 좋은 자매에게 있어서는 결코 스스로 받아들일 수 없는 치명적 진술이다. 인간은 누구나 자신을 보호하려는 본능의 지배하에 산다. 의식하던지 아니던지 말이다. 따라서 이 두 가지 경우는 믿음 좋은 자매의 경우 어떻게 하든지 외면해야만 하는 사실일 수밖에 없다. 그럼 어떻게? 그 답은 이미 우리의 머리 좋은 전병욱이 알려 주었다.

믿음 좋은 자매가 겪은 일은 결코 자신의 욕망을 충족시키기 위해서도 아니고. 당연히 아니다. 그녀는 다름 아닌 하나님의 나라 확장을 위해 크게 쓰임 받고 있는 주의 '큰' 종을 '위로'해 주었다라는 식의 자위의 형태로, 주의 종이 주의 일을 더 잘 하도록 도와줬다라는 식의 분명 무의식적인 합리화로 자신을 달랠 수밖에 없었으리라. 그래서 전병욱이 똑똑하다는 것이다. 우리의 똑똑한 전병욱은 무엇보다도 신앙 좋은 자매의 '신앙 좋음'을 철저히 악용했다.

"너 때문에 내가 산다", "너 때문에 내가 숨을 쉬고 제대로 목회할 수 있다" 등등의 말을 아마 그는 그 관계 중에 수도 없이 속삭였을 것이다. 다시 한 번 생각해 보자. 과연 우리 교회 속의 얼마나 많은 여자가 이런 거짓을 당당히 거부하고 또 폭로할 수 있을까? 다시 말하지만 상황에 따라 그냥 시골 동네 교회 목사도 이런 식의 카리스마를 이용한 성적 희롱이 가능한데, 하물며 전병욱이야?

4. 지금 홍대새교회 사람들,
그리고 그들과 마찬가지로 목사를 숭배하는 사람들

실질적 무신론자라는 말이 있다. 입으로는 하나님을 믿는다고 말하지만 삶을 보면 하나님과 상관없이 사는 사람들을 일컫는 말이다. 이와 마찬가지로 나는 우리 주변에는 실질적 목사 숭배자들이 차고 넘친다고 생각한다. 비록 입으로는 목사가 아닌 하나님을 섬긴다고 하지만 그들의 행동을 보면 그들이 섬기는 것은 목사인 사람들. 하나님 앞에서 옳고 그름을 판단하기보다는 목사의 눈치를 살피는 데 급급한 사람들. 그들은 실질적 목사 숭배자들이다. 삼일교회의 당회와 목회자들이 바로 그런 사람들이었기 때문에 오늘날 홍대새교회라는 기막힌 교회가 또 하나 생기는 사태까지 오게 되었다.

입은 신을 부르지만 실상은 사람을 숭배하는 종교, 전형적인 하등 종교의 특징이다. 이 점을 통해 볼 때 기독교는 사실상 지금 한국에서만은 하등 종교라고 해도 과언이 아니다. 우리 주변에 몇몇 교회들을 생각해 보라. 그곳들이 정상이라고 생각하는가? 그런 비정상이 어떻게 유지가 될까? 다름 아니라 타락한 인간이 벌이는 일들을 하나님이 하시는 일, 일반

상식선에도 못 미치는 인간이 저지르는 사건이 크면 클수록 하나님이 그들을 통해 '큰 일'을 하신다는 식의 사고에 사로잡힌, 기독교를 빙자한 하등 종교 신도들이 많기 때문이다.

어떻게 아직까지 전병욱에 목을 매는 사람들이 사라지지 않을까?

나는 그의 설교를 한 열 편 정도 들었던 거 같다. 그의 설교는 나에게는 전혀 아무런 감동도 또 재미도 없었다. 그래서 그런지 그의 설교를 좋아하는 사람들이 내게는 도통 이해가 되지 않았다. 하지만, 굳이 내가 그들을 이해를 하려면 못할 것도 없다. 나는 지금껏 이런 식으로 그들을 이해해왔다. 미국에는 5-hour Energy라는 조그만 음료약?가 있다. 그 음료의 광고가 강조하듯이 몸이 나른해지는 오후 2~3시 정도에 마시면 몸에서 확 힘이 나게 하는 마법과도 같은 음료이다. 그 솟아오른 힘은 한 다섯 시간 유지된다고 한다. 우리나라로 치면 박카스와 비슷한 음료인데 그것보다 좀 더 진하고 효과에서 노골적인 음료이다.

난 전병욱의 설교가 많은 사람에게 일종의 이런 음료의 역할을 하지 않나 싶다. 세상을 향해 나아가는 데 필요한 어떤 에너지, 동기부여 등을 반짝하고 제공하는 데 그의 말빨이 큰 역할을 했고 자꾸 그의 설교를 듣다 보면 일종의 중독 상태에 빠지게 되고 만다. 의사들은 5-hour Energy를 많이 마시지 말라고 한다. 바로 중독의 위험 때문이다. 이 음료는 마시면 마실수록 당장은 힘이 날지 몰라도 궁극적으로는 건강을 상하게 하기 때문이다. 나는 전병욱의 설교가 그런 설교라고 생각한다. 들을 때는 확 힘도 나고 불끈 하는 용기도 솟지만 들으면 들을수록 기독교와 점점 별 상관없는 사람으로 만드는 설교 말이다.

한국교회는 지금 '목사라는 갑각'에 쌓여 있다. 그래서 이 목사라는 갑각이 떨어지면 연약한 속살밖에 없거나 아니면 그 속살마저 이미 말라있어서 아예 살이라고는 아무 것도 남지 않은 상태일지도 모른다. 그래서 우리는 이 목사라는 갑각에 더 목을 매는지도 모르겠다. 신앙생활의 생사 여부를 목사의 운명에 걸고 있는지도 모르겠다. 목사가 사라지면 교회도 없다는 식의 생각에 사로잡혀 있는지도 모르겠다. 그러나 우리가 살려면 이 갑각부터 떼어 내야 한다. 목사라는 갑각을 떼어내고 처음에는 힘들지만 약하고 연약한 내 속살을 세상을 향해 과감히 내어놓을 수 있어야 한다.

한국교회가 목사라는 갑각을 떼어 내는 첫 단계로 우리는 지금 전병욱이라는 갑각을 만났다. 그리고 전병욱이라는 갑각을 자신을 잔뜩 감싼 채 하나님의 영광을 읊조리는 여전히 많은 사람을 보고 있다. 우리의 현실과 우리의 수준을 그대로 가감 없이 보여주는 모습이다. 부정하고 싶지만 부정할 수 없는 적나라한 우리의 모습이다.

우리는 지금 어쩌면 하나의 작은 리트머스 시험지를 통과하고 있는지도 모른다. 과연 한국교회가 이 전병욱이라는 갑각을 떼어낼 수 있을지 없을지 판단하는 작은 시험 말이다. 나는 분명 가능하다고 믿는다. 그리고 앞으로 나아가 전병욱이라는 갑각보다 훨씬 더 교활하고 치사하며, 더 두껍고 더 더러운 갑각들, 우리 주변에 널린 소위 말하는 '큰 목사'들의 갑각들도 결국에는 다 떼어 낼 수 있을 것이라고 생각한다. 인생은 반전이다. 하지만, 반전의 기쁨은 위기 속에 기회가 있다는 진리가 구호를 넘어 행동으로 이어질 때에만 누릴 수 있는 특권이다. 우리는 한국교회를 둘러싼 수많은 갑각들 중 하나를 벗겨 낼 호기를 지금 맞고 있다.

추신 : 이런 글을 쓸 때마다 항상 마음이 아픈 것은 그렇지 않은 목사들이 더 많다는, 영광보다는 고통과 고난 속에 사는 목사들이 더 많다는 사실 때문이다. 정말로 쓰레기 같은 소위 말하는 '큰 목사'들 때문에 작지만 진짜 목사들이 도매금으로 취급당하는 것 같아서 마음 아프다. 하루 빨리 한국교회의 주인공은 재벌 총수를 꿈꾸는 '큰 목사'들이 아니라 진실 되게 좁은 길을 가는 작은 목사들이 되길 바란다.

전병욱 목사의 성추문 의혹이 처음 불거진 시점부터 지금까지 그를 옹호하는 목소리는 좀처럼 잦아들지 않았다. 그런데 이런 현상이 비단 전 목사에게 국한돼 나타나는 현상은 아니다. 한국교회는 목사의 범죄가 불거지면 "목사들의 죄는 하나님께 맡기자"는 목소리가 비등하며, 이런 목소리는 크고 힘 있는 교회의 목회자일수록 더욱 강력해진다. 어울림성경나눔터의 서동진 목사는 "하나님께 맡기자", "죄 없는 자가 먼저 돌로 쳐라" 등 목회자의 범죄가 불거질 때 마다 등장하는 논리들을 조목조목 반박한다. 그러면서 서 목사는 이런 허무맹랑한 논리들이 판을 치는 이유는 한국교회가 죄에 대해 무감각해진 결과라고 꼬집는다. 특히 한국교회가 "종교개혁 이후 유례를 찾아보기 힘들 정도로 타락해있다"는 것과 현재 한국교회가 받고 있는 고난은 "의를 위해서가 아닌 소금이 그 맛을 잃어 밖에 버리어져서 사람들에게 짓밟히고 있는 것"이라는 외침은 분명 기억해야 할 의미 있는 외침이다.

서동진 "한국교회는 왜 목사들에게 관대한가"

[뉴스앤조이 2013.02.11.]

한국교회는 왜 목사들에게 관대한가? 아니, 조금 더 정확히 표현하자면 왜 담임목사에게 관대한가? 한국교회에 문제가 터지는 것은 이제 익숙할 정도로 어색하지가 않다. 그리고 자신들의 죄가 드러났음에도 꿋꿋하게 버티는 모습을 보면서 '왜 저러실까?', '저러고 싶을까?'라는 생각이 든다.

우리 모두가 알고 있듯이 교회 안에서 참으로 많은 일이 벌어지고 있다. 여성도 성추행, 헌금 횡령, 권력 다툼, 세습, 논문 표절 등의 사건이 일어나고 있으며, 이 사건들이 목사들과 관계가 있다는 것을 알게 될 때 경악할 수밖에 없다. 그런데 우리를 더 경악하게 하는 것은 목사들의 죄에 대해서 너무 관대하다는 것이다. 세상에서도 이런 문제들이 터지면 확실하게 조사하고, 엄격한 잣대로 판단을 한 후, 사실일 경우 책임을 지도록 한다. 그러나 목사들의 죄에 대해서는 들추어내지도 않으려 하고, 사실임에도 치리를 하지 않는 경우가 일상다반사이다.

어떤 이들은 이를 은혜라고 말하지만 이것은 은혜가 아니라 죄에 대해서 무감각한 것이다. 어찌하여 목사들의 죄에 대해서 이렇게 관대할 수 있을까? 목사들의 죄에 대해서 "목사의 문제는 하나님께 맡겨라", "죄 없는 자가 먼저 돌로 쳐라", "목사의 죄를 문제 삼는 것은 공동체에 은혜가 안 된다", "전도에 방해가 된다"는 말들은 단골로 등장한다. 그러나 과연 이 이렇게 하는 것이 옳은 것인가?라는 질문을 던져 봐야 한다.

"목사의 문제는 하나님께 맡겨라"는 말은 그냥 덮고 가자는 말밖에 되지 않는다. 아마 다윗이 사울 왕을 두 번 살려 준 것을 잘못 해석한 데서 나온 말인 듯하다. 이렇게 말하는 사람들에게 나는 이렇게 묻고 싶다. "도대체 하나님께 맡기는 것은 어떻게 하는 것인가?" 목사 역시 교회 안의 일원이며, 목사의 죄에 대해서 교회에서 치리하는 것은 당연한 것이다. 교회 안에는 장로들이 있으며 장로들은 목사를 치리할 수 있으며 당연히 그렇게 해야 한다. 하나님은 은혜의 하나님이실 뿐만 아니라 죄에 대해서는 엄격하시고 확실하게 해결하고 넘어가시는 분이시기 때문이다.

"죄 없는 자가 먼저 돌로 쳐라." 도대체 성경을 어떻게 읽으면 이렇게 해석할 수 있을까? 정말 이것이 사실이라면 기독교인들은 사법기관이 없어지도록 기도를 해야 하고, 날마다 법원 앞에 가서 "죄 없는 자가 먼저 돌로 쳐라"라고 외쳐야 할 것이다. 이 성경 구절은 왜 목사들에게 적용을 하는가? 예수님 앞에 끌려온 사람은 목사가 아니라 간음한 여인이었는데 말이다. 이 말은 정말 논할 가치도 없는 말이다.

그럼 "목사의 죄를 문제 삼는 것은 공동체에 은혜가 안 된다", "전도에 방해가 된다"는 말은 어떠한가? 목사의 죄가 드러나는 것이 은혜가 안 되는 것은 사실이다. 그는 교회의 리더이기 때문이다. 그러나 곪은 곳은 치료해야 하고 필요하다면 도려내야 한다. 당장 아프다고 가만히 두면 언젠가는 사망 선고를 받게 될 것이다. 그리고 은혜가 안 되게 하고 전도의 문을 막는 것은 회개를 촉구하는 자들이 아니라 목사라는 것을 알아야 한다.

북 이스라엘의 아합 왕 때에 아합은 엘리야에게 "왜 이스라엘을 괴롭히냐?"라고 말을 했다. 그러나 이스라엘을 괴롭게 하는 사람은 엘리야가 아니라 아합 왕이었다. 이와 같은 일이 교회 안에서도 일어나고 있다. 자신들이 신도들을 괴롭히고 전도의 문을 막고 있다고 생각을 하지 않고 오히려 그 책임을 다른 이들에게 돌리니 정말로 안타까울 뿐이다. 죄를 멀리하고 거룩함을 추구해야할 교회가 죄에 대해서 무감각하고 관대한 모습을 보여 주고 있다. 어쩌면 이것이 한국교회의 자화상일지도 모른다.

이렇게 죄에 대해서 무감각하고 관대한 모습을 보여 주는 것도 안타까운데 우리를 더욱더 안타깝게 하는 것은 목사의 죄에 대해서 지적하고 회개를 촉구하는 사람들을 정죄하는 모습이다. 오히려 죄를 지는 사람이 당당하고 그 죄에 대해서 회개를 촉구하는 사람이 정죄를 받는 어이없는 현상을 종종 발견한다. 공동체의 모든 신도들이 알고 있는 목사의 죄에 대해서 회개를 촉구하는 사람들은 목사를 비판한다는 이유로 정죄를 받고, 마귀 새끼가 되며, 신천지가 되기도 한다. 목사를 비판한다는 이유로 저주를 받기도 한다. 죄를 해결하고 문제를 바로잡으려 하는 사람들이 마귀 새끼가 되고, 죄를 덮고 가는 사람들이 은혜로운 사람이 되는 곳이 바로 교회이다. 바로 이것이 한국교회의 자화상인 것이다.

교회에서 목사를 치리하지 않으면 누구를 치리할 수 있을까? 교회의 표지는 말씀과 성례세례성찬 그리고 치리라고 가르치면서 치리를 하지 않는 교회를 과연 교회라고 말할 수 있을까?

치리해야 할 사람을 치리하지 않고 보호받아야 할 사람들이 치리를 받는 곳을 과연 교회라고할 수 있을까? 이런 왜곡된 자화상을 가지고 있는 한국교회의 미래가 암담하다.

현재 한국교회는 종교개혁 이후 유례를 찾아보기 힘들 정도로 타락해 있다. 세상으로부터 온갖 손가락질을 받고 있으며, 비난의 소리를 듣고 있다. 판단력을 잃어버린 목사들은 지금 한국교회가 받는 고난이 의를 위하여 받는 고난이라고 생각을 한다. 그러나 현재 한국교회가 받고 있는 고난은 의를 위해서 받는 것이 아니라, 소금이 그 맛을 잃어서 밖에 버리어져서 사람들에게 짓밟히고 있는 것이다.

죄에 대해서 무감각하고, 은혜가 무엇이고, 사랑이 무엇이고, 정의가 무엇인지, 공의가 무엇인지 모르는 한국교회. 무엇이 옳은지 그른지에 대해서 구별조차 하지 못해 일그러진 자화상을 가지고 있는 한국교회. 우리는 하나님에 대해서 바른 지식을 가지며 지금 일어나고 있는 모든 문제가 하나님의 정의 가운데서 해결이 되기를 원한다.

성추문이 불거진 직후 지금까지 전병욱 목사를 감싸는 옹호여론이 계속 일어나는 원인 중 하나는 신앙적 용어로 포장되어 있기 때문이다. 이런 옹호여론은 사실 신학의 빈곤을 드러내는 천박함의 표현에 불과하다. 이국진 대구남부교회 목사는 전 목사 옹호여론의 줄기를 네 갈래로 분류하고 이 논리의 맹점을 조목조목 반박했다.

이국진 "목회자의 범죄와 관련하여 잘못된 신앙 상식 네 가지"

[뉴스앤조이 2013.03.21.]

뉴스타파 M에서 전병욱 목사 이야기를 다루었습니다. 그의 범죄가 만천하에 드러나고 있음에도 여전히 아무런 조치도 취하고 있지 못하는 이유는 무엇일까요? 여기에는 크리스천들 사이에 퍼져 있는 잘못된 신앙상식 때문입니다. 성경의 가르침과 정반대되는 상식 말입니다.

1. 목회자는 하나님이 심판하실 것이니, 사람이 판단하지 말아야 한다?

아닙니다. 성경의 가르침은 외인들=불신자들이야 하나님이 판단하실 것이지만, 교회 내의 사람들은 우리가 판단해서 출교시키라고 합니다.

"만일 어떤 형제라 일컫는 자가 음행하거나 탐욕을 부리거나 우상숭배를 하거나 모욕하거나 술 취하거나 속여 빼앗거든 사귀지도 말고 그런 자와는 함께 먹지도 말라 함이라. 밖에 있는 사람들을 판단하는 것이야 내게 무슨 상관이 있으리요마는 교회 안에 있는 사람들이야 너희가 판단하지 아니하랴? 밖에 있는 사람들은 하나님이 심판하시려니와 이 악한 사람은 너희 중에서 내쫓으라."고전5:11~13

당회와 노회는 그런 일을 하라고 세워 놓은 것입니다. 노회는 전병욱 씨를 목사직에서 면직하고 출교시켜야 합니다.

2. 신도들이 이렇게 많이 따르는 것은 하나님께서 전병욱 목사를 인정하고 사용하시는 증거이다?

아닙니다. 열매는 믿음에서 나오는 행위의 열매를 의미하는 것입니다. 성경은 열매가 많이 맺히는가? 아닌가? 열매의 숫자에 따라서 옳고 그름을 판단할 것이 아니라, 어떤 종류의 열매를 맺는가를 가지고 판단하라고 권고하고 있습니다.

"거짓 선지자들을 삼가라. 양의 옷을 입고 너희에게 나아오나 속에는 노략질하는 이리라. 그들의 열매로 그들을 알지니 가시나무에서 포도를, 또는 엉겅퀴에서 무화과를 따겠느냐? 이와 같이 좋은 나무마다 아름다운 열매를 맺고 못된 나무가 나쁜 열매를 맺나니, 좋은 나무가 나쁜 열매를 맺을 수 없고 못된 나무가 아름다운 열매를 맺을 수 없느니라. 아름다운 열매를 맺지 아니하는 나무마다 찍혀 불에 던져지느니라. 이러므로 그들의 열매로 그들을 알리라."마7:15~20

3. 교회 내에서 가라지를 뽑지 말고 그냥 두어야 한다?

아닙니다. 알곡과 가라지의 비유마 13:24~30는 "이 세상에서" 아직도 악인들이 존재하지만, 마지막 날에 결국 심판을 당하게 될 것이라는 것을 설명하기 위한 비유입니다. 농부가 어떤 이유에서든 가라지를 당장 뽑지 않고 추수 때까지 내버려 두는 것처럼, 하나님도 아직은 가라지를 뽑지 않고 계십니다. 하지만, 하나님의 이유는 "혹시나 실수로 알곡마저 다치게 할지 몰라서 가라지를 뽑지 않는" 농부의 이유와는 다릅니다. 하나님에겐 실수가 없으신 분이기 때문입니다. 성경은 교회 내에서 회개하기를 거부하는 악한 자들을 출교시킬 것을 권고하고 있습니다.마18:15~17, 고전 5:11~13

4. 주님은 아무리 큰 죄라도 용서하신다?

그렇습니다. 주님께서 용서하지 못할 죄는 없습니다. 바로 그 죄를 위하여 십자가를 지셨습니다.

하지만 용서받는 것과 목회자로서 다시 사역할 수 있다는 것은 다릅니다. 목회자는 장로로서 한 아내의 남편이어야 하고, 불신자들에게서도 선한 증거를 얻은 자여야 하며, 책망할 것이 없어야 합니다.딤후 3:1~7 이미 간음의 죄를 지은 사람은 목회자로서의 자격을 상실한 것입니다. 진정한 회개가 있다면 주님의 용서를 받을 수 있겠으나, 지도자가 되는 것은 또 다른 문제입니다.

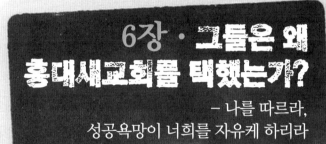

6장 · 그들은 왜
홍대새교회를 택했는가?

– 나를 따르라,
성공욕망이 너희를 자유케 하리라

전 목사의 성추행이 어떤 수위였는가 하는 논란과 별개로 그의 설교가 여전히 은혜롭다는 재미있고 감동적이며 은혜롭게 들린다는 점은 그를 따르는 성도들에게 그의 목회재개를 옹호하는 유력한 근거로 작용했다. 심각한 범죄를 저질렀더라도 회개하지 않았다면 어떻게 저렇게 '은혜로운' 설교를 할 수 있겠는가?라며 전 목사를 옹호하는 성도가 많았다. 이에 대해 삼일교회 권대원 간사는 "회개하지 않은 사역자도 여전히 은혜로울 수 있는가?"란 제하의 글을 통해 추악한 범죄를 저지르고도 아무렇지 않게 제3자에게 은혜를 끼칠 수 있다고 토로했다. 권 간사는 이런 일이 가능한 이유로 두 가지를 든다. 하나는 하나님께서 긍휼의 마음으로 회개하기를 기다리시며, 또 하나는 한 번의 실수로 모든 은사를 바로 거두어가지 않기 때문이라는 이유다. 평신도 사역을 통해 얻은 통찰이 돋보이는 대목이다.

회개하지 않은 사역자도 여전히 은혜로울 수 있는가?

안녕하세요 4진의 GBS와 교리교육을 담당하는 교육간사 권대원입니다. 많은 청년들이 저에게 비슷한 질문을 해와서, 답변을 겸할겸 송구스럽지만 여기에 글을 남깁니다. 물의를 일으킨지 2년도 채 안되어 홍대 앞에 개척한 전임목사님을 보면서, 사실 많은 분이 상식적으로 가장 이해가 안 간다고 이야기하는 것중의 하나가 그분을 추종하는 성도들의 심리입니다. 전 개인적으로 그 성도님들의 심정을 이해하고 판단과 결정을 존중합니다. 그분을 추종하는 분들은 크게 두 부류로 나뉠 수 있는데, 첫째, 전임목사님의 범죄의 실체를 알고 있으나 지금은 충분히 회개하였다고 믿는 분들과 둘째 과거의 정확한 사실관계를 알지는 못하나 지금 목사님이 설교하는 내용이 충분히 은혜로우므로 회개하였다고 믿을 수밖에 없다는 분들입니다.

그런데 두 가지 부류의 사람들에게 공통적으로 보이는 '확신의 근거'는 그가 회개하지 않았다면 '지금과 같이 은혜로운 설교를 할 수 없다' 라는 것입니다.

즉, 사역의 열매적어도 겉으로 보기에는가 자신이 듣거나, 보기에 충분히 은혜로우므로 '그 사람의 마음 속 깊은 회개의 여부를 알 수는 없으나, 회개하였다'라고 밖에는 결론내릴 수 없다'는 주장입니다.

사실 솔직히 말하면, 저는 이분들의 이런 마음이 이해가 갑니다. 저도 90년대 후반에 이와 유사한 혼란스러운 경험을 한적이 있어서죠.

지금은 회개하시고 회복하여 왕성히 사역하시는 것 같은 분의 아픈 과거를 들추어내는 것 같아 죄송스럽지만 바로 CCM가수 '최덕신' 씨 사건입니다.

간략히 요약하자면 최덕신 씨의 아내 김은희 씨의 폭로로 CCM가수 최덕신의 온갖 추악한 성적 범죄와 불륜이 세상에 드러난 사건이었습니다. 90년대 CCM계를 대표한다고 할만큼 10장 이상의 앨범을 내며, 음악적으로나 사역적으로 젊은이들에게 가장 큰 영향을 미쳤던 최덕신씨가 사실은 심각한 '섹스중독'과 '음란'의 죄에 빠져있어서, 사역 중에도 매춘여성과 관계를 맺어 아내에게도 매독을 옮긴 적이 있고 '주찬양 선교단' 내부의 모 자매와 불륜관계에 있었다는 사실, 그 외에도 다양한 여성편력을 담담히 묘사한 아내 김은희씨의 폭로는 사실 교계에 엄청난 충격을 줬을 뿐만 아니라, 저와 같이 최덕신 씨의 노래를 듣고 신앙이 자라다시피한 청년들에게도 어마어마한 충격과 혼란을 줬습니다.

저는 당시, 정말 이해가 가지 않았던 것이 그런 엄청난 음란의 범죄와 부도덕한 일을 하는 자가 어쩌면 그렇게 은혜로운 찬양을 작사, 작곡하며, 프로듀싱하며, 앞에 나서서 아무렇지도 않은 듯이 지금까지 노래를 부를 수 있었던 것인가 라는 점이었습니다.

그리고 무엇보다, '지금까지 그의 노래를 들으며 내가 받았던 '은혜'라는 것이 '거짓'이었단 말인가?'라는 점이 가장 저를 혼란스럽게 했던 점이었습니다.

그와 관련해서 여러가지 책도 찾아보고 자료도 찾아보며 생각을 정리하던 중에 알아낸 사례가 『내면세계의 질서와 영적성장』IVP이라는 세계적인 기독교 베스트셀러작가 '고든 맥도날드' 목사님의 '불륜' 사건이었습니다. 고든 맥도널드 목사님은 여비서와의 성적인 범죄로 넘어진 후, 공개적으로 자신의 죄를 대중들앞에 고백하고, 모든 직분을 내려놓고 3년 넘는 기간동안의 충분한 치유와 회복, 상담을 받으며 많은 사람의 축복 속에 다시 사역현장으로 돌아온 보기 드문 사례였죠.

그러나, 그 사례를 접하고도 최덕신 씨가 어쩌면 그렇게 심각한 범죄 속에서도 여전히 은혜로운 찬양을 만들 수 있었는지, 은혜를 끼칠 수 있었는지 쉽게 이해가 가지는 않았습니다. 특히 송명희 씨의 시에 노래를 붙인 '나'라는 찬양을 비롯해서 '너는 내것이라' 같은 여러 주옥같은 곡들을 들으며 은혜를 받고 눈물을 흘렸고, 흔들리는 신앙을 다잡았던 저에게는 정말 혼란의 연속이었습니다. 그리고는 얼마간의 시간이 흘렀습니다.

그리고 제가 교회에서 '리더'로서 '간사'로서, 평신도 사역자로서 몇 년의 사역을 한 후에 저는 비로소 최덕신 씨가 이해가 되기 시작하였습니다.

사역을 본격적으로 하기 시작하면서 저는 의도하지는 않았으나 저의 내면의 세계가 부패하였거나 사역을 감당할 만하지 않더라도 저 스스로와 사역의 대상자인 성도들을 기만할 수 가 있다는 것을 알았습니다. 이건 사실, 가슴 아픈 고백이지만, 제가 성령 충만하지 않은 상태, 더 나아가 사역자로서 부끄러운 범죄를 저질렀다 할지라도 제 사역의 대상자들성도들, 청년들앞에서 '성령충만'한 척 할 수 있다는 것과 아무 문제가 없는 척 할 수 있다는 것, 더 나아가 나 스스로조차 속이고, 기만할 수 있다는 것을 알았습니다.

때론 사역자가 지칠 경우에라도 아무 문제가 없는 척하는 정도의 수준을 말하는 것이 아닙니다.

심각한 내면의 죄 문제, 음욕의 문제, 분노의 문제, 거짓의 문제를 해결하지 않았는데도 마치 양떼들 앞에서는 여전히 거룩한 척, 아무 문제없는 척 할 수도 있었다는 겁니다. 그리고 더욱 놀라운 것은 제가 갖고 있는 '은사와 재능'은 저의 문제에도 불구하고 여전히 그대로 '작동'을 하였습니다. 때로는 더욱 카리스마 있어 보일 때도 있었죠.

사실, 이런 저자신을 돌아보면서 저 스스로도 충격을 받았던 적이 있었습니다. 왜 내가 문제가 있는데도 나의 은사와 재능은 여전히 은혜롭게 작동하는 것인가? 저의 은사와 재능은 가르치는 것과 관련이 많습니다. 말로 풀어서 설명하는 것을 잘하는 편이죠

그때, 한 일년 넘게 고민했었던 '최덕신'씨의 일이 떠올랐습니다. 내가 회개하지 않아도, 여전히 문제가 있어도 '은사'가 그대로 쓰임받을 수 있다는 사실이 섬뜩했습니다. 그리고 '왜 그런 것인가?'를 고민하며 성경에도 그런 사례가 있었는지 살펴보았습니다. 마음을 열고 찾아보니 생각보다 많은 사례가 있더군요.

대표적인 것이 '요나'의 사례입니다. 요나는 니느웨로 가서 회개의 메세지를 전하라는 하나님의 뜻을 거역하여 도망치다가 큰 고기 배속에 들어가서 겨우 살아납니다. 물론 회개를 하였으나 여전히 하나님의 마음을 이해하지는 못하고 니느웨사람들을 미워하였죠. 그런 요나가 수 일만에 니느웨를 돌아다니며 회개의 메세지를 전했을 때, 놀랍게도 니느웨 사람들 전부가 회개하는 역사가 일어납니다. 요나는 하나님의 뜻에 부합하지 않고 온전히 회개하지 않은 상태였으나 그의 선지자적 은사와 재능은 그대로 쓰임받습니다. 성경의 기록을 보면 사흘만에 요나가 회개시킨 니느웨 사람들의 숫자가 12만명입니다. 요나4:11 신약을 합쳐도 성경 역사상 최대의 사역의 열매겠죠. 사도행전에 나타난 베드로의 한번설교에 삼천명 회심은 비교도 안

됩니다.

그러나 요나가 성경 역사상 가장 위대한 하나님의 사람이었나요?

또 하나의 대표적 사례가 '삼손'이죠. 삼손 역시 전무후무한 사사의 은 사를 부여받아도 사사기를 쭉 살펴보면 가장 강력한 재능과 은사를 부여받은 사사가 삼손이었습니다 하나님의 뜻과는 상관없이, 자기의 욕정과 질투심과 분노로 함부로 그 재능을 굴립니다. 그러나 여전히 강력하기는 마찬가지였습니다. 나귀의 턱뼈로 천명을 죽임

이외에도 밧세바와 간음하고 우리야를 살인하고도 아무 문제 없는 듯 이 왕의 업무를 보았던 다윗과, 돈으로 매수되어서 이스라엘을 저주하려 고 했던 선지자 발람을 비롯해서 성경 속에서 꽤 많은 경우, 그의 마음이 하나님께 온전히 회개하지 않았어도 은사와 재능이 그대로 '작동'하는 경 우가 많습니다.

전, 이런 여러가지 사실들을 통해 회개하지 않은 자에게도 여전히 '은사 와 재능'이 문제없이 작동하는 것처럼 보이는 이유가 하나님께서 긍휼의 마음으로 '회개하기를 기다리시며' 그에게 주신 '재능'을 통하여 다시금 '사역'할 수 있는 기회를 여전히 주시는 거라 생각합니다. 그리고 또한가 지 알 수 있는 점은 쓰임받는 사람의 죄와 실수가 지금 당장 있다고해서 바로 그 '은사와 재능'을 빼앗아가지는 않는다는 것을 알 수 있었습니다.

그것이 하나님의 '신실하심' 덕분인지, '회개할 수 있는 기회'를 주시기 위해서 잠시 판단을 유보하신 것인지, 아니면 그가 다시 회개하고 돌아왔 을 때 더 강력하게 쓰시기 위한 하나님의 '자비하심' 덕분인지 확실하게 말 할 수는 없을 듯 합니다.

하나님의 인자하심과 관대하심은 나의 짧은 생각과 글로 표현하기에 는 측량할 수 없는 '경이로운 신비함'이 있으니까요.

그러나 한가지 분명한 것은, 하나님께 쓰임받는 사람들은 결국 '은사와

재능'이 지속적으로 쓰임받기 위해서 '그의 삶'이 그의 '은사와 재능'이 나타내는 메세지와 일치하도록 하나님께서 성숙시킨다는 것 또한 성경 속에서 가르쳐주고 있습니다.

"그러므로 하늘에 계신 너희 아버지의 온전하심과 같이 너희도 온전하라" 마5:48

그리고 결국 그를 사랑하시기 때문에 그가 회개하지 않고 지속적으로 은사를 남용할 경우에 반드시 그의 범죄를 만천하에 드러내십니다.다윗에게 나단선지자가 그러했듯이

결론적으로 말씀드리면, 회개하지 않은 자도 충분히 은혜로울 수 있습니다. 그가 범죄하였다고 해서 그에게 주신 재능을 바로 빼앗아가 버린다면, 우리 중 어느 누가 '하나님의 일'을 감당할 수 있을까요? 그리고 바로 이러한 사실 때문에 사역을 감당하는 사람들이 '자기 스스로'를 속이고 기만하지는 않는지 더욱 깨어서 긴장하며 겸손하게 기도해야 하는 겁니다.

그리고, 사역의 대상자가 되는 성도들은 '사역자'의 설교나 찬양이나 그 어떤 형태의 사역의 열매든, 그것이 은혜롭다고 해서 그가 온전히 하나님께 회개하였다고 믿어서는 안 됩니다. 자기가 들었을 때, 설교가 은혜롭다고, 찬양이 은혜롭다고 그 사역자가 마음의 죄를 다 회개하고 온전히 회복된 사역자라고 보장한다는 것은 너무 순진하고 교만한 판단 일 수 있습니다. 성도들을 기만하고 자기 스스로를 기만할 수는 있어도, 하나님까지 속일 수는 없는 법입니다.

그리고 한가지 정말 두려운 사실은 계속 그렇게 은사와 재능을 이용하여 자기를 기만하는 자조차 하나님께서는 사랑하시기 때문에, 결국 '나단선지자'를 보내어 그를 깨뜨려버리시고, '압살롬'을 통해 자신의 죄의 실체를 자신의 눈으로 목격하게 만드실 겁니다.

만일 그렇지 않다면 그건 더 슬픈일이겠죠. 하나님께서 그를 버리신 거

니까요. 화려한 은사와 재능은 여전히 있더라도.

"그 날에 많은 사람이 나더러 이르되 주여 주여 우리가 주의 이름으로 선지자 노릇 하며 주의 이름으로 귀신을 쫓아 내며 주의 이름으로 많은 권능을 행하지 아니하였나이까 하리니 그 때 에 내가 그들에게 밝히 말하되 내가 너희를 도무지 알지 못하니 불법을 행하는 자들아 내게서 떠나가라 하리라." 마7:22,23

하나님은 온전하시나 사역자는 결함이 있는 인간이며, 그를 우상화하는 것은 그를 망하게 하는 지름길입니다.

전병욱 목사 성범죄 사건은 수많은 논란과 쟁점을 불러 일으켰다. 그러나 이 모든 논란의 중심에서 '여성'의 시선은 빠져 있었다. 그간 기독교 성범죄를 다루는데 있어 여성의 관점에서 사건을 조명하려는 노력이 거의 전무했다는 뜻이기도 하다. 이런 가운데 서울여대 새벽이슬, 여성주의 연구 살롱 '나비', 청어람 아카데미는 "전병욱 사태를 보는 또 하나의 시선"이란 주제로 토론회를 열었다. 이 자리에서는 모인 전문가들은 전병욱 사건이 한 목사의 개인적 일탈이 아닌, 남성 중심의 유교문화가 뿌리깊이 박힌 한국교회 현실이 전병욱 현상을 낳았다고 입을 모았다. 일반적인 성범죄가 아니라 유교적인 위계질서가 가지는 조직 내 권력 간의 문제이며, 동시에 교회라는 특수성을 가진 공동체 내에서 벌어진 이중적이며 복합적인 사안이라는 것이다. 이 자리는 다른 성범죄와는 또 다른 특이성을 가진 기독교 내 성문제 전문가들이 여성의 관점에서 사건을 바라보며 구체적인 해결점을 함께 나누었다는 점에서 의미가 남달랐다.

우리 안의 '전병욱'을 직면하자

[뉴스앤조이 012.08.01.]

"교회를 흔들지 마라."

"괴로우면 네가 교회를 떠나라."

"네 말이 사실인지 어떻게 아느냐, 증거를 가져와라."

전병욱 목사에게 성추행당한 피해자들이 어렵사리 꺼낸 피해 사실에 대해 삼일교회 교역자들이 보인 반응이다. 교회는 피해여성들에게 침묵을 강요했고, 피해자들은 또 한번 절망했다. 한국교회가 '전병욱 사태'를 다루는 데 있어 단지 전 목사의 비윤리적 행동을 규탄하고 그를 면직하는 것으로만 이 일을 마무리할 수 없게 하는 대목이다.

서울여대 새벽이슬, 여성주의 연구 살롱 '나비', 청어람아카데미는 7월 31일 명동 청어람에서 '전병욱 사태를 보는 또 하나의 시선'이라는 제목으로 토론회를 열었다. 전병욱 한 개인에 대한 문제 제기를 넘어 교회 내 존재하는 '수많은 전병욱'을 직면하고 여성의 관점에서 대책을 마련하기 위해서다.

남성 중심적인 문화, 전병욱 사태의 배후

김애희 집행위원교회개혁실천연대은 "교회 내 성폭력은 '아버지와 같은' 목회자에 대한 '자식과 같은' 신도의 절대적 신뢰와 친밀성을 기반으로 자행되는 일"이라고 했다. 그는 "삼일교회에서 일어난 전병욱 사건은 특정 교회 혹은 잘못된 목사 한 사람의 문제가 아니라, 한국 교계 전반이 지니고 있는 구조적 문제"라고 말했다.

김 집행위원은 "실제로 교단 총회에 참석하더라도 여성 총회원을 찾아보기 어렵다"며 남성 중심적인 구조의 문제를 지적했다. 게다가 여성 안수를 반대하는 교단에서는 여성의 참정권 자체가 제한된다고 했다. 김 집행위원은 "여성은 한복을 입고 목회자들을 반기며 꽃다발을 전달하는 식의 봉사하는 주체에 머물고 있다"며 "그런 맥락에 볼 때 전병욱 사태는 한 목사가 성적 유혹에 빠져서 범죄를 저질렀다는 식으로만 연결되지 않으며, 한국교회 현실이 전병욱을 만드는 데 일조하고 있다"라고 말했다.

교회 내 성폭력이 일어나는 원인에 대해서도 "남성 목회자들에 의해 특정 직책이나 역할이 과도하게 신격화되고 교역자를 평신도 구성원들로부터 구별하며, 여성으로 대표되는 상대적 약자들을 그 계급 구조에서 제외·배제하는 메커니즘에 기인한다"라고 진단했다. 그는 "홍대 앞 전병욱의 삐뚤어진 단상을 통해 우리 안의 전병욱, 즉 내적 '전병욱스러움'과 부끄럽게 직면하고 뼈아프게 반성하며, 이를 통해 의미 있는 다음으로 나아갈 수 있어야 한다"라고 강조했다.

피해자를 두 번 죽이는 주변의 통념

유리화영 소장한국여성의전화 성폭력상담소은 전병욱 사태를 낳은 또 다른 원인인 '통념'의 문제를 지적했다. 유리 소장은 "저항하면 성폭력을 당하지 않을 것이라는 단순한 생각은 피해자와 가해자의 관계성을 고려하지 않았기 때문"이라며 "가해자와 피해자가 가까울수록, 피해자가 가해자에 대한 신뢰가 강한 관계일수록, 가해자가 피해자보다 권력을 가진 사람일수록, 성폭력이 발생할 때 피해자의 적극적인 저항을 기대하기 어렵다"라고 설명했다.

특히 목회자가 성폭력 가해자일 때 문제는 더 심각하다. 유리 소장은 "성직자로부터 성폭력 피해를 경험한다면 그 성직자를 신뢰하는 사람은 몇 명이 아니라 교회 전체, 교단 전체가 될 가능성이 있다"며 "그렇다면 피해자는 피해 경험을 쉽게 말하지 못할뿐더러 교회를 떠나는 방식으로 가해자와의 단절을 선택하게 될 것이다"라고 말했다. 또 "피해자는 문제 해결을 위해 자신의 피해를 알리는 과정이 오히려 교회나 하나님에게 누가 될까 걱정한다"라고 말했다.

"전병욱 사태, 우리의 문제로 받아들여야"

김선희 연구원기독교상담연구소은 문제 해결을 위해 "피해여성이 악에 저항하는 것이 중요하다"라고 말했다. 무엇보다도 "악한 자를 악하다"라고 규정하는 게 급선무라고 했다. 김 연구원은 "언제까지 가해자를 '목사님'이라고 부르는 것은 바람직하지 않다"며 "피해자가 부르고 싶은 명칭으로 가해자를 새롭게 명명해야 한다"라고 조언했다.

김 연구원은 또 성폭력 문제에서 벗어나기 위한 구체적 방법으로 △말하기를 통한 '공개하기' △회유에 넘어가지 않고 '버티기' △탈퇴 등에 '거부하기' △기관과 '연대하기' △가해자에 대한 '신화 파괴' 등을 제안했다.

이날 유일한 남성 발제자인 박현철 전도사예수마을교회 청년부는 "전병욱 사태를 일부 목회자들의 문제가 아닌 우리의 문제로 받아들일 때, 비로소 문제 해결의 실마리가 보인다"라고 했다. 박 전도사는 "여성 목사 안수 같 은 큰 목표뿐 아니라 당장 교회 내의 예배위원 선정에서부터 성비를 맞추 는 등의 사소한 노력이 있어야 한다"라고 말했다.

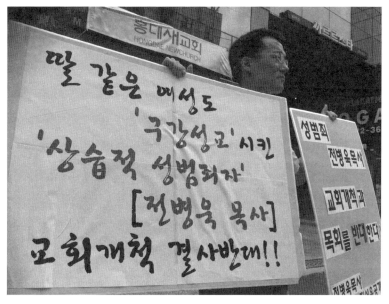

▶전병욱 목사의 회개 없는 교회개척에 항의하는 릴레이 일인 시위.[2012.08.25.]

전병욱 목사가 새로 개척한 홍대새교회는 초기부터 신도들이 꾸준히 몰리고 있다. 전 목사의 성추문 수위가 상당부분 공개됐음에도 말이다. 이런 현상은 한국교회에 고민거리를 안겨줬다. 유승태 제3시대그리스도교연구소 연구원은 목회자의 권위, '회개'라는 신앙 양식, '우리'를 우선시하는 문화 세 가지로 홍대새교회 현상을 설명했다. 사실 이 세 가지 요소는 한국교회 전반에 편재한 요소다. 유 연구원은 홍대새교회 현상이 안고 있는 문제점은 이 세 요소들이 불의한 방식으로 조합을 이루고 있으며, 이를 끊는 것이 핵심이라고 지적했다.

유승태, "왜 홍대새교회로 청년들이 몰리나?"

[뉴스앤조이 2012.07.24.]

얼마 전 『왜 가난한 사람들은 부자를 위해 투표하는가』라는 제목의 책이 출간됐다. 책은 아직 읽어 보지 않았으나, 제목이 무척 흥미롭다는 생각이 들었다. 약간의 상상력을 보태 제목의 의미를 풀이해 보면, 가난한 사람들은 자신들의 경제적 상황을 더 악화하는 사람들에게 정치적 지지를 보낸다는 것이겠다. 이 질문을 살짝 바꿔, 많은 기독교인에게도 던져 보면 어떨까? 왜 기독교인은 부도덕한 목회자를 지지하는가 라고.

성폭력 혐의를 받고 삼일교회를 사임했던 전병욱 목사가 최근 홍대새교회를 개척했다. 사임한 지 17개월 만이다. 줄곧 목회만 해 왔고 나름 목회 '성공 신화'를 갖고 있던 이였으니, 그가 목사로 교회에 복귀하는 것은 사실 시간문제라고 생각했다. 내게 당혹스러웠던 점은 전병욱 목사의 교회 개척 소식이 아니라, 그 교회에 700여 명의 신도가 모여들었으며, 새벽 기도마다 200명가량의 청년이 자리를 채우고 있다는 언론 보도였다.

피해자들의 신빙성 있는 진술이 다수 공개됐고, 언론을 통해 사건의 윤곽이 거의 드러난 상황에서 전병욱 목사를 여전히 추종하는 현상을 과연 어떻게 이해해야 할까? 그는 자신의 행동에 대해 피해자들에게 진실하게 사죄한 적이 없는데도, 그가 번듯하게 목회를 다시 시작하도록 한 기독교인들의 행동을 어떻게 바라봐야 할까?

그런데 이러한 현상은 전병욱 목사 사건에만 국한되는 것은 아니다. 아마, 목회자들의 부패·부도덕 이미지를 개선할 수 있다면 기독교에 대한 사회적 신뢰도가 적어도 더 떨어지지는 않을 것이다. 그런 목회자의 위험성을 모르는 기독교인들이 없지 않을 텐데도, 지탄을 받아 마땅한 많은 목회자가 여전히 교인들의 지지를 받으며 목회를 하고 있다. 부도덕한 목회자나 지도자가 자신의 신앙에 얼마나 큰 해를 입힐 수 있는지 모르는 사람은 없으나 자기 교회의 목회자, 자신이 속한 기독교 단체의 지도자는 그런 사람일 리 없다고 믿거나, 너무 쉽게 그를 용서하고 있는 것이다.

목회자의 권위, 몰상식을 상식으로 만들어

전병욱 목사의 교회 개척 소식에 교계가 발칵 뒤집혀 있을 때, 한 방송사의 시사 프로그램에서는 종교 집단에서 벌어지는 '권위에 대한 무조건적 복종' 사례를 두 주 연속 보도했다. 한 여성은 미대를 졸업하고 아이들에게 미술을 가르치기까지 했던 엘리트인데도 '선녀님'의 비상식적 명령을 거역하지 않고 자발적으로 폭력을 감내하거나 폭력의 가해자가 됐다. 이 피해자는 지적 능력이 떨어지거나 도덕성에 문제가 있지 않았다. 또한 강압적 상황에 놓여 있지도 않았다. 그런데도 종교 지도자의 터무니없는 명령을 거역하기는커녕 그에게 한 올의 의심도 품지 않았다.

이 방송은 이러한 행동의 심리적 기반을 분석하기 위해 대학생들을 대상으로 실험을 하기도 했는데, 이 실험의 모형이 된 것은 1963년 미국에서 스탠리 밀그램이라는 학자가 수행했던 권위에 대한 복종 실험'이다. 밀그램은 실험의 진짜 목적을 숨기고 '기억과 학습'이라는 이름으로 다양한 전

문직 남녀 중 실험 참여자를 모집했다. 실험 참여자는 창문 너머에 있는 학습자연기자가 문제를 틀릴 때마다 15볼트씩 전압을 올리며 전기충격을 가한다. 그런데 생각보다 많은 참여자가 상당히 높은 전압에서야 충격을 가하는 것을 거부하거나 아예 최고 전압까지 올리는 데 이의를 제기하지 않았다고 한다. 그 이유는 옆에 있는 과학자가 '치명적인 신경 손상은 없다, 실험을 계속하라'고 보증해 주었기 때문이다. 권위자의 명령이 있을 때 사람들은 자신의 행동이 초래하는 사회적 결과에 대한 책임감이 약화되는 경향이 있음을 보여 준다.

한편, 강한 전기 충격을 가한 사람들의 인터뷰 내용을 보면, 그들은 자신의 행동을 설명하는 나름의 이유를 갖고 있다. 참여자들이 누르는 단추의 최고 전압은 450볼트였다. 사람이 죽을 수도 있는 전압이다. 실험이 끝나고 실험의 배경을 설명한 후 최고 전압의 단추를 누른 사람들에게 왜 명령을 거부하지 않았는지 물었다. 사회복지사는 "이런 교육법이 틀렸다는 것을 증명하기 위해서전기 충격으로 학습 능력이 향상되지 않음을 보이기 위해", 간호원은 "평소 의사에게 처방이 맞는지 세 번씩 물어보기 때문에의사가 괜찮다고 하면 자신은 거스를 수 없으니까", 수질검사관은 "난 내게 주어진 업무를 수행했을 뿐내게 책임은 없다"이라고 답했다.

정리하면, 권위자의 명령이 자신의 윤리적 신념과 어긋나더라도 그 행동을 수행하는 사람들은 자신의 죄책감을 감면해 주는 나름의 설명 체계를 갖고 있더라는 것이다. 이는 '설명의 언어'가 권위자의 부당한 명령을 분석하고 고발하기보다는, 권위자의 명령을 수행하는 자아를 타인과 자기 자신의 윤리적 공격으로부터 방어해 주는 역할을 하기 쉬움을 보여준다.

요약하면, '권위자의 존재감'이나 '죄책감을 덜어 주는 설명 체계'가 개인들이 비윤리적 결과를 낳는 명령에 순응케 하는 강한 요인들이다. 그리고 이 두 요인의 부적절한 조합은 개인을 넘어선 사회적 차원, 체제 차원의 '악'을 정당화한다.

이런 측면에서 볼 때, 한국교회가 당연시하는 '목회자의 권위'는 교회 밖에서는 '몰상식'인 것들이 교회 안에서 '상식'처럼 받아들여지는 것을 교인들이 거부하지 못하게 할 수도 있다. 또한, '회개'를 개인의 고백적 차원으로 환원시키는 신학은 어떠한 잘못도 하느님께 고하기만 하면 내가 피해를 준 타인과는 아무 관계없이 마술처럼 용서받게 된다고 믿게 하며, 잘못된 교회 관행과 목회자의 부도덕함에 대해서도 눈감게 할 수 있다. '밀양'에 나오는 살인범처럼, 전능한 하느님이 용서해 주셨기 때문에 피해자당사자의 용서 없이도 자신은 죄 사함 받았다고 믿는 방식, 그리고 그것을 믿는 것이 좋은 신앙이라고 보증해주는 교회의 '권위자'들이야말로 전병욱의 성폭력을 조장하고, 수많은 청년이 그 사건에 대해 판단 능력을 스스로 포기하도록 만든 원인일 수 있지 않을까?

신자들의 자발성, '우리'라는 의식에서 비롯돼

그런데 '권위자의 존재감'이나 '죄책감을 덜어 주는 설명 체계'만으로는 전병욱 목사 추종 현상이나 부도덕한 목회자를 지지하는 여러 사례들에서 발견되는 '신자들의 자발성'을 설명하기 어렵다. 많은 기독교인은 마지못해 이들 목회자들을 지지하는 것이 아니라, 매우 자발적이고 열광적으로 그들을 지지하고 신뢰한다. 애초에 자신들이 잘못된 행동을 하고 있다는 생각을 하지 않기 때문에 이들 기독교인은 부도덕한 목회자를 지지하면서 죄책감을 느낄 이유도, 죄책감을 경감하기 위해 노력해야 할 필요도 없는 것만 같다. 그렇다면 이들 신자들의 자발성 안에는 일반적 상식에 따른 윤리적 판단이 들어설 자리가 없다는 뜻이겠다. 이런 자발성을 우리는 어떻게 이해해야 할까?

전병욱 목사를 추종하며 교회에 몰려가는 청년들, 부도덕한 목회자를 지지하는 신자들은 밀그램의 실험에서처럼 도덕성이 의심받지 않는 강한 권위자를 갖고 있지는 않다. 밀그램의 실험 참가자들은 명령이 내려진 이후의 상황에서 윤리적 판단을 할 것인가명령 거부, 아니면 윤리적 판단 자체를 중지할 것인가 선택해야 했다면, '부도덕한 목회자 추종'의 경우는 명령을 내리는 자의 권위 자체가 심하게 손상된 상황이기 때문이다. 그래서 전병욱 목사나 부도덕한 목회자에게는 그들이 상실한 도덕적 권위를 충분히 보충해 주고도 남는 '무엇'이 있는 것은 아닐까, 하는 궁금증이 생길 수밖에 없다.

아마 그들 목회자들 중에는 상대를 쉽게 설득할 수 있는 언변과 호감을 불러일으키는 분위기 조성 능력 등 소위 '카리스마'라고 불리는 뛰어난 능력을 갖고 있는 이들이 많을 것 같다. 하지만, 카리스마의 진정한 의미는 상대의 '설득됨'이 있을 때만 획득될 수 있다. 목회자들의 어떤 뛰어난 능력도 중요하지만 그들에게 동의하고 감동 받는 신자들의 내면에 있는 그 '무엇' 역시 중요하다. 따라서, 이들 목회자와 신자들이 어떻게 상호 결속을 이루고 '외부'의 윤리적 개입을 거부하게 되는지 이해하는 것이 중요한 열쇠일 것이다.

이를 이해하기 위한 하나의 아이디어로 '하나 됨'을 추구하는 교회 안의 인간관계를 떠올려 볼 수 있다. 한국의 특수한 인간관계 이해를 기반으로 한국적 심리 치료 방법을 고민한 학자들이 있는데, 이들은 한국인들이 관계 형성의 목표로 '심정이 통하는 관계'를 설정하는 경향이 강하다고 주장했다. 이때 심정이 통하는 관계란 자신과 상대가 정서적으로 구분되지 않는 '하나 됨'의 느낌을 갖는 관계를 말한다. 즉, 상대와의 '거리감'이 느껴지지 않는 관계를 '진짜 관계'로 생각하는 경향이 있다는 것이다. 그리고 그러한 상대에게 자신의 심정을 토로하며 '우리' 관계를 재확인한다. 사실, 이 주장은 그다지 복잡한 주장이 아니라, 우리가 일상에서 수행하는 관계 맺기를 잘 반영하고 있는 것일 뿐이다. 우리는 흔히 '마음을 터놓고 이야기할 수 있는 관계'가 진짜 관계라고 생각하며, 그러한 관계가 있을 때 안정감을 느낀다.

이러한 관계 맺기 방식은 교회 안에서 '같은 믿음'을 갖고 있다는 것이 촉매제로 작용해 매우 증폭된 형태로 나타난다. 때문에 누군가에게 쉽게 이야기하기 힘든 고민이나 상처도 교회 안에서는 그 대화 상대를 찾기 쉽다. 그리고 서로 기도 제목을 공유하는 문화나 많은 신자가 모인 자리에서 통성으로 자신의 상처를 울부짖으며 고백하는 한국교회의 전통은, 개인에게 심정을 토로할 때만큼은 아닐지라도, 익명의 교회 구성원들이 자신과 심정을 공유하는 '우리' 관계라는 느낌이 들게 할 수 있다.

그런데 이렇게 형성된 '우리'라는 신앙적 관계가 '우리'의 윤리적 우위를 담보해 주는 것은 아니다. 많은 경우 '우리'라는 관계를 지속하는 것 자체가 중요한 목적이 되며, 이 관계에 위해 줄 수 있는 목소리는 배제되기 쉽다. 그것이 아무리 옳은 소리여도 말이다. 때문에 '우리'에 대한 외부의 비판은 우리를 공격하는 목소리로 받아들여지기 쉽다.

이러한 관계가 낳는 또 다른 심각한 부작용 중의 하나는 '우리'의 내부에서도 다른 목소리를 내는 것이 쉽게 허용되지 않는다는 점이다. 이것은 단순히 교회 안에 다양한 발언 기회가 있는가, 없는가의 문제가 아니다. 실제 누군가 다른 목소리를 낼 때 그가 더욱 힘내서 말할 수 있도록, 다른 구성원들의 목소리만큼 명확하게 들릴 수 있도록 그에게 물리적·심리적·제도적 지지를 보내지 않는 '우리'는 결국 그 다른 목소리를 침묵시키는 것이나 마찬가지이다. 전병욱 목사의 성추행 혐의가 삼일교회에서 처음 불거졌을 때도 당회가 택했던 솜방망이 처벌은 전병욱 목사의 권위는 보전해 줬을지 몰라도 피해자였던 공동체 구성원들의 울부짖음은 평가 절하한 것이며, 결국 이들을 교회 안에서 침묵하는 익명으로만 남게 만든 것이다. 이는 하나가 된다는또는 교회를 지킨다는 미명 하에 공동체 안에 있는 타자 자체를 소멸시키고, 그래서 결국 타자와의 거리도 느낄 수 없는 상태가 된 전형적 예가 아닐까 생각한다.

목회자의 권위, '회개'라는 신앙 양식, 그리고 개인보다 공동체를 우선시하는 문화 이 세 가지 중 어느 하나도 버려야 할 것은 없다. 다만 이 세 가지가 불의한 방식으로 조합을 이루고 있는 것을 끊는 것이 필요하다. 이 세 가지의 불의한 결합이 결국 외부의 비판에 대해 귀를 열지 않는 폐쇄적 신앙을 만든 것이라는 혐의가 강하게 들기 때문이다.

또 다른 '우리'를 상상하며

마지막으로, 나는 성서에서 보여 준 한 사례야말로 다소 진부하지만 그래도 가장 근본적인 대안을 우리가 상상하게 만들어 준다고 말하고 싶다. 갈라디아서 5장 18절에서 바울은 '육체의 기회로서의 자유'와 '사랑을 통해 서로에게 종이 됨'을 대비시키고 있다. 그리고 서로에게 종노릇하는 것이야말로 사랑을 실천하는 것이며, 하느님께서 허락하신 자유를 진정 누리는 것이라고 말한다. 이때 말하는 사랑은 막연히 모두를 사랑하라는 말이 아니다. 갈라디아서 전반부에서 나온 '유대주의자들'로 인한 교회의 위기 상황에 대해 구체적 대안으로 제시된 것임을 염두에 두어야 한다.

갈라디아서 전반부에는 율법과 할례를 강조하는 유대주의자들 탓에 초래된 분열과 위기에 대해 전하고 있다. 율법과 할례를 강조하는 목소리가 갈라디아 교회를 압도하고 있을 때, 이들이 맞았던 위기는 단순히 신앙 논리만의 문제가 아니었다. 그것은 동질성의 회당 질서에서 벗어난 사람들, 유대적 정체성을 추종할 사회·경제적 자원을 갖지 못한 사람들을 공동체에서 밀어내는 효과를 발휘했던 것이다.

때문에 바울이 '사랑하라'고 했을 때 염두에 둔 것은 이들 경계 밖으로 밀려난 이들을 보호하는 것이었다. 이들이 밀려나더라도 갈라디아 교회 자체는 남겠지만, 그것은 그리스도의 가르침과는 거리가 멀었기 때문이다. 즉, 그들을 보호하는 것이 곧 갈라디아 신앙 공동체가 '육체의 기회'를 따르지 않는 길이었다. 그래서 바울은 '사랑을 통해 서로에게 종이 되'라고 권면하고 있다. 이때 '서로'에는 유대 전통을 따를 수 없는 타자가 포함된다. 이로써 공동체 안의 각 주체는 자신과 상대의 '거리'를, 주체로서의 자격을 획득하게 된다. 이때 거리는 각자가 다르다는 것을 의미하는 거리가 아니라 서로가 섬기는 관계로 묶여있음을 의미하는 거리가 된다.

사랑으로 서로 종이 되라는 바울의 권면에서 우리는 서로의 거리를 삭제하지 않고도 공존하는 '우리'를 상상할 수 있는 것은 아닐까?

전병욱 목사가 심각한 수위의 성추행을 저질렀음에도 여전히 추종하는 성도가 많고, 그의 교회개척이 가능할 수 있었던 비상식적인 현상에 대해 전문적인 연구가 이어졌다. 그 중에서도 정용택 제3시대그리스도교 연구소 상임연구원의 리포트는 전병욱 현상의 이면을 가장 세밀하게 분석해낸 역작이다. 정 연구원은 전 목사의 목회재개에 대한 일반적 인식, 즉 '전 목사가 자신의 욕망을 위해서 교회를 개척했다'는 테제에 안티테제를 던진다. 정 연구원의 연구에 따르면 전 목사의 설교를 라이프스타일로 소비하던 성도들이 욕망의 계속적인 생산과 추구를 위해 전 목사를 불러냈다는 것이다. 요약하면 이들에게 전 목사의 과오는 문제될 것이 없었다. 이들은 오히려 욕망충족을 위해 전 목사의 추악한 성범죄로 희생된 피해자들의 아픔을 의도적으로 배제했다. 전 목사는 이들의 부름에 응답했을 뿐이다. 전 목사는 이제 자신을 구원해 준 이들을 위하여 더욱 열정적인 목회 사역에 돌입할 것이며 그런 점에서 홍대새교회의 전 목사 지지자들은 그의 성범죄 피해자들에 대한 2차적 고통을 재생산하고 있는 공범이라 해도 과언이 아니라고 개탄했다. 정 연구원은 전병욱 현상을 설명하기 위해 리비도 경제학이란 방법론과 더불어 홍대새교회를 직접 찾아가 성도들을 취재하는 등의 각고의 노력으로 생생한 내용을 전달하고 있다.

정용택, "그들은 왜 전병욱을 지지할 수밖에 없는가?"

[뉴스앤조이 2012.08.07.]

1. 전병욱 사태의 제2막, '홍대새교회'

지난 7월 12일 서울 명동 청어람 소강당에서 〈뉴스앤조이〉 주최로 '전병욱 사건을 통해 보는 한국교회'라는 제목의 토론회가 열렸다. 〈뉴스앤조이〉는 토론회가 끝나고 나서 자사의 홈페이지에 현장에서 이루어진 발표와 토론을 소개하는 기사를 총 네 편으로 나누어 신속하게 게시하였다. 모든 기사가 흥미로웠지만, 그중에서도 메인 기사로 올라와 토론회 전반을 요약하고 있는 정재원 기자의 기사가 특히 인상적이었다. 토론회의 한계로 지적된 부분을 소개하고 있는 그 기사의 마지막 문장만 인용해 본다.

한편 이번 토론회에서 여성의 관점에서 이번 사건을 바라보는 발제가 없고, 사건의 실체가 상당 부분 드러나고 전 목사가 공개 회개하는 과정을 밟지 않았는데도 많은 교인이 그를 추종하는 현상에 관한 분석이 없었다는 점이 아쉽다는 의견도 나왔다. 관련 기사 : "전병욱 사건은 한국교회 현주소"

위의 문제 제기에서 핵심적인 키워드는 각각 '여성의 관점에서'와 '많은 교인들이 그럼에도 여전히 그를 추종하는 현상'으로 정리할 수 있다. 이 글은 바로 그 두 가지 문제 제기를 적극 받아 안으려는 시도이다. 그런데 첫 번째 문제 제기와 관련해선 이미 지난 7월 31일에 열린 '전병욱 사태를 보는 또 하나의 시선'이란 제목의 토론회에서 심층적으로 다루어진 바 있다. 관련 기사 : "우리 안의 '전병욱'을 직면하자"

먼저 있었던 〈뉴스앤조이〉 주최의 토론회에서 나온 문제 제기를 보완하기 위한 취지에서 이와 같은 후속 토론회가 마련되었을 것이다. 그리고 두 번째 문제 제기, 이른바 '홍대새교회'로 대변되듯이 '많은 교인이 그를 추종하는 현상'에 대해선 필자와 같은 연구소에서 일하는 동료가 본격적인 분석을 한 차례 시도한 바 있다. 관련 기사 : 왜 홍대새교회로 청년들이 몰리나?

이 글은 그 글과 문제의식을 공유하면서도, 한편으론 아직 충분히 말해지지 않은 전병욱 목사 지지자들의 심리 세계에 관한 또 다른 방식의 접근을 모색한다. 먼저 발표된 글이 '잘못된 권위 의식', '무조건적 복종', 그리고 '값싼 회개'를 키워드로 하여 홍대새교회 현상이 지속되고 있는 주체 외부의 구조적 조건을 탐색하고 있다면, 이 글은 홍대새교회 현상을 만들어낸 전 목사 지지자들 내면의 욕망 구조를 분석해 보려는 시도이다.

2. '이미' 용서받은 전병욱 목사

나는 지난 7월 29일에 홍대새교회의 주일 오후 예배에 참석했다. 마침

내가 참석한 3부 예배에선 전병욱 목사의 설교를 들을 수 있었다. 어림짐작으로 봐도 100명은 족히 넘는 인원이 예배에 참석한 것 같았다. 이날 전목사는 출애굽기 28~31장을 본문으로 '죽도록 준비하고 대충하라'는 제목의 설교를 수행했다. 〈뉴스앤조이〉가 주최한 토론회에서도 한종호 대표가 전 목사의 홍대새교회 설교에서 드러나는 후안무치에 가까운 자기 합리화 및 자기 정당화를 꼼꼼하게 짚어 낸 바 있는데, 내가 그날 들은 설교에서도 역시 그런 지점이 확연히 드러났다. 예컨대 설교의 말미에서 전목사는 이런 얘기를 했다.

"저는 개인적으로 그래요. 제 스스로 볼 때 허물 많고 죄 많고 문제투성이 목사 아닙니까? 그렇죠. 그런데 혼자 생각할 때 이래요. 내가 이런 모습을 갖고 말씀을 증거할 때 변화될 사람이 있을까? 그런데 그렇지 않아요. 그저 하나님의 말씀 붙들고 네 길을 여호와께 맡기라 그를 의지하면 그가 이루신다. 그러면서 하나님의 십자가 의지하고, 주님의 능력 의지해서 증거하면 연약하고 부족함에도 불구하고 믿는 자들이 나오고 변화되는 사람이 나오더라구요. 바로 그게 뭐에요? 하나님 의지하는 백성들에게 주시는 자유로움이에요. 자유로움. 하나님께 맡기고 부족함 가운데서 뛰게 될 때, 그 안에서 자유로움이 생기게 되고, 그 안에서 놀라운 능력이 나타나기 시작한다는 것입니다. 오늘 제사장에게 주시는 메시지에요. 하나님께서 우리에게 주신 고귀한 것들이 많아요. 완벽하지 않아요. 그러나 주님 의지하여 믿고 나아갈 때 주님께서 우리에게 주시는 자유로움이 있습니다. 그 안에서 세상을 다 품을 수 있는, 세상이 나의 익스텐션extension이 되는 그런 은총이 나타나게 된다는 것입니다."

이때 나는 마치 "더 지체하지 말고 피해자들에게, 삼일교회 교인들에게, 그리고 한국교회 앞에 깊이 사죄하며 진심으로 회개하는 모습을 보여야 한다"라고 전 목사를 성토하고 있는 이들을 향해 그가 자신의 입장을 밝히고 있는 것처럼 느꼈다. '나는 당신들이 요구하는 사죄, 반성, 성찰, 사과, 책임, 면직, 출교, 처벌, 개척 중단, 사임, 성 중독 치유 등등 그 모든 것으로부터 하나님의 은혜 가운데서 복음의 능력으로 말미암아 자유로워졌습니다. 그러니 더 이상 나를 율법으로 가두지 마시오. 나는 이제 자유롭게 내 길을 갈 것입니다'라고 당당하게 선언하고 있는 것 같았다. 40분 가까이 되는 설교에서 전 목사는 '자유'라는 단어를 셀 수 없을 만큼 반복적으로 자주 언급했다. 자유라는 단어에 해당하는 영어 단어 free의 다채로운 의미를 생각해 본다면, 전 목사는 자신이 저지른 범죄에 대해 어떠한 대가도 더 이상 치르고 싶어 하지 않으며, 교회와 사회의 제약을 받고 싶어 하지도 않으며, 도덕적 책임과 법률적 처벌에도 얽매이고 싶지 않은, 말 그대로 어떠한 외부의 간섭이나 비판에 굴하지 않고, 오직 하나님만 의지하며 자신의 길을 올곧게 가겠다는 뜻을 다시 한번 지지자들 앞에서 천명한 것이다. 과연 이런 전 목사에게 우리가 회개나 사죄를 기대하는 것이 가능하기나 한 것일까? 사실 이 설교 한 편만 들어 봐도 전 목사가 이해하는 복음, 믿음, 은혜 등이 얼마나 기괴한 것인지 알 수 있다. 기독교 신앙의 고귀한 언어들이 철저하게 전 목사 자신의 자유, 성공, 목회 활동, 교회 사역 등을 정당화하는 도구로 활용되는데, 역시나 가장 끔찍한 것은 그 모든 것들이 궁극적으론 '하나님'의 이름을 빙자하여 이루어진다는 사실이다. 좀 더 자세히 살펴보자.

전 목사는 이 설교에서 인간이 완벽주의에서 벗어나서 부족하지만 하나님의 일을 한다는 것이 가능한 시점은 하나님께 모든 것을 맡길 때라고 주장한다. 고대 이스라엘의 제사장이 해야 하는 가장 중요한 일도 바로 하나님께 맡기는 것이었다고 한다. 하나님에게 맡겨야만, 비로소 자유롭게 일할 수 있다는 것이다. 그는 시편 37편 5절을 근거로 제시한다. "너의 길을 여호와께 맡기라 그를 의지하면 그가 이루시고…" 그의 논리에 따르면, 하나님께 맡길 때 인간은 자유로움을 느끼게 되고, 그 자유로움 가운데서, 혹은 하나님을 의지하는 가운데서, 결국 모든 일을 하나님이 이루어 주신다는 것이다. 그는 하나님을 매개로 하지 않는 어떠한 인간의 자율성이나 책임성도 말하지 않는다. 얼핏 보면 매우 신앙적이고 경건한 태도로 보일 수도 있다.

하지만 그의 논리 속엔 '나'와 하나님만이 존재할 뿐, '나'의 타자들, 즉 '너'와 '그/그녀'에 대한 '나'의 관계나, 하나님과 '나'의 타자들 간의 관계는 전혀 '나'의 고민의 대상에 포함되지 않는다. 오로지 하나님께 의지함, 하나님께 맡김, 또는 하나님을 믿는다는 논리로 '나'와 하나님의 관계에서 모든 일들이 이루어질 뿐인데, 그것이 제대로 이루어졌는지 아닌지를 판단할 수 있는 것도 사실상 '나'밖에 없다. 만일 '나'의 판단으로 믿음이 잘 실천되었다면, 곧바로 '나'는 자유로움을 누릴 수 있다는 논리로 귀결된다. 결국 '나'와 '하나님'의 관계에서 문제가 먼저 해결되었다면, 그것으로 이미 남은 모든 문제도 해결된 것이다. 굳이 '너'나 '그/그녀'와의 관계 속에서 해결되지 않은 문제에 집착할 필요도 없고, '나'의 타자들과 하나님의 관계에 대해서도 '나'는 전혀 신경 쓸 필요가 없다는 식의 주장을 전 목사는 펴고 있는 셈이다.

이 대목에서 나는 전병욱 목사가 체질적으로 일체의 타자에 대한 윤리적 책임을 부정하고 오직 자신의 이해에 의해서만 행동하는 에고이스트이기주의자가 아닐까 하는 의구심이 들었다.

물론 전 목사 자신은 오직 하나님의 뜻에 따른 것이라고 항변하겠지만, 그가 믿는 그런 하나님을 나로선 도저히 신뢰하기가 어렵다. 그가 말하는 하나님은 그저 자신의 행동의 정당성을 입증하기 위해 동원되는 알리바이일 뿐이고, 실제론 '나'라는 소우주에 갇혀 살면서 자신이 만들어 낸 하나님이라는 환상을 타자와 관계 맺고 있는 현실보다 우선시하고 있는 것이 아닌가 싶었다. 그는 자신에게 피해를 당한 여성들의 진술이 계속해서 공개되고, 언론 매체를 통해 자신이 저지른 범죄의 전말이 대부분 공개된 상황에서도 여전히 침묵으로 버티고 있으며, 심지어는 당당하게 홍대새교회를 개척하여 삼일교회 시절에 못지않게 열정적으로 목회 활동을 펼치고 있다. 그는 하나님이라는 자기 환상 속의 허구적 대상의 힘을 빌려 자신이 처한 현실을 타인의 자유에 대해선 너무나도 무책임하면서도 자신의 자유에 대해선 너무나도 책임 있는 모습으로 돌파하고 있는 것이다. 바로 자신의 욕망을 끝까지 포기하지 않는 그런 책임적 자세로 말이다. 그래서 전병욱 목사의 존재는 이창동 감독의 영화 '밀양'이 나온 이래로 한국의 개신교인들에게 아주 익숙한 신학적 질문을 환기시킨다. "내가 그를 용서하지 않았는데, 어느 누가 나보다 먼저 그를 용서하느냐 말이에요. 그럴 권한은 주님에게도 없어요." 전병욱 목사에게 끔찍한 성폭력을 당한 여성들이 아직 그를 용서하지 않았는데, 전 목사는 어떻게 자신이 하나님께 이미 용서를 받았노라고 당당하게 고백할 수 있는 것일까?

사실 '밀양'에서 나온 저 질문은 개신교의 '값싼' 대속론, 요컨대 자신이 죄를 지은 사람에게 용서를 비는 과정, 어쩌면 용서받는 것이 영원히 불가능할지도 모르는 가운데서도 끝까지 감내해야할 그 처절한 속죄의 과정을 생략하고, 대신에 보다 '근원적인' 죄를 저질렀다고 하는 신 앞에서 용서를 구하고 신의 아들의 대리적 속죄를 통해 인간이 아닌 신으로부터 아주 간단하게 사면받는 과정을 제도화한 개신교의 그 독특한 죄와 고통의 망각 구조에 대한 성찰을 자극하면서 등장했다. 과연 이런 방식으로 이루어지는 속죄가 정말 속죄일 수 있냐고, 피해자의 고통에 대한 일말의 진지한 접근조차 생략하고 있는 속죄가 과연 누구를 위한 것이냐고, 이런 식으로 속죄와 구원을 제도화한 신을 우리가 과연 신뢰할 수 있겠냐고 말이다. '밀양'에서 전도연이 연기한 주인공 신애가 자신보다 먼저 신에 의해 이루어진 살인범 박도섭의 속죄와 구원 앞에 절망하며 신에게 항거하게 된 것도, 결국엔 개신교의 오직 믿음으로 말미암는 대속 구원의 논리가 지니고 있는 현실의 모순과 대면하면서부터였다. 그런데 전병욱 목사는 바로 그러한 모순적인 대속 구원의 논리를 철저하게 내면화하여 하나님 앞에서 의롭다 인정받았음을 당당하게 선언하며 이제 다른 이들에게까지 '자유로움'을 권하고 있는 것이다.

전 목사는 하나님께 모든 것을 맡기고 의지하는 삶을 위해서는 역설적으로 타자의 고통에 대한 망각이나 피해자에 대한 책임 회피가 불가피한 것처럼 현실을 왜곡되게 인식하고 있다. 그는 '나'에 대한 하나님의 용서와 사랑을 절대화함으로써, 피해자들의 고통에 대한 책임 회피마저도 신앙의 이름으로 정당화하는 비윤리적 구원론의 적자처럼 보인다. 피해자를 만나기도 전에 이미 교도소 안에서 하나님을 만나 평안을 되찾은 '밀양'의 살인범 박도섭 같기도 하고, 성찰 없는 믿음 내지는 정의 없는 복음을 손쉽게 소비하며 한국교회 고속 성장의 시대를 견인한 무수한 보통의 개신교인들의 표본 같기도 하다. 즉, 고속 성장의 교회 부흥 시대에 형성된 '나'만의 신앙 세계를 체화하면서 그에 어울리는 내면을 갖게 된 무수한 보통의 개신교인들의 전형성을 이른바 '복음적'으로 이념화하고, 거기서 한발 더 나아가 그러한 전형성을 오늘날 시대정신이 된 지배이데올로기를 통해 '신앙적'으로 현실화하는 데 성공한 인물이 바로 전병욱 목사인 것이다. 이처럼 전 목사는 설교를 통해 자신의 실존을 뻔뻔하게 정당화하고 있다.

3. 그들은 왜 전병욱 목사를 다시 불러내야만 했을까?

문제는 이러한 방식의 정당화/합리화가 다른 이들에게까지도 공감을 불러일으킨다는 점이다. 예컨대 전 목사는 설교의 후반부에서 본문에 대한 주해를 마친 뒤, 곧바로 21세기의 성공 아이콘인 스티브 잡스를 언급하면서 메시지에 대한 현실적 적용을 시작한다. 정확히 얘기하면, 경제전문지 〈포춘〉의 선임기자인 애덤 라신스키가 쓴 〈인사이드 애플Inside Apple〉이라는 책을 소개하는 것인데, 이 책은 한 마디로 MBA가 가르치는 모든 현대 경영학 이론을 전면적으로 거스르고도 세계 최고 기업으로 우뚝 선 애플의 문화와 일하는 방식을 다각도로 분석해 애플 파워의 원천을 분석하고 있는 책이라 할 수 있다. 전병욱 목사는 라신스키가 밝혀낸 애플의 강점을 이렇게 소개한다.

"그런데 애플이 왜 강한가? 그 안에 자기 자신으로서의 자유로움이 있다는 것입니다. 그래서 특별히 스티브 잡스가 했던 일이 무엇이냐? I play my own game. 나의 게임을 하는 것입니다. 나의 게임을 다른 사람에게 맞춰 가지고 그 사람이 어떻게 생각하나, 그 사람이 얼마나 기뻐하나 싫어하나… 그래서 남에게 맞추는 게임이 아니라 I play my own game. 내 자신의 게임을 한다는 거에요. 이 책의 마지막 권면이 뭔지 아십니까? Play your own game. 우리에게도 너 자신의 게임을 하라는 거에요. 하나님께서 내게 주신 은사가 있지 않습니까? 능력이 있지 않습니까? 그 안에서 자유로움 가지고 자기 노래 부르고, 자기 게임을 하면 누구나 다 강해집니다."

위의 진술을 통해 전 목사가 과거 삼일교회 시절부터 지금의 홍대새교회로 이어지는 동안에도 청년층을 중심으로 수많은 이에게 지지를 받으며 명성을 구가하는 이유를 찾을 수 있다. 신자유주의 무한 경쟁의 한국 사회에서 누구보다도 성공에 목말라 있지만 그것이 세속적인 욕망과 별 차이가 없다는 것을 스스로 잘 알고 있기 때문에, 함부로 그것을 표출하지 못했던 보수적 신앙을 가진 개신교인들에게 전 목사는 영적으로 건강한 삶이 세속적 성공을 보증한다는 신념을 정당화할 수 있는 강력한 근거를 제공했다. 그리하여 그의 설교는 세속적 성공에 대한 욕망이 그 지지자들로 하여금 영적 삶의 태도를 자극하는 효과를 가져왔고, 마침내 세속적인 것과 영적인 것을 철저하게 나누면서도 동시에 세속적 성공과 신앙적 승리를 일관된 지평 속에서 추구할 수 있는 발판을 마련해 준 것이다. 위에서 인용한 진술처럼 전 목사에겐 애플의 성공 신화와 자신이 제시하는 신앙적 승리의 원리는 결코 상반되지 않는 것이다. 둘은 동일한 논리 구조 속에서 진행된다. "Play your own game!" 물론 하나님은 아무런 변수가 되지 않는다.

　바로 이와 같은 방식으로 전병욱 목사가 그동안 제시해 온 성공하는 신자의 라이프 스타일은 세속적 성공에 대한 욕망을 신앙적 승리의 이름으로 정당화하기를 갈망해 온 한국교회 일부의 집단적 감정 구조를 안전하게 자극했던 것이다. 실제로 그날도 전 목사는 모든 책임을 자신이 믿는 하나님이라는 존재에게 떠넘기고 있었는데, 그는 하나님이 자신을 자유롭게 해주셨다는 근거로 성서의 다양한 본문들을 맥락과 관계없이 '자유롭게' 인용했다. 그런데 홍대새교회에 모여든 그의 지지자들은 그런 전병욱 목사의 주장에 '아멘'으로 화답하며 기꺼이 그 자유로움을 공유하고 있었다. 따라서 우리가 정말로 문제 삼아야 할 지점은 이러한 전병욱 목사의 기괴한 설교 및 그 설교에 담겨 있는 신학이 아닐지도 모른다. 사실 전병욱 목사가 홍대새교회와 함께 이토록 화려하게 컴백할 수 없었다면, 그의 설교나 신학 역시 자연스럽게 사장되었을 것이다. 그의 책은 이제 더 이상 나오지 않을 것이며, 그의 설교 역시 어디에서도 들을 수 없게 되는 것이 당연한 일이었다. 그런데 전 목사가 저런 설교를 할 수 있도록, 아니 과거 삼일교회에서 했던 것보다도 더 노골적으로 자신의 성공지상주의 신앙을 설파할 수 있도록 만들어 주고 있는, 다시 말해 그로 하여금 이렇게 말하고 이렇게 사는 것이 바로 자신을 향한 하나님의 뜻이라고 믿게 만들어 주고 있는, 홍대새교회의 전병욱 목사 지지자들이야말로 진짜 문제인 것이다. 만일 전병욱 목사에게 평소 배운 대로 믿고 행동하여 전 목사를 다시 살려낸 지지자들이 없었다면 오늘의 홍대새교회도 그리고 후안무치한 전 목사의 컴백도 없었을 것이다.

그날 3부 예배가 끝나자 나는 얼른 나와서 다음 예배 시간이 될 때까지 생각을 좀 정리하려고 홍대새교회가 들어서 있는 건물 1층의 커피숍에 들어갔다. 한쪽 구석에 자리를 잡고 앉아 있는데, 마침 내 옆으로 방금 나와 마찬가지로 예배에 참석하고 나온 것으로 보이는 이들이 자리를 잡고 앉았다. 대화를 들어보니 두 사람은 부녀지간이었는데, 그들은 자리에 앉자마자 전병욱 목사의 설교에 대해 얘기를 나누기 시작했다. 아마도 딸이 아버지를 예배에 이끌고 온 것 같았다. 딸은 왜 자신이 그토록 아버지를 여기에 데려 오고 싶었는지, 자신이 왜 전병욱 목사의 설교를 좋아할 수밖에 없는지, 전병욱 목사의 설교가 어떤 점에서 아버지한테도 필요한지를 한참 동안 설명하고 있었다. 그 얘기를 다 듣고 아버지도 자신이 설교를 듣고 느낀 바를 얘기하며, 두 사람은 전병욱 목사에 대한 긍정적인 공감대를 형성하고 있었다. 잠시 후에 딸이 무슨 일이 있는지 밖으로 나갔고 커피숍 안에는 아버지만 남게 되었다. 나는 조심스럽게 다가가 말을 걸었다. 이 교회의 교인은 아닌데, 전병욱 목사와 교회에 관심이 있어 방문했다고 밝힌 뒤 몇 가지 궁금한 점이 있는데 혹시 대화를 나눌 수 있겠냐고 물었다. 그 아버지 되는 중년 남성은 자신도 이 교회의 정식 교인은 아니며, 그저 딸이 예배에 같이 가자고 권유해서 온 것일 뿐이라고 말하면서도, 의외로 대화에 흔쾌히 응해주었다. 그와 나눈 대화를 재구성해 보았다.

나 : 전병욱 목사의 성추행 스캔들에 관해 아십니까?
그 : 네, 잘 알고 있습니다. 우리 집이 숙대숙명여자대학교 근처입니다. 우

리 딸도 삼일교회를 다녔습니다.

나 : 지금 이 홍대새교회의 개척을 둘러싸고 일어나고 있는 교회와 사회 각계의 비판과 우려의 목소리에 대해서도 아시겠군요.

그 : 네. 그것 역시도 잘 알고 있습니다.

나 : 그런데도 어떻게 딸을 이런 곳에 보내고, 또 같이 예배에 참석할 수 있으세요? 전병욱 목사가 혐오스럽지 않습니까?

그의 대답은 놀랍게도 방금 전에 전병욱 목사가 설교에서 자신을 변호했던 논리와 완벽하게 일치했다.

그 : 전병욱 목사가 흠이 많고 부족한 사람이지만, 하나님이 그를 들어서 쓰시는데, 과연 인간이 어떻게 막을 수 있겠습니까?

나 : 도대체 무엇을 근거로 하나님이 전병욱 목사를 계속 사용하신다고 보는 것이죠? 하나님이 저렇게 물의를 일으킨 인물을, 아직 충분한 사과나 반성도 하지 않은 것 같은데 벌써 사용하실 리가 있을까요?

그 : 글쎄요. 전병욱 목사가 반성을 했는지 안 했는지는 하나님만이 아시는 거겠죠. 그러나 어쨌든 그의 설교를 통해서 여전히 많은 사람이 '은혜'를 받고 있는 것이 하나님이 그를 쓰고 계신다는 가장 확실한 증거 아닐까요? 비록 내가 생각하기에 전병욱 목사가 한국교회의 다른 중견 목사들에 비해 영성이나 카리스마가 상대적으로 많이 부족하긴 하지만, 그래도 이 시대 청년들에게 갈급한 부분을 잘 채워 주고 있으며, 실제로 내 딸 역시 전병욱 목사의 설교를 통해 신앙생활을 잘해 나가고 있어요. 인간적·세속적 잣대로 하나님이 하시는 일을 막을 수는 없는 것이죠.

나 : 혹시 홍대새교회 교인들도 아버님과 같은 생각일까요?

그 : 잘은 모르지만, 내 딸을 통해 듣기론 이 교회 사람들도 전병욱 목사의 삼일교회 시절 과오에 대해선 그 정확한 수위나 정도에 대해선 외부와 다른 입장을 취하고 있지만 일단 부정할 수 없는 사실로 간주하고 있어요. 우리 딸도 자세히는 말 안 하지만 전 목사가 실수한 부분이 있다고 생각하고 있고요. 홍대새교회 교인들도 전병욱 목사의 실패에 대해선 충분히 인지하고 있는 것으로 압니다.

나 : 선생님 말씀대로면, 홍대새교회의 교인들은 기존의 다른 이단 사이비 종파에서처럼 이성적 판단을 상실한 채 맹목적으로 교주를 추종하고 있는 이들이 아니라는 말씀이시죠?

그 : 네. 그렇죠. 오히려 전병욱 목사 개인의 문제와 전병욱 목사를 통해서 일하시는 하나님을 철저히 구분하면서, 이 분들은 전병욱 목사가 아니라 전병욱 목사를 통해 일하시는 하나님을 따르고 있는 것이라고 봐요.

나 : 아무리 그렇다 해도 전병욱 목사가 자신에게 피해를 본 여성들에게 먼저 공개적으로 사죄하고, 또 자신의 범죄에 상응하는 대가를 철저하게 치루고, 또 모두가 이해할 수 있을 만한 그런 반성의 모습을 먼저 보여 주어야 하는 것이 아닐까요?

그 : 내가 생각하기에도 그 부분은 좀 아쉬워요. 하지만, 전병욱 목사 말마따나 인간이 모든 면에서 완벽할 수는 없는 것이고, 홍대새교회는 설교자로서 전병욱 목사의 강점에 최대한 집중하며 전병욱 목사와 함께 자신들의 길을 열어 가고 있는 것으로 봅니다.

결국 좁게는 설교의 은혜, 넓게는 전병욱 목사의 사역 전반을 통해 하나님이 자신들에게 열어가시는 삶의 길이 더 소중하기에, 전 목사의 지난 과오쯤은 충분히 용납할 수 있다는 논리였다. 이 대화를 통해 내가 깨달은 것은 전 목사로 하여금 교회 개척의 용단을 내릴 수 있도록 자극한, 또는 그것이 바로 자신을 향한 하나님의 뜻이라고 믿게 한 홍대새교회 교인들은 적어도 그의 카리스마에 일방적으로 휘둘리고 있는 추종자들이 아니라는 사실이었다. 그들은 지극히 합리적이고 전략적인 판단 가운데서 전 목사를 밖으로 끌어냈고, 그의 후견인을 자처하며 전 목사를 이 교회의 설교자이자 목회자로 세운 것이다. 전 목사가 그들을 불러내기 전에 그들이 전 목사를 먼저 불러냈고, 전 목사는 그 부름에 대한 응답으로 과거보다 더 강화된 성공 지상주의를 설파하며 자신을 향한 지지자들의 기대에 부응하고 있는 것이다.

그렇다면 홍대새교회 교인들로 하여금 세상의 온갖 비난마저 뚫어내고 전 목사를 설교자/목회자로 세울 수 있게 만든 그 원동력은 대체 무엇일까? 전 목사 스스로도 인정하고 홍대새교회 교우들도 이미 인정하는 것처럼, 전 목사는 죄질이 극히 불량한 성범죄자로서 이렇게 쉽게 목회를 재개해선 안 되는 인물인데도, 그들은 왜 오직 전병욱 목사여야만 했던 것일까? 그렇다면 전 목사의 그 무엇이 그토록 많은 이에게 함께 교회를 계속 하고 싶다는 욕망을 불러일으켰을까? 그들은 어떤 '감정 구조'를 갖고 있기에 전 목사에게 이토록 지독하게 매료되어 있는 것일까?

4. '성공적인 삶'에만 몰두한 그들의 '욕망의 경제학'

홍대새교회의 개척 과정에 대한 비하인드 스토리를 접하고 나서 그런 확신이 들었다. 전병욱 목사가 직접 나서서 사람들을 모아 교회를 만들었다기보다는 그의 메시지와 사역이 주는 매력으로부터 헤어 나오지 못하고 있던, 혹은 그 메시지와 사역이 제공하는 자극이 다시금 절박했던 이들이 전 목사를 적극적으로 설득하고 대외적으로 변호하면서 마침내 그를 강단 위에 세우는 데 성공한 것이라고. 어쩌면 전 목사의 메시지나 사역과 함께 하면서, 그를 따라 신앙의 영역과 세속의 영역 양측에서 모두 성공하는 인생의 게임을 즐겨 온 이들에게 전 목사의 갑작스러운 공백은 엄청난 충격으로 다가왔을 것이다. 전 목사가 성폭력 스캔들을 일으킨 것이 중요한 게 아니라, 그가 사역을 중단함으로 인해 더 이상 자신들에게 메시지를 줄 수 없다는 것, 다시 말해 지금껏 자신들의 라이프 스타일을 정당화해 온 이데올로기적 보충물의 역할을 더 이상 전 목사가 해 줄 수 없게 되었다는 것이야말로 진짜 심각한 위기로 다가왔을 것이다.

전 목사의 메시지와 사역으로 총칭되는 그 어떤 '성공한 삶'의 상상계가 자신들의 삶을 더 이상 지탱해 줄 수 없다고 상상했을 때 맞닥뜨려야만 했던 그들의 불안과 공포는 우리로선 짐작조차 하기 어려운 것이다. 길게는 20년, 짧게는 몇 년 동안 전병욱 목사의 메시지에 심취하여 그가 제시하는 라이프 스타일이나 성공지상주의 이데올로기를 내면화해 온 이들이 갑자기 그 모든 것들을 상실할 위기에 처했을 때, 그들 가운데 적극적인 일부가 자기 삶의 안정과 지속을 위하여 '전병욱 구하기'를 자발적으로 시도했으리라는 가정은 충분히 타당하다. 여기서 자신이 범한 죄악에 대한 책임을 회피하고 잠적 중이던 전 목사를 밖으로 끌어내어 홍대새교회를 만든 이들이 갖고 있었던 그들만의 '합리적 신앙'을 프로이트의 '리비도 경제학'의 관점에서 풀어 보자.

쉽게 말해 리비도 경제학libido economics이란 한 대상에의 '몰두'가 항상 다른 대상에 대한 '무관심'과 병행한다는 사실을 밝혀낸 프로이트 정신분석학의 한 이론이다. 리비도는 라틴어에서 갈망, 욕망을 의미하던 단어인데, 프로이트는 이것을 인간이면 누구나 가지고 있다는 심리적 에너지로 재정의했다. 그에 따르면, 인간 주체에게 있어 리비도의 양은 제한되어 있으며 자아의 욕망 생산쾌락은 이 제한된 양을 효과적으로 투자하여 항상 안정된 상태로 유지하려는 경향적 법칙을 갖는다. '쾌락 원칙' 최소한의 투자로 최대한의 만족을 얻는 것이 리비도 경제학의 원리인 것이다. 그래서 프로이트의 리비도 경제학은 소자본가의 경제학이라 불리기도 한다. 마치 자본가가 투자 대상을 찾아다니는 것처럼, 인간 주체도 자신의 욕망을 투여할 대상을 끊임없이 찾아다니기 때문이다. 이러한 리비도 경제학을 구성하는 핵심에 바로 '몰두'의 원리가 존재한다. '몰두'란 리비도가 한 대상에만 집중하는 현상을 말한다. 이와 같은 리비도의 집중 현상이 '카텍시스'cathexis이다. 한 대상에 대해서만 배타적으로 리비도가 집중되는 카텍시스는 리비도의 절대량을 그 대상으로만 향하게 함으로써 필연적으로 주변의 다른 대상들에도 투여되어야 할 리비도의 양을 감소시킨다. 이를테면 선택과 집중의 원리 또는 배제와 차별의 경제학적 원리가 욕망의 세계에서도 동일하게 작동하는 것이다.

이러한 리비도 경제학의 관점에서 본다면, 전병욱 목사를 불러내어 홍대새교회를 함께 만든 이들 역시 자신들이 몰두해야 할 대상을 전 목사의 메시지와 사역을 통해 생산되는 '라이프 스타일', 혹은 '성공적 삶'의 이데올로기로 한정지었고, 다른 여타의 문제들에 대해선 어떠한 심리적 에너지도 투여하지 않기로 한 것으로 해석할 수 있다. 예를 들어, 전 목사의 성범죄 여부나 그의 인격적 미숙함, 사임 당시 삼일교회와의 약속, 고액의 전별금 문제, 개척에 대한 외부의 비판, 그리고 전병욱 목사에게 피해를 당한 여성들, 그에게 실망한 많은 신자, 개신교의 대對사회적 이미지 등등. 한정된 리비도자본를 가지고 최대한의 만족이윤을 얻기 위해 선택과 집중의 원리에 따라 자본을 투자하는 리비도 경제학, 즉 오로지 전 목사가 가져다 줄 쾌락에게만 '몰두'하고 있던 홍대새교회 멤버들은 자신들의 신앙적 욕망의 경제학에서 여타의 다른 변수들을 의도적으로 또는 전략적으로 배제해버렸다. 전 목사과 함께함으로써 유지되는 성공주의 이데올로기가 그들에겐 모든 신앙적 리비도가 집중되는 카텍시스였던 것이다.

따라서 전병욱 목사와 함께하는 '성공적인 삶'이라는 단 하나의 욕망 생산, 혹은 그 쾌락 추구를 달성하기 위하여 그들이 먼저 전 목사를 다시 목회 현장으로 불러냈다. 그리고 전 목사는 자신을 향한 그들의 부름을, 모든 죄를 이미 용서하고 자신을 계속 쓰고자 하는 신의 부름으로 간주했던 것이고, 이제 억울하게 고난당하는 '주主의 종'의 이미지까지 덧입혀져 과거보다 한층 진화된 '성공주의 이데올로기'를 홍대새교회 강단에서 설파할 수 있게 되었다. 그들은 전 목사가 평소 자신들에게 가르쳐 준 논리에 입각하여 위기에 빠진 자신들과 전 목사를 모두 구원했고, 전 목사는 이제 자신을 구원해 준 이들을 위하여 더욱 열정적인 목회 사역에 돌입한다. 그런 점에서 홍대새교회의 전 목사 지지자들은 그의 성범죄 피해자들에 대한 2차적 고통을 재생산하고 있는 공범이라 해도 과언이 아니다. 2차적 가해가 성폭력 사건을 둘러싼 사회적 시선이나 피해자를 대하는 태도로 인해 피해자에게 또 다른 피해를 주는 것을 말한다고 했을 때, 전 목사와 함께 하려는 욕망에만 충실한 그들의 리비도 경제학이 결국엔 전 목사의 성범죄 피해자들에겐 끔찍한 2차적 가해를 낳고 있는 셈이다.

5. 누구의 목소리에 귀를 기울일 것인가?

앞서 전병욱 목사의 존재가 영화 '밀양'에서 제기된 신학적 질문을 환기시킨다고 말했었다. "내가 그를 용서하지 않았는데, 어느 누가 나보다 먼저 그를 용서하느냐 말이에요. 그럴 권한은 주님에게도 없어요." 교도소에서 기독교 신앙에 귀의한 살인범이 이미 자신은 하나님으로부터 용서받았다고 확신했던 것처럼, 전 목사 역시 이러한 신앙 속에서 자유로움을 누리고 있다고 강단 위에서 당당하게 말한다. '밀양'에서 신애가 그랬던 것처럼, 오늘날 전 목사에게 끔찍한 폭력을 당한 여성들이 분노하는 것도 바로 이 지점이다. 전 목사가 누리는 주님 안에서의 자유로움, 그것은 대체 어떤 상태일까? 피해여성들은 동일하게 주님을 영접하고도 전 목사에게 당한 폭력의 기억 때문에 치가 떨려 한 순간도 평안할 수 없는데, 그녀들을 고통으로 몰아넣은 범죄자는 이미 마음의 자유로움을 얻고 불과 1년 만에 목회 현장으로 복귀하여 사람들 앞에서 하나님의 은혜를 들먹거리고 있다니? 이 대목에서 전 목사를 데려와 홍대새교회를 만든 이들에게 진지하게 묻고 싶다. 어쩌면 당신들의 소중한 교우였을지도 모르는 그 피해여성들의 절규를 단 한 번이라도 진지하게 공유한 적이 있는가? 아마 그랬다면 이렇게 홍대새교회를 만들고 전 목사를 다시 강단에 세우는 짓 따윈 하지 않았을 것이다. 그들에겐 피해여성들의 신음이나 비명은 애초부터 들리지도 않았던 것이다. '은혜'라는 이름으로 포장된 욕망의 경제학에 탐닉하고 있던 그들은 전 목사의 성공주의 신학과 자신들의 성공 욕망을 동일시하는 데만 몰두했을 뿐, 전 목사의 그런 '성공적인' 목회 이면에서 욕구 해소의 도구로 희생된 여성들의 시선으로 하나님께 다가가려는 노력은 시도조차 하지 않았다. 처음부터 전 목사에게서 '밀양'의 살인범과 같은 섬뜩함을 느끼지도 못했던 그들이니, 전 목사에게 피해를 입은 여성들을 마음 깊이 위로하고, 그녀들의 고통을 자신들의 생생한 '현실'로 앓음으로써, 그녀들의 자리로 나아가 그곳에서 하나님을 만나는 신앙적 실천을 기대하기조차 어려운 것이다.

비록 용서와 화해, 고통과 치유, 속죄와 구원이 반드시 기독교 신학만의 주제일 수는 없겠지만, 적어도 '밀양'의 중심 서사가 자리 잡고 있는 공간이 다름 아닌 지역의 평범한 개신교회라면 이야기는 달라질 수밖에 없다. 이창동 감독은 '밀양'에서 바로 개신교를 향해 속죄와 구원을 둘러싼 신학적 토론을 제기한 것이라 해도 무방하다. 그래서 많은 신학자와 설교자가 다양한 관점에서 해석을 제출했다. 감독 본인은 '밀양'이 인간과 종교의 문제, 인간과 구원의 문제를 다룬 것이 아니라, 밀양密陽으로 상징되는 일상적 공간과 그 속에서 상처받고 살아가는 인간의 모습, 그리고 그 상처의 치유 방식으로서의 사랑에 대해 그린 멜로 영화일 뿐이라고강조했지만, 결국 그도 자신의 영화로 인해 만들어진 신학적 토론의 장에 참여했다. 바로 2010년 영화 '시'에서 전작인 '밀양'을 통해 제기된 신학적 질문에 대한 감독 자신의 답변을 담은 것이다.

'시'에서 우리는 양미자라고 하는 인물이 자신에게 뜻하지 않게 다가온 비극적인 타인의 희생을 어떤 방식으로 애도하고 속죄하는지를 확인하게 된다. 집단 성폭행을 당한 어느 소녀의 자살 사건에 자신의 손자가 가해자로 깊이 연루되어 있다는 사실을 알게 된 후 그녀가 취한 행동은 손자를 보호하는 것이 아니었다. 죽은 소녀의 엄마와 돈으로 합의를 끝냈음에도 불구하고, 양미자는 손자를 경찰에 고발하고, 소녀에게 바치는 '아네스의 노래'라는 시를 묵묵히 완성해 나간다. 아네스는 죽은 소녀 박희진의 세례명이자, 가톨릭의 전통에서 성녀로 추앙된 순교자의 이름이다. 양미자가 완성한 '아네스의 노래', 그것은 자살한 소녀 아네스의 목소리로 양미자가 대신 부르는 비탄에 찬 애가이자, 검은 강물로 뛰어 내리기 직전 다리 위에서 자신의 지난 삶을 회상했을 아네스를 양미자가 손자를 대신하여 애도하며 속죄를 구하는 시편이다. '아네스의 노래'가 읊어지던 엔딩 장면에서 그것을 읊고 있는 목소리의 주인이 처음에는 양미자였다가 나중에는 죽은 소녀로 바뀌는 설정이나, 떠난 이는 양미자인데 결국 버스에서 내린 후 카메라가 비추는 사람은 영화의 첫 장면에서 아네스라는 것과 더불어 카메라가 양미자의 주변 풍경을 비추다가 어느새 아네스가 평소 거닐었던 공간의 풍경으로 옮겨가는 설정, 그리고 마침내 검은 강물을 내려다보던 아네스가 고개를 돌려 관객을 바라보며 엷은 미소를 띠는 장면에서 우리는 감독이 두 인물이 하나로 겹쳐지는 상징적 결말을 의도했음을 알 수 있다. 어느 인터뷰에서 감독은 양미자가 단지 소녀의 목소리만을 대신하는 것이 아니라 소녀와 운명을 일치시키는 걸 받아들 였던 것이라고 설명했다. 양미자가 아네스이고 아네스가 바로 양미자라 는 것. 그래서 '시'의 마지막 부분에서 소녀의 모습이 보이는 것은 이미 죽 은 아네스의 플래시백일 수도 있고, 소녀의 시선을 자신의 것으로 내면화 하고 그녀와 자신을 동일시했던 양미자의 모습일 수도 있는 것이다.

영화 속에선 명확하게 드러나지 않지만 양미자는 결국 아네스가 되어 아네스의 길을 뒤따른 것으로 해석될 수 있다. 양미자는 자신의 죽음으 로 손자의 죄를 대속하고 소녀의 한(恨)을 신원한 것이다. 이창동 감독은 우 리에게 이것이 바로 가해자 또는 그 가해자의 죄책을 공유하는이들이 죄 를 씻으며 희생자를 애도하는 참회의 한 방식임을 말하고 싶었던 것으로 보인다. 그러나 내가 참석했던 홍대새교회의 예배에서도, 전 목사의 설교 그 어느 곳에서도, 그리고 그 교회의 홈페이지에 올라와 있는 수백 개에 달하는 게시물 어디에서도 전 목사에게 유린당한 아네스들에게 속죄를 구하는 목소리를 들을 수 없었다.

물론, 전 목사에게 참회를 촉구하는 이들도 없었다. 전 목사의 복귀를 환영하며, 그의 사역과 홍대새교회의 앞날을 축복하는 목소리만이 홈페 이지에 가득할 뿐이었다. 그들이 믿는 예수 그리스도는 내가 믿는 예수 그리스도와 달리 아네스들의 편에 서 있는 것이 아니라 스스로 속죄를 구 하지 않는 전 목사의 편에 서 계신 것 같다. 그런데 성공과 강함에 대한 병 리적 집착에 가까운 욕망이 낳은 이 기괴한 형태의신앙관이 과연 한국교 회 일반의 신앙관과 완전히 동떨어진 것이라 말할 수 있을까? 전 목사와 홍대새교회가 향유하고 있는 그 성공지상주의 복음으로부터 우리는 전 혀 자유롭다 말할 수 있는 것일까? 우리의 관심이 전 목사의 설교를 향해 있는가, 아니면 피해여성들의 절규를 향해 있는가에 따라 그 대답은 달라 지리라. 홍대새교회는 오늘 우리에게 그리스도를 따르는 신앙인이 될 것인가, 그리스도를 소비하는 신앙인이 될 것인가를 새삼스럽게 다시 질문하고 있는 것이다.

▶홍대새교회 앞에서 있었던 전병욱 목사의 회개와 목회 중단을 염원하는 촛불 기도회.[2012.10.12.]

O│글은 자신을 7년차 사역자로 밝힌 '전병욱 목사 진실을 공개합니다'
│카페 회원이 자유게시판에 올린 글이다. 이 회원은 홍대새교회 교인
들의 잘못된 신앙에 경종을 울린다. 이 회원은 새교회 교인들을 향해 "귀에
듣기 좋다고 해서 그것이 선하다고 단언할 수 없다"라고 말하며 "여러분의
목사님전병욱 목사이 깨끗하게 회개하고 순전하게 세워질 수 있도록 성도로서
의 의무를 다할"것을 권면했다.

홍대새교회 교인들에게 던지는 권면

전병욱 목사의 설교를 계속해서 듣고자 홍대새교회까지 찾아가신 분
들께 말씀 드리고 싶습니다. 여러분은 말씀하시기를 "전병욱 목사님이
무슨 일이 있었든 지금 우리에게 은혜가 되는 말씀을 선포하고 있다. 그
거면 충분하다"하시는데, 그게 그렇지가 않습니다.

저는 설교자로 세워진지 칠년 정도 된 사역자입니다. 사역자라고 해서
미혹이 없고, 생각이 없는 것이 아닙니다. 때때로 음란한 생각도 올라오
고, 술 생각도 나고 그렇습니다. 설교자는 하나님의 말씀을 받아 전달하
는 통로일뿐, 연약함은 누구나 똑같기 때문입니다.

그런데, '정체성'에 대한 확립은 스스로를 절제하게 합니다. 하다못해 운
동선수들도 중요한 시즌에는 식사를 절제하고, 만남도 절제합니다. 설교자
가 자신이 누구인지와 누구에게 쓰임 받는 도구인지, 그 정체성을 망각하지
않는다면 육체의 연약함에 스스로를 쉽게 내어 주지 않을 것입니다.

왜냐하면, 설교자의 육체의 정욕은 자기 개인으로 끝나지가 않기 때문입
니다. 제가 만약 음란한 생각을 행동에 옮겨 교회의 한 여자청년과 바람을
피기 시작한다면, 저의 설교는 저도 모르게 내가 하는, 그리고 내가 계속 하
고 싶은 불의를 '괜찮다'고 하는 설교로 흘러 가게 됩니다. 이것은 설교자의
의지가 그렇게 만드는 것이 아니라 불의가 그렇게 만드는 것입니다.

설교자도 죄를 지을 수 있습니다. 다시 말하지만 사역자도 회복되어 가는 연약한 사람일뿐입니다. 그러나 설교자는 하나님의 대언자로 단위에 서기 전에 반드시 깨끗한 회개가 있어야만 합니다. 거룩해야 합니다. 이것은 목회자 스스로 성결하게 해야하기도 하겠지만, 성도들이 함께 도와줘야 하는 문제입니다. 하나님께서 설교자를 거룩하게 구별하시는 이유는 설교자가 특별하고, 대단해서가 아니라 '설교'를 보호하시기 위해서입니다.

여러분, 여러분의 귀에 듣기 좋다고 해서 그것이 선하다고 단언할 수 없습니다. 이단에서 선포되는 비진리도 사람의 귀를 충분히 즐겁게 하고 있습니다. 부디 분별하셔서 적어도 홍대새교회 교인으로 남고 싶다면 여러분의 목사님이 깨끗하게 회개하고 순전하게 세워질 수 있도록 성도로서의 의무를 다 하십시오.

*추신

전병욱 목사님, 지금 많은 사람이 목사님을 따른다고 해서 그것을 기뻐하지 마십시오. 그들은 목사님을 따르는 것이 아니라 이용하는 것입니다. '괜찮다'고 하는 그 말을 이용하고 싶어서 따르는 것입니다.

설교자는 하나님께 쓰임 받아야지, 사람에게 이용당해서는 안 됩니다. 두렵겠지만, 사람을 떠나 하나님 앞에 홀로 서세요. 예수님이 수많은 무리를 피해 주 앞으로 가셨듯, 그렇게 홀로 주 앞에 서시기를 간절히 바랍니다. 그게 목사님이 사시는 길입니다. 어차피 주 앞에 구원을 이루어야 하는 같은 사람들입니다. 그들의 환호성이 뭐 그리 대단합니까. 주의 심판보좌 앞을 통과할 수 없다면 그게 다 무슨 소용입니까? 그 달콤한 환호성에서 빠져 나오십시오. 그리고 회개의 자리로 나아가십시오. 유명한 목사 이전에 죄인임을 잊지 마십시오.

삼일교회를 섬겼던 성도들이 인터넷 카페 '전병욱 목사 진실을 공개합니다'에 올린 글 가운데 두 편을 골라 싣는다. 한 성도는 삼일교회 부임 초기 전병욱 목사와 함께 사역을 했던 성도였고, 다른 성도는 전병욱 목사 사임 직후까지 삼일교회를 섬기다 자의반 타의반 교회를 떠났던 성도였다. 이 두 성도는 무턱대고 전 목사를 옹호하는 것이 사랑이 아님을 일깨워준다. 전 목사에 대한 맹목적인 지지가 오히려 독이 될 수 있음을 경고한다. 무엇보다 "전 목사님을 정말 사랑한다면 홍대새교회 성도님들이 결단을 하셔야합니다"는 권면은 깊은 여운을 남긴다.

홍대새교회 성도들의 결단을 촉구하며

#1]

홍대새교회 전 목사를 옹호하는 이들에게 말씀드립니다.

얼마 전 삼일교회 지체들과 이야기를 나누던 중, 전 목사가 먼저 교회를 개척하고 여러분을 부른게 아니라, 여러분들이 먼저 모여서 모임을 만들고 전 목사를 청빙? 하였다는 이야기를 들었습니다. 그게 사실인가요? 만약 그게 사실이라면 전 목사 보다 여러분들이 더 나쁜 사람들입니다.

그 이유는 첫째, 전 목사가 충분한 시간을 두고 자신을 돌아보며 자숙할 시간과 치료 받을 수 있는 기회를 여러분들이 빼앗았기 때문입니다.

둘째, 전 목사의 설교를 계속 듣고 싶은 이기심과, 허울 좋은 '용서'라는 감싸기로 인해 피해자들의 마음을 더 아프게 만들었기 때문입니다.

셋째, 여러분들을 대표하는 남모 변호사의 '윤리적으로는 문제가 있으나 법적으로는 문제가 없다'라는 입장 표명이나, '피해자의 뜻에 반하는 일은 없었다' 또는 전중모에 올라온 '어깨 접촉으로 수치심을 느낄 수는 있겠으나 성추행은 아닌 것 같다' 등의 발언으로, 전 목사를 실족한 한 사람이 아닌 비윤리적이고 파렴치한 사람으로 만들었기 때문입니다.

넷째, 무조건적인 사랑으로 용서하자는 말을 남발함으로써 평소적어도 초창기엔에 회개와 자복의 참된 의미에 대해 설교하던 전 목사를 설교와 삶이 맞지 않는 거짓 삯군으로 만들었기 때문입니다.

전혀 이해할 수 없는 것도 아닙니다. 영적 아비로 생각하고 내 신앙을 이끌어주고 삶의 지표였던 말씀들을 쏟아내던 목사님에 대한 애정은 이해할 수 있습니다. 저도 역시 그런 이유로 목사님께 애정을 갖고 있었으니까요. 더구나 일면식도 없는 어느 자매의 피해 사실보다는 내 식구이자 내 아비가 더 중요했을 테지요.

충분히 이해는 갑니다만 이번에 실형을 선고받은 고대 성추행 사건의 가해자 중 한 어머니를 생각해 보십시오. 그 어머니도 딴에는 자식을 위한답시고 한 행동이겠지요. 그 행동이 피해자에게 어떤 고통을 가하고, 자식을 더 망치는 길인지 모르고 말입니다.

네다섯 살 또래 아이를 훈육할 때에도 잘못했다고 말 한마디로 훈육을 끝내지는 않습니다. 자신이 무엇을 어떻게 잘못했는지 똑바로 보게 하기 위해 자신이 잘못한 내용을 스스로 말하게 합니다. 어린 아이의 사소한 잘못도 이럴진데 하물며 많은 영혼을 이끌고 영향을 주었던 성인이야 말해 무엇 하겠습니까?

전 목사를 사랑하고 그를 옹호하는 여러분들은 이 카페를 비난하고, 전 목사를 욕하는 것을 마음 아프게 생각할 줄만 알지 이것이 전 목사에게 기회가 될 수도 있다는 생각은 안 해 보셨는지요. 겉으로는 적들에게 둘러쌓여 절망 속에 있는 것 같이 보이는 것도, 나중에 헤어 나와보면 그것이 나를 옳은 길로 인도하는 기회일 수도 있으며, 멸망의 길에서 주저앉아 있지 않도록 해주는 등대와 같은 역할을 할 때도 있는 것입니다.

지금 이미 늦었다고 말하는 사람들이 있지만 제 생각은 다릅니다. 이 카페가 생긴지 이제 겨우 두 달이며, 언론이나 교계에 퍼진 것도 어쩌면 다행인지도 모릅니다. 어차피 성추행 목사라는 딱지가 붙어 그저 추측으로만 이상한 소문이 도는 것보다, 확실히 드러나서 확실하게 사과하고 돌이키는 당당한 그리스도인의 모습을 보여준다면, 오히려 전화위복의 기회가 될수 있다고 생각합니다.

여러분들이 이런 기회를 빼앗지 않기를 간곡히 부탁드립니다. 지금의 모습이 어떠하든 전 목사를 통해 많은 이가 예수님을 영접하고, 신앙생활에 많은 도움을 받았던게 사실입니다. 그런 전 목사를 그저 감싸기 보다는 다시 새롭게 일어서서 어느 때고 하나님께 쓰임 받을 수 있도록 여러분들이 도와주십시오.

그러기 위해서는 하루라도 더 늦기 전에, 피해자들에게 공개적으로 사과하고, 홍대새교회를 내려놓고, 제대로 된 치료를 받을수 있도록 해주십시오. 우리나라 사람들은 정이 많은 사람들입니다. 범죄를 저질렀다 해도 철저히 반성하는 모습을 보여주면 정을 주는 것이 우리나라 사회이고 또 교계입니다. 피해자들이나 그를 비난하는 사람들도 용서할 준비를 하고 기다리고있다는 것을 아셔야 할 것입니다.

마지막으로 전병욱 목사님께

목사님, 저 누군지 아시겠지요? 마라나타 성가대를 처음 만들고 2003년까지 할렐루야 성가대 지휘를 했던 9기 자매입니다. 9기에 자매는 저 하나 뿐이었으니 기억 하시리라 생각합니다. 목사님이 제 결혼 주례까지 서 주셨잖아요.

제가 마흔 넘어 기도로 얻은 귀한 아들이 돌이 되어, 목사님께 유아세례를 받으려 삼일 후배와 연락하다, 이 사건을 알게 되었습니다. 안식년이라 해서 참 이상하다 그러실 분이 아닌데 하고는 2년이 지났네요. 3,4년이면 서울에 다시 올라와서 삼일로 돌아가려고 했는데 9년이나 걸렸네요. 그동안 삼일에서의 시간들을 얼마나 그리워하고 살았는지 모르실겁니다. 우여곡절 끝에 다시 서울로 올라와 삼일로 다시 나갈 생각에 얼마나 신이 났었는지.

제 심정은요, 멀리 시집가서 고향을 그리워하다 돌아와 보니, 친정 아비가 동네 파락호였다는 소리를 들은 딱 그 기분이었습니다. 제가 그리워하던 삼일과 그 시간들에 똥물을 끼얹은 기분이요.

예전에 항상 목사님 말씀에 토를 달고 이러니저러니 투덜대던 저에게, 리더모임 시간에 공개적으로 이런 말씀을 하셨지요.

'나는 아무도 무서운 사람이 없는데, 윤00 자매는 무섭다, 그 이유는 윤모 자매에게 트집 잡는 은사가 있어서이다.'

그러더니 조금 미안하셨는지 트집도 뭘 알아야 잡는다면서 그것도 은사라고 하셨어요. 다른 사람들은 하하 웃고 넘어갔고 저도 겉으로야 웃었지만 속으로는 목사님께 좀 죄송 했어서 그 후로는 좀 조심했던 기억이 납니다. 그런 말씀 조차 미안해 하셨던 목사님이 지금은 왜 이렇게 변하셨나요? 지금의 목사님이시면 아마 절 미친X이라고 욕을 하셨겠네요.

그 때는 좀 민망했지만, 지금 생각에는 그 트집잡는 은사가 있는 청년들이 열 아니 다섯 명만이라도 있었다면 지금 이 상황이 좀 다르지 않았을까 하는 생각을 해 봅니다.

목사님, 왜 그러셨냐고 묻지 않겠습니다. 목사님의 성정과 주변 사람들과 환경을 보니 안 넘어지는게 이상할 정도니까요. 목사님이 사임하시고 절망에 빠져 있을 때, 지푸라기라도 잡고 싶은 기분일 때, 손을 내민 자들은 그냥 지푸라기일 뿐입니다. 목사님을 수렁에서 건져 내 줄 수 있는 동앗줄이 아니라 그야말로 지푸라기 말이에요. 피해자들을 더 욕보이고, 비윤리적이어도 괜찮다며 목사님을 더 궁지로 모는 지푸라기란 말입니다.

지금이라도 늦지 않았다고 생각해요, 이것이 기회일지도 모른다고 생각해요. 어떻게 해야 할지 모르는 상태에서 방향을 잡아 주시는 하나님의 사랑의 매일지도 모른다고 생각합니다. 하나님께서 목사님을 끝끝내 모른 척 하지 않으시고, 아픈 마음으로 드시는, 어떻게 해야 할지 가르쳐 주시는 사랑의 매 말입니다.

초창기 멤버들과 만나 이런 이야기를 나눈 적이 있습니다. 목사님이 왜 그리 어리석으시냐고, 쿨 하게 인정하시고 아이들 교육도 시킬 겸 미국에서 한 5년쯤 공부하고 가정을 추스리고 돌아와서 낮은 자세로 섬기시면 누가 안 받아 들였겠냐고 말입니다. 비난과 애정이 같이 뒤섞인 그런 말을 들으면서 그들의 안타까움과 아픈 마음까지 볼 수 있었습니다.

목사님은 제게 영적으로 친정 아비와 같았습니다. 그래서 삼일로 돌아갈 날을 그렇게 기다렸던 것이지요. 제가 드리는 말씀을 괘씸하게만 생각 마시고 목사님에 대한 사랑을 알아 주셨으면 좋겠습니다. 지금 목사님을 괴롭히는 모든 것들이 목사님을 하나님께로 인도하시는 하나님의 참 사랑으로 느끼시길 진심으로 기도하겠습니다.

#2]
전 목사님께 많은 도움을 받았고 여전히 감사한 마음도 존경하고 사랑하는 마음도 가지고 있는 전 삼일교회 성도입니다.

글을 읽다가 안타까운 마음에 글을 남기게 되었습니다. 사실이 밝혀지고 십여 명의 피해자가 계십니다. 여러 어른 목사님께서도 전 목사님과 삼일교회를 돕기 위해 노력을 하셨고 또 다른 목사님은 소송을 각오하고 하나님의 정의를 위해 수고하고 계십니다.

분명히 아셔야하는 부분은, 이 분들이 부르짖는 목적이 그저 전 목사님이 충분히 하나님과 회복의 시간을 가지시고 피해자가 회복된 후 목회로 복귀하시라 권면하는 것뿐입니다. 돈을 내라는 것도 아니고 대단한 희생이나 고통을 요구 하는 것도 아닙니다. 그저 전 목사님과 피해자와 한국교회가 회복되고 성추행이라는 범죄에 대해 바른 전례를 남겨달라는 부탁일 뿐입니다. 그저 어제 하나님을 믿은 크리스천이라도 당연하다고 여길 그런 행동을 원하는 것뿐입니다.

성추행을 하고 돈을 받고 거짓말을 하는 분이 누구입니까? 피해자도 아니고 이곳에서 수고하시는 분들도 아닙니다.

참으로 안타까운 이들은 홍대새교회 성도님들입니다. 왜 전 목사님을 교회로 부르시고 기다리셨습니까? 전 목사님 아니면 하나님께 예배를 못 드리십니까? 자중하며 회복되시도록 기다려 드리면 안되셨습니까? 하나님보다 사람을 더 사랑한 결과가 결국 목사님도 죽이고 교회도 죽이는 결과를 가져온 것 같습니다.

저는 개인적으로 전 목사님이 환자라고 생각합니다. 하나님보다 전 목사님을 더 사랑했던 성도들이 만들어낸 무서운 사랑의 독으로 점점 멸망해가는….

홍대교회성도님들께 부탁드립니다.

지금이라도 전 목사님께 권면하시고 도와드리시기를 바랍니다. 수 백명의 성도들이 당신은 죄인이 아니라고 더 귀한 설교로 우리를 먹여 달라며 초롱초롱한 눈으로 목사님을 추종하는 한 전 목사님은 자신이 추악한 죄를 짓지 않았다고 버틸 수밖에 없는 겁니다.

전 목사님을 정말 사랑한다면 홍대새교회 성도님들이 결단을 하셔야합니다.

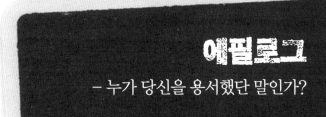

에필로그

– 누가 당신을 용서했단 말인가?

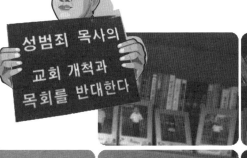

성범죄 목사의
교회 개척과
목회를 반대한다

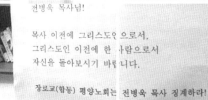

전병욱 목사님!

목사 이전에 그리스도인으로서,
그리스도인 이전에 한 사람으로서
자신을 돌아보시기 바랍니다.

장로교(합동) 평양노회는 전병욱 목사 징계하라!

시교회 전병욱 목사님!

···하고 또 자숙의 시간을 가지시길 간절히 부탁드립니···
···사 그리 급한성··· 래 하나님 앞이 아닌 세상 앞에
나와계십니까?
교회를 영적, 도덕적으로 추락시키지 마시고 다시 골··· ···가 그분을 만나시길 바랍니다.

··· 전병욱 목사 면직조치를 요청합니···
···에게 면죄부를 주는 일···
개척을 사실상 용서··· ···하거···
시도를 중단하기··· ···권고합니다.

···**장노회 반대위···**
전병욱 성범죄 사건을
짐짓 외면하지 말라!

전병욱 목사를 면직시키고,
성범죄 교역자들에 대한
징계 규정을 시급히 마련하라!

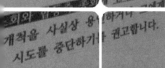

한국교회역사연구실이 2014년 1월 발표한 자료를 보면 한국에서 100년이 넘게 복음을 전하며 지역사회에서 자리잡아온 교회는 국내 9개 교단 소속 925곳인 것으로 조사됐다. 구한말과 식민지의 불안한 사회현실 속에서 사람들에게 정신적인 피난처였던 한국교회. 한 세기를 넘어서는 동안 전 세계에서 그 유래를 찾기 힘들만큼 급속한 속도로 부흥해 오면서 그 이면에 감췄던 여러 문제가 최근에 와서야 하나 둘 터지기 시작했다. 17년을 사역한 교회에서 성범죄로 물의를 일으키고 사임한 스타 목사 전병욱의 사건도 그 중 하나다. 이 사건은 한국 교계뿐만 아니라 사회 전체에 큰 파장을 불러일으켰다. 그가 사임 후, 1년 여 만인 지난 2012년 5월 홍대에서 불현듯 목회를 재개하면서 이 사건은 다시 수면위로 떠올랐고, 성범죄를 일으킨 목사에게 그 어떤 권징도 하지 않은 평양노회에 대한 불신은 한국교회 전체의 도덕성에 불신을 더했다. 주간조선 박혁진 기자는 전병욱 목사의 성공궤적과 성추문, 그리고 면직 청원 등 그의 목회재개가 몰고 온 파장을 일목요연하게 정리했다. 이 기사는 전병욱 목사의 목회재개와 관련한 사건의 전후맥락과 쟁점들을 정리한 기사로, 포털 사이트 다음 1면에 게재됐으나 갑자기 메인화면에서 사라지는 해프닝을 겪기도 했다.

한 스타목사의 교회 개척에 기독교계가 들끓는 이유

[주간조선 2012.07.02.]

개신교 내 한 스타목사가 성추문 사건에 휘말려 담임목사직을 사임한 지 1년여 만에 교회를 새로 설립하자 기독교계 일각이 들끓고 있다. 이 목사가 담임목사직을 사임하며 거액의 전별금을 받은 것도 뒤늦게 확인돼 새로운 논란이 되고 있다. 논란의 주인공은 서울 용산구 청파동 삼일교회의 전 담임목사이자 최근 마포구 상수동에 홍대새교회를 설립한 전병욱49세 목사다.

전 목사는 지난 15년간 특히 젊은 기독교인 사이에서 큰 인기를 끌었던 스타였다. 그는 1993년 30살 때 서울 용산구 청파동에 위치한 삼일교회의

담임목사로 부임했다. 1950년대에 세워진 삼일교회는 전 목사 부임 당시
만 해도 신자가 100여명에 불과했다. 마땅한 목회자를 찾지 못해 담임목
사직이 1년 가까이 공석이었다. 전 목사의 취임 후 삼일교회 교인은 급격
하게 늘어났다. 전 목사가 목회를 했던 18년간 등록 교인이 2만명 까지 증
가했다. 특히, '성공'에 대한 강한 열망을 불러일으키는 전 목사만의 독특
한 설교에 많은 젊은이가 열광하며 폭발적 성장을 했다. 삼일교회는 양적
으로만 따져서는 최근 20년 동안 크게 성장한 교회 중 하나의 사례로 꼽혔
다.

성추행의 진실

하지만, 전 목사가 교회 여성도를 성추행했다는 주장이 2010년 7월 기
독교 매체인 '뉴스앤조이'에 보도되면서 파문이 일기 시작했다. '뉴스앤
조이'는 교회와 목사의 실명을 거론하지 않은 채 이니셜로 전 목사의 성추
행 사건에 대해 자세히 보도했다. 이후 이 사건에 대해 한 공중파 방송의
시사 프로그램이 취재에 들어갔고, 또 다른 피해자들의 사례가 드러나면
서 사건은 점차 커져갔다. 이 과정에서 전 목사의 성추행을 자세하게 증
언하는 피해자의 진술이 공개됐고, 폭로를 막는 전 목사의 회유 발언이
담긴 녹취록도 공개됐다. 보도 이후 드러나는 진술과 정황은 교계 전체에
큰 충격이었다. 특히 전 목사는 2000년대 중반 언론에서도 교계 차세대
지도자로 꼽은 인물이라는 점에서 교계뿐만 아니라 사회적으로도 큰 파
장이 일었다.

논란이 커지면서 전 목사는 2010년 8월부터 안식년에 들어갔다. 이후에
도 좀처럼 파문이 가라앉지 않자 전 목사는 그해 11월 1일 교회 홈페이지
에 사과문을 게재하고 곧이어 담임목사직을 사임했다. 다음은 당시 전 목
사 측에서 발표한 사과문의 일부분이다.

"삼일교회 대부분의 성도님들은 이미 들으셔서 아시는 바와 같이 저는 작년 가을 교회와 하나님 앞에 죄를 범한 사실이 있어 이를 회개하는 마음으로 당회에 지난 7월 사임서를 제출하였습니다. 당회에서 사임이 받아들여지지 않았지만 지금으로서는 조금 더 하나님 앞에 회개와 자숙의 시간을 보내야겠기에 교회로 돌아갈 수 없음을 알려 드립니다."

전 목사의 사임 후 성추문 사건은 수면 아래로 가라앉는 듯했다. 논란이 더 확산될 경우 피해자들이 큰 충격을 받을 수 있고, 이 사건으로 인해 한국교회 전체의 도덕성이 비판받을 수 있다는 지적이 있었기 때문이었다. 이런 상황에서 사건의 진실을 요구하는 삼일교회 교인들의 목소리마저 묻혀버렸고, 오히려 확인되지 않은 소문들이 교회 내에 난무했다. 급기야 교인들 중 상당수가 사건의 진실을 공개하라는 요청문을 발표하기에 이르렀고 이에, 전 목사 사임 1년 4개월 만인 지난 4월 삼일교회 당회에서 사건에 대한 공식적 입장을 발표했다. 당회의 발표문에는 성추행 사실이 구체적으로 담겼다. 뿐만 아니라 당회 측은 "다른 피해자들에게도 수차례 성추행과 성희롱을 했다는 제보도 이어졌다"라고 밝혔다.

거액 전별금 논란

전 목사가 거액의 전별금을 받았다는 소문도 지난 4월 교회의 핵심기구인 당회를 통해 뒤늦게 사실로 확인됐다. 삼일교회 당회는 전 목사가 사임하면서 교회에서 총 13억원을 전별금조로 받았다고 발표했다. 세부 명목은 주택구입비 10억원, 새 교회를 열지 않는다는 '개척 금지'에 따른 생계비 1억원, 퇴직금 1억원, 치료 관련 비용 1억원 등이었다. 전 목사에게 전별금이 지급된 사실은 사임 당시에는 공개되지 않았다. 이에 삼일교회 홈페이지에는 과다하게 책정된 전별금과 투명하지 못한 전별금 지급 절차 등을 성토하는 글이 잇따랐다.

그가 새로운 교회를 설립한다는 소식은 그야말로 '불난 집에 부채질'을 하는 격이라는 게 적지 않은 삼일교회 신자들의 분위기다. 전 목사의 거취는 삼일교회 교인들뿐만 아니라 젊은 기독교인들 사이에서도 큰 관심사였다. 그가 새로 교회 설립을 준비하고 있다는 소식은 트위터와 페이스북 상에서 지난해 가을부터 꾸준히 회자됐다. 전 목사와 그를 따라나선 교인들이 설립한 교회가 구체적으로 모습을 드러낸 것은 지난 6월 초다. 이들은 '홍대새교회'란 이름의 교회를 마포구 상수동에 설립했다. 교회 인터넷 홈페이지가 오픈되고 모임 소식을 알린 것은 6월이지만 실질적으로 목회를 시작한 것은 지난해 11월 전후인 것으로 얘기된다. 홍대새교회 홈페이지에는 지난해 11월부터 전 목사의 설교 내용 파일이 올라와 있다. 홍대새교회 홈페이지에는 최근 매일 7만명 이상의 네티즌이 방문하고 있다.

이에 대해 익명을 요구한 삼일교회의 한 교인은 "피해자들이 여전히 정신적 충격에서 벗어나지 못하고 정신과 치료까지 받고 있는 상황에서 그들에 대한 직접적인 사과도 없이 목회를 새로 시작하는 것은 부적절한 것 같다"라고 말했다.

면직 청원서 제출

이런 논란에도 전 목사의 교회 설립이 기정사실화되자 삼일교회 측 교인들은 지난 6월 28일 전 목사의 소속 교단인 대한예수교장로회 평양노회 측에 전 목사의 목사직 면직 청원서를 제출했다. 이들은 청원서를 통해 "전병욱은 10여년에 걸친 심각한 성범죄를 저지르고 사임하였고, 전별금으로 13억원 이상의 돈을 받아갔다"며 "전병욱을 아무런 제재 없이 2년 만에 개척하도록 이대로 수수방관하는 것은 신앙의 양심과 사회적 윤리의 잣대로 보아도 도무지 인정하기 어려운 부분"이라고 주장했다. 기독교윤리실천운동 본부 측도 성명서에서 "전병욱 목사의 행동에 대한 비난이 교계는 물론 사회적으로 일고 있다"며 "이는 결과적으로 하나님의 이름을 욕되게 하고 한국교회를 망신 주는 행동임을 바로 알아주기를 바란다"라고 지적했다. 지난 6월 20일에는 네이버에 '전병욱 목사! 진실을 공개합니다'라는 카페가 개설됐고 일주일 만에 6000명이 넘는 회원이 가입했다.

전병욱 목사와 홍대새교회 교인들은 외부의 이런 비판을 받아들이기 어렵다는 입장이다. 홍대새교회 관계자는 주간조선과의 통화에서 "개별적 질문에 대해 할말은 없으며 홈페이지 게시판의 남동성 변호사 글이 교회의 공식 입장이라고 보면 된다"라고 말했다. 홍대새교회의 교인인 남동성 변호사는 교회 게시판에서 "홍대새교회를 전병욱 목사 개인의 교회라고 생각한다면 교회의 본질을 제대로 파악하지 못하는 것"이라며 "사과와 회개의 의미로, 2만명 이상의 성도가 모여 예배드리고, 수백억원의 헌금을 보유하고 있고, 큰 건물 4개 이상을 보유하고 있는 세상적으로 보았을 때 참 많은 것을 가지고 있는 대형교회를 사임했다"라고 주장했다.

전 목사의 성추문 사건에 대한 논란은 여전히 상반되는 입장이 팽팽히 맞서고 있다. 그의 목회를 반대하는 측은 "전 목사의 행동 자체가 분명한 성추행이고 이런 사실이 피해자 진술에서 드러났으며, 이는 목사로서 자격 미달의 행동이었다"라고 주장하고 있다. 하지만, 전 목사의 입장을 옹호하는 측은 "단순히 안마를 해달라는 것이었는데 사건이 왜곡된 측면이 있으며 목회를 시작하는 것을 외부에서 왈가왈부할 문제가 아니다"라고 반박하고 있다.

"노회는 목사들의 사교클럽인가"
사건의 진위를 떠나서 전 목사를 둘러싼 일련의 사건은 한국 기독교 내에 큰 충격을 던졌다. 스타목사의 성추문 사건이라는 점뿐만 아니라 사건이 처리되는 과정에서 교계의 이해하기 힘든 모습들이 그대로 드러났기 때문이다.

무엇보다도 대형교회 목회자가 교회 내에서 막강한 영향력을 행사하나, 견제와 감시가 제대로 이뤄지지 않는다는 게 드러났다. 목사에 대한 견제·감시는 목사 임면 권한이 있는 장로교의 '노회'나 교회 '당회'가 한다. 하지만, 이번 사건에서는 '노회'와 '당회'가 이렇다할 역할을 하지 못했다고 많은 신도가 말한다. 노회는 6월 28일 삼일교회 교인들의 전병욱 목사 면직청원요청서도 접수하지 않았다.

이에 대해 서울대 명예교수이자 동덕여대 총장을 지낸 손봉호 장로는 주간조선과의 통화에서 "목사나 교회와 관련한 불미스러운 사건이 있을 때 개입해서 견제와 감시를 하기 위해 '노회'와 같은 상급기관이 존재하는데 지금은 전혀 그 역할을 하지 못하고 있다"며 "목사들의 사교클럽으로 전락해버렸다"라고 지적했다.

교인들의 헌금으로 모아진 교회 운영비가 교회 내 일부에 의해 임의대로 집행되고 있는 점도 드러났다. 앞서 언급했듯이 소수의 장로로 구성된 삼일교회 당회는 전체 교인의 동의 없이 전 목사에게 거액의 전별금을 집행했다. 전별금 집행 당시만 해도 이런 사실은 교회 내에 공개되지 않았다. 하지만, 이런 얘기가 소문으로만 떠돌자 삼일교회 성도들은 지난 2월 29일 교회 홈페이지에 사건의 실체를 밝혀달라는 공동요청문을 게재했다. 이 요청문에서 성도들은 "전임목사님에게 전달된 전별금이 어떤 근거로 지급되었는지 밝혀달라"며 "10억원 이상 거액의 전별금이 전달된다면 제직회 이상의 회의를 통해 성도들의 동의를 구하고 전달했어야 한다고 생각한다"라고 지적했다. 이런 요청문이 있은 후에야 당회가 전별금 지급 사실을 공식적으로 확인해 줬다.

이에 대해 익명을 요구한 한 기독교 목사는 "목사가 사임할 때는 일반 직장인이 퇴직할 때 받는 퇴직금에 상응하는 정도의 돈을 받을 수는 있지만 상식 이상의 돈을 받는 것은 말이 안 된다"며 "전별금은 최근 들어서 생긴 대표적 악습 중 하나"라고 주장했다. 장로교 교단 소속의 신학대학 교수는 익명을 전제로 "삼일교회 문제는 사건을 처리하는 과정이나 전별금 문제까지 장로들이 기득권을 지키려 하다가 교회 전체를 망쳐났다"며 "교회 운영을 하는 장로들이 목사의 입장을 대변하는 수준에서 머무른 것 같다"라고 주장했다.

손봉호 장로는 이번 사건를 "인간이기 때문에 누구나 실수를 할 수 있지만 목회를 다시 시작하려면 진정한 회개가 이뤄져야 하고 그 회개는 '원상복구'를 의미한다"며 "그러기 위해서는 피해자에게 직접적으로 사과하고 피해자의 용서를 받아냈을 때 비로소 가능하다"라고 주장했다. 손봉호 장로는 "외부의 이런 비판을 전 목사나 교회에 대한 '흠집 내기'라고 평가절하하는 것은 한국교회에 대한 모독"이라고 덧붙였다.

삼일교회에게 거액의 손해배상 소송을 당한 바 있는 블로거 지유석 씨가 '전병욱 목사 진실을 공개합니다' 카페에 올린 글. 지 씨는 이 글에서 전병욱 목사가 2010년 11월 사과문을 발표하기까지의 정황과 삼일교회와 전병욱 목사 사이에 오간 '13억 거래'를 면밀히 분석했다. 지 씨는 이어 전 목사가 마포구 공덕동 인근의 오피스텔에 기거하며 지인들과 활발히 접촉했다는 사실을 폭로했다. 지 씨의 폭로로 전 목사가 삼일교회 사임 이후 교회 복귀냐 개척이냐를 놓고 치밀하게 물밑작업을 벌였다는 사실이 드러났다.

전병욱을 말한다

삼일교회 측의 사임 처리 이후 그의 거취는 줄곧 교계의 관심사로 자리 잡았다. 그의 행방을 놓고 온갖 루머들이 난무했다. 자녀들과 함께 외국에 거주하고 있다는 이야기도 나돌았고, 수도권 인근에서 기거한다는 설도 심심찮게 제기됐다. 사실 그의 행방은 여론의 관심을 끌 만했다. 사임 이후에도 그의 영향력은 여전했기 때문이다. 17년 동안 삼일교회 담임목사로 시무하면서 목회자의 기본 소명인 설교는 물론 저술, 부흥집회 인도, 선교활동 등 워낙 다양한 분야에서 주도적으로 활동해왔던 데 힘입은 결과였다.

게다가 그는 삼일교회 성도들은 물론 타교회 성도들에게도 인기가 높았다. 심지어 자신이 출석하는 교회 예배를 마치고 그의 설교를 들으러 삼일교회로 오는 성도가 상당수였을 정도였다. 이런 탓에 성추행 의혹과 뒤이은 사임조치가 있었음에도 그의 강단 복귀를 염원하는 목소리는 시간이 지날수록 힘을 얻어갔다.

이 와중에 의외의 변수가 불거졌다. 전 목사가 삼일교회를 떠나면서 이른바 '전별금'으로 불리는 거액의 퇴직금을 받았다는 의혹이었다. 이 같은 의혹의 진원지는 기독교계 언론매체인 '베리타스'였다. 이 매체는 "전병욱 목사가 전별금으로 수령한 돈이 총 13억 6,000만원에 이를 것"라고 제보자의 제보내용을 인용해 보도했다.

전별금이 오간 정황은 흥미를 끌 만했다. 이 매체는 "삼일교회 측은 전병욱 목사에게 성추행 당한 피해여성을 만나기 전까지는 전 목사의 사임을 수리하지 않고, 교회에 복귀시키려고 했다"라고 보도했다. 12월 무렵 교회 안팎에서 제기된 복귀설이 사실에 근거한 것을 시사하는 대목이다. 이 매체는 이어 "사임처리 과정에서 전 목사가 교회에 섭섭함을 느끼고, 자신의 업적에 대한 대가를 요구했다"라고 덧붙였다. 즉, 전 목사가 먼저 전별금을 요구했다는 이야기였다.

전 목사의 13억 전별금 수수설은 미묘한 파장을 일으켰다. 이때까지만 해도 그는 다윗과 같은 위인으로 거론되고 있었다. 하지만, 그가 거액의 보상금을 요구했다는 대목은 그의 회개의 진정성에 의문부호를 던졌다. 또 예기치 않게 그동안 끊이지 않았던 성추행 수위에 대한 의혹마저 수면 위로 떠올랐다.

삼일교회와의 결별, 교회 측 반격

2012년 2월 24일 일군의 삼일교회 성도들은 교회 홈페이지 게시판에 '전임목사 사임건에 대한 진실과 회개를 요청합니다'는 제목의 공동 요청문을 올렸다. 이들은 "전임목사 사임 건이 아직 말끔하게 정리가 되지 않아 여러 가지 의혹들과 소문들이 돌고 있으며 교인 대부분이 사실관계를 알지 못하고 있다"면서 "최대한 빠른 시간 안에 전임목사의 사임 사유와 과정을 구체적으로 밝혀 주시기를 바란다"라고 밝혔다. 이어 전 목사에 전달된 13억의 전별금에 대한 근거도 제시해줄 것을 요청했다.

이 시점은 무척 미묘했다. 전 목사는 2010년 8월 강단을 떠났고 이후 햇수로만 3년 가까이 담임목사직은 공석으로 남아 있었다. 교회 측은 신임

목사를 청빙하고자 했으나 여의치 않았다. 이 와중에 전 목사의 복귀를 추진하려는 움직임이 곳곳에서 감지됐다. 한편, 전 목사의 성추행 의혹에 대해선 여전히 루머만 무성할 뿐 사실관계가 확실하게 드러나지 않은 상황이었다. 특히, 이 시기엔 그가 새로이 교회를 개척하려 한다는 설이 힘을 얻어가고 있었다. 일군의 성도들이 공동요청문을 올린 배경엔 성추행 의혹에 대한 명쾌한 사실 관계가 규명되지 않으면 청빙은 물론, 성추행 혐의를 벗지 못한 전임목사의 복귀나 개척을 막을 수 없다는 절박감이 자리했다.

교회 측은 전 목사의 복귀를 추진하는 움직임에 대해선 단호하게 대응했다. 교회는 3월28일 부교역자인 황 모 목사를 사임 조치했다. 그가 전임목사와 접촉을 하고 있으며, 그 내용이 황 목사 본인은 물론 교회에 위협이 될 만하다는 이유에서였다.

그는 전 목사가 삼일교회에 부임하기 전 시무하던 교회에서부터 그를 보좌한 최측근이었다. 그가 삼일교회의 현재 시스템을 구축한 주역이라는 설도 지배적이다. 요청문 발의에 참여한 한 성도는 그가 전 목사 사임 이후 공백 기간 동안 복귀론자들의 창구역할을 해왔다고 증언했다. 따라서, 그의 사임은 전 목사의 복귀 움직임에 쐐기를 박는 조치였다.

교회 측은 한 발 더 나갔다. 지난 4월 9일 비공개로 제직회를 열었다. 이 자리를 통해 전 목사의 성추행 의혹에 대한 구체적인 사실과 13억 전별금 수수에 대한 입장이 발표됐다. 제직회가 발표한 추행 내용은 항간에 떠돌던 '안마추행'을 훨씬 능가하는 사뭇 충격적인 것이었다.

제직회 발표에 따르면, 전 목사는 2009년 11월 "당회장실에서 피해자를 호출하여 옷을 벗은 후 구강성교를 했다"는 것이다. 이어 "장기간에 걸쳐서 자매 다수가 성피해를 당했다는 제보가 접수되었지만, 이것을 다 확인할 수는 없었다"라고 발표했다. 전 목사의 성추행이 상습적이었다는 의혹은 일부 네티즌에 의해 끈질기게 제기됐다. 제직회의 발표는 이 같은 의혹이 사실임을 확인시켜줬다.

이어 13억 전별금 수수설도 사실인 것으로 드러났다. 제직회에서 발표를 맡은 이 모 장로는 전 목사에게 주택 구입비 10억 원, 17년간 봉직한데 따른 퇴직금 1억 1,000만원, 향후 목회활동 중단에 따른 생활비 1억 3,000만원, 성중독 치료비 명목으로 1억 원 등 총 13억 4,500만원을 책정해 반환전세보증금을 상계한 10억 6,500만원을 상여금으로 지급했다고 밝혔다.

사실 제직회의 발표는 전적으로 새로운 내용이 아니었다. 특히 전 목사의 성추행 수위는 이미 2011년 5월 일요신문이 구체적으로 보도한 바 있었다. 전 목사의 성추행이 일회성이 아닌, 상습적인 행각이었다는 의혹 역시 일부 네티즌이 꾸준히 제기했었다. 이와 관련, 그의 성추행 의혹을 최초 보도한 뉴스앤조이는 그의 상태가 치료를 요하는 수준이라고 보도하기까지 했다. 전별금 지급 의혹의 경우는 교회 내부자가 언론사에 제보해 세상에 알려졌다.

교회 측은 이런 일련의 의혹에 대해 묵묵부답으로 일관해 왔다. 사건이 불거진 초기부터 전 목사의 성추행 의혹에 대한 교회의 입장을 공식 간행물이나 예배 어디에서도 공개적으로 언급하지 않았다. 하지만, 앞서 언급한 제직회의 발표는 기존의 입장을 뒤집는 것이다. 교회가 왜 갑자기 입장을 바꿔 그의 성추행 의혹 및 전별금 수수 의혹를 자세히 언급했을까?

답은 쉽게 찾을 수 있다. 전 목사가 교회개척을 본격화했기 때문이다. 그는 홍익대 정문 인근에 교회를 개척하겠다고 선언했다. 개척은 빠르게 이뤄지고 있다. 5월 21일 홈페이지와 공식트위터가 개설됐다. 또 개척 준비그룹들은 5월 20일부터 6월 10일까지 구로에서 창립준비예배를 드렸다.

이에 대한 반응은 극명하게 엇갈린다. 교회 밖 여론은 비판의 목소리가 비등하다. 성추행을 저지른 데다 10억에 달하는 거액의 상여금까지 받은 목사가 그 어떤 유감 표명 없이 새 교회를 개척한다는 건 도의상 안 맞는다는 것이다.

사실 전 목사가 도의를 거스르고 있다는 주장은 상당한 근거가 있다. 삼일교회 측은 전 목사에게 상여금을 전해주면서 2년간 목회를 중단해줄 것, 이후엔 수도권에서 목회를 하지 말아줄 것을 요구했다. 이를 놓고 교회 측과 전 목사측의 입장은 팽팽히 맞서 있는 상태다.

삼일교회 측은 전 목사가 약속을 저버렸다고 주장한다. 이 교회의 나 모 장로는 뉴스앤조이와의 전화통화에서 "전 목사가 '하나님 앞에서 내가 교회를 어렵게 해서 되겠냐'며 2년 간 개척을 금하며 수도권에서 목회하지 않기로 약속했다"라고 밝혔다. 반면, 전 목사 측은 목회금지 요청에 대해 합의하지 않았다고 반박했다.

양 측의 분쟁은 명문화된 합의 없이 '구두'로 이뤄진 것이 화근이 됐다. 삼일교회 측은 불편한 심기가 역력하다. 최고결정권자인 이 모 장로는 지난 해 필자와의 대화에서 "합의가 명문화되지 않았다손 치더라도 '돈'이 오가지 않았냐"는 입장을 밝힌 바 있다. 양측의 진실공방과는 별개로 전 목사의 개척이 기정사실화 된다면 삼일교회는 10억대의 손실을 입을 것은 불가피하다.

반면, 그의 개척을 환영하는 목소리도 만만치 않다. 성추행의 수위야 어찌됐든, 그는 사과와 회개 입장을 밝히지 않았느냐는 것이 찬성 측의 논거다.

회개의 진정성이 열쇠

무엇보다 새교회 개척의 타당성을 따져보려면 그의 회개의 진정성을 되짚어 보아야 한다. 회개의 진정성이 검증되면 그의 교회 개척에 대한 논란은 자연스럽게 정리될 것이기 때문이다.

회개는 각 개인의 신앙과 관련돼 진정성을 따져 보기가 미묘하다. 하지만, 회개는 열매로 나타나기 마련이다. 그가 11월 사과문을 발표했던 전후맥락을 복기해 보면 목회자로서 진정으로 하나님 앞에 회개했는지의 의문은 쉽게 풀린다.

최근 삼일교회 측 정 모 변호사가 자신의 페이스북에 올린 글이 눈길을 끌었다. 그는 전 목사의 성추행 의혹이 불거져 나왔던 시점부터 교회 측 창구로 활동해온 인물이다. 그는 "방송국 피디로부터 녹음씨디가 전달되어 와서 그 내용을 비교해 보고 비로소 비교적 정확한 사실관계를 정리할 수 있었다"라고 적었다.

이 대목은 약간의 설명이 필요하다. MBC 탐사 보도프로그램인 PD수첩은 2010년 7월 피해자로부터 제보를 받고 그에 대해 취재를 의뢰했다. 이에 그는 피해자에게 전화를 걸어 제보 여부를 묻는 한편, 사건에 대해 침묵해줄 것을 강하게 회유했다. 두 사람의 대화는 PD수첩 취재진에 의해 고스란히 녹음돼 기록으로 남았다. 정 변호사에게 전달됐다는 녹음 CD는 이 녹취록을 이야기하는 것이다. CD가 전해진 시점은 11월 이전이었다. 피해자 측의 법률 대리를 맡았던 박 모 변호사의 진술 역시 정 변호사와 일치했다.

녹취록에 기록된 전 목사의 음성은 절박했다. 이 사건이 외부로 알려지는데 대해 극도로 긴장하는 기색이 역력했다. 한편, 자신의 의혹에 대해서는 완강하게 부인하고 있었다. 심지어 피해자에게 조차 "난 성추행 한 적은 없는데 생각해보니 제보자가 너야"라는 말까지 했다.

녹취록에는 또 성추행 내용에 대한 피해자의 진술이 담겨져 있었다. 앞서 언급한 제직회 발표내용 그대로였다. 전 목사의 성추행이 처음 보도된 시점은 9월 중순이었다. 10월로 접어들면서 성추행 수위를 자세히 서술한 후속 기사가 보도될 것이라는 목소리가 제기되기 시작했다.

시민단체인 교회개혁시민연대의 움직임은 이 같은 흐름을 가속화했다. 이 단체는 2010년 10월 18일 삼일교회 측에 "삼일교회 전병욱 목사 성추행 의혹에 대한 질의"라는 제목의 비공개 질의서를 전달했다. 이 질의서는 전 목사의 성추행 의혹에 대한 사실관계 및 사후처리와 관련해 총 14개 항목을 질의하고 있었다. 질의서에 대한 답변 시한은 10월 25일로 명시돼 있었다.

이런 움직임에 비추어 볼 때 교회 측의 대응 여하에 따라 구체적인 사실관계가 보도될 가능성도 배제할 수 없었다. 만약, 이런 일이 현실화되면 전 목사는 물론 삼일교회도 타격이 불가피했다.

하지만, 의혹의 당사자인 전 목사는 성추행 의혹에 대해 줄곧 완강한 어조로 부인했다. 교회측 행정담당인 강 모 목사는 2011년 6월 1일 필자와의 협의에서 "전 목사가 사실 확인된 바 없다고 해명했다. 교회가 성추행 의혹에 대해 신속하게 대응하지 못한 이유는 전 목사가 자신의 일을 완고하게 부인했었기 때문"이라고 언급했다. 이어 "전목사는 끝까지 진실을 밝히지 않았다. 참으로 안타까운 일이다. 전 목사의 사임은 그의 과실을 묻기보다 그가 부적절한 행동을 한데 따른 처리였다"고 털어났다.

교회 측 법률 대리인인 정 변호사의 언급도 크게 다르지 않다. 그가 페이스북에 남긴 글에 따르면 "처음에 그분전 목사은 그런 일을 한 적이 없고 누가 방송사에 제보했는지 짐작도 가지 않는다고 했다"라고 밝혔다. 이어 "날이 갈수록 양파껍질 벗겨지듯이 속살이 드러나기 시작하는데 상당 기간 동안 나는 그분의 말을 믿어야만 했다"라고 덧붙였다. 이 같은 정황에 비추어 볼 때 전 목사는 교회의 중직자는 물론 교회 측 법률 대리인에게조차 솔직하지 못한 것으로 보인다.

전 목사가 11월 발표한 사과문은 이런 정황에서 나온 산물이다. 그가 발표한 사과문엔 "지금으로서는 생략 교회로 돌아갈 수 없음을 알려 드린다"

는 대목이 포함돼 있었다. 해석하기에 따라선 그의 복귀여지를 남겨놓은 것으로 비쳐질 수도 있는 대목이었다. 앞서 언급했듯 실제 12월 복귀 움직임이 일기도 했었다.

삼일교회 사임 이후 그의 행방은 묘연했다. 이 와중에 그가 개척을 준비하고 있다는 정황이 속속 제기됐다. 실제 지난 해 9월 그가 공덕동 인근의 커피숍에서 삼일교회의 젊은 부교역자와 함께 무언가를 진지하게 논의하고 있는 장면이 포착되기도 했었다. 모든 흐름을 종합해 볼 때 전 목사는 회개와는 거리가 있어 보인다. 무엇보다 자신의 잘못을 인정하지 않는 태도가 짙다. 언론에 보도된 성추문의 발생시점은 2009년 11월이었다. 추문 이후에도 그는 특유의 강한 어조로 하나님 나라를 역설했다. 참으로 자신만만한 모습이었다. 성추문을 저지르고서도 당당할 수 있는지 의문이 드는 대목이다.

다윗은 자신의 부하의 아내를 범했다. 하지만, 진심어린 회개로 하나님의 용서를 받았다. 이에 힘입어 다윗은 예수의 조상이 된 것은 물론 아직까지도 이스라엘의 국가통합의 상징으로 추앙 받는다. 과연 전병욱 목사가 다윗과 같이 진심으로 회개했고, 그래서 하나님으로부터 용서를 받았을까? 그래서 한국교회에서 강한 영향력을 행사할 수 있는 목회자로 거듭날 수 있을까? 세상의 지혜로 따져볼 때 답은 부정적이다.

기독교 내에서 터져 나오는 회개와 각성의 목소리에도, 전병욱 목사는 성범죄의 가해자라는 말이 무색하게 거액의 전별금을 챙겨 서울 한복판에 새 교회를 개척한다. 삼일교회에 송태근 목사가 새로 부임하게 된 시점과 맞물려 일어난 전병욱 목사의 홍대새교회 개척은 사임 당시 묻히는 듯했던 여러 의혹을 한꺼번에 증폭한다. 이 사안에 대해 삼일교회 성도들이 홈페이지에 '공동요청문'을 올리면서 전병욱 목사의 사건이 재점화하기에 이른다. 뒤이은 4월 삼일교회 당회는 제직회를 열어 전 목사 사건의 전말을 공개했다. 전 목사 측은 남 모 변호사를 전면에 내세워 삼일교회 측의 주장과 언론 보도 내용을 반박했다.

전병욱 목사의 대변인 격인 남 변호사는 개인적인 회개나 반성의 기미 없이 목회를 재개한 전병욱의 의중을 자신의 개인 블로그를 통해 밝히며 적극적으로 그를 항변하기에 이른다. 남 변호사의 주장 가운데 전 목사 사건은 "성추행으로 보기 어렵다"는 대목은 남 변호사 자신은 물론 전 목사 추종자들의 심리를 드러내주는 대목이었다. 한편, 남 변호사는 "때가 됐다고 생각하는 경우 공개적으로 말씀하시고 사역을 시작할 것"이라고 밝혀 전 목사의 교회개척이 임박했음을 이미 암시하고 있었다.

전병욱 목사를 위해 중보기도하는 모임 결성하면서

[전병욱 목사 중보기도 모임 2012.04.13.]

전병욱 목사님 사임건 관련

돌아보면, 자매의 얘기가 공개되지 않을 수도 있다고 생각하였던 것이 순진한 발상이었습니다. 그 문제를 덮어주고 싶은 사람보다는, 세상에 까발려 전 목사님이 얼마나 형편없는 사람인지를 알리고자 하는 사람이 더 많을 것이기 때문에, 실제로 교회 내에서도 어떤 간사는 그 내용을 이메일로 지인들에게 알리기도 하였고, 작년에는 일요신문에서 제가 보기에는 상당히 악의적으로 왜곡된 내용으로 올라오기도 하였으며, 위 기사는 제가 담당기자분께 사실이 아닌 부분이 많다는 이유로 삭제를 요청하여 현재 삭제된 상태입니다

교회 어떤 장로님 사모님께서도 일반 성도들에게 말하고 다녔습니다.

처음 사건이 문제되었던 2010년 7월 10일 직후 전병욱 목사님은 스스로 부덕의 소치를 인정하시고 이미 교회를 사직할 의사를 표시하였습니다. 그리고 회개의 의사표시로 그 처리에 있어 전적으로 당회혹은 당회를 대리하여 사건을 담당하셨던 변호사집사님에 위임하셨던 것으로 알고 있습니다. 목사님은 그 건과 관련하여 안식년 선포에 동의하셨고, 제직회 발표에도 동의하셨고, 사과문 작성이 필요하다고 하자, 그것에도 동의하셨습니다. 이후 당회 장로님들이 직접 자매를 만나 이야기를 듣고 사임을 처리해야 한다고 하셨는데, 17년 동안 청춘을 다하였던 교회를 막상 완전히 사임한다는 것이 쉽지 않았겠지만 그에도 동의하셨습니다.

2010년 12월 경에는 이미 당회나 교회 중직만이 알 수 있는 내용이 인터넷에 공개되기도 하는 등 당회나 교회 지도층의 분열이 있었고, 교회 역시 많은 공격을 받기도 해 더 이상 완전한 사임을 미룰 이유가 없기도 하였습니다.

그런데, 제가 변호사로서 이 사건의 모든 정황을 살펴보았을 때, 이 사건은 성추행으로 보기는 어려운 사안입니다. 성추행은 자신의 의사에 반하는 것이므로 아마 목사님께서는 이미 자신의 부덕의 소치를 인정한 마당에 이런저런 논란 자체를 확산시키며 다투는 것을 매우 추하게 생각하여 구체적인 내용을 일일이 반박하지 않았던 것으로 보이는데, 차라리 이 건이 계속 논란이 된다면, 목사님께서 적극적으로 자신을 변호하실 부분은 하시는 것이 필요하다고 생각합니다. 물론 목사이기때문에 성추행이냐 부덕한 행위냐의 구분이나, 어느 범위까지 사실이냐는 구분이 무의미 할 수 있지만…

저는 자매의 얘기만을 전적으로 사실이라고 보더라도 자매의 일부 진술에 비추어 이 사건은 성추행으로 보기 어렵다고 판단하였는데, 이후 매우 은밀하게 자매가 어떤 성격인지, 내성적이고, 소극적이어서 자기 주장을 잘 하지 못하는 자매인지, 아니면 적극적이고 당찬 자매인지 자매가 목사님의 성격이나 인간적인 모습은 어느 정도 인지하고 있는지, 자매는 평소 목사님을 어떻게 생각하고 있었는지에 대해 상당 부분 조사를 하기도 하였습니다. 여러 가지 에피소드에 대해 듣기도 하였습니다. 이 부분과 관련하여서는 제가 어느 범위까지가 사실이라고 얘기하기는 어렵지만, 적어도 문제가 된 행위가 성추행으로 볼 수 없다는 점과 통상 피해를 당했다고 주장하는 분들은 사람들의 이목을 끌기 위해 자신의 피해를 과장해서 말하는 습성이 있다는 점을 말씀 드릴 수 있을 것 같습니다. 얼마 전 크게 문제가 되었던 채선당, 된장국물녀 사건 등을 통해서도 알 수 있지요. '부러진 화살'도 다소의 과장이 있을 수 있다는 점에서 다르지 않다고 생각합니다

전 목사님의 행위가 만약 성추행이라면, 피해자는 전 목사님을 고소하여 처벌을 받게 할 수도 있고, 손해배상금을 청구할 수도 있을 것입니다. 저는 전 목사님이 처벌을 받아야 하는 일을 하셨다면 응당 그것에 합당한 처벌을 받아야 한다고 생각하고, 그것이 감옥에 갈만한 일이라면 감옥에 가셔야 하고, 벌금을 내야 한다면 벌금을 내셔야 한다고 생각합니다. 그이후 그분이 회개하고 돌아와서 품어주는 것은 별론으로 하더라도. 그런데 이 사건 자매는 그러한 조치는 하지 않았고, PD라는 분을 통해 사임과 공개사과를 요구하였습니다. 그리고 PD라는 분은 그렇지 않으면 보도하겠다는 취지의 얘기를 하였다고 들었습니다.

그런데, 전 목사님의 행위가 만약 성추행이 아니라면, 이 사건의 최대 피해자는 다름 아닌 전 목사님의 사모님인 것 입니다. 물론 자매를 비롯하여 전 목사님의 부덕한 행위에 상처받은 모든 교인도 피해자이지만 사실 전 목사님의 사모님은 2010년 4월 경 자매와 가까운 지인으로부터 자매의 주장 사실을 들어서 아셨고, 일련의 일들 가운데 2010년과 2011년은 정말 암흑 속에서 힘들게 보내셨다고 합니다. 가까이서 모시고 있는 분에 의하면 작년 한 해

는 거의 웃으시는 것을 보지 못하였다고 합니다. 그런데 이 사건이 계속 적나라한 표현으로 회자되는 경우, 최대 피해자인 사모님은 계속하여 생각하기도 쉽지 않은 고통을 지속적으로 당할 것입니다. 전 목사님의 부덕한 행위, 충분히 사임할 만한 행위 자체를 지적하더라도 자매의 일방적인 주장 내용을 적나라하게 오픈하는 것은 이 사건의 최대 피해자라 할 수 있는 사모님께 회복하기 어려운 고통을 지속적으로 가하는 잔혹한 일임을 말씀드리고 싶습니다.

아울러 과연 현재는 베일에 가려있지만 언제고 신원이 드러날 수도 있는 자매 역시 자신의 주장 사실이 알려지는 것을 동의하였는지 의문이 아닐 수 없습니다. 저는 자매가 이 사건 이후 이미 결혼까지 하였다고 들었습니다 자매가 바랐던 것은 목사님의 사임과 사과였고, 모두 원하는 대로 이루어졌기 때문입니다. 삼일교회 당회에서는 목사님 사임을 발표하면서, 사건의 내용은 자매를 보호하기 위해 자매의 요청으로 발표하지 않겠다고까지 하였습니다. 제가 알기로는 모 언론사 기자께서 자매의 진술이 있는 녹음 파일을 공동요청문 작성자 중 한 분께 주었다고 들었는데, 적어도 자매의 동의를 받고 전달한 것인지 의문입니다. 조심스럽지만 자매를 위해서도 이 건에 대해 계속 논란을 벌이는 것이 정당한지 의문이고, 도대체 누가 무엇을 위해 이 건을 계속 도마 위에 올리고 싶어 하는 것인지 의문입니다.

특히, 자매의 주장을 이미 알고 있었으면서도, 지금까지 구체적으로는 기사를 작성하지 않았던 언론사나 블로거 등께서는 당회 발표를 빌미로 마치 새로운 사실이 확인된 것처럼 재탕, 삼탕 논란을 일으키지 않으셨으면 좋겠습니다.

2년 개척금지 관련
제직회 발표를 보니, 전 목사님이 생활비를 요청하였고 향후 목회활동 중단에 따른 생활비 명목으로 1억 3천만원을 지급하였다고 되어 있습니다. 이전에 있었던 보도 등에 의하면 전 목사님이 2년 개척금지, 수도권 개척금지에 동의하였고, 그에 대한 대가로 2년치 보수를 지급 받았다는 취지의 얘기도 있었습니다.

그러나 제가 확인한 바에 의하면, 전 목사님은 생활비를 요구한 적이 없습니다. 그리고 2년 개척금지나 수도권 개척금지를 약속한 사실도 없습니다.

저는 목회자가 언제 어디서 사역을 하는 것은 전적으로 하나님께서 정하시는 것이라 생각하므로, 목회자의 목회를 기간을 정하여 막거나 장소를 정하여 막는 것이 과연 합당한지 의문이며 목회가 아니라 장사를 한다면 그런 요구를 할 수는 있을 것입니다. 특히 수도권 개척금지요구는 삼일교회의 터가 수도권 전반이라는 것인지, 아니면 전 목사님이 사역을 하는 경우 그 파급력이 수도권 권역까지는 미칠 수 있어 그러한 요구를 하는 것인지 알지 못하나, 전 목사님은 그러한 약속을 한 적이 없다는 것입니다.

설혹 목사님이 요구한 적이 없는 2년 생활비를 주었으니, 암묵적으로 2년 동안 사역 안 하는 것을 약속한 것이라는 취지인지는 모르겠으나, 그러한 주장도 일방적인 주장일뿐인 것입니다.

전 목사님 사역의 시작, 그리고 장소는 전적으로 하나님께 맡길 문제라 생각합니다.

전병욱 목사님 개척설 관련

말도 많고 탈도 많은 개척설에 대해 분명히 말씀드립니다. 스토커처럼 목사님의 일거수일투족을 관찰하는 사람도 늘고 있는 것 같은데, 현재 목사님 개척하지 않으셨습니다.

목사님 개척하시는 경우 숨어서 몰래 하실 생각도 없으십니다. 때가 됐다고 생각하는 경우 공개적으로 말씀하시고 사역을 시작하실 겁니다. 교회 개척, 하나님의 말씀을 증거하는 것이 부끄러운 일인 마냥 숨어서 할 것이라고 하는 생각이, 어디서부터 비롯된 것인지 모르겠습니다.

아시는 분은 아시겠지만, 목사님은 사역을 쉬신 이후 가정예배를 드리고 있습니다. 목사님 가정과 동생 가정, 부모님, 인척, 안식년 중인 다른 목사님 한 분 등 20명 남짓이 서초동에 있는 목사님 동생 분 가정에서 예배를 드리고 있는 것입니다.

소수로 드리는 가정예배이지만 목사님의 설교가 하나님의 말씀인 것은 변함없습니다. 소위 잘 나가던 시절 삼일교회 2만 명 앞에서 하셨던 설교도 귀하겠지만, 회개·고난·근신 중에 가정예배에서 하시는 설교는 나중에 더욱 귀하게 쓰임 받을 수도 있는 것입니다. 목사님은 어느 시점부터 가정예배 설교를 녹음하여 보관하기 시작하였고, 최대한 삼일교회 성도들의 혼란을 피하고자, 해외에 있는 성도들과 삼일교회를 다니지 않는다는 성도들 위주로 말씀을 보내주고 있습니다.

물론 극소수의 삼일교회 성도들이 받았거나, 전달 받았을 가능성도 있을 것 같습니다. 목사님은 설교말씀에 대한 확신이 있으므로, 설혹 삼일교회 내 극소수의 분들이 말씀을 받아 논란이 되더라도 그 정도의 비난은 감수하시는 것으로 보였으며, 제가 보았을 때 삼일교회 내에서 말씀을 받은 사람은 아무리 많아도 10명 이하일 것 같습니다. 아무튼 목사님의 설교가 논란이 되는 것은 유감입니다.

한편, 작년부터 일산, 마포, 신촌, 안양, 인천 등지에서 개척하였다는 소문이 있었습니다. 대관절 이러한 소문을 지속적으로 유포하는 사람은 누구인가요? 그 출처를 반드시 따져보고 싶습니다. 가장 따끔하게는 이번 주 초에 건물을 샀다더라는 식의 이야기도 있었는데 전혀 사실 무근입니다.

전 목사님은 공덕동에 자택이 있고, 5명 남짓 모이면 앉을 자리가 없는 서재용 오피스텔이 있는데, 전 목사님을 스토킹 하는 사람들은 마치 공덕동 오피스텔에서 개척하였다거나 또는 준비모임이 있는 것처럼 이야기를 하는 것으로도 보입니다. 현재 전 목사님 주변에는 미국, 일본, 중국 등에서 전 목사님 말씀을 듣고자 모인 분들, 전 목사님 사임 건 이전에 삼일교회를 떠났다가 다시 전 목사님의 회복과 재기만을 바라며 모인 분들이 전 목사님을 위해 기도하고 있습니다. 그리고, 앞서 말씀드린 대로 최근에 삼일교회를 나오신 분들도 장년분들을 비롯하여 몇몇 있는데, 목사님은 그분들의 간곡한 요청에도 가급적 삼일교회를 위해 사역을 미루고 있는 상황입니다. 여러 군데에서 예배를 드리고 있다는 얘기도 하는데, 목사님 쉬시는 동안 삼일교회 외에서 당신을 필요로 하는 곳이면 어느 교회 교인을 불문하고 어디라도주로 입원, 수술, 해외출타, 돌잔치 같은 가족행사 등 가서 기도해드리고, 말씀을 전해 주시는 것 같습니다.

목사님의 개척 사역은 전적으로 하나님께서 정하실 것이고, 좋은 쪽으로든 나쁜 쪽으로든 목사님이 계속 논란이 된다면, 논란을 피하고자 목사님이 속히 나서게 될 가능성이 높아지지 않을까 싶습니다.

그리고, 목사님 사역을 시작하시면 공개적으로 하실 예정이니, 괜히 개척정황 포착이니 이런데 힘을 빼시지 않으셔도 될 것 같다는 말씀을 드립니다.

전병욱 목사님 회개하지 않으셨다

많은 분이 그런 얘기를 하는 것 같습니다. 이 부분은 제가 긴 말을 할 수도, 할 필요도 없을 것입니다. 하나님께서 아실 것입니다. 우리가 판단할 부분이 아니지 않습니까. 그리고, 나중에 목사님을 직접 대면할 기회가 있다면, 우리는 영적인 존재이므로 판단하실 수 있으실 것이라 생각합니다.

전병욱 목사가 삼일교회를 떠난 이후, 그의 행적을 놓고 "자녀와 함께 미국으로 출국했다" 혹은 "수도권 인근에서 기거 중이다" 등등 온갖 추측이 난무했다. 이 와중에 기독교 인터넷 매체인 베리타스는 전 목사가 교회개척을 한 정황을 포착했다고 보도했다.

이 신문은 전 목사가 자신을 따르는 복수의 교인과 함께 예배와 심방 사역을 한다면서 이런 활동은 사실상의 교회개척이라고 지적했다. 이 기사의 근거는 제보자의 제보와 전 목사의 설교 녹취록이었다. 이 보도는 전 목사를 둘러싼 온갖 추측에 종지부를 찍어주는 한편 전 목사의 교회개척이 가시화됐음을 강력히 시사했다. 실제 이 보도 후 2개월이 채 지나지 않아 교회개척은 수면 위로 본격 떠올랐다.

삼일교회 전병욱 전 담임목사 개척설 정황 포착

[베리타스 2012.04.12.]

성추행 사건으로 물의를 빚고, 자진 사퇴한 지 1년여 밖에 되지 않은 전병욱 목사가 개척교회를 준비하고 있다는 설이 교회 안팎으로 파다하다. "전병욱 목사가 일산에 개척교회를 준비하고 있다"는 A씨의 제보도 이를 뒷받침해준다. A씨의 말대로 전병욱 목사가 개척교회를 준비하고 있다는 설이 사실로 드러난다면 그 파장은 클 것으로 예상된다.

먼저 전 목사 개인을 놓고 보자면, 성도들을 우롱하는 처사로 비난의 화살을 피할 수 없을 것으로 보인다. 성추행 사건으로 도덕성에 심각한 타격을 입은 전 목사가 항간에 알려진 '근신'의 기간도 제대로 갖지 않은 채 목회 일선에 나서는 것은 교계는 물론이고 사회로부터도 이중, 삼중으로 비난 받을 소지가 농후하기 때문이다.

아울러 전병욱 목사 개척교회 준비설은 전 목사를 상대로 교회 모 장로가 청원하여 진행된 노회 차원의 징계로 알려진 '2년간 목회 금지'가 실제로 집행된 것인지에 대해 재차 물음표를 달게 한다. 앞서 기자는 삼일교회 해당노회인 평양노회 사무실에 수차례 통화를 시도했고, 삼일교회건에 대한 취재 협조를 요청하며 메모를 남긴 바 있었으나 "담당자가 안계시다"거나 "메모를 남기면 담당자에게 보고를 하겠다"란 답변만 있었을 뿐 노회에서 '전병욱 목사 2년간 목회 금지'라는 공문서를 받아 볼 수는 없었다.

또 한 가지 전병욱 목사 사임수리 시 교회 모 장로의 청원에 의해 평양노회에서 단서 조항으로 달았다던 '2년 뒤 목회를 한다 해도 수도권에서 할 수 없다'는 징계 역시 그 효력 검증이 필요할 것으로 보인다. 전 목사가 다름아닌 수도권인 '일산'에 개척교회를 준비하고 있다는 설이 파다하기 때문이다. 전 목사의 개척교회 준비설이 사실로 확인될 경우 제보자 A씨의 말대로 전병욱 목사가 교회나 노회로부터 법적 제약이 명시된 징계를 받은 바 없음이 역으로 확인되는 셈이다.

이는 또 수개월 간에 걸쳐서 새 당회장을 청빙하는데 주력해 왔던 삼일교회로서는 대혼란을 야기할만한 일이다. 삼일교회의 중심을 이루고 있는 젊고, 순수한 청년들이 전병욱 목사 개척교회 준비설에 술렁이고 있다는 것은 이를 잘 방증해준다.

본지에 접수된 제보에 따르면, 전 목사가 일산에 개척교회를 시작할 때 전 목사의 교회로 옮기겠다는 청년들이 이미 상당수에 이르고 있는 것으로 알려졌다. 연장선 상에서 새로 부임할 당회장에게도 전병욱 목사의 개척교회 준비설은 큰 부담이 될 것으로 보인다. 수개월에 걸쳐 최종 후보로 거론되고 있는 새 당회장 후보가 선뜻 삼일교회 담임목사직을 승낙하지 않고, 결정을 차일피일 미루는 데에 삼일교회 전 담임 전병욱 목사의 개척교회 준비설이 영향을 준 것이 아니냐는 견해가 급부상하고 있다.

한편, 앞서 본지가 보도한 전병욱 목사의 전별금 수령 문제에 이어 개척교회 준비설 마저 사실로 확인될 경우 그 파장은 걷잡을 수 없을 정도로 확대될 것으로 보인다. 각각이 성추행 사건으로 물의를 빚은 뒤 공개사과를 하고, 자진사퇴를 한 일련의 과정들에 있어 전병욱 목사의 진정성을 되묻고, 의심케 할만한 내용들이기 때문이다.

이러한 흐름 속에 전병욱 목사를 옹호하던 또 다른 변호사는 뒤늦게나마 상반된 의견을 내놓으며 사건을 되돌아본다. 바로 성추행 사건이 불거지던 시점부터 삼일교회 측의 의뢰로 전병욱 목사의 사건을 담당했던 정 모 변호사가 그 주인공이다.

그는 전 목사가 교회개척을 선언하자 자신의 페이스북에 그동안의 심경을 토로한다. 그의 심경고백은 전 목사의 행적에 관해 그동안 제기됐던 의문들을 상당 부분 해소시켜준다. 이 글을 통해 밝혀진 사실은 크게 두 가지다. 2010년 11월 삼일교회 홈페이지에 올렸던 사과문이 전 목사 자신의 것이 아니라는 점, 그리고 삼일교회와 전 목사가 결별하면서 13억의 전별금이 오갔고 이 과정에서 '2년간 목회금지'를 뼈대로 하는 이면계약이 성립했다는 점이다. '2년간 목회 금지'를 서면으로 명시하지 않았지만 교회 측과 합의한 약속이었는데 전 목사가 이를 저버렸고, 전 목사 성향에 비추어볼 때 충분히 그럴 수 있다면서 아쉬움을 드러냈다.

홍대새교회

[2012.05.24.]

새교회, 이름과 내용이 너무 어울리지 않는다는 생각을 하면서도 새교회를 소망한다는 의미이겠거니 선해해 본다. 제발 새교회가 되었으면 좋겠다.

이 일이 터진 처음에는 내가 다니는 교회의 담임목사이므로 그의 말을 100% 신뢰했다. 다만 기도하면서 이 일은 하나님께서 터뜨리셨고 하나님의 뜻대로 이루어져 가리라는 확신을 가졌다. 그리고 끊임없이 하나님께 질문을 드렸다. "왜 하필 저입니까?" 나는 지금도 주님이 이 일을 나에게 맡기신 이유를 어렴풋이 짐작은 하고 있지만 정확히 깨닫지 못하고 있다.

처음에 그분은 그런 일을 한 적이 없고 누가 방송사에 제보 했는지 짐작도 가지 않는다고 했다. 그분의 말끝에는 항상 "집사님! 믿어주세요"란 말이 반복 되었다. 그러나 그 다음날 그분의 말은 번복되었다. 나는 목사님의 인간으로서 나약함을 이해하고 언론에의 공표를 막기 위해 최선을 다 했다. 그리고 그분이 밝힌 사실관계 정도라면 그간의 삼일교회와 한국교회에 끼친 선한? 영향력을 감안한다면 한순간의 실수로 치부하고 충분히 보호할 만한 가치가 있을 것으로 판단하였다.

그러나 소위 피해자 측에서 전달되어오는 사실관계와 그분이 말하는 사실관계는 달랐다. 날이 갈수록 양파껍질 벗겨지듯이 속살이 드러나기 시작하는데 상당기간 동안 나는 그분의 말을 믿어야만 했다. 우리 담임목사이니까.

기도원에 들어가신지 얼마 안 되어 담임목사직을 내려놓을 것을 조용히 권유하였다. 물론 강권할 수 없는 처지였음을 그분을 아시는 분들은 이해할 것이다. 그분의 대답은 "NO"였다. 자신이 삼일교회를 사임하면 교회가 분열된다는 것이다. 나의 짧은 신앙적 견해로 이게 무슨 영적교만인가 하는 생각이 들었지만, 당시로서 삼일교회의 구조를 잘 모르던 평신도로서 더 이상의 토를 달 수는 없었다.

제직회를 통해 발표할 당시 징계로서의 안식년과 수찬금지는 나의 머리나 그분의 생각에서 나온 것은 아니다. 외부의견을 들어 당회에서 수용한 것이다. 그리고 한참 지난 후에 나는 피해자의 지인으로부터 저간의 사실관계를 소상히 들을 기회가 있었고 얼마 안 지나서 방송국 피디로부터 녹음 CD가 전달되어 와서 그 내용을 비교해 보고 비로소 비교적 정확한 사실관계를 정리할 수 있었다. A관 목사실에 은거 중인 그분을 찾아가 사실 확인에 들어갔고, 그분은 일부 시인하였지만 부인을 한 부분도 있다. 신빙성의 무게추가 완전히 기울어졌다. 그분의 말바꿈, 나의 직업적 감각으로 그분이 그간 나에게 거짓말을 계속 해왔다는 느낌이 들었다. 인간의 연약함과 목사라는 직분의 성결함 가운데서 많은 혼란이 왔다.

피해자가 장로님들을 만났다는 소식이 캄보디아에 전달되고, 그분은 중도에 급거 귀국을 하였지만 이미 엎질러진 물. 귀국 전에 통화로 이렇게 말씀드렸다. "나보다도 목사님을 더 잘 알고 목사님을 더 사랑하시는 분들에게서 지금 사건 외에 몇 가지 제보가 들어 왔는데 상당히 신빙성이 있는 것 같습니다."

며칠 후 돌아가신 장로님과 다른 두 분의 장로님들로부터 전화가 왔다. 노회에 목사님 사직처리를 하려면 사직서가 있어야 하는데 목사님이 사직서를 안내시는데 어떻게 해야 하냐고. 이때 장로님들로부터 들은 이야기에 의하면 전별금 지급할 때 2년간 개척금지와 수도권 개척금지도 합의된 사항이라고 들었다. 서면으로 작성된 것이 없다고 그런 약속을 안했다고 하는데 그분의 성향에 비추어보면 충분히 그렇게 우기실만하다. 시간과 공간이 중요한 것은 아니다.

그러나 약속은 중요하다. 우리는 언약의 하나님을 믿는 자들이기 때문이다. 예수님은 우리의 죄를 용서해주시려 이 땅에 오셨다. 용서와 화해, 새교회라고 부르려면 이것이 선행 되어야 할 것이다. 용서는 회개를 전제로 이루어지는데, 회개는 합당한 열매로 드러나고 진정한 회개는 하나님뿐 아니라 모든 성도 앞에서 아름답게 보이는 것이다. 그러나 그분이 하는 교회개척의 움직임이 전혀 아름다와 보이지 않는다. 내 눈에만 그렇게 보이는 걸까? 영화 「밀양」에서 살인범이 한 말이 자꾸 오버랩 되는 것은 무슨 연유일까?

이번 일로 드러난 사건의 피해자매와 밝혀지지 않은 여러 피해자들이 일차 피해자이겠지만, 나를 비롯한 삼일성도들 그리고 이 땅의 모든 크리스천이 피해자이다. 만일 그분이 진정한 회개를 했다고 한다면, 그 다음 단계로 모든 피해자에게 진정으로 다가가 용서를 구해야 할 것이다. 상처가 아무는데는 상당한 시간이 필요하다. 아물지도 않은 상처를 또 후벼 판단면 그 고통을 참기가 어려울 것이다.

새 교회가 되려면 이전 것들을 버려야 할 텐데, 그런데 상당수가 삼일교인들로 채워져 있다고 한다. 관여하고 싶지는 않지만, 여기에 내가 사랑하는 후배 동역자도 포함되어 있다. 안타깝고 아프고 슬프다.

그분이 그분을 추종해서 삼일교회에서 건너간 지체들에게 무슨 낯으로 대면할 수 있는지 심히 의아하다. 그 지체들과 진정으로 사랑의 동역을 원한다면 최소한 그들에게는 삼일교회에서 완전히 밝혀지지는 않았지만 소문으로 떠돌고 있는 사실을 충분히 해명변명이나 감추려 하지 말고을 하고 양해를 구해야 할 것이다. 그렇지 않으면 그러한 소문들이 평생 꼬리표처럼 따라다닐 것이고 또 다른 대량의 피해자를 양산할 수도 있을 것이다. 이 문제의 해결책은 결자해지이다. 본인이 직접 나서야한다. 지금도 뒤에 숨어서, 교회를 마치 추종자들에게 떠밀려서 개척하는 모양새를 띠고 있는데 크리스천의 방법은 아닌 것 같다.

그 교회 홈페이지 사진에서 그분의 제자인 황은우 목사의 사진도 보았다. 황 목사가 목사의 양심을 가지신 분이라 믿기에 그분의 거짓까지 답습하지 않기를 간절한 마음으로 바란다. 자신은 앞으로 절대 전 목사와 사역을 같이 하지 않을 것이라고 나에게 했던 말이 아직도 내 귓전에 남아 있기에 목사의 양심을 믿어본다.

며칠 전 그분을 따라 나선 지체에게 개척을 하게 되면 내가 가만히 있지 않을 것이라고 했고, 그분께 꼭 전달해 달라고 했다. 막상 말은 그렇게 했지만 정말 가만히 있고 싶고, 쉬고 싶다.

그분의 교회개척을 진심으로 축하해 드리고 싶다.

전병욱 목사가 성범죄를 저지르고도 그 어떤 처벌 없이 13억원의 전별금을 지급받은 사실들이 변호사들의 심경고백과 여러 정황 속에 밝혀져 감에도, 그는 홍대새교회를 개척한다. 자신이 저지른 범죄로 인해 절망과 상처로 교회를 떠난 수많은 이에게 사과 한마디 없이 교회를 다시 개척한다는 소식은 교계의 여러 우려를 현실로 만든 사건이었고, 새교회 홈페이지는 폭주로 다운되기에 이른다. 홍대새교회의 신도들은 이 홈페이지를 통해 "새교회가 전병욱 목사 개인적인 계획 속에 이뤄진 것이 아닌 하나님의 계획 속에 하나님의 말씀을 사모하는 성도들이 모여서 자발적으로 이뤄진 교회"라고 주장한다. 전병욱 목사라는 목회자 개인의 교회가 아니라는 선언이다. 자신을 신혼팀 간사라고 밝힌 김 모 집사가 올린 글에서 당시 상황을 엿본다.

홍대새교회가 명심해야 할 것

[홍대새교회 2012.05.28.]

1. 홍대새교회는 한 명의 목회자의 계획으로 이루어진 교회가 아니라 하나님의 계획하심 가운데 성도들의 기도로 이루어진 교회입니다.

홍대새교회의 개척준비가 알려지자, 교회 외적으로 방해와 모략이 전개되었습니다. 그 방해와 모략의 대부분은 어이없게도 홍대새교회가 아닌 전병욱 목사님 개인에 대한 것입니다. 홍대새교회의 개척준비가 알려지게 되었음에도, 그들은 왜 전병욱 목사님 개인에 대한 모략만을 일삼고 있는 것일까?

결론적으로 그들은 '홍대새교회 = 전병욱 목사'라는 관념을 가지고 있기 때문입니다. 즉 그들은 홍대새교회가 전병욱 목사의 계획 속에 만들어진 교회라고 생각했고, 교회가 한 목회자에 의하여 좌지우지될 것이라고 생각하기 때문입니다. 자칭 교회개혁을 위한다는 자들이 이와 같은 발상을 할 수 있다는 점에서 이들에게는 스스로의 개혁이 필요하다고 할 것입니다.

홍대새교회 성도들이 너무나 잘 알고 계시듯이, 홍대새교회는 전병욱 목사님의 개인적인 계획 속에 이루어진 것이 아니라 하나님의 계획 속에 하나님의 말씀을 사모하는 성도들이 모여서 자발적으로 이루어진 교회입니다. 만일에 홍대새교회가 한 명의 목회자의 개인적인 계획 속에서 이루어졌다고 한다면 그 교회는 얼마가지 않아서 무너질 것입니다. 반대로 하나님의 계획 속에 이루어진 교회라고 한다면 어떠한 방해와 어려움이 있다고 하더라도 하나님의 도우심 가운데 영적으로 왕성할 것입니다.

2. 홍대새교회의 성도라면 목회자의 잘잘못이 아니라 목회자에게
하나님이 역사하시는지에 집중하여야 할 것입니다.

하나님 앞에서 전병욱 목사님뿐만 아니라 그 누구도 자유로울 수 없다는 것은 성도라면 누구라도 알 것입니다. 그렇기에 홍대새교회가 점검해야 할 것은 목회자의 개인적인 잘못이 있었는가가 아니라 하나님께서 목회자를 통해서 현재 역사하시고 있는가 입니다. 홍대새교회 성도들이 전병욱 목사님의 설교를 들으면서 말씀하시는 하나님의 입술이 느껴진다면 그것으로 충분합니다. 홍대새교회 성도들은 전병욱 목사님의 설교를 듣기 위해서 모인 것이 아니라 전병욱 목사라는 목회자를 통해서 말씀하시는 하나님을 만나고자 모인 것이기 때문입니다.

만일 전병욱 목사님의 설교에서 역사하시는 하나님이 느껴지지 않는다고 한다면, 즉 하나님께서 전병욱 목사님과 함께하시지 않는다면 이후 저뿐만 아니라 성도 대부분은 홍대새교회를 떠나게 될 것입니다. 결론적으로 지금 홍대새교회 성도들에게 필요한 것은, 하나님께서 전병욱 목사님과 함께 하시는지를 점검하는 것입니다.

3. 홍대새교회는 스스로 진실됨을 증명할 필요는 없습니다.

홍대새교회의 성도들은 개척교회의 어려움을 알고도 자발적으로 그 어려움에 참여하였고, 그 어려움 속에서 더 큰 하나님의 영광을 맛보기 위하여 스스로 홍대새교회의 성도가 되었습니다. 홍대새교회는 이제 하나님의 영광을 위하여 개척을 준비했고, 개척을 위하여 모든 성도가 힘을 하나로 모아야 할 때입니다. 그러하기에 홍대새교회의 성도들이라면 외부의 공격에 대하여 진실됨에 대한 증명의 유혹을 벗어버리고, 하나님의 부름심에 부응하여 오로지 자신과 교회의 영적 부흥에 매진하여야 할 것입니다.

홍대새교회가 개척을 진행하고 있는 동안 전병욱 목사 측과 삼일교회 측은 또 다른 진실공방을 벌인다. 전병욱 목사에게 삼일교회가 지급한 전별금 13억 원을 홍대새교회 측은 받지 않았다고 주장했기 때문이다. 또한, 삼일교회 측은 전 목사와 '2년간 목회금지, 2년 후 수도권 내 목회금지'를 약속했다고 주장했으나, 홍대새교회 측은 이런 이면합의 자체가 없었다고 반박하면서, 전병욱 개인의 성범죄 사건은 교회 대 교회의 첨예한 대립으로 대두된다. 사태가 이렇게까지 악화된 가장 큰 원인은 삼일교회 당회의 밀실 구두 합의라는 비민주적 문제해결방식과 시스템의 불합리성이었다. 타이밍을 놓친 진실공방은 교인들의 상처와 혼란을 가중시킨다.

전병욱 목사와 삼일교회간 진실공방

[베리타스 2012.05.23.]

23일 '남○○'이란 이름으로 올라온 이 글에서는 일부 언론에서 보도한 내용과 달리 "노회에서 전병욱 목사의 2년 개척금지 결의가 없었다"라고 주장했다. 앞서 일부 언론은 성추행 사건으로 물의를 빚고 물러난 전 목사에 대한 징계 차원에서 해당노회인 평양노회가 지난해 봄 정기노회에서 '2년간 개척금지와 수도권 목회금지' 등의 결의가 있었다는 식의 보도를 한 바 있다.

이에 "삼일교회에서 일방적으로 2년 개척금지 요청 신청서를 노회에 접수했으나, 말 그대로 신청일 뿐 결의가 있었던 것은 아니다"라고 반박했다. 특히 전병욱 목사가 이의를 제기해 노회 결의가 부결된 것도 아니라며 "삼일교회는 전 목사가 2년 개척금지와 수도권 개척금지에 동의했다는 이유로 위 안건을 노회에 제기했지만, 전 목사는 여기에 동의하지 않았기 때문에 노회는 교회가 신청한 안건을 받아들이지 않았다"라고 주장했다.

또 퇴직금에 대해서도 전 목사가 먼저 요청하지 않았으며, 삼일교회 측에서 미리 액수를 정해 지급했다는 반박도 했다. "전병욱 목사는 전별금이나 퇴직금도 당회 장로들이 액수를 정해 지급했을 뿐, 관여한 사실도 없다"라며 "한 장로가 '구두' 합의가 있었다고 인터뷰를 했는데 언제 어디서 누구와 그런 합의를 했는지 묻고 싶다"라고 했다.

성 중독 치료비 논란에도 "당연히 받지 않았다"며 "그런 사실을 믿는 사람이 이상한 것이 아닌가"라고 했다. 끝으로 "이전 교회 중직자 분들이 지속적으로 전 목사를 공격하는 안타까운 상황이 지속된다면, 가장 적절한 방법을 택하여 대응할 생각"이라고 했다.

홍대새교회 측이 이 같은 입장을 밝힘에 따라 노회 측의 처벌이 없었다는 점 그리고 삼일교회 측이 전별금 지급 과정에서 전 목사의 요청이 없었음에도 스스로 거액의 돈을 지급한 점 등과 관련해 진실 공방이 전개될 것으로 보인다. 후자에 관해 삼일교회 측은 현재까지 전 목사가 먼저 요구해 건네 주었다는 입장을 취하고 있다.

전자와 관련해선 본지 기자가 직접 사실 관계 확인 차원에서 평양노회 측 사무실에 수차례 통화를 시도했으나 통화가 되지 않았거나 "자세한 사항은 잘 모르겠다"는 여직원의 답변을 듣는데 그쳤다.

한편, 일부 언론에서는 전 목사 사건의 실체 공개를 주장했던 공동요청문 작성자들이 노회에 제출할 전 목사 면직 청원서를 준비 중이라는 식의 보도를 했으나 본지에 관련 소식을 전한 제보자에 따르면, 아직까지 구체적으로 계획된 것은 아니고, 일단 청빙부터 마무리 짓고, 이후의 대응에 대해 논의해보자는 쪽으로 입장이 정리되고 있는 것으로 나타났다.

이 밖에 삼일교회 후임으로는 이동원, 박영선, 박영덕, 김서택 목사 등 한국교회 강해설교 대가들과 어깨를 나란히 하고 있으며, 청년 사역에도 열정을 갖고 있는 것으로 알려진 서울 노량진 강남교회 송태근 목사가 유력한 후보로 거론되고 있다고 익명의 제보자는 전했다.

공동요청문을 작성한 삼일교회 일부 성도들은 담임목사의 청빙이 마무리 되고 교회가 안정을 찾아가자, 전병욱 목사와 당회 간 구두합의 내용에 대해 본격적인 이의를 제기하며 이 사안을 끝까지 해결하고자 하는 강력한 의지를 드러냈다. 이들은 공동요청문에서 삼일교회가 사건을 투명하게 알리도록 하고, 목사의 권징을 맡은 평양노회에 전병욱 목사 면직 청원서를 제출하고 기자회견을 하는 등 평화적인 방식으로 지속적인 움직임을 이어간다. 전병욱 목사의 성추문, 그리고 뒤이은 홍대새교회 개척은 삼일교회 성도들에게 큰 아픔을 안겨주었지만, 그럼에도 삼일교회와 대다수 한국교회 성도들은 그의 완전한 회복과 회개를 염원하고 있다.

아래는 전병욱 목사와 가까이 지내며 함께 했던 한 성도의 글이다. 이 성도는 전 목사를 향해 하나님의 공의 앞에 회개하라고 권면했다. 이런 권면은 비단 이 성도뿐 아니라 그를 알고 아껴주는 모든 성도의 공통된 정서일 것이다.

그래도 '사랑'이 이 모든 행동의 동기여야 하는 이유

[전병욱 목사 진실을 공개합니다 2012.07.01.]

저희가 공동요청문을 쓰기 전 당시 상황은 이랬습니다. 공동요청문은 6장에서 언급하기로 한다 – 편집자 성도들의 동의와 투표로 뽑힌 다수의 최종 청빙 후보군 가운데 최종적으로 송태근 목사님을 내정했습니다. 그러나 결정권을 갖고 있는 일부 중직자들이 전병욱 목사님의 복귀를 원해서, 청빙위의 결과를 무시하고 송태근 목사님이 오시는 것을 노골적으로 반대하여 담임목사 청빙이 교착상태에 빠져 있었습니다.

또한, 진실을 모르는 성도들 때문에 여전히 피해자가 이단이나 신천지로 오인받고 피해자들이 매도되는 상황이었습니다.

그리고 결정적으로, 2년간 목회를 하지 않겠다, 개척할때는 수도권 근처에서는 하지 않겠다는 구두약속을 어기고 은밀히 숨어서 예배를 드리며 야금야금 성도들을 빼가는 전병욱 목사님 측으로 인해, 대청부의 간사들과 리더들도 그쪽에 가서 예배를 드리거나, 심지어 어떤 간사들은 몰래 리더와 팀원들에게 전병욱 목사의 설교CD를 돌리다가 걸리기도 했습니다.

이 모든 상황을 종합해 보았을 때, 우리 삼일교회 성도들에게 전병욱 목사님이 사임한 정확한 사유를 투명하게 공개하지 않으면, 자칫 잘못했다가는 최악의 상황에는 전병욱 목사님이 다시 복귀를 해도 성도들이 찬성할 수도 있는 상황이었습니다. 그가 얼마나 심각한 범죄를 저질렀는지 대부분의 성도는 모르고 있었으니까요.

제 개인적인 판단에는, 일이 이 지경까지 이른 데에는 당회 장로님들의 잘못된 상황판단도 있었으며, 한국교회의 덕을 위해 유명 목회자의 이런 끔직한 범죄는 숨기는게 좋다는 전병욱 목사님을 변호했던 변호사 집사님들의 권고도 있었습니다. 그분들은 성추행범죄의 특성상 정황적으로는 인정하나 명확한 물증이 없으므로, 또한 피해자의 신상이 노출되어 2차 피해가 예상되므로 진실을 드러내지 말고 사임시키자는 판단을 한 것입니다.

어찌됐건 그런 이유로 진실을 덮고 사임시키며, 전 목사님이 진정으로 회개하기를 바라는 마음으로 새로운 청빙에 집중하려 하였으나, 일부 중직자들과 성도 다수는 여전히 전병욱 목사님을 그리워하였고, 그 때문에 청빙상황이 교착상태에 빠져 2년이 다가도록 담임목사 부재의 상황이 지속되었습니다. 그런 가운데 대청부 청년들 상당수는 지쳐갔고, 많은 핵심급 간사와 리더는 말씀의 위로를 받을 수 있는 다른 교회로 옮겨가기 시작했습니다. 몇몇 전병욱 목사 복귀를 바라는 결정권자들의 오판으로 청년들이 죽어나가고 있는 상황이었죠.

그래서, 뜻있는 성도들이 모여서, 피해자를 취재한 기자도 만나고 녹취록도 입수해서 사건의 진실이 무엇인지 하나하나 파악해갔습니다.

사실 진실을 알기 전에는 '전병욱 목사님'의 개인적인 연약함이나 경미한 성추행 성향이라고 생각했던 적이 있었습니다. 지금 돌이켜 보면 경미한 성

추행이라도 용납될 수 있다고 생각했다는게, 제가 얼마나 이런 성격의 일에 무지했었는지 부끄럽습니다

그러나 진실이 드러나고, 제가 생각했던 것보다 훨씬 어마어마하게 경악스런 범죄의 실체가 조금씩 드러나기 시작했을 때, 무엇보다 제가 아는 친여동생같은 친구들이 그 범죄의 희생양이었다는 것을 알았을 때, 저의 분노와 충격은 아마 그 어떤 단어와 문장으로도 표현할 수 없을 만큼 거대한 것이었습니다.

차라리, 상습적인 입에 담을 수 없는 성범죄를 저지른 그 사람이 전혀 모르는 사람이었으면 좋겠다는 생각도 해보았습니다. 그리고 가슴 아픈 일이지만, 그 일을 당한 피해자가 내가 모르는 여성들이었으면 좋겠다는 생각도 해보았습니다. 그러나 제가 직면한 진실은 너무 가혹하고 끔찍한 실체로 제게 다가왔습니다. 피해자 중의 한 명은 전 목사의 성추행이 계기가 되어 교회를 옮겼는데, 그 교회가 그만 이단이어서 돌이킬 수 없는 비극적인 일을 당하기도 했습니다. 그 아이는 제가 여동생같이 아끼고 사랑했던 친구였습니다. 그 친구의 사례는 결국 면직청원문의 사례에서도 누락되어 있습니다. 그 아이의 부모님이 이 사실을 알면 그분들에게 너무 잔인한 진실이 되기 때문이죠.

가해자와 피해자들, 그들이 모두 내가 존경하고 따랐던 사람이자, 내가 사랑했던 사람들이라는 그 현실이 제 마음과 영혼이 감당할 수 있는 한계를 넘어 가혹하고 날카로운 상처로 제 영혼을 갈기갈기 찢어 놓았습니다.

분노에 치를 떨어 자다가 새벽에 벌떡 일어나서 잠을 못이룬 불면의 밤이 많았습니다. 길을 걷다가도 욕설이 튀어나왔습니다. 피해자가 나서지 않는다는 이유로 뻔뻔히 고개를 쳐들고 설교를 하고 있는 그분의 모습을 볼때 '살인충동'을 느끼기도 하였습니다. 시도때도 없이 소화가 안되고 우울증과 공황상태에서 멍하니 하늘만 쳐다보기도 했습니다.

한편으론, 한없이 순수하고 참한 미소와 온화한 인격으로 성도들을 사랑해주시던 그분의 사모님을 생각할 때, 많은 성도에게 사랑받았던 그분의 귀엽고 사랑스런 두 따님들을 생각할 때, 칼로 찌르는 듯한 아픔과 송곳같은 고통이 지금도 여전히 제 마음을 고통스럽게 합니다.

무엇보다 이번 사건 때문에 씻을 수 없는 상처를 입고, 사건이 있기 전의 평화로운 일상으로 다시는 돌아갈 수 없는 피해여성들을 생각할 때, 과연 이렇게 그들의 아픔을 다시 상기시키는 진실을 드러내는 것만이 최선의 길일까 무수히 고민하고 고통스런 불면의 밤을 보냈습니다.

전, 제가 원하지 않았지만 이번 사건의 중심에서 이 모든 진실을 알게되었습니다. '진실'은 진실을 알게된 자에게 분명한 '책임'을 묻는다고 생각합니다. 내가 원하는 진실이든, 내가 원하지 않는 진실이든 '진리'를 따르기로 믿음으로 고백한 그리스도인에게 '진실'은 내가 어떻게 행동해야 할지를 묻습니다.

어떤 행동을 하던, 전 분노와 미움과 살의로 이 일을 감당하고 싶지않았습니다. 솔직히 말하면, 내가 보고 있는 이 모든 진실이 너무 믿고 싶지않고 감당하기가 어려워 그냥 조용히 교회를 떠날까 심각하게 고민하기도 했습니다. 청년 대다수가 '진실'을 알지 않아도 행복하게 신앙생활 잘하는 것 같은데, 이렇게 추악하고 더럽고 가슴아픈 진실을 꼭 밝혀야만 할까? 심각하게 고민했습니다.

그러나 힘든 상황 가운데 묵상하던 몇몇 말씀들이 제가 가야할 길을 인도해주시는 것 같았습니다.

사랑은 오래 참고 사랑은 온유하며 시기하지 아니하며 사랑은 자랑하지 아니하며 교만하지 아니하며 무례히 행하지 아니하며 자기의 유익을 구하지 아니하며 성내지 아니하며 악한 것을 생각하지 아니하며 불의를 기뻐하지

아니하며 진리와 함께 기뻐하고 고전13:4~6

사랑은 불의를 기뻐하지 아니하며 진리와 함께 기뻐하고, 사랑과 불의는 양립할 수 없습니다. 피해를 입은 여성들 뿐만 아니라 전병욱 목사님을 위해서도 더 나아가 그분의 가족을 위해서도 그의 범죄와 진실을 드러내어 회개를 촉구하는 것이 옳다고 보았습니다.

또, 제 마음을 깊이 찌른 한마디 말씀은,

> 너는 사망으로 끌려가는 자를 건져 주며 살륙을 당하게 된 자를 구원하지
> 아니하려고 하지 말라 네가 말하기를 나는 그것을 알지 못하였노라 할지라
> 도 마음을 저울질 하시는 이가 어찌 통찰하지 못하시겠으며 네 영혼을 지
> 키시는 이가 어찌 알지 못하시겠느냐 그가 각 사람의 행위대로 보응하시리
> 라 잠24:11,12

전병욱 목사님의 개척을 수수방관하고, 내가 감당해야 할 짐과 스트레스가 너무 무겁다고, 이 모든 사실에 침묵하고 외면한다면 회개하지 않은 그분 때문에 또다른 미래의 피해자가 생길텐데 만일 언젠가 몇년이 지나서 그런 소식을 언론이나 방송으로 듣게 된다면 전 도저히 두발을 뻗고 편히 잠들 수 없을 것 같았습니다.

그리고 무엇보다 여기서 사망으로 끌려가는 자는 전병욱 목사님을 맹목적으로 추종하는 무지한 성도들만을 의미하는 것이 아니었습니다. 제 젊은 날 한때 가장 큰 영향을 미쳤던 분, 제가 헌신했던 교회에서 많은 믿음의 동역자들을 만날 수 있는 기회를 제공했던 분, 존경과 애증과 분노, 온갖 감정 속에 수많은 불면의 밤을 보내게 했던 장본인, 전병욱 목사님을 위해서도 가만히 침묵하거나 외면해서 교회를 떠나는 것은 옳지 않았습니다.

결국, 그때의 결심으로 공동요청문부터 당회의 제직회소집을 통한 진실공개, 면직청원 기자회견까지 올 수 있었습니다. 이 모든 것이 저를 비롯한 일부 성도들의 행동 덕분이었다는 이야기는 절대 아닙니다. 서로 생각은 달랐지만 교회의 덕을 위해 침묵하며 기도하는 것이 옳다고 생각한 분들의 숨은 중보기도와 진실을 드러내기 위한 저희의 노력 모두를 하나님께서 합력하여 쓰셔서 여기까지 올 수 있었죠.

이 모든 과정 가운데 많은 오해와 비방을 받아서 가슴도 아프고 억장이 무너져내릴 때도 많았습니다. 전병욱 목사를 무조건 옹호하는 성도들의 무지때문에 답답하고 가슴아팠으며, 진실을 알면서도 침묵했던 교역자들이 도리어 진실을 드러내고 잘못된 것을 바로잡으려 노력하는 성도들을 교회를 분열시키는 세력으로 매도하며 설교할 때 피눈물을 쏟기도 했습니다. 정작 자신들이 책임있는 모습을 보여야할 때는 비겁하게 침묵하다가 설교로 성도들을 공격하는 상식 이하의 비겁한 목회자들을 보는 것은 한없는 분노와 슬픔을 느끼게 했습니다.

어찌됐건 삼일교회는 청빙이 무사히 완료되었습니다.

전병욱 목사님에 대한 면직청원문을 노회에 제출하였고, 언론에 이슈가 되었으며, 많은 사람이 진실을 알았습니다. 노회는 면직청원문을 반려했고, 아마 저희 생각에 교단과 노회는 계속해서 침묵으로 일관하며 어물쩍 넘어가려 할 것입니다. 현실이 변한 것은 없으며, 한국 기독교의 심각한 문제와 부패는 온천하에 낱낱이 드러나고 있습니다.

여기까지 오면서 제가 가장 경계했던 것은 이것이 미움과 분노, 누구를 죽이기 위한 것이어서는 안 된다는 마음의 자세였습니다. 하나님께서 사랑과 공의의 하나님이시지만 명분이 아무리 옳을지라도 '미움과 분노'로 시작한 모든 일은 결국 비극적인 파국으로 치닫고, 하나님께서 도와주실 리도 없다고 생각합니다.

이 모든 경악스런 진실 앞에서도 우리 모두는 절대 '사랑'의 원리를 버려서는 안 된다고 생각합니다. 제가 믿는 복음의 원리는 아무리 끔찍하고 경악스런 범죄를 저질렀어도 그가 회개하면 언제든 용서받을 수 있는 것이라 생각합니다.

많은 분이 단순하게 생각하듯이 '사랑'은 듣기좋은 말만 하는 것도 아니며, 때로는 아프지만 그가 외면하고 싶어하는 '진실'을 대면하게 하여 하나님이 원하시는 '회복'과 '성장'을 이루도록 인도하는 것이 사랑이라고 믿습니다.

제가 좋아하는 M.스캇펙 박사는 '아직도 가야할 길'에서 사랑의 정의에 대해 이렇게 정의내렸습니다.

> "사랑은 단순히 거저 주는 것이 아니다.
> 사랑은 지각 있게 주는 것이고,
> 마찬가지로 지각 있게 안 주는 것이다.
> 그것은 지각 있게 칭찬하고,
> 지각 있게 비판하는 것이다.
> 상대방을 평안하게 해주는 것과 더불어
> 지각 있게 논쟁하고 투쟁하고 맞서며
> 몰아대고 밀고 당기는 것이다." 「아직도 가야할 길」 중에서

저를 비롯한 여기 카페에 들어오신 모든 분이 이 모든 가혹한 진실 앞에서도 절대 '사랑의 원리'를 잃어서는 안된다고 생각합니다.

이 모든 문제는 전병욱 목사님의 개인적인 문제이기도 하지만, 한국교회의 총체적 문제이기도 합니다.

'사랑'이 없는 사람은 불편한 진실과 절망스런 현실 앞에 모든 기대와 소망을 버려버리고 포기하며 저주하고 욕하며 '돌'을 던질 것입니다. 마

치 욥의 아내처럼요.

그의 아내가 그에게 이르되 당신이 그래도 자기의 온전함을 굳게 지키느냐 하나님을 욕하고 죽으라 욥2:9

그러나 사랑의 원리를 지키는 사람은 이 모든 개탄스런 현실 앞에서도 '소망'을 가지려 노력하고 이 아픈 문제를 가슴가득 껴안고, 어떻게든 바로잡기 위해 '투쟁하고 맞서고 지각있게 싸우려' 할 것입니다. 사랑은 끝까지 '소망'을 버리지 않는 태도니까요.

모든 것을 참으며 모든 것을 믿으며 모든 것을 바라며 모든 것을 견디느니라 고전13:7

사랑은 바랄 수 없는 상황 중에도 끝까지 바라며 견디어내는 것이 사랑이 아니던가요?

전병욱 목사님이 심각하고 상습적인 범죄를 저질렀지만, 그렇다고 사회적으로 만신창이가 되어서 재기불능의 심판을 받아야 된다고 생각한다면 그것이 하나님께서 기뻐하실 태도일까요? 그분의 사모님과 따님들이 받을 상처는요?

전 진심으로 전병욱 목사님이 회개하기를 원합니다. 그래서 그분과 그분의 가정이 진실로 회복되기를 원합니다. 우리가 이 카페에서 한 개인을 사회적으로 생매장시키고 독설과 저주를 퍼부을 수도 있겠죠. 그러나, 그런 행동이라면 그리스도인이 아니어도 누구라도 할 수 있는 행동아닐까요? 한 사람을 향해 가혹한 돌을 던지는 심판과 저주의 독설이 아니라 가슴 아프지만 끝끝내 '사랑'으로, 이 모든 일을 통해 한 명의 영혼이라도 실족하거나 버려지지 않도록 기도하는 태도가 이 곳에 오시는 모든 그리스도인들에게 필요한 태도일 겁니다.

저는 전병욱 목사님이 이제라도 진실된 회개의 모습을 보이기를 간절히 소망합니다.

그리고 그분이 정말 아픈 마음과 진실된 심정으로 본인의 가족과 피해자들을 일일이 찾아가서 꼭 사과하셨음 합니다.

그리고 피해여성들이 이번 사건으로 과거의 아픈 기억이 또 되살아나 가슴아프고 힘들어 할 것을 생각하니 저도 너무 마음이 아픕니다. 그분들의 상처를 회복시키는데 많은 시간이 필요하겠지만 전병욱 목사님의 진실된 사과만큼 그들의 치유와 회복에 도움이 되는것이 또 있을까요?

전병욱 목사님께 말씀드립니다.

목사님! 제가 누군지 아실 겁니다.

목사님 때문에 한국교회와 다수의 피해여성, 목사님을 믿고 신뢰했고 존경했던 성도님들, 그리고 저 너무나 많은 사람이 가슴에 큰 상처를 입고 아파하고 있습니다. 목사님, 이제라도 돌이키시기를 간곡히 부탁드립니다.

전 제가 할 수 있는 모든 것을 다했습니다.

이제 목사님께 맡깁니다.

목사님이 진심으로 회개하는 것만이 목사님을 지금까지 존경하고 따랐던 그 많은 사람에게 주신 상처를 위로하는 유일한 길일 것입니다.

가장 아름답고 꽃다운 나이에 목사님 때문에 영혼과 육체가 유린되어 씻을 수 없는 상처를 입은 그 많은 제자를 기억하신다면 이제 멈추어 주세요. 아마 평양노회는 계속 침묵할 것 같습니다. 목사님이 개척한 교회도 부흥할 지도 모릅니다. 하나님마저 침묵할 수도 있으시겠죠. 눈에 보기에 공의로운 심판이 없을 수도 있을 겁니다.

그러나 이 땅에서의 삶이 전부가 아닌 것을 목사님도 아시고 저도 압니다. 현재를 초월한 '영원'의 시간 속에 언젠가 있을 궁극의 심판을 어떻게 감당하시려고 그러시나요. 돌이켜주세요. 제발!

목사님이 파멸하는 것은 저희가 원하는 것이 절대 아닙니다.

전 병욱 목사를 향한 권면의 목소리는 학계에서도 점차 증폭됐다. 박영돈 고신대 신학대학원 교의학 교수는 왜곡된 성령운동을 날카롭게 분석하고 참된 성령의 얼굴을 보여준 한편, 깊이 있는 성찰이 담긴 글로 존경을 받아온 성령학 연구의 권위자다. 이런 박 교수가 전병욱 목사의 교회 개척에 쓴 소리를 했다. 박 교수는 '범죄를 저지른 목사가 다시 강단에 서도 되는 것인가' 라는 의문에서부터 시작해 교인들의 본이 되어야 할 공인들의 범죄에 대해 매섭게 일갈하고 있다. 변호사들의 옹색한 변명과 진상조사에 대한 미온적인 태도, 거룩한 명분으로 포장된 목사의 종교적인 야망에 대한 진심어린 회개를 촉구하며 전 목사의 개척이 얄팍한 회개와 용서를 남용하는 한국교회의 병폐를 드러내준 사건이라고 일침을 가했다. 기독교 인터넷 매체 '뉴스앤조이'는 박 교수가 자신의 페이스북에 올린 글을 전재해 사태의 심각성을 전한다.

박영돈, "너무 일찍 돌아온 전병욱 목사"

[뉴스앤조이 2012.06.01.]

전병욱 목사가 홍대 앞에 새교회를 개척했다고 한다. 그의 컴백이 그의 스캔들만큼 화제가 되고 있다. 본인도 호기심에 이끌려 그 교회 홈페이지에 들어가 지난 주 설교를 들어 보았다.

변함없이 활기 발랄한 목소리로 특유의 유머와 재담을 섞어 가며 그럴싸하게 한 가닥 설교를 뽑아낸다. 비록 그의 명성은 산산이 금갔지만 설교 제작의 은사만은 전혀 손상되지 않은 듯하다. 그의 컴백을 어떻게 보아야 할까? 그것이 한국교회에 미칠 여파는 무엇인가? 그렇게 범죄한 목사가 다시 강단에 서도 되는 것인가?

거룩한 하나님의 말씀을 전하고 교인들의 본이 되어야 할 공인의 범죄는 일반 교인의 죄와 비교할 수 없이 중대하며 주님의 교회에 심대한 타격을 입힌다. 더욱이 무명한 작은 교회 목사의 범죄가 미치는 피해는 그 공동체 안에 그치나, 전 목사같이 대형교회를 목회하며 전국적으로 유명세를 떨친 목사가 실족하는 경우는 그 여파가 엄청나게 커진다. 삼일교회 교인들은 물론이고 전 목사의 설교와 책들을 통해 영향을 받은 수많은 교인이 받았을 상처와 그들이 느꼈을 실망과 당혹스러움, 그리고 회의가 얼마나 컸으며, 그들의 영혼에 미친 무형적인 폐해가 얼마나 막심했는지는 가늠하기 어려울 것이다. 그들 중에는 교회에 등을 돌린 이들도 있을 것이다. 그로 인해 한국교회의 이미지는 얼마나 더 손상되었으며 복음의 빛은 얼마나 가려졌는가? 목사의 그런 범죄는 주님의 교회에 큰 스캔들을 불러오며 주님의 소자들을 실족하게 하는 무서운 결과를 초래한다.

그러므로 목사의 그런 죄를 가볍게 여겨서는 안 되며, 용서라는 이름으로 그런 목사를 쉽게 강단에 복귀시켜서는 안 된다. 그는 회개함으로 죄용서함을 받았을지라도 주님의 교회와 백성에게 끼친 엄청난 해악으로 평생 통회하는 마음으로 겸허히 자숙하는 삶을 살아야 한다. 진정한 회개는 회개한 마음의 상태, 즉 겸손하고 애통한 마음으로 계속 살아가는 것까지 포함한다. 자신이 저지른 짓을 언제 그랬느냐는 식으로 금세 잊어버리고 전처럼 행동하는 것은 자신의 죄에 대한 부끄러움을 느끼지 못하는 철면피적인 뻔뻔스러움이다. 흔히들 회개하면 주님이 용서하시고 우리 죄를 기억도 하지 않는다고 했으니 우리도 우리 죄를 잊어야 한다고 말한다. 물론 용서받은 과거의 죄를 다시 기억하여 낙심하고 정죄의식에 빠지는 것은 어리석은 일이다. 그런 죄의식은 떨쳐 버려야 한다. 그러나 우리는 과거의 죄를 아무리 잊으려 해도 잊을 수도 없고 또 잊어서도 안 된다. 그 죄에 대한 기억으로 우리는 평생 겸허하고 통회하는 마음으로 살아야 한다. 요즘 교인들이 회개했다고 하면서 자신의 죄를 너무 쉽게 잊어 버린다. 그리고는 그 전과 똑같이 경솔하고 부주의한 모습으로 살아가다가 다시 그 죄를 반복하곤 한다. 이런 피상적인 회개와 값싼 용서의 은혜가 한국교회를 병들게 하고 있다.

　전 목사의 모습에서 이런 얄팍한 회개와 용서의 남용을 보는 듯하다. 그가 진정으로 회개하여 마음이 깨지고 겸비해졌다면, 그렇게 성급하게 교회를 시작하지는 않았을 것이다. 더구나 이미 자신의 죄가 공개적으로 드러난 마당에도 그 죄에 대해 구체적으로 고백하거나 깊이 회개하는 모습을 보이지 않았다. 그것이 회개에서 최소한도로 있어야 할 기본 요소인데도 말이다. 전 목사를 따르는 이가 그를 변호하는 글에서 전 목사가 회개했는지는 하나님만이 아시는 일이니, 우리가 판단할 일이 아니라고 했다. 그러나 이는 회개가 무엇인지도 모르고 하는 말이다. 목사는 공개적으로 드러난 자신의 죄에 대해서 공개적으로 그 범죄를 아는 모든 이들이 충분히 이해할 만한 고백과 뉘우치는 자세로 회개의 진정성과 투명성을 보여야 하는 것이 개혁 교회가 가르쳐 온 회개의 기본이다. 전 목사에게 이런 회개가 있었는가? 전 목사는 계속 발뺌하다가 모든 것이 들통 나, 더는 부인할 수 없게 되자 마지못해 범죄한 것을 인정했다. 그러나 그가 고백한 것은 "교회와 하나님 앞에 죄를 범한 사실이 있어, 이를 회개하는 마음으로 당회에 지난 7월 사임서를 제출한다"라고 말한 것이 고작이었다. 이것을 회개라고 할 수 있을까? 공적인 회개는 제기된 혐의와 의문에 대해 분명히 인정을 하거나 부당하게 오해받고 있는 점이 있으면 해명해야 한다. 그것이 자신의 범죄 때문에 혼란과 고통 속에 휩싸인 수많은 교인에 대한 최소한의 예의이며 사죄하는 태도이다. 그의 고백은 그의 범죄의 실체와 진상을 교묘히 감추는 아주 애매모호한 고백이다. 진실을 밝히는 것이 아니라 고단수로 덮어버리는 행위이다. 그러니 이미 밝혀진 사실을 놓고도 진실 공방이 계속되는 것이고, 온갖 소문과 억측이 난무하여 교인들을 더 혼란스럽게 하는 것이다. 급기야 그를 따라 교회를 시작하는 이들은 그의 범죄가 심각한 것이 아니라고까지 변호하고 나서게 된 것이다.

전 목사는 그의 범죄 사실을 두루뭉술하게 고백하고 넘어감으로 빠져나갈 길을 만들어 놓은 것이다. 실체가 없는 모호한 고백을 통해 아직도 그에 대한 환상에 빠져 있는 추종 세력을 규합할 수 있었던 것이다.

그를 변호하는 이가 올린 글은 그 내용이 옹색하기 짝이 없고 앞뒤 논리가 맞지 않는다. 앞에서는 "이 사건은 성추행이라고 보기 어려운 사안이라"라고 해 놓고는 뒤에 가서는 "저는 목사님의 잘못이 가볍다고 얘기하는 것도 아닙니다. 그것은 적어도 그분이 청춘을 바쳐 온 교회를 사임할 정도에 이르는 큰 잘못이었음도 잘 알고 있습니다"라고 했다. 성추행과 같은 심각한 죄가 아니라는 것을 극구 변호해 놓고는 뒤에 가서 큰 잘못이었음을 잘 알고 있다고 말하는 것이 얼마나 모순되는가? 청춘을 바쳐 온 교회를 사임할 정도로 큰 잘못이지만, 새교회를 시작하지 못할 만큼 큰 잘못은 아니라는 말인가?

사태가 이 지경이 된 데는 전 목사의 범죄를 덮으려 하고 진상 조사와 대처에 미온적인 태도를 취한 삼일교회 장로들에게 상당 부분 책임이 있다. 전 목사가 개척 교회를 시작하여 교인들을 많이 끌어갈 것 같으니 뒤늦게 전 목사의 비리를 밝히는 것은, 하나님과 교회 앞에 진실을 밝혀야 하는 책무를 다하는 것이라기보다 교인들을 빼앗기지 않고 대형교회를 기업처럼 유지하려는 매우 인간적인 발상에서 비롯된 것으로 보인다. 그러니 전 목사를 옹호하는 이들이 그런 저열한 동기에서 비롯된 발표를 믿을 수 없다고 주장하는 빌미를 제공한 것이다.

전 목사의 성범죄의 내용에 대해서는 세간에 소문만 무성하고 구체적인 사실에 대해선 잘 알려져 있지 않은 것 같다. 그러나 조금만 신경 써 알아보면 여러 언론 매체의 조사와 피해자와의 인터뷰 등의 자세한 자료들을 얼마든지 접할 수 있다. 그들의 증언이 거의 일치하는 점은 성추행의 정도가 묘사하기에는 너무 충격적이라는 것과 일회적인 범죄가 아니라 여러 여성들이 피해를 입었다는 것이다. 그들은 한결같이 조금의 거짓이 없이 있는 그대로 보도한 것이라고 주장한다. 그들의 말이 허위라고 강변하는 전 목사를 옹호하는 측의 입장까지 고려해서 그런 보도를 다 믿지 않는다고 할지라도, 이미 삼일교회의 제직회에서 보도된 내용의 일부는 사실임을 공적으로 천명하였다. 그토록 전 목사의 비리를 은폐하려고 했던 삼일교회가 이 정도 사실을 규명해 주었으면 진실 공박은 일단락된 것으로 봐야 한다. 만약 이렇게 공개된 사실에 이의가 있다면 전 목사 자신이 직접 나서서 그에 대한 분명한 반증과 해명을 해야 한다. 그렇지 않으면 전 목사가 그 사실에 대해 수긍할 수밖에 없는 입장이라고 판단할 수밖에 없다.

그렇게 공개된 바에 의하면, 그의 죄는 단순히 인간의 연약성에서 비롯된 실수 정도가 아니다. 그 죄질이 심각한 것은 누가 봐도 파렴치할 정도로 매우 고의적인 범죄이며 성도착증에 가까운 변태적인 행위이다. 공개된 바가 틀림없는 사실이라면 그는 정신적으로 깊은 치유가 필요한 사람이다. 무서운 일은 그런 사람의 손에 하나님의 말씀이 들려질 때 많은 영혼을 또다시 상하게 하는 치명적인 결과를 초래할 수 있다는 것이다. 그가 치료받아야 할 사람이라는 사실이 교인들이 듣기에 은혜로운 설교를 만들어 내는 뛰어난 재주와 은사로 교묘히 은폐되어 있다는 점이다. 설교는 너무도 이치에 맞게 잘하는데 돌아서면 완전히 이치와 상식을 초월하는 짐승 같은 행동을 하니 이런 이가 어찌 강단에 설 수 있단 말인가? 하나님의 말씀을 전하는 막간을 이용하여 그런 해괴한 짓을 하는 것은 치유하기 쉽지 않은 성도착증처럼 보이는 데 그가 어떤 치유 과정을 거쳤는지, 치료에 과연 효과가 있어 강단에 복귀해도 될 만큼 상태가 호전되었는지 전혀 알려진 바가 없다. 그 문제가 확실히 해결되었다는 것이 확인되지 않는 한 그 병적 증상이 재발되지 않으리라는 보장이 없다. 또다시 그런 강한 충동을 느낄 때 신앙 양심이나 윤리적인 의지는 완전히 무력해지기 때문이다.

그의 설교에는 철저히 회개하고 회복하시는 하나님의 은혜를 깊이 체험한 내면세계에서 우러나오는 겸비한 자세와 애통하는 심령의 울림이 없다. 영적인 분별력이 있는 이들은 그의 설교가 여전히 가볍고 피상적이며 순결한 영이 전달되지 않는다는 것을 쉽게 감지할 수 있을 것이다. 내가 들은 설교에서 그는 하나님이 계속 치실 때 완전히 부서져야 한다며 회개한 자 같은 멋진 포즈를 취하나, 그 말씀이 자신에게 우선적으로 적용되어야 할 말씀인 줄 알고 있는지 매우 의심스럽다.

그를 두둔하는 글을 쓴 이는 전 목사가 하나님의 은혜로 설교하고 있다고 믿는다. 그러니 지금 하나님께서 사용하고 있는 것이 아니냐는 논리이다. 이것이 교인들이 빠지기 가장 쉬운 함정이다. 교인들이 잘 모르는 사실은 설교의 은사가 탁월할수록 교인들을 감동시키는 위력이 크기 때문에 더 고차원적으로 자신을 경건하고 영성이 풍성한 이로 가장할 수 있다는 점이다.

그래서 교인들을 감쪽같이 속일 수 있다. 그러므로 성화의 은혜 없이 설교의 은사만 가진 사역자는 더 깊은 파멸의 수렁에 빠질 수 있다. 그가 하는 거룩한 일이 그를 더욱 타락시킨다. 거룩한 것에 타성이 붙어 그에 대한 모든 경외심을 잃어버리고 하나님을 도무지 두려워하지 않는 목사가 된다. 그래서 상당한 설교의 은사에 참여했던 자들 중에서 도저히 돌이킬 수 없을 정도로 완악해지는 이들이 나올 수 있다. 주님은 휘어진 막대기도 사용하여 당신의 자녀들을 유익하게 하신다. 그러나 주님은 그들을 사용하신 후에는 버리실 수밖에 없다. 그래서 존 오웬을 비롯한 개혁주의 신학자들은 성화의 은혜 없이 설교의 은사만 받아 목회 사역을 하는 것이 얼마든지 가능하다고 보았다. 이런 이들도 상당한 성경 진리와 신학적인 지식을 터득하여 남들을 잘 가르치며 탁월한 설교의 은사를 받아 많은 이에게 감동을 주고 유익을 끼치기도 한다. 그러나 남에게 전파하고 자신들은 결국 버림받는다는 것이다. 이런 목사들의 두드러진 특징은 사역의 은사와 능력은 나타나지만 삶과 인격에 열매는 없는 것이다.

이렇게 치유가 필요한 목사를 강단에 다시 세워 말씀을 듣는 교인들은 도대체 어떤 사람들인가? 그런 목사의 설교를 들으며 무엇을 배우고 본받겠다는 것인가? 목사의 설교 자체보다 그 설교를 살아내는 목사의 인격과 삶이 교인들에게, 더 크게 말하며 더 큰 영향을 미치는 법이다. 혹자가 말하기를 어떤 사람이 도덕적인 연설을 할 때는 그의 입에서 나오는 말보다 청중이 알고 있는 그의 삶과 인격이 더 큰 소리를 내며 듣는 이들의 귀에 윙윙거리기에 그의 말은 잘 들리지 않는다고 했다. 그의 모순된 행위를 알면서도 그의 설교에 은혜를 받는 이들은 목사의 연약함에 무궁한 긍휼을 가진 초인적인 영성의 소유자들인가? 아니면 분별력이 없고 윤리의식이 아주 결여된 사람들인가? 전 목사의 설교를 들으며 교인들은 연신 깔깔대며 웃어댄다. 아무리 생각해도 지금 웃을 상황이 아닌 것 같은데도 말이다. 전 목사의 범죄 때문에 한국교회의 상처가 아물기도 전에 새교회의 개척으로 한국교회가 다시 혼란스러워진 상황 판단이 도무지 안 되는 사람들인가? 통곡을 해도 시원찮은 판인데 말이다. 그들 중에는 애써 전 목사가 그런 형편없는 인간은 아닐 것이라고 믿으려는 이들도 있을 것이다. 그러나 혹시 그들 중에는 전 목사와 같이 삶과 신앙이 따로따로 노는 것에 대해 심각한 문제의식을 느끼지 못하는 사람들이 있지는 않을까? 토요일 저녁에 음란한 짓을 하고 주일에 예배드리며 회개하고 용서받았다고 기뻐하며 깔깔거릴 사람들 말이다. 그리고는 개가 토한 것에 돌아가듯이 다시 그짓을 반복할 죄 중독자들이 혹시나 있지는 않을까 우려된다. 신앙 양심이 좀 켕기기는 하지만, 그런 위대한 모본을 보이는 목사를 보며 다시 위로를 받고 담력을 얻어 한 가닥 남은 양심의 소리마저 죽여 버리고 죄 속에서 평안하게 사는 이들이 혹이라도 배출되지 않을지 지레 겁이 난다. 물론 이것이 단순한 기우에 불과하기를 바라지만, 만약 그럴 가능성이 실재한다면 앞으로 그 교회는 홍대 앞을 누비며 성적으로 문란하게 사는 젊은이들이 진정으로 회개하지 않고도, 기독교인 행세를 하며 마음에 위로를 받을 수 있는 좋은 안식처가 될 것이다.

혹자는 너무 지나치게 그 교인들을 폄하한다고 발끈할 수도 있을 것이다. 그러나 이것은 실제 그렇다는 것이 아니고 가상의 문제를 지적한 것뿐이다. 그런 위험에 대해 일침을 가하기 위해 다소 거친 표현을 사용한 것을 양해해 주기 바란다. 그 교회에는 전 목사가 재기하는 것을 진정으로 돕고 싶은 순수한 교인들이 많을 것이다. 그러나 전 목사의 미심쩍은 회개의 문제가 해결되지 않는 한, 그런 의혹의 꼬리표가 그들을 계속 따라 다닐 수밖에 없을 것이다. 그러므로 전 목사를 따르는 교인들이 그를 진정으로 위한다면 지금이라도 그가 확실한 회개와 회복의 과정을 밟도록 도와주어야 한다. 그것이 전 목사와 많은 영혼들을 참으로 살리는 길이다.

이제 전 목사의 문제는 단지 삼일교회와 새교회만의 문제가 아니라 한국교회 전체의 문제로 확대되었다. 전 목사는 더 지체하지 말고 피해자들에게, 삼일교회 교인들에게, 그리고 한국교회 앞에 깊이 사죄하며 진심으로 회개하는 모습을 보여야 한다. 그가 불편한 진실을 고백한다고 해서 더 이상 잃을 것이 없다. 오히려 회복과 축복의 길만이 열릴 것이다. 그러면 한국교회의 모든 목사와 교인이 뜨거운 사랑과 용서의 포옹으로 그를 끌어안을 것이며 그의 복귀를 응원할 것이다. 만약 전 목사가 온전한 회개와 회복의 과정을 거친다면 그는 하나님께 더욱 귀하게 사용될 수 있을 것이다. 비참하게 실패한 죄인에게 임하는 하나님의 파격적인 은혜의 부요함을 밝히 드러내 실패한 수많은 교인에게 큰 회복의 희망과 위로를 안겨 주는 상처받은 치유자의 역할을 탁월하게 감당할 것이다.

『내면세계의 질서와 영적 성장』이라는 베스트셀러로 잘 알려진 고든 맥도날드 목사도 성적인 범죄를 범한 후 자신의 죄를 모든 교인 앞에서 고백하고 공직에서 물러나 3년에 걸친 깊은 자숙과 회복의 과정을 밟았다. 그 후에 그는 그 전보다 훨씬 더 영적으로 깊이 있고 풍성한 사역을 하게 되었다. 실패한 이들에 대한 긍휼과 연민으로 가득한 심령에서 우러나오는 글과 설교로 실패한 이들을 위한 주님의 놀라운 은혜와 자비를 전하는 진정한 상처 입은 치유자로 거듭난 것이다. 그렇게 되기까지 그를 아끼는 많은 이들이 그가 회복하는 데 도움이 되어 주었다.

우리도 그의 잘못을 날카롭게 지적하되 그의 잘됨과 회복을 바라는 깊은 사랑과 긍휼로 권면하며 그를 위해 기도해야 할 것이다. 이런 비판도 그런 노력의 일환이 되어야 한다. 전 목사에게 진정한 멘토 역할을 해 줄 수 있는 교회 지도자들로 구성된 모임을 통해 전 목사의 회복을 구체적으로 돕는 노력이 필요하다. 또한 그의 실패를 거울 삼아 우리 자신을 돌아보며 깊이 회개해야 할 것이다. 전 목사는 우리 목사들의 일그러진 자화상이다. 우리 중 누가 전 목사에게 먼저 돌을 던질 수 있을 만큼 하나님 앞에 순결하겠는가? 우리 모두 정도에 차이는 있지만 실패한 죄인들이다. 드러나지 않았을 뿐이다. 우리 모두 공동의 책임 의식을 가지고 그의 죄를 내가 비판할 남의 죄가 아니라 바로 우리 자신들의 죄이며 우리가 함께 짊어지고 통회해야 할 죄로 여겨야 할 것이다.

한국교회가 이 지경이 된 것은 우선적으로 우리 목사들의 책임이다. 강단에서 말씀의 능력이 떠나고 교회가 영적으로 이렇게 피폐하게 된 것은 거룩한 하나님의 말씀을 전하는 목사들이 하나님 앞에 성결함과 순전함을 잃었기 때문이다. 하나님의 영광을 갈망하며 하나님이 인정하시는 목회를 추구함보다 거룩한 명분으로 포장된 목사의 종교적인 야망에 사로 잡혀 이 땅에서의 성공과 영광을 좇았기 때문이다. 우리가 세상과 교인들을 향해 회개하라고 외치기 전에 우리 목사들에게서부터 뼈를 깎는 각성과 통렬한 회개 운동이 일어나야 한다. 그것만이 침몰해가는 한국교회를 살리는 길이다. "주여 우리 실패한 목사들에게 회개의 영을 부어 주소서! 그래서 당신의 교회를 새롭게 하소서!"

한종호 목사는 2001년 『전병욱 비판적 읽기』라는 책에서 전병욱 목사 설교의 맹점을 통렬히 지적한 바 있다. 그는 이 책에서 전 목사 설교가 역사인식의 천박성, 그리고 구세대 목회자들이 주창했던 성장주의를 답습하고 있다고 꼬집었다. 그는 이번엔 전 목사가 목회재개에 나선 뒤 강단에서 했던 설교를 분석해낸다. 그는 〈뉴스앤조이〉 주최 긴급 토론회 '전병욱 사건과 한국교회'의 발제자로 나서 성범죄 이전 성공주의를 설파하던 전 목사가 범죄 이후엔 자신의 목회재개를 합리화하는 논리로 성경을 왜곡하고 있다고 꼬집었다. 아래는 발제문 전문이다.

한종호, "참으로 암담한 전병욱 목사의 설교"

[뉴스앤조이 2012.07.13.]

참으로 암담한 전병욱 목사의 설교, '오늘'
– 전병욱 목사의 목회 재개에 담긴 문제

한때 청년들에게 존경하고 따르는 목사의 아이콘이었다가, 성 문제로 파문을 일으켰던 전병욱 목사가 다시 교회 개척에 나섬으로써 한국 교계에 중대한 논란을 가져오고 있다. 문제는 그가 이 사안에 대해 공개적으로 사죄하고 자숙하기보다는 사건 자체가 일어나 본 적도 없는 듯이 여기는 태도를 취하고 있다는 것이다. 뿐만 아니라, 그가 원래 시무하던 삼일교회에서 물러날 때 상당한 액수의 전별금을 챙겨 나갔다는 사실이 밝혀짐으로써 평신도들에게 충격을 주고 있다.

결국 전병욱 목사는 그의 설교 메시지가 담고 있는 문제를 넘어서서 한국교회의 "성과 권력, 그리고 돈" 문제에 대해 어떤 자세를 보이고 있는지를 적나라하게 보여주고 있는 생생한 실례가 되고 있는 것이다. 이 세 가지 사안은 단지 윤리적 논란거리만이 아니라 한국 사회의 권력을 잡고 있는 세력이 몰두하거나 빠져 있는 현실이라는 점에서 전병욱 문제를 풀어

나가는 것은 전병욱 개인에 한하는 것이 아니라 한국 사회 전반의 주류 권력의 문제 해결에 접근하는 일이기도 한 것이다. 이렇게 보자면, 전병욱 목사가 그동안 청년들에게 강조해왔던 성공주의의 정체가 명확하게 밝혀진다.

그것은 전병욱 목사가 어떻게든 한국 사회의 권력 내지 주류의 중심에 진입하는 것을 성공으로 이해해 왔고, 그 과정에서 겪게 되는 스트레스가 성 중독이라는 방식으로 나타났다고 하는 것이다. 전 목사의 성취주의는 바로 이렇게 인간에게 자신이 추구해야 할 가치에 대한 성찰보다는 맹목적 성취주의에 빠져들게 하고, 그에 인한 여러 가지 긴장과 심리적 압박을 성도착이라는 방식으로 돌파하려는 모습을 그 자신의 삶으로 입증했다고 하겠다. 아니었다면, 그는 그 자신이 성 문제에 대해 반복적으로 겪고 있는 상황에 대해 보다 근원적 성찰을 통해 삶의 전환을 가져오려 했거나 또는 목회를 그만두는 방식으로 그 책임을 지는 선택을 했어야 했을 것이다.

그런데, 이러한 현실에 대해 한국교회가 도리어 침묵하거나 별다른 반응을 보이고 있지 않는 것 또한 보통 문제가 아니다. 그런 결단과 자세 변화의 기초 위에 전병욱 목사의 삶이 전개되기 보다는 그와는 반대로 나가는 모습을 목격하고 있으면서도 이에 대해 정면으로 문제 삼거나 논란을 벌이지 않고 있는 것은 교계의 수치일 뿐만 아니라, 한국 사회 전반에 걸쳐 한국교회에 보내고 있는 경멸의 눈길에 대해서도 윤리적 민감성을 전혀 보이고 있지 않는 상태를 드러냈다고 할 수 있다. 어찌 보면 한국 교계는 이미 너무 많이 이런 사안에 접해 있다 보니 전병욱 사건에 대해 발언하는 것은 "자기 구린 데가 있어" 어쩌지 못하고 있는 셈이나 마찬가지 아닌가 싶게 만들고 있는 것이다.

자 그렇다면, 이제 일단 그의 문제에 대한 논란을 결론짓기 이전에 그가 새로 개척한 교회에서 했다는 설교에는 어떤 내용이 담겨 있는지 살펴보기로 하자. 그는 지난 6월 3일부터 21일에 걸쳐 네 번의 설교를 했는데 이것을 중심에 놓고 분석해 본다. 설교 분석의 각도는 그의 설교를 그대로 전병욱에게 돌려주는 방식이 된다. 설교가 교인에게 적용이 되어야 한다면, 설교자 자신에게도 적용되어야 하는 것은 마땅하다.

선명한 기준과 거침없는 삶?

첫 번째 설교문은 "선명한 기준과 거침없는 삶"이라는 제목으로 출애굽기 12장에서 13장에 걸친 설명과 함께, 12장 1~14절을 본문으로 삼고 있다. 여기서 그는 유월절에 대한 설명으로 그의 설교를 시작하고 있다. "유월절이 언제냐. 1월 10일입니다. 1월 10일에 어린양을 취하고, 14일에 어린양을 잡고, 피를 문설주가 있는 방에 바르라는 얘기죠. 문설주는 문이 있을 때 세로 기둥을 문설주라고 하고, 가운데에 집어넣는 가로 지지대를 인방이라고 합니다. 피를 양쪽 기둥 문설주에 바르고, 가로 지지대인 인방에 발랐다는 것입니다. 그게 유월절이라는 것입니다.

12장 5~7절, '너희 어린 양은 흠 없고 일 년 된 수컷으로 하되 양이나 염소 중에서 취하고 이달 열나흘 날까지 간직하였다가 해 질 때에 이스라엘 회중이 그 양을 잡고 그 피를 양을 먹을 집 좌우 문설주와 인방에 바르고.' 그 다음 할 일이 8~10절 '그 밤에 그 고기를 불에 구워 무교병과 쓴 나물과 아울러 먹되 날것으로나 물에 삶아서 먹지 말고 머리와 다리와 내장을 다 불에 구워 먹고 아침까지 남겨두지 말며 아침까지 남은 것은 곧 불사르라.' 그 다음은 급히 먹으라는 거죠. 11절~ '너희는 그것을 이렇게 먹을지니 허리에 띠를 띠고 발에 신을 신고 손에 지팡이를 잡고 급히 먹으라 이것이 여호와의 유월절이니라.' 왜 이런 명령을 내렸죠? 급하게 먹어라. 즉각적인 순종을 얘기하는 거죠."

여기서 주목되는 것은 "즉각적인 순종"을 그 메시지로 삼고 있다는 점이다. 이것은 사실상 즉각적인 순종이 아니라, 더는 과거에 미련을 두지 말고 즉시 새로운 삶으로 여정을 떠나라는 요구이다. 유월절은 이집트 제국의 압제로부터 해방되는 사건이며, 더는 제국의 시대에 마음을 두지 말고 과거를 청산하고 앞으로 나가라는 것이다. 따라서 여기서는 과거와의 깨끗한 단절이 핵심이다. 그러나 그는 그러한 언급보다는 즉각적 순종이라는 점에 초점을 맞춘다. 그런데 그는 이러한 그의 해설에 맞는 예를 이렇게 든다.

"옛날에 제가 일본 전산 이야기 책을 소개한 적이 있습니다. 일본 전산이라는 회사가 있는데, 여기는 교토에 있는 회사입니다. 동경같이 수도가 아니기 때문에 인재들이 잘 올 수 없죠. 여기는 독특하게 인재를 뽑는 방법이 있습니다. 오래 달리기를 하는 겁니다. 오래 달리기를 잘하면 투지력이 있다고 뽑고. 제일 인상적이었던 게 뭐냐. 밥 빨리 먹는 사람을 뽑았어요. 실제로 보니까 명문 대학을 나온 사람보다도 밥 빨리 먹는 사람이 회사 일을 훨씬 더 잘하더라는 거예요. 다 맞는 건 아니지만, 저도 사람을 겪어보니까 뭔가 일을 의욕적으로 잘하는 사람이 밥을 빨리 먹어요. 어느 분야에서 성공이 단지 좋은 건 아니겠지만, 부각을 나타내는 사람을 보면 밥을 느리게 먹는 사람들이 거의 없어요. 밥을 느리게 먹는 사람들의 특징은 건강해요. 건강한데, 회사가 망하죠. 이 이야기와 딱 맞는 건 아니겠지만, 급하게 먹으라는 얘기죠. 하나님의 말씀에 대해서 즉각적으로 순종하는 유목민적인 태도를 가지고 있으라는 의미라고 생각합니다. 하나님께서 명령하는 것을 머뭇거리지 않고 즉각적으로 순종하는 자세가 중요하다는 것이에요."

엉뚱하기 짝이 없다. 밥을 빨리 먹는 사람을 의욕적이라고 하고 밥 천천히 먹는 사람들은 회사를 망하게 하는 요인이자 그 책임을 져야 한다는 식이다. 그러나 일단 이걸 논리에 맞지도 않게 유목민적 태도를 지니라는 의미라고 수습한다. 다시 그의 결론은 순종이다. 그래서 그가 이러한 유월절 설교의 메시지가 어떻게 전개되어 나갈 것인지 우리는 짐작하게 된다. 아니나 다를까. 유월절의 메시지는 다음과 같이 정리되고 있다.

"첫째는 말씀이 기준이 되는 인생을 살아야 한다는 것입니다. 모든 것의 출발, 모든 것의 기준이 하나님의 말씀이 되어야 한다는 것입니다. 12장 1절을 보십시오. '여호와께서 애굽 땅에서 모세와 아론에게 일러 말씀하시되.' 하나님의 말씀부터 모든 일이 시작되었죠. 이스라엘의 구원, 이스라엘의 출애굽, 이스라엘의 역사 다 하나님 말씀부터 시작했다는 것이에요. 그런데 많은 사람들은 하나님의 말씀을 기준으로 삼지 않고, 민심을 기준으로 삼을 때가 참 많다는 것입니다. 사람들의 의견, 동향 이런 거에 마음을 쓴다는 것이에요. 사실 사람들의 민심에 대해 제일 신경을 많이 쓴 사람이 누굽니까? 사울 아니에요. 다윗을 대적했던 사울 왕. 사울 왕의 판단 기준이 무엇입니까? 백성이 좋아한다면 하고 백성이 좋아하지 않는 것은 하지 않아요.

모든 기준이 하나님 말씀이 아니었고, 백성들의 민심이었다는 것이에요. 결국 어떻게 되었어요. 망했죠. 하나님께서 사울 왕을 가만 두지 않았습니다. 그럼 우리가 잊지 말아야 할 것이 무엇이냐. 민심에 대해 너무 예민한 건. 그건 하나님의 뜻을 행하는 하나님의 백성들이 그렇게 하는 것은 아니라는 것입니다. 여러분, 민심이 천심이다는 말을 우리나라 사람들이 좋아하는데, 그런 말처럼 웃기는 말이 없어요. 민심에도 죄성이 녹아 있다는 것을 잊지 마십시오."

결국 그는 하나님에 대한 순종을 거론하면서 민심을 공격하고 있다. 민심에는 죄성이 녹아 있다고 하면서 민심에 대해 죄로 인식하라고 말하고 있다. 그에게 이 민심의 의미가 무엇인지 우리는 너무나 잘 알고 있다. 민심에 예민하지 말라고 권고하고 있기 조차하다. 그런 기초 위에 선명한 기준을 정해서 살면 된다는 것이다.

"그런 의미에서 우리 교회가 할 사명이 무엇입니까? 명확하게 선을 그어 주는 것이에요. 하나님 말씀의 선을 그어 주는 거예요. 많은 성도가 순종할 마음이 없다고 생각하지 않습니다.

근데 왜 순종이 안 되느냐. 명확한 기준이 없기 때문에 순종이 힘든 거예요. 명확한 하나님 말씀의 기준이 있으면 순종이 쉽습니다. 왜요. 선이 명확하니까. 선이 명확하면 주차도 쉬워.

선이 명확하면 살기도 쉽다고, 순종도 쉽다고. 그래서 필요한 게 뭐예요. 명확한 기준이에요. 선명한 기준이에요. 마귀가 제일 싫어하는 게 뭐냐면 선명한 말씀의 기준을 제시하는 거예요.

말씀 증거하는 것을 못하게 하려고 하고, 방해하려고 하고, 될 수 있으면 딴 거 하게 만들게 하고, 딴 데 신경쓰게 만들어요. 기준이 사라져 버리면 순종 자체가 정말 힘든 일이 되기 때문에 그렇습니다."

그 다음에는 뭘까?

"두 번째는 거침없는 삶을 살아야 한다는 것이에요. 하나님의 말씀에 대한 명확한 기준이 있는 사람은 거침없는 삶을 산다는 것입니다. 말씀에 대한 확신은 우리에게 거침없는 삶을 줘요. 모세를 보십시오. 모세가 바로 앞에 섰을 때 거침이 없잖아요. '내 백성을 보내라 그가 광야에서 하나님을 섬길 것이다.' 머뭇거림이 없죠? 거침없이 말했잖아요. 그리고 백성에게 하나님이 애굽 백성들에게 금은보화를 요구하라고 했어요. 거침없이 요구하잖아요.

12장 35절을 보십시오. '이스라엘 자손이 모세의 말대로 하여 애굽 사람들에게 은금 패물과 의복을 구하매.' 36절 '여호와께서 애굽 사람들에게 이스라엘 백성에게 은혜를 입히게 하사 그들이 구하는 대로 주게 하시므로 그들이 애굽 사람의 물품을 취하였더라.' 그러니까 머뭇거림 없이 거침

없이 요구하잖아요. 구하라 그러면 주실 것이요. 찾으라 하면 찾을 것이요. 문을 두드리라 하면 열릴 것이다. 거침이 없잖아요. 고민과 주저함이 없어요. 말씀의 기준에 확신이 있기 때문에 주저함이 없다구요. 거침없는 인생을 산다는 것입니다."

결국 자신은 거침없는 삶을 살고 있다는 것인데, 그의 거침없음은 뻔뻔함이지 하나님의 말씀에 따른 순종과 그것이 결과하고 있는 거침없음은 아니지 않는가? 하지만, 전병욱 목사는 자신의 행위를 이렇게 순종과 그에 토대를 둔 거침없는 삶으로 정당화시키고 있다. 이는 예수의 삶과도 연결되어 논의가 전개된다.

"예수님도 마찬가지지요. 요한복음 14장 6절을 보면 '나는 곧 길이요 진리요 생명이니 나로 말미암지 않고는 아버지께로 올 자가 없느니라.' 거침이 없잖아요. 하나님 말씀의 기준이 명확한 사람에게는 이렇게 머뭇거림이 없다구요. 사도행전에 보면 예수 그리스도의 복음을 증거할 때 관원들이 와서 말리죠 못하게 하죠. 그때 베드로와 요한이 뭐라고 얘기합니까? 사도행전 4장 19절에 보니까 '베드로와 요한이 대답하여 가로되 하나님 앞에서 너희 말 듣는 것이 하나님 말씀을 듣는 것보다 옳은가 판단하라.' 거침이 없죠. 눈치 보는 게 없잖아요. 하나님 말씀을 증거하는 게 옳지, 내가 누구 말을 들어야겠냐. 거침이 없잖아요."

이 거침없음의 예를 든 것도 가당치 않다.

"남자 10명 정도 있는 방이 있다고 합시다. 그 방에 어떤 쥐 한 마리가 들어갔어요. 쥐가 살 확률이 높아요, 죽을 확률이 높을까요? 제가 볼 때 살 확률이 높아요. 남자가 10명이 있으니까 20개의 발이 있다. 20개의 발이 내리찍을 때 밟히면 죽는다. 동시에 5명 정도의 남자가 스크랩을 짜 가지고 막으면 갈 길이 없다. 근데 쥐는 나갈 수 있는 구멍이 있잖아요. 저 옆에 구멍이 하나 있는데, 어떤 사람이 저 구멍을 막으면 나갈 길이 없다.

우두커니 앉아가지고 분석하고 있으면 고민하는 중에 밟혀 죽어요. 제가 여러 번 물어보고, 시뮬레이션을 해 봤어요.

그랬더니 쥐가 죽을 확률이 5% 밖에 안 돼요. 95% 살아요. 어떻게 하면 사냐. 그냥 뛰면 살아요. 딱 들어갔더니 남자 10명이네. 보는 순간에 그냥 뛰는 거예요. 남자들 그냥 도망쳐요.

징그러. 더러워. 쥐가 덤비는데 맞닥뜨릴 남자 있어요? 그게 쥐의 거침 없음이에요. 많은 사람은 생각할 때 한참 분석을 해. 분석하면 죽죠. 어떻게 살아요. 현실적으로 그냥 뛰면 살아요."

전병욱 사건을 알고 이 설교를 들으면, 그는 사람들의 발에 밟히지 않고 거침없이 냅다 뛴 쥐가 되는 셈이다. 이 설교가 역설적이게도 자기 모독인 것을 그는 알까? 문제 앞에서 겪게 되는 인간의 고뇌를 그는 다음과 같이 폄하한다.

"악한 마귀는 이게 싫어가지고 어떻게 하느냐. 사람들을 위협하고, 고뇌하게 하고, 두려워하게 하고, 머뭇거리게 하고, 눈치 보게 하고, 안주하게 만들고. 율법주의가 그런 거 아니에요? 그 안에 머무르게 만들어서 아무것도 못하게 만든다는 거예요. 여러분 그런 것에서 벗어날 줄을 알아야 한다는 거예요."

결국 자신의 이야기가 나온다.

"저도 고난을 받고 어려워했기 때문에 어려움 당하는 사람의 특징은 위로를 원해요. 오늘도 은혜의 성령이 오셔서 평화와 위로를 달라고. 성령이 주시는 위로가 얼마나 중요한 거예요.

그러나 하나님께서 하시는 일이, 우리가 하나님 앞에서 원하는 일이 위로에만 머물러 있으면 되겠습니까? 그걸 넘어서는 우리의 사명이 있잖아요. 더 큰 일을 하는 것. 많은 성도의 모습이 그럴 것 같아요. 너무 위로에만 익숙해 있고. 저도 사역자지만 많은 사역자가 성도들의 그런 심령을 이해하고 너무 위로 쪽에만 초점을 많이 맞추는 것 같아. 위로가 분명히 필요해요. 근데 거기서 머무르면 안 되잖아요. 그 다음에 어디로 가야 해요? 거침없이 사명을 향해 나아가야 되요."

이제 우리는 이 설교의 목적이 무엇인지 분명히 알게 된다. 자신은 순종에 따른 명확한 기준 위에서 사명으로 목회를 재개하고 있다는 것이다.

분노하는 청년 세대의 돌파구?

두 번째 분석할 설교의 제목은 "분노하는 청년 세대의 돌파구"이고 출애굽기 16장~17장 1~7절에 걸친 것이며 설교 본문은 16장 1~20절이다. 내용은 홍해를 건넌 다음 엘림 이후의 삶에 대한 이야기다.

"엘림을 떠나고 난 다음에 이스라엘 백성들에게 근본적인 두 가지 문제가 생겼습니다. 첫째는 먹을 것의 문제, 두 번째는 마실 것의 문제. 먹을 것의 문제가 출애굽기 16장이고, 마실 것의 문제가 17장 1~7절의 사건입니다. 식량 문제가 궁극적으로 신앙 문제로 연결되었습니다. 그래서 원망하게 되죠. 하나님께서 원망하는 이스라엘 백성에게 채워 주심이라. 16장 4절 보십시오. '그 때에 여호와께서 모세에게 이르시되 보라 내가 너희를 위하여 하늘에서 양식을 비같이 내리리니 백성이 나가서 일용할 것을 날마다 거둘 것이라.' 하나님이 만나로 채워 주심이라. 17장에 넘어가면 마실 물의 문제가 생깁니다. 이때는 이스라엘 백성이 원망 정도가 아니라 폭동 분위기가 되었습니다. 그 다음에 '하나님께서 살아계십니다' 그러면 '물을 줘 봐라' 하는 태도의 문제가 있었습니다. 폭동의 분위기가 일어날 때 다툼이 일어났고, 또 하나님을 시험했습니다."

이렇게 이들 이스라엘 백성이 직면한 문제를 해설하고 나서 그는 하나님을 시험하려들지 말라고 한다.

"하나님이 제일 싫어하시는 게 시험하는 태도거든요? 그래서 그 장소를 두 가지로 이름을 불렀습니다. 첫째는 맛사라고 불렀습니다. 맛사는 시험이란 뜻입니다. 둘째는 므리바였고, 므리바는 다투기란 뜻입니다. 성경은 이 뜻과 이름이 엇갈려 나와서 혼동을 할 때가 참 많습니다.

출애굽기 17장 7절을 보십시오. '그가 그 곳 이름을 맛사 또는 므리바라 불렀으니 이는 이스라엘 자손이 다투었음이요 또는 그들이 여호와를 시험하여 이르기를 여호와께서 우리 중에 계신가 안 계신가 하였음이더라.' 여기 순서를 보니까 맛사 그리고 므리바. 해석을 다투었다, 시험했다고 나오죠. 해석 순서는 뒤바뀌어야 합니다. 어쨌든 물 문제 때문에 하나님과 다퉜고, 하나님을 시험하는. 이후에도 계속 나옵니다. 불순종의 대표적인 사건이 되어서 이후에도 반복적으로 나온다는 것입니다."

역점을 두는 대목은 역시 불순종의 문제다. 한국교회는 순종과 불순종의 문제에 이토록 집착한다. 문제는 어떤 가치에 순종할 것인가에 있는데 말이다. 결국 이러한 순종논리는 교회 안에서 목사에 대한 순종논리로 바뀌어 교권주의를 확장하고 있다는 사실을 우리는 명확히 인식할 필요가 있을 것이다. 전병욱 사건이 은폐되고 엄청난 전별금을 건네고 했던 이면에는 바로 이러한 교권주의에 따른 순종논리가 작동하고 있었던 것을 직시해야 한다. 그는 앞에든 대목 이후에 오아시스에 머물지 말고 가나안으로 가야 한다고 외친다. 그렇지 않으면 그것은 노예근성일 뿐이라는 것이다.

이 말은 옳다. 그러나 문제는 그가 무엇을 노예근성으로 이해하고 무엇을 자신의 정체성으로 파악하고 있는가에 있다. 그는 출애굽이 해방 사건이라는 인식이 전혀 없다. 노예근성이 문제일 뿐 노예체제에 대한 반격과 저항, 그로부터의 탈출이라는 성서의 근본정신에 대한 언급은 부재한다. 노예근성을 청산하는 것은 당연히 중요하다. 그러나 그것은 그를 노예로 만든 체제, 제도, 기존질서에 대한 부정까지 아울러 포함시켜야 하는 것이다. 하지만, 그는 이것을 먼저의 설교와 마찬가지로 사명론으로 정리해 버리고 만다.

"실질적으로 오아시스를 떠날 수 있는 힘이 어디서 나오느냐? 내가 누구인지 알아야 한다는 것이에요. 내 소명이 무엇인지, 내 사명이 무엇인지를 명확히 아는 것. 그래서 우리 성도들로 하여금 오아시스가 아니라 가나안을 향해서 뛰쳐나가게 하는 힘은 어디에 있느냐? 소명감을 깨우쳐 줘야 된다는 것입니다. 사명이 뭔지를 깨달아야 한다는 것이에요. 내가 누구인지를 알아야 한다는 것입니다. 내가 누굽니까? 하나님의 백성이고, 가나안의 백성이고, 출애굽 해야 할 백성이라는 것이죠. 절대 거기 머물 백성이 아니라는 것입니다. 그래서 소명이 명확하고 내가 누구인지 명확하면 배고파도 흔들리지 않습니다. 목말라도 흔들리지 않는 거예요. 근데 소명이 확실하지 않으면 당장 내 삶의 불편함이 오지 않습니까? 배고픔이 있고 목마름이 있으면 흔들려 버리는 것이죠. 그래서 내가 누구인지를 명확히 알면 삶이 명료해집니다. 여러분, 삶이 명료합니까? 인생에 명료함이 있습니까?"

이렇게 말하고 나서 역시 하나의 유형처럼 자신의 이야기를 꺼낸다.

"가끔 저를 너무 사랑하는 분들이 그런 얘기를 해요. 전병욱 목사는 이런 부분만 좀 보완하면 좋겠다. 맞는 얘기죠. 겸손하게 들어야겠죠. 심방도 좀 잘 했으면 좋겠고, 더 인자했으면 좋겠고, 덕이 넘쳤으면 좋겠고, 어린 아이들도 잘 품어 줬으면 좋겠고, 울어도 신경 안 쓰고 설교를 잘해 줬으면 좋겠고. 다 좋지요. 겸손하게 들어야 한다고 생각합니다. 그러나 놓치지 말아야 할 것은 뭐냐면 하나님께서 내게 주신 모습이 있거든요. 제가 옛날에 강점으로 일하라는 표현을 많이 썼죠. 그걸 놓치면 그건 어리석은 일이라는 것이에요. 다 갖출 수 없습니다. 그런거 잘 하는 분들이 계세요. 그분들이 감당해야 될 것이거든요. 사과로 부르심을 입었으면 사과

열매를 맺으면 되고, 오렌지로 부르심을 입었으면 오렌지를 맺으면 되는 거에요. 하나님께서 각 사람에게 각각의 역할을 맡기셨다구요. 그걸 감당하면 된다는 것입니다."

결국 자신은 생긴 대로 살겠다는 것이다. 그래서 사명감으로 교회 개척을 한 것이고 자신은 부르심 받은 대로 하고 있는데 다른 말 말라는 것 아닌가?

결론 지점으로 가면서 그는 설교 제목에 있는 '분노'에 대해 말한다. 이 시대의 핵심 단어가 분노라고 여러 가지 예를 들어 설명한 이후, 그는 이 분노가 무기력으로 빠져드는 원인이라고 강조한다.

"저는 목회할 때 이 자리에 모여 있는 분노의 문제들을 풀어야 한다고 생각합니다. 그게 지금 21세기 한국 땅에서 우리가 풀어야 할 문제예요. 이게 바로 만나의 문제고, 마실 물의 문제라고요. 시험의 내용이 이거예요. 분노. 한 번 물어보겠습니다. 분노를 통해서 문제가 해결되나요? 이스라엘 백성들 분노해 있잖아요. 원망하고 다퉜다. 그게 뭐예요. 분노예요. 분노. 모세를 돌멩이로 쳐서 죽이라고 했잖아요. 분노가 해결되었어요? 이스라엘 백성이 속듯이 우리도 속고 있는 거예요. 악한 마귀는 우리에게 분노를 일으켜요. 뿌리가 마귀인 것은 우리를 분노케 만들어요. 분노해야 망하거든요. 분노해야 무기력에 빠지거든요. 분노해야 아무것도 이루지 못하거든요. 분노해야 하나님의 뜻을 저버리거든요."

오늘날 한국 사회에 분노가 들끓고 있는 것은 그것으로 문제를 해결하려는 것 이전에, 분노해야 할 일들이 많이 생겨나고 있고 그것이 동력이 되어 새로운 단계로 나가자는 것이다. 그걸 전병욱 목사는 악마의 간계라고 규정하고 있다. 여기에는 매우 교묘한 심리적 논리가 숨어 있다. 자신의 행위에 대한 분노까지 포함해서 마귀의 작동이라고 되받아치려는 것 아닌가? 분노해야 할 일에 분노하지 않고 있는 것, 그것은 정말 문제가 아닌가? 예수께서 분노할 일에 분노하셨고 슬퍼할 일에 슬퍼하셨지 않은가? 분노 자체가 마치 죄인 것처럼 몰아가고 있는 것은 바로 이러한 부정의에 대한 격분조차 통제하려는 것 아니겠는가? 그의 결론은 참으로 어이가 없게 끝난다.

"분노의 뿌리가 뭐라고요? 분노하는 사람들 보세요. 살짝 한 꺼풀 벗겨보면 허영심이 있어요.

무제한적인 욕망. 여러분, 욕망이 없으면 분노할 것도 없잖아요? 왜 분노해요? 욕망이라니까요. 욕망이 있지, 욕심이 있지, 그것은 절대 얘기하지 않아요. 자기는 알지만 덮어 놓고 있거든요. 거기부터 깨야 한다는 것이에요. 하나님 말씀 앞에 자기 자신의 욕망, 허영심 다 내려놓고 오직 십자가의 의만이 있기를 원합니다, 하나님의 뜻이 이뤄지길 원합니다. 이게 참된 성도의 모습이에요. 오늘도 분노심 때문에 잠 못 이루고, 화가 나서 못 견디는 분들이 있지 않습니까? 오늘 예수 그리스도 십자가 앞에 허영심을 내려놓아야 합니다. 삶의 욕심들을 내려놓아야 합니다."

오늘날 한국 사회가 분노하는 것은 욕심 때문이 아니라 공의로움이 사라지고 있기 때문이며, 욕심이 있는 자들이 도리어 분노하지 않고 부당한 기존 질서에 영합하고 있지 않는가? 이것이 보이지 않는다면, 그야말로 자신의 욕심 때문에 "정의가 강처럼 흐르게 하라"는 하나님의 말씀이 들리지 않는 것이 아니겠는가? 전병욱 목사의 일에 분노하는 사람들조차 이러한 설교 앞에서는 마귀의 자식이 되고 만다.

잘못된 결정은 즉각 돌이키라?

세 번째 분석 대상인 설교의 제목은 "잘못된 결정은 즉각 돌이키라"이며 본문은 사무엘상 21장 10~15절이다. 여기서 그는 마주 싸워야 할 '대적'에 대한 이야기를 펼친다.

"이스라엘 백성에게 늘 블레셋과 같은 대적이 있었는데, 우리도 마찬가지란 말이에요. 우리 삶 가운데 블레셋이 있다는 것입니다. 대적이 있다는 것입니다. 왜요? 늘 하나님이 함께 하시기 때문에요. 늘 하나님께서 함께하는 것을 체험하기 위해서는 늘 대적과 싸움을 벌여야 한다는 것입니다. 그래서 우리는 예수를 잘 믿으면 늘 하나님이 함께하기 때문에 만사형통하리라. 그것도 있죠. 승리한다는 것도 맞는 거지만, 아무 싸움도 없다는 것은 맞지 않다는 것입니다. 대적이 있습니다. 여러분 생각해 보세요. 사업을 할 때 사업을 크게 하면 크게 할수록 대적이 많아지죠. 속도가 빨라지면 저항도 강해지는 거죠. 자전거를 탈 때도 마찬가지예요. 한 15km로 타면 저항이 별로 없어요. 그런데 40km로 갈 때 제일 큰 영향이 뭔지 아십니까? 바람이에요. 맞바람이냐, 뒤에서 불어 주는 바람이냐에 따라서 저항력이 다르게 느껴지거든요.

우리는 하나님의 강력한 힘으로 전진하는 백성들 아닙니까? 그렇다면 강력한 마귀의 대적도 있겠죠. 그러나 하나님이 도와주시는 힘이 더 강력하다는 것입니다. 잊지 마십시오. 이스라엘에 늘 함께 하는 대적, 블레셋이 있었던 것과 마찬가지로 우리에게도 늘 하나님께서 함께하시기 때문에 늘 대적이 있다고 하는 것. 그런데 하나님의 능력을 의지하면 대적을 언제나 승리할 수 있다는 것입니다. 주님과 함께 하는 것으로 말미암아 승리하는 믿음의 종 되기를 바랍니다."

그에게 대적은 무엇이며 누구일까? 당연히 그의 삶과 목회 재개에 대해 비판을 하는 여론일것이다. 이렇게 구도를 잡으면, 자신은 이스라엘이고 그를 비판하는 세력은 블레셋이 된다. 그런데 그 자신은 하나님의 능력을 의지하면 대적을 꺾을 수 있다고 여길 수도 있으니 이 얼마나 위험하고 독선적인 논리인가? 이어 그는 다윗의 예를 들어, 사명감 논리를 펼친다. 대적 앞에서 다윗의 깨우침에 대한 이야기다.

"다윗은 어떤 생각을 했습니까? 왕이 사울에게 핍박받아서 도망 다니고 있다. 어떻게 살까?

어떻게 목숨을 부지할까? 그 생각 밖에 못했던 것 같아요. 자기 사명이 뭔지, 자기가 하나님께 받은 어떤 특별한 위치가 무엇인지 순간적으로 망각해 버렸던 것 같아요. 그래서 막 도망치다가 대적의 입을 통해서 깨닫게 된 거죠. 그 땅의 왕 다윗. 하나님의 기름 부으심이 생각났겠죠? 자기 사명이 생각났겠죠? 내가 해야 할 일이 무엇인지를 명확히 깨닫게 되는 것 아닙니까?"

목사의 모든 설교는 다 자신의 삶과 깊이 연계되어 있다. 특히 전병욱 목사의 경우처럼 논란의 대상이 되고 있을 때 설교는 그런 논란을 정리하고 자신을 정당화시키는 역할을 하게 마련이다. 설교가 설교자의 삶에도 적용이 되어야 한다고 보았을 때 이 설교의 핵심은 "다윗은 어떤 생각을 했습니까? 왕이 사울에게 핍박받아서 도망 다니고 있다. 어떻게 살까? 어떻게 목숨을 부지할까? 그 생각 밖에 못했던 것 같아요. 자기 사명이 뭔지, 자기가 하나님께 받은 어떤 특별한 위치가 무엇인지 순간적으로 망각해 버렸던 것 같아요"에 있다. 말하자면 전병욱의 "신앙 간증"인 셈이다. 성추행과 파문으로 교회와 세상으로부터 쫓겨나고 있을 때 그는 자신의 사명감으로 복귀하게 되었다는 것이다. 일체의 반성과 성찰이 없다.

그런데 자신은 잘못된 결정에서 돌아섰다는 것이다. 사명감을 느꼈으니까. "다윗이 사명을 잃어버리고 엉뚱하게 살겠다고 뛰었던 길, 잘못된 결정이었죠?" 그러니 자신의 목회 재개는 잘한 결정이 된다. 이어지는 이야기는 이렇다.

"잘못된 결정을 내렸으면 자존심을 내려놓고서라도 하나님의 사명의 길로 돌아가야죠. 무슨 비난을 받고, 욕을 먹는다 할지라도, 내가 얼마나 부끄러운 일을 당한다 할지라도 사명이 있다면 그 길을 가는 게 올바른 것이 아니겠습니까?"

모두 자신의 이야기다. 그리고 신앙과 성서로 포장되어 있는 자기 합리화다. 전병욱에 대한 비판이 쏟아지고 있는 현실에서 이를 이해하는 틀을 그는 교인들에게 제시하고 있는 셈이다.

"오늘 말씀 두 가지 내용입니다. 늘 하나님이 함께하는 택한 백성입니다. 그래서 늘 대적이 있습니다. 이상히 여기지 말라는 거에요. 대적을 이기는 방법이 뭐에요. 늘 하나님이 함께 하는 것을 더 붙들고 나가면 대적은 항상 지게 되어 있어요. 언제 블레셋이 주인공이 되는 거 봤어요? 이스라엘에게 깨지는 거죠. 늘 함께하시는 하나님, 늘 함께하면 되죠. 그래서 성도입니다. 그래서 승리를 맛보고, 세상에서 영광을 누린다는 거예요. 또 한 가지 중요한 것. 잘못된 결정을 내릴 수 있습니다. 안주하다가 잘못된 결정을 내려요. 깨닫는 그 순간 우리 아이덴티티, 그 땅의 사명자 누구누구, 그 땅의 사명자 홍대새교회, 자기의 아이덴티티를 깨닫는 그순간에 아무리 수치스럽고 부끄러운 일이 있더라도 대가를 치르면서 사명으로 돌아가게 될 때 하나님이 기뻐하신다는 것입니다. 오늘도 잘못된 결정이 있을 때 다시 주의 말씀으로 돌아갈 수 있는 믿음의 신실한 종 되길 바랍니다."

결국 그 순간에 아무리 수치스럽고 부끄러운 일이 있더라도 대가를 치른다는 것이다. 자신은 전혀 잘못된 결정을 한 것이 아니라 사명감에 불타는 믿음의 신실한 종이라는 것이다. 전병욱 목사가 자신의 잘못된 결정에서 즉각 돌이키기를 바란다.

확신과 책임감을 가지고 리더가 되라?

마지막으로 분석할 설교의 제목은 "확신과 책임감을 가지고 리더가 되라"이며 본문은 사무엘상 22장 20~23절이다. 내용은 사울에게 쫓기는 다윗에 대한 것으로 확신과 책임감 있는 지도자로 다윗을 꼽는다.

"핵심 포인트는 이것입니다. 아비아달 한 사람이 도망쳐서 다윗에게로 왔을 때 다윗이 아비아달을 품으면서 했던 말입니다. 22장 23절입니다. '두려워하지 말고 내게 있으라 내 생명을 찾는 자가 네 생명도 찾는 자니 네가 나와 함께 있으면 안전하리라 하니라.' 이 말을 듣는 순간에 저는 그런 생각이 들었습니다. '쳇, 자기 주제에, 주제 파악을 못하네.' 다윗 자기도 도망치는 주제에 무슨 허풍이냐. 좋게 생각해도 이게 무슨 배짱이냐. 그렇죠. 자기도 지금 위기에 놓이지 않았습니까? 그런데 도망치는 아비아달을 향해서 네가 나와 함께 있으면 안전할 줄 알라고 말합니다. 큰 소리 빵빵 치잖아요. 도대체 이게 무엇인가? 곰곰이 생각해보면 바로 이런 모습이 다윗이 지도자가 되었던 이유라고 말할 수 있다는 것입니다.

오늘 첫 번째 주제가 이것입니다. 확신이 지도자를 만난 것입니다. 22장 2절을 보니까 '환난 당한 모든 자와 빚진 모든 자와 마음이 원통한 자가 다 그에게로 모였고 그는 그들의 우두머리가 되었는데 그와 함께 한 자가 사백 명가량이었더라.' 영어 성경을 보니까 'he became their leader' 우두머리, 리더가 되었습니다. 어떻게 리더가 되었습니까? 확신과 믿음이 있었기 때문에 그렇다는 거예요."

또 자신의 이야기로 돌아간다.

"저도 교회에서 리더 아닙니까? 지도자로서 여러 가지 일을 겪다 보면 힘든 일들이 많이 있습니다. 가장 힘든 일이 뭘까 생각해 보았습니다. 어떤 때는 건강이 악화되는 것, 과도한 스트레스를 받는 것, 또 환경적인 어려움에 직면하는 것 힘든 일입니다. 그런데 힘든 일 가운데 가장 어려운 일, 악한 마귀의 공격에 대해서 가장 압박감을 느낄 때가 언제냐면, 나의 확신을 뒤흔들어 버릴 때. 하나님의 일을 하는 것, 밤을 지새워 가면서 기도하고, 많은 일들을 하고 불철주야 뛰어다니는 것 어렵지 않습니다. 그렇게 힘들지 않습니다. 견딜 만해요. 진짜 힘든 일이 뭔지 아십니까? 나의 확신을 밑바닥부터 뒤흔들어 버릴 때, 그때가 제일 힘들다는 거예요. 성도님들도 마찬가지 아닙니까? 일을 많이 해서 힘든 겁니까? 그게 아니죠. 확신이 흔들릴 때, 믿음이 흔들릴 때, 그때가 가장 힘들 때란 것입니다."

전병욱은 사울에게 쫓기는 다윗인가? 그렇다면 말이 될 수도 있다. 하지만, 어디 그런가? 그가 다윗처럼 아둘람 굴에서 기존질서에 패하고 밀려난 이들과 함께 하다가 핍박받은 적이 있는가? 전혀 그렇지 않지 않은가? 그렇다며 그에게 필요한 확신이란 도대체 뭔가?

"사람들은 언제 모이는지 아십니까? 확신이 있는 곳에 모여요. 확신이 없을 때 다 흩어져 버린다는 것입니다. 또 어떤 때는 경제적인 자원이 몰려들 수도 있는 것이고, 어떤 때는 기운이 모일 때가 있어요. 리더는 확신을 보는 것입니다. 확신이 리더를 만든다는 것입니다. 확신이 리더를 만든다는 것을 보여주는 대표적인 구절이 또 있어요. 시편이 3편을 보면 확신이 흔들릴 때의 모습, 그리고 확신이 있을 때 승리하는 모습 그런 것을 잘 묘사하고 있습니다. 시편 3편 1절입니다. '여호와여 나의 대적이 어찌 그리 많은지요. 일어나 나를 치는 자가 많으니이다.' 대적들이 하는 일이 뭔가를 보십시오. 2절 보시면, '많은 사람이 나를 대적하여 말하기를 그는 하나님께 구원을 받지 못한다 하나이다.' 핵심이 뭐예요. 확신을 뒤흔드는 거죠. 우리 주변에 있는 사람들이 뭐라고 하든지 간에 말 자체가 중요한 게 아니라 슬슬 얘기하면서 공격하는 핵심이 뭐냐면 확신이 흔들리기를 원하는 거예요. 그래서 불안하게 만들고, 의심하게 만들고. 그게 마귀의 목적이라는 것입니다. 근데 다윗이 뭐라고 고백을 해요. '주는 나의 방패시요 나의 영광이시오. 나의 머리를 드시는 자이시니이다.' 영광의 찬송을 올리고, 그 다음에 하는 일이 기도거든요."

전병욱 목사의 문제에 비판을 제기하는 이들은 그의 확신을 뒤흔드는 사울이 되고 만다. 이걸 그의 목회 재개에 적용해 보면 그는 사명감에 따라 행동하는 지도자이며, 확신을 가지고 세간의 비난에 아무런 대응도 하지 않고 가겠다는 것이다.

"자신만만하잖아요? 얼마나 재미있는 표현을 합니까? 주께서 나의 모든 원수의 뺨을 치시며. 귀싸대기를 때린다는 것이에요. 얼마나 기분이 좋아요. 상상만 해도 시원하죠. 하나님이 얼마나 손이 또 큰 손이에요. 귀싸대기를 때려가지고 한 번 맞을 때마다 코피가 탁탁 튀기고. 그 다음에 더 통쾌한 게 뭐예요. 악인의 이를 꺾으셨나이다. 마취도 안 하고 이를 꺾어버렸다. 생각할 때마다 잠이 번쩍번쩍 깨 버리죠? 그러면서 구원은 하나님께 있는데 주님께서 내게 복을 주셨기 때문에 내게 오는 사람들이 다 복을 받는다는 거예요. 나한테 붙으면 승리한다는 거예요. 나한테 줄 서라는 얘기죠. 나한테 줄 서면 승리한다는 거예요. 이런 확신, 기도를 통해서 온다는 거지요."

자신은 하나님 편에 줄 서 있고 그를 비판하는 이들은 그 반대편이 된다. 매사가 이렇다. 그러니 그에게 반성과 성찰, 회개와 변화를 기대하는 것은 애초부터 불가능한 일이 된다.

하나님이 자신의 편이라고 확신하고 있는 '지도자'를 어떻게 변화시킬 수 있을까? 확신이 있기만 하면 지도자가 된다고 하는데, 그는 바로 이 억지논리에 따른 자기세뇌로 목회재개를 하고 있는 것은 아닐까 하는 생각이 들 정도다. 그리고 세간의 비난에 대해서도 확신을 가지고 자신을 따르라는 식이 되고 있으니 그의 목회재개는 확신과 책임감의 소산이 된다.

확신 문제에 이어 그의 책임론은 이렇다.

"리더가 있으면 따르는 자들이 있을 게 아니에요. 따르는 사람들의 운명에 대해서 책임져야 되다는 거에요. 다윗의 리더십의 핵심이 바로 여기에 있었다는 것입니다. 다윗을 따르는 사람들이 있었죠? 아둘람 굴에서

400명, 나중에 또 600명으로 늘어납니다. 점점 더 늘어나요. 다윗을 따르는 사람들에 대해서 아둘람 아카데미라고 그러죠. 아둘람 공동체에 있었던 사람들 가운데 수치스럽거나 비참하게 끝난 사람들이 거의 없었어요. 거기 오는 사람들이 어떤 사람들이었어요? 원통한 사람, 빚진 사람들, 고난당한 사람들. 약한 사람들이 모여 있잖아요? 그런데 그들이 나중에 그 안에서 요압장군, 아비장군 기라성 같은 이스라엘 장군이 나와요. 모두 평균보다 나은 인생을 살았고, 자기 자신에게 주어진 여건보다 훨씬 더 영광스러운 인생을 살았다는 것입니다.

그 이유가 뭐예요. 다윗이 온 백성들에 대해서 책임을 졌다는 거에요. 저는 아둘람 공동체를 바라보면서 이런 생각을 했어요. 홍대새교회에도 많은 성도가 모이지 않았습니까? 저는 이걸 놓고 기도하고 있어요. 적어도 이 개척 교회에 오신 분들. 나중에 이런 고백을 해야죠. 내 일생일대에 최고 잘 한 결정이 뭐냐? 홍대새교회에 간 것이다. 그런 결정이 나와야죠. 그런 책임감이 있어요. 그것도 없다고 그러면 나가 죽어야죠. 전병욱 목사 나가 죽어야죠. 내 인생에 가장 영광스러운 일이 홍대새교회 첫 번째 특별 새벽 기도에 나갔던 거다. 그런 게 있어야죠. 그런 게 없다고 그러면 생명 걸고서라도 기도하고 하나님께 부르짖고 그런 결과를 나오게 만들어야 하는 게 지도자 아니겠습니까? 책임감이에요. 책임감."

그는 다윗이 되겠다는 것이다. 그것도 아둘람 굴의 다윗. 그런데 아둘람 굴의 다윗은 정의가 사라진 현실과 싸우다가 몰려 나간 존재로서 아둘람 굴을 지휘하고 있었지, 전병욱처럼 성추문에 쫓겨 나간 것이 아니다. 가치의 문제는 삭제하고 목회 재개를 확신과 책임감의 차원으로 돌려대고 있는 그의 설교는 그래서 매우 위험하고 문제가 많다. 교인들은 확신이 아니라 목사의 세뇌에 빠져들고 있는 것이다. 그렇다면 세간의 비판에 대해 그는 교회적 차원에서 어떻게 대응하려고 하고 있을까?

"우리가 어떤 직분을 맡는다거나 리더가 된다는 것은 책임지는 겁니다. 전도사님들도 세워졌고, 교사들도 세워졌죠. 홍대새교회의 모든 영적 지도자, 크고 작은 지도자들, 진장부터 시작해서 간사와 리더, 다 이런 책임 감으로 똘똘 뭉치는 사람이 되길 원합니다. 그래서 맡겨진 것에 대해서는 살려내고야 말아야 돼요. 우리 교회 자체도 마찬가지죠. 교회 이름에 대학교 이름 붙는 데가 있나. 홍대새교회. 적어도 홍대를 책임지겠다는 것 아니에요? 그거 아니면 정말 얼굴이 붉어지겠죠. 부끄러운 교회가 될 거에요. 해산해야 될 교회라고 생각합니다. 하나님 앞에서 능력 있게 쓰임 받는 하나님의 종이 되길 바랍니다."

설교의 핵심은 간단하다. 확신과 책임감 있는 지도자 전병욱을 중심으로 "똘똘 뭉치라"는 것이다. 참으로 암담하다.

맺는 말

전병욱 목사의 목회 재개는 그의 성추행 파문으로 끝났던 일이 얼마나 깊고 깊은 병을 교회 안으로 다시 끌어들이고 있는지를 보여주는 생생한 예가 되고 있다. 우리가 더욱 고뇌하게 되는 것은 전병욱 사건이 교회 안의 성추행과 성폭력을 넘어서서 그걸 합리화하고 교인들을 오도하는 일로 번지는 점이다.

우리가 전병욱 사건을 성추행 파문으로 규정짓는 것과 함께 그것을 넘어선 차원까지 이를 성찰하고 비판해야 할 이유가 바로 여기에 있다. 전병욱 사건은 한국교회의 탈 성서, 성서 오도, 설교의 비루함, 교권주의에 기인한 것이라는 점을 직시하지 못하면 우리는 이 사안에 대한 명료한 결론과 대응을 마련하기 어려울 것이다.

전병욱 목사의 교회개척은 CBS 시사 교양프로그램 '크리스천 NOW' 를 통해 방송된다. 그런데 취재 중 사고가 발생한다. 홍대새교회 측은 전 목사의 입장을 듣기 위해 교회를 찾은 CBS취재진들에게 위협을 가했던 것이다. 이들은 취재진에게 폭언을 퍼붓는 한편 취재장비마저 탈취하려했다. 취재를 담당했던 조혜진 기자는 홍대새교회 측 사람에게 손이 꺾이는 봉변까지 당했다. 조 기자는 '미디어오늘'에 기고한 기사를 통해 홍대새교회 사건을 취재하면서 겪은 후일담을 털어놓았다. 조 기자는 취재과정을 통해 전목사의 교회개척과 이후의 사태흐름이 여러모로 영화 '밀양'과 닮은 꼴이라고 밝혔다.

성추문 목사의 '은밀한' 회개, 영화 '밀양'이 떠올랐다

[미디어 오늘 2012.12.05.]

"사회적 여론은 중요하지 않습니다. 목회자는 교단법을 따라야하기 때문이죠. 교단법과 노회법에만 맞으면 문제될 것이 없습니다."

여성도 성추행 논란을 빚은 전병욱 목사의 목회를 인정할 수 있느냐는 기자의 질문에 해당 노회 관계자가 한 대답이었다. 아무리 '가재는 게 편'이라지만 목회자에게 다시 한번 실망감을 느낀 순간이었다.

노회는 교단총회 산하 조직으로, 목회자를 임명하고 면직시키는 권한을 갖고 있다. 문제를 일으킨 목회자를 징계하는 것도 노회의 역할이다. 그런데 노회가 이 임무를 등한시 하면서 노회는 이른바 '목사 노조'로 전락했고, 이는 한국교회 건강성 회복을 기치로 내건 프로그램 '크리스천 나우' 담당피디 김동민에서 전병욱 목사 사건을 다뤄야하는 이유이기도 했다.

젊은이들만 1만여 명이 넘는 삼일교회를 시무했던 전병욱 목사는 누가 봐도 성공한 목회자였다. 하지만, 여성도 성추행 논란이 붉어지자 2010년 7월 돌연 안식년에 들어갔고, 그해 12월 교회를 사임했다. 피해여성도들이 여러 명이란 소문도, 13억 원이 넘는 전별금을 전 목사가 받아갔다는 소문도 전 목사의 사임과 함께 모두 묻히고 말았다.

그런데 1년 반 만인 올해 5월 삼일교회에서 얼마 떨어지지 않은 곳에 홍대새교회를 개척하면서 전병욱 목사는 다시 논란의 중심에 섰다.

아무런 사죄와 공개적 회개 없이 교회로 돌아온 전 목사에게 교계 시민단체들이 문제를 제기한 것이었다. 하지만, 교단에서 뭐라 하지 않는데 전 목사가 눈치 볼 것은 없어 보였다.

그런데 예상치 못한 일이 벌어졌다. 삼일교회에 새 담임목사가 부임하면서 전병욱 목사를 면직시켜달라는 청원서를 노회에 접수시켰기 때문이었다.

'목사 면직'같은 신학교 선후배로 얽힌 사이에 목사가 목사를 징계해야 한다는 것은 분명 껄끄러운 일이었고, 예상대로 노회는 서류가 미비하다는 등 여러 핑계를 대며 이 문제를 다루길 회피했다.

옳고 그름을 떠나 '우리가 남이가~'식인 노회, '용서는 사람이 아니라 하나님이 하시는 일'이라며 전 목사를 두둔하고 나선 홍대새교회 성도들, 그리고 설교에서 자신의 정당성을 부르짖는 전병욱 목사까지. 뭐 하나 상식적인 구석이 없었다.

"주위에서 자꾸 공개적으로 회개 했냐고 그러는데, 회개를 떠들면서 해요? 회개는 은밀하게 하나님 앞에서 하는 겁니다."

전병욱 목사의 설교 중 한 대목이 귓가를 맴돈다. 영화 '밀양'이 떠올랐다.

취재 중 만난 성추행 피해자는 아직도 고통 속에서 벗어나지 못하고 있었는데, 가해자는 하나님께 용서를 받았다며 오히려 당당한 모습이었다.

전병욱 목사를 만나 묻고 싶은 것이 많았지만, 결국 그를 만날 수는 없었다. 전 목사의 입장을 듣기 위해 홍대새교회를 찾아갔지만, 성도들은 취재진에게 폭언을 퍼붓고 거칠게 우리를 밀어붙였다. 카메라를 빼앗기지 않기 위해 취재진은 10여 미터를 끌려나오는 수모까지 겪어야 했다.

그리고 이 같은 내용은 지난달 24일 방송된 '크리스천 나우'에 고스란히 담겼다. '회개는 하나님과의 개인적인 문제'라고 주장하는 전병욱 목사의 설교와 '진심어린 회개란 피해자에 대한 사죄까지 포함돼야한다'는 피해자의 절규가 묘한 대비를 이뤘다. 무엇보다 전 목사를 징계하지 않는 노회의 직무유기를 확실히 지적했고, 노회가 이 문제를 어떻게 해결하는지 끝까지 지켜보겠노라는 엄포(?)도 놓았다.

기독교방송이 어떻게 교회의 허물을 들추는 방송을 하느냐는 지적을 간혹 받기도 한다. 하지만, 교회의 곪은 상처를 도려내 새 살이 돋게 하는 역할이 바로 CBS 교계 기자가 감당해야할 부분이라고 생각한다.

교회가 건강해질 때 기독교 본연의 역할인 세상의 빛과 소금의 역할을 더욱 충실히 감당할 수있고, 세상이 좀 더 아름다워질 수 있다고 믿기 때문이다.

주의 종을 비판하지 말라고?

김응교

숙명여대 국문과 교수

CBS 시사프로그램 〈크리스천 NOW〉 진행

1.

이 세상엔 아름다운 교회들이 너무 많다. 지금도 그 큰 뜻을 위해 소리 없이 일하시는 목회자들이 너무 많다. 잘 보이지 않아서 그렇지, 병마와 싸우면서도 마지막까지 빈자를 섬기는 이름없는 목회자도 계시다. 지리산 골짝에서 온 힘을 다해 노인과 병자를 섬기는 목회자도 계시고, 문명이 없는 오지에서 원주민에게 의료 선교하시는 의사들도 적지 않다. 이분들이 아직 남아 있는 구도자Seeker들이시다.

이 분들, 남은 자The Remnant들은 드러내고 자랑치 않으시기에 보이지 않는다. 숨어서 예수님 흉내를 내는 분들이다.

그런데 세상은 개신교에 대해 염려한다. 세상에 보이는 이들은 남은 자들이 아니라, 드러나 있는 자들이기 때문에 그렇다. 세상에 알려진 '드러난 자'들은 좀 더 조심해야 하는데, 밝히 드러나기 때문에 치부가 보인다. 그래서 세상은 이들을 비판한다. 그러면 그 동업자들은 입을 맞추어 "주의 종을 비판하지 말라"라고 한다. 성경에 그렇게 쓰여 있던가? 아니다. 오히려 구별하라 하셨다.

"거짓 선지자들을 삼가라. 양의 옷을 입고 너희에게 나아오나 속에는 노략

질하는 이리라"^{마7:15}

예수님은 양의 옷 닮은 하얀 성스런 옷을 입고 성스러운 말로 다가오는 '노략질하는 이리'를 구별하라 하셨다. 불교에서 원효처럼 존경받아 마땅한 큰 스님이 있고, 반대로 '땡중'이 있듯이, 개신교에도 존경해야 할 목사님이 계시고 반대로 겉은 번지르르하지만 전혀 예수님 닮지 않고 목사인 척하는 '노략질하는 이리'가 있다.

또 어떤 이는 말한다. "비판하지 말고, 판단을 하나님께 맡기세요"라고. 판단을 하나님께 남겨두라고 성경은 가르치지 않는다.

> "장로에 대한 고발은 두세 증인이 없으면 받지 말 것이요. 범죄한 자들을 모든 사람 앞에서 꾸짖어 나머지 사람들로 두려워하게 하라"^{딤전 5:19~22}

사기꾼들을 꾸짖어야 한다. 무엇이 부끄러운지 깨닫게 해야 한다. 성실하게 살수록 악마가 될 수 있다. 아돌프 아이히만은 상냥한 아비였지만, 다만 나치의 폭력에 성실했던 관리였다. 악의 구조를 비판치 않고, 그 안에서 착하고 성실하게 살아가는 '악의 평범성'한나 아렌트은 우리와 우리 후손을 괴물로 만든다

> "너희는 지혜로운 자로서 어리석은 자들을 기쁘게 용납하는구나. 누가 너희를 농으로 삼거나 잡아먹거나 빼앗거나 스스로 높이거나 뺨을 칠지라도 너희가 용납하는도다"^{고후11:19~20}

사기꾼들을 용납하는 자들이 더 큰 문제다. 옛날에도 이리 떼들이 속여도 용납하는 어리석은 자들이 있었다. 노략질하는 이리의 설교를 성실하

게 들어주고, 착하게 십일조 내고 헌금 내는 것이 노략질하는 이리를 양산하는 길이 될 수 있다. 양의 옷을 입은 사이비 이리 떼가 아니라 진정으로 약자를 섬기고, 노인들을 섬기고, 부정에 분노하는 분들을 도와드리고 연합해야 할 때이다. 남은 자의 설교를 듣고, 기도와 헌금으로 선한 분, 정의로운 목회자들 편에 서서 지지해 드려야 한다.

다만 주의해야겠다. 이런 글 쓰려면 단어가 갖고 있는 묘한 유혹이 따라온다. 남을 비판할 때 느끼는 쾌감 같은 따위 말이다. 쓰는 필자나 읽는 분이나, 그런 마음 말끔히 지워야겠다. 자기가 쓴 비판은 곧 자기 삶으로 되돌아온다는 법칙을 각오하며, 미물微物에 지나지 않는 서생이 모자란 글을 올린다.

2. 회개 없는 성 욕망 – 전병욱에게

2006년 5월 결혼식 주례 부탁하러 목사님 방에 갔습니다. 목사님께서 문 잠그라고 하셨습니다. 그때 목사님이 제 엉덩이를 한 움큼 주물렀습니다. 최양락 같은 목소리로,

"넌 왜 이렇게 엉덩이 쳐졌냐? 운동해야 힙up 돼."

소파에 앉으라 하여 소파에 앉자 목사님이

"너 가슴 한번 만져 보자. 만져도 되지?"

대답할 새 없이 제 가슴을 만졌습니다.

"너 가슴도 쳐졌네. 너 정말 운동해야겠다."

말씀하셨습니다. 그때 한창 목사님이 자전거 타고 다니시면서 설교 때 자전거 얘기 많이 했었고, "지방을 태워 단백질로" 구호도 많이 하셨습니다. 주례 부탁했고, 마지막 말에 또 충격 먹었습니다.

"결혼하고 찾아와. 야한 체위 알려 줄게."

기겁했습니다.

어느 포르노 소설 한 부분이 아니다. 마침내는 구강성교까지 실현했던 전병욱의 일상에 대한 묘사다. 성性 자체가 나쁘다는 것이 아니다. 아이가 볼펜을 빠는, 프로이트가 말한 유아의 본성 심리를 말하는 것이 아니다. 남에게 치명적인 정신적 상처를 준 성폭력에 대한 문제다.

전병욱 사건은 한국교회의 총체적 부패의 상징이다. '성폭행 목사'의 헛된 설교를 열심히 들어준 '성실한 신자들'과 쉬쉬 감추며 '악의 평범성'한나 아렌트을 구축해 준 당회, 노회와 부패한 목사들의 감싸기, 그야말로 '부패 도미노 현상'이 작금의 현실이다. 피해여성이 내 아내, 내 딸, 내 조카, 내 손녀가 될 수도 있는 데도 말이다.

> "또 내가 그에게 회개할 기회를 주었으되 자기의 음행을 회개하고자 하지 아니하는도다"계2:21

성경 말씀 그대로다. 회개할 기회를 주었는데, 회개치 않고 오히려 정당화하고 있는 그의 동영상 설교를 들으면 대단하다.

아직도 그의 설교를 보면 새벽 설교에서, 자신을 고통스러운 다윗으로, 교인들을 아굴람굴에서 다윗과 함께하는 동역자로 비유하면서, 어떤 말에도 속지 말라 한다. 전병욱은 그 며칠 전에도 "뻔뻔해야 한다"고까지 설교했다.

"죄짓고 또 새로 태어났다 하는 교회 사람들은 뻔뻔하다고 세상 사람들이 말해요. 그래요. 예수 믿는 것은 뻔뻔한 거예요."

홍대새교회 성폭력자 전병욱은 계속 다윗과 함께하자 한다. 다윗은 자기 자신이고, 성폭력을 비판하는 사람은 다윗의 적이 되는 격이다. 그러면서 "뻔뻔해야 축복받는다"라고 강변한다. 저 뻔뻔한 마케팅에 속는 사람들이 안타깝다. 그런데도 이런 마케팅에 참여하는 사람들이 있다.

홍대새교회 홈페이지에는, 예배 사진들이 있다. 저렇게 많은 사진을 올리려면 앞뒤에서 수십 장 찍어 그중 잘된 것을 뽑아야 할 텐데. 예배 중에 사진만 엄청나게 찍을 거 같다. 예배당인지 사진관인지 모를 곳에서, 전병욱을 위한 모델로 이용되는 저 얼굴들이 안타깝고 불쌍하다.관련 기사 : 전병욱, 출교냐 면직이냐 복귀냐. 이제까지 나온 홍대새교회 전병욱에 대한 가장 정확한 지적과 대안은, 황영익 목사님의 '목회 윤리와 목회자 권징'이 아닌가 싶다.

3.

카프카 장편소설 『소송』에서 주인공 K를 자살하게 만든 초자아는 인간이 살아 있는 한 늘 우리 곁에 있다. 식민지시대 일본제국, 물질시대의 부패교회와 그 하수인들이 초자아로 군림하며 죄 없는 K들을 '떼 바보'로 만든다. K들은 속지 말고 서로 연대해야 살 수 있다.

자신 있게 말하거니와 소수지만 말씀대로 사는 남은 자들The Remnant 많다. 이름 없이 빛도 없이 시골에서 섬에서 산골에서 약자들 위해 사시는 구도자들 많이 계시다. 단돈 10원이라도 이쪽에 헌금 보내야 한다. 그분들의 이야기를 드러내야 한다. 또한 우리 자신이 작은 사제로 살아야 한다.

> "너희는 택하신 족속이요 왕 같은 제사장들이요 거룩한 나라요 그의 소유가 된 백성이니 이는 너희를 어두운 데서 불러내어 그의 기이한 빛에 들어가게 하신 이의 아름다운 덕을 선포하게 하심이라"벧전2:9

이 말씀에 따라 1517년 10월 31일 95개 반박문을 내걸고 루터가 이렇게 썼다. "모든 그리스도인들은 제사장이고, 모든 제사장들은 그리스도인들이다. 그리스도가 유일한 대제사장이시고, 우리는 그의 형제이므로 모든 그리스도인들은 선포할 명령을 수행해야만 하며, 수행할 능력을 가졌고,

우리의 이웃을 위해 중재자로서 하나님 앞에 나가야 하며 하나님께 우리 자신을 드려야 한다. 만인 제사장이 되는 계기가 바로 세례다"라고. 그러고 보니 만인사제주의priesthood of all believers를 알렸던 루터의 종교개혁 500주년2017년이 3년 남았다.

　남은 자, 이제는 굴복하지 않는 시민 K들이 많아져야 한다. 함께 기도하고 즐겁게 지혜도 모아야 한다. 종교개혁 500주년이 다가오는 이 시기에 피해받은 분들과 함께 울고 위로해야 하겠다. 잠시 무릎 꿇고 기도하고, 처음부터 다시 읽고 몇 자 수정해서 이제 보낸다. 남은 구도자님들, 늘 평안하시기를.

* 이 글은 한국 〈뉴스앤조이〉(2012년 07월 24일)에 실렸던 글을 수정한 글이다.

집단적 투사의 그림자들

최 규 창

한국기독학생회(IVF)이사
〈고통의 시대 광기를 만나다〉 저자

14세기 독일의 신비주의 신학자였던 에크하르트Johannes Eckhart는 분석심리학이 태동되기 수백 년 전에 이미 관상기도를 통해 하나님을 최고의 축복으로 체험하는 내면의 행복béatitude을 강조한 바 있다. 여기서 분석심리학을 언급한 이유는 그가 기도의 첫걸음으로 제시한 방법이 '리비도의 내면화'프로이트 또는 '투사의 철회'융와 매우 유사했기 때문이다. 에크하르트는 하나님과의 만남초탈을 위해서는 반드시 모든 형태의 상相들로부터 벗어나야 한다고 말한다. 인간은 소망하는 꿈이나 숨기고 싶은 욕망이 있을 때 그것을 외부의 존재에게 전이시킴으로써 자기의 꿈과 욕망을 숨기고 주체로부터 벗어나고자 하는 본능적 자기방어기제를 가지고 있는데 이를 흔히 투사投射,projection라고 부른다. 그리고 나는 이 현상이 가장 극단적으로 일어나고 있는 곳이 바로 도덕적 무장과 자기검열이 강조되고 초월적 관계를 추구하는 집단, 즉 교회와 가정이라고 생각한다.

한국교회는 신학적, 역사적, 그리고 사회학적으로 투사가 가장 용이한 구조를 지닌 채 성장해 왔다. 지난 수십 년간의 양적 성장은 무엇보다 성서해석과 교회론을 독점한 카리스마적 목사들에 의해 수행되어 왔고, 우리는 그들의 입에서 나오는 말씀을 들으며 신앙의 체계를 쌓아 왔다. 그러나 우리가 진정으로 하나님을 만나기 위해서는 우리 앞에 놓인 두터운 투사의 벽을 넘어가야 하는데 그 과정은 경직되고 엄격한 '구원 교리'를 오랜 기간 동안 내면화한 성도들에게 그리 간단한 문제가 아니다. 다시 말해, 우리는 하나님 나라의 복음을 이해하고 그것을 나의 내면과 삶 속에서 누리고 실천하기 보다는, 그 복음의 '선포자들' 또는 '선포 방법들'에 집중함으로써 정작 중요한 복음의 핵심을 잃어버리게 된 것이다. 우리는 하나님과 그분의 나라 보다는 목사, 교회, 성서교리에 집중하게 되었고, 예수처럼 되기를 원하는 우리의 소망을 그것에 투사시켰다. 사실 우리 '외부에' 절대적 진리로 존재하는 신을 닮아 가는 것이 불가능함을 깨닫는 건 굳이 지난 수천 년의 교회사를 공부하지 않더라도, 매주 교회에서 초라한 죄인이 되어 회개하는 우리의 모습을 보는 것만으로도 충분하다. 그 결과 우리는 하나님 나라 운동을 '교회의 선교활동'으로 국한시켜왔으며, 예수께서 선포하셨던 복음보다는 이미지로만 가지고 있는 예수라는 존재를 언어적으로 시인함으로써만 가능한 이해하기 어려운 영혼구원의 신학을 신봉하게 되었다. 정작 하나님 그 분을 제외한 모든 분야에 투사가 일어난 것이다. '전병욱 현상'은 이러한 집단적 투사의 그림자가 깊이 드리워진 한국교회의 암울한 환경이 만들어낸 시한폭탄 같은 현실이다. 여기서 '현상'이고 부른 이유는 그의 범죄가 단회적 일탈이 아니라 오랜 기간 반복되었고, 지금도 그에 아랑곳하지 않는 추종 집단의 양적 성장이 계속 이루어지고 있다는 점에서 '사건'이라고 보기 힘든 연속성이 있음을 감안한 것이다. 우리가 투사의 대상으로부터 바라는 것은 결국 자기 욕망의 실현이다. 우리는 각자 자기에게 필요한 예수를 보고, 자기가 보고 싶은 목사를 상상하며, 자기의 욕망을 정당화하는 성서의 구절을 사랑하고, 존재할 수 없는 완벽한 교회를 늘 찾아 헤맨다. 기복신앙과 번영신학은 결국 우리의 욕망을 한국교회에 집단 투사시킨 결과물인 것이다.

우리는 투사의 대상을 원형元型,archetype과 분리시키는 것이 얼마나 어려운지를 잘 알고 있다. 목사는 곧 그리스도의 대리인이며 목자로 여겨진다. 우리 각자에게 주어진 은사로 세워져 가는 교회보다는 목회자의 리더

십을 중심으로 부흥하는 교회를 꿈꾼다. 따라서 우리는 삶의 일상 속에 주어진 '공동체성'과 '교회성'을 미련 없이 버리고, 주일 목사가 우리를 반겨주는 특정한 건물을 교회라고 생각한 나머지 거기에 우리의 신앙의 에너지를 모두 헌신한다. 대형교회의 목사는 이미 목회자의 원형을 점령하였고, 성도들의 독점적 투사의 대상이 된 지 오래다. 그와의 만남은 우리의 탈脫주체성을 자극하여 동일시의 욕망을 극대화하고, 그의 부탁은 곧 나의 욕망으로 환원되며, 그의 눈물은 우리의 이성을 마비시켜 모든 정상적 판단을 중지시킨다. 논문표절 해명에 대한 거짓으로 일관된 오정현의 눈물의 사과를 보며 성도들이 '아멘!'과 박수로 화답하는 현상은, 전병욱의 욕망 희생자들과 여전히 그를 추종하는 이들이 겪고 있는 집단적 체험과 본질적으로 다르지 않다. 일종의 불가항력성이 존재하는 것이다.

투사를 통한 내면의 왜곡은 외부 구조의 힘을 더욱 왜곡시킨다. 이미 주체적 판단능력을 상실한 집단이나 공동체는 어떤 비상식적인 일이라도 발생할 가능성이 열려있다. 그리고 발생한 일에 대해 사유하고 반성할 수 있는 기반을 상실한다. 전병욱이 그렇게 오랜 세월 동안 심각한 죄를 지으면서 목사로서의 지위를 유지할 수 있었던 이유다. 사람들은 목사에게 투사함으로써 허구적 기대를 가졌고, 이를 아는 목사는 자기의 욕망을 다른 여성들에게 투사함으로써 그들 역시 자신을 원할 것이라는 환상을 가졌다. 그리고 범죄는 점점 대담해졌던 것이다. 모든 것이 드러난 후에도 교회가 한동안 이 일들을 제대로 처리하지 못한 것 역시, 목사 본인 외에는 뚜렷한 책임자가 없는 상황에서 모두가 자신의 이익을 중심으로, 또는 교회의 '허상적 덕德'을 위해서 희생양을 만드는 방식을 선택했기 때문이다. 구조적 마비가 일어나는 곳에서는 도덕적 책임이 실종된다. 목사 본인 외에는 누구도 도덕의 수호자로 호출되지 않는다. 놀랍게도 전병욱은 끝까지 그러한 최소한의 책임도 인정하지 않았다.

전병욱 현상은 우리 사회 모든 구조에서 일어나는 일이다. 끊임없는 욕망의 투사와 희생양 만들기, 집단적 광기를 우리는 정치·사회·기업·문화, 심지어 교회와 가정에서도 보고 있다. 이미 죽은 정치인들에게 투사된 국민적 기대는 그의 딸이나 후계자들에게 전이 되어 지금도 그들이 우리나라를 통치하도록 만들었다. 오죽하면 지난 2012년 대선을 박정희와 노무현의 싸움이라고 했겠는가. 국가·재벌기업·교회에서의 2세, 3세 지배가 가능한 것도 그런 이유 때문이다. 다만 교회와 가정의 경우는 현행법에 의해 처벌받지 않고 하나님의 뜻이나 온정주의로 정당화될 뿐이다. 교회도 세상 속의 조직이며, 사람들이 자신의 문제와 한계를 그대로 안고 들어가는 곳이라는 점에서 동일한 문제에 노출되어 있음을 인정해야 한다.

전병욱 현상을 통해 우리는 집단적 투사의 그림자들을 목격한다. 그것은 도덕적 비판의 차원에서 규명될 수 있는 성질의 것이 아니다. 대중은 그에게 자신의 욕망을 투사했고, 그의 책과 설교에 열광했으며, 그와 동일시 되기를 원했다. 투사 욕구는 생각보다 강하고 자연스러우며, 공동체가 끊임없이 경계해야 할 무의식적 과정이기도 하다. 투사는 우리가 의지적으로 하는 그 무엇이 아니라 그냥 일어나는 일이기 때문이다. 주님도 당신이 선포한 하나님 나라의 복음에 귀 기울이기보다는 계속 스승에게 자신을 투사하는 제자들을 깨우셨다. 풍랑 앞에 떠는 제자들에게 '너희가 어찌 믿음이 없느냐'막4:40고 책망하셨고 '겨자씨만한 믿음만 있어도 산을 옮길 것'이라고 말씀하셨으며,마17:20 배고픈 군중들을 위해 '너희가 그들에게 먹을 것을 주어라'요6:5고 말씀하셨다. 또한 병자들에게 '네 믿음이 너를 온전케 하였다'고 하셨고,막10:52 적극적으로 당신의 옷자락을 만져 병을 고친 여인에게도 '네 믿음이 너를 구원하였다'는 칭찬을 하셨다.막5:34 제자들은 실재로 예수처럼 물 위를 걸을 수 있었고,마14:29 사탄을 번갯불처럼 떨어뜨리는 기적을 일으켰으며,눅10:18 스승보다 더 위대한 일도 하게 될 것이었다.요14:12 끊임 없이 예수를 의존하였던 제자들의 투사는 철회되어야 했다. 그들은 길이요 진리이신 그리스도를 통해 다가오는 하나님 나라의 온전한 백성과 선포자들이 되어야 했다. 그리고 그 철회는 마침내 주님의 죽으심과 승천으로 완성되어 온 땅에 예수 운동이 시작되는 도화선이 되었다.

예수께서도 '선하신 이는 하나님 한 분'마19:17이라고 하신 점을 미루어 보건대 오늘날 목사와 교회, 성경 자체, 신학적 교리에 과도하게 씌워진 투사는 너무나 비성경적이며 파괴적이다. 불교에서도 '길에서 부처를 만나면 그를 죽여버려라'고 가르친다. 우리는 진리와 직접 대면해야 하고, 외부의 거룩한 대상을 만들어 부당하게 의존하는 투사를 철회해야 한다. 그렇지 않으면 목회자와 교회는 오히려 우리가 하나님을 만나는 걸림돌이 될 것이다. 역으로 우리가 투사를 철회한 후에 목사와 교회는 비로소 온전한 모양으로 다가올 것이고, 하나님의 온 백성의 공동체는 그 본 모습을 드러낼 것이다. 한국교회 갱신의 첫 출발은 이러한 투사된 욕망을 철회하는 것이다. 그래야 이원론이 극복되고 교회론이 다시 쓰여질 수 있다. 한국교회는 이 중대한 시금석 앞에서 스스로의 문제를 깨닫지 못하고, 여전히 버릴 것을 버리지 못하는 우를 범하고 있다. 교회 스스로가 하나님과 그 백성을 가로막는 장애가 되고 있다는 것을 말이다. 전병욱 현상은 그 대표적인 예이며, 불행히도 이 비극은 여전히 한국교회를 서서히 침몰시키고 있다. 투사를 철회하고 그를 버려야 할 시기가 이미 지났음에도 한국교회는 여전히 그를 필요로 하는 모양이다. 그 대가로 그는 21세기 초 한국교회의 대표적인 무의식의 그림자로 기억되는 비극의 주인공이 될 것이다.

권력 의지의 영성

이원석
언더우드학원선교센터 연구원
〈거대한 사기극〉, 〈인문학으로 자기 계발서 읽기〉 저자

권력, 정치, 정의

인간은 힘을 추구한다. 권력과 정치는 인간됨의 기본 항목이다. 인간은
자아 실현의 방식으로 권력을 추구한다. 권력, 즉 힘에 대한 일관된 추구
가 바로 정치이다. 그렇기에 정치가 모든 것은 아니지만, 모든 것이 곧 정
치가 된다. 이른바 리더십에 대한 표준적인 정의 가운데 하나가 영향력의
행사이다. 달리 말하면, 힘권력의 행사라고 할 수 있다.

또한 힘의 바른 배분을 지향하는 것이 바로 정의正義, justice이다. 이것은
물론 궁극영원의 시점에서 사랑agape을 지향하고 현실의 차원에서 정의를
추구하는 라인홀드 니버Reinhold Niebuhr의 논의를 염두에 두고 하는 발언이
다. 힘권력의 분배는 돈을 포함한 여러 자원의 분배를 결정한다. 다시 말해
권력의 분배가 현실의 정황을 결정한다.

통상 인간은 권력의 추구와 그 획득에 인생의 목적을 둔다. 또한 권력
행사의 결과물에 집착한다. 이것은-많은 종교 교리와 행습에 드러나는 -
불사不死를 향한 인간의 오랜 욕망을 반영하는 것이기도 하다. 사제와 위
정자가 하나되는 고대의 제정일치 사회는 자연스러운 것이다. 요새 종교
지도자들이 정치에 기웃거리고, 특히 지배계급에 편향되는 것도 이런 때
문이다.

명예 추구와 권력 의지

여하간 정치 지도자 못지 않게 종교 지도자도 권력을 추구한다. 많은 목사, 신부, 승려 등의 사제가 자신의 자아실현을 위해서 교계 안팎으로 배회하기 일쑤이다. 명예이름는 권력을 추구하는 그들에게 필연적으로 지향하는 대상이다. 그들에게 명예는 권력의 표식이다. 적어도 그들 사이에서 명예는 권력의 중요한 척도이다.

한국 기독교는 이런 면에 있어서 참으로 남다르다. 교회 목사들이 결성하고 가입하는 여러 단체에 이른바 증경曾經 총회장들이 그리 많은 이유가 달리 있겠나. '증경'이라는 표현은 과거에 벼슬을 지낸 것을 가리키는 옛 어휘다. 다시 말해 그들이 총회장과 같은 직함을 벼슬관직로 생각하고 있다는 뜻이다. 복음의 진리가 아니라 자신의 명예를 추구하고 있다.

총회장직을 벼슬로서 수용하는 명예 추구는 권력 의지의 기본적인 양태이다. 달리 말하면 불사不死의 욕망을 추구하는 것이다. 개犬독교란 곧 무형의 은총이 아니라 가시적 자원을 추구하는 타락한 종교집단이다. 다시 말해 무형의 은총에서 신령한 구원을 획득한다기보다 가시적 차원의 축적으로 세속적 불멸을 추구하는 것이라고 할 수 있다.

권력 의지와 자아 팽창

이렇게 권력을 추구하는 것은 본질상 자아의 불멸을 추구하는 것이다. 이와 반대로 은총을 추구하는 것은 하나님을 자아의 중심에 모시고, 자아를 주변화하는 것이라 볼 수 있다. 로버트 멍어Robert Boyd Munger가 쓴 소책자의 제목처럼 내 마음은 그리스도의 집이다.My heart − Christ's home 그리스도는 내 마음의 주님이시고, 나는 그리스도의 종노예인 것이다.

개독교가 욕을 먹는 이유는 무엇인가? 이웃세상을 배려하지 않기 때문이다. 개독교가 세상 속에서 드러내는 것은 하나님의 이름과 영광과 권세가 아니라 외려 자신의 이름과 영광과 권력이다. 그러하다 보니 자신이 아닌 타인에 대한 관심은 도구적이고 일방적이다. 특히 약자와 소수자에 대한 배려가 형편없다. 상식을 따라 살아가는 비기독인보다 못한 처지이다.

정상적인 교회가 하나님 나라神國의 확장을 위한 전초기지라면, 개독교는 자기 자아의 확장을 위한 전위부대이다. 목사의 교회 성장에 대한 열망과 장로의 사업 확장에 대한 욕망은 한 마음이다. 집사의 자녀 교육에 대한 의지와 청년의 배우자 조건에 대한 기도 역시 매한가지이다많은 경우 교육은 자신의 자아와 그 욕망을 자녀에게 투사하는 것에 불과하다.

담임목사와 권력 획득

한국 개신교의 정점頂點은 교회의 담임목사이다. 신학적으로야 개신교에 교황이 없다지만, 현실적으로는 한국에 있는 교회 숫자만큼의 교황이 있다고 봐도 무방하다. 실로 모든 담임 목회자의 교황화라고 봐야할 게다. 전 교회적 차원에서 권력에 대한 의지의 표방은 '목사—직분자—일반신도'의 위계에 대한 강박과 목사의 권위에 대한 순종으로 연장된다.

평신도 대부분이 목사의 권위에 순종한다. 따라서 문제에 대해 비판하기를 주저하기 일쑤이다. 또한, 많은 목사가 정치가와 그의 권력에 매료된다. 선거에 개입하는 경우가 다반사이며, 스스로 정계에 진입하기도 한다. 목사의 권위에 순복할수록 정치가의 위세에 순응할 확률이 높다. 목사의 전횡을 옹호할수록 정권의 폭압에 기꺼이 굴복할 가능성이 높다.

그러니까 권력의 패러다임 안에 갇히기는 목사나 평신도나 매한가지이다. 이를 다음과 같이 간단하게 정리해보자. 강자에게는 약하고, 약자에게 강하다! 즉 강자의 폭압에는 순종하고, 예속되지만, 약자와 피해자에 대해서는 억압하고, 정죄한다. 실은 물리적으로나 정신적으로 작은 자들에게 폭력을 행사하기 십상이다 니체가 말한 노예의 모습이 바로 이것이다.

권력 획득과 자아 발현

한 교회의 담임목사가 된다면, 그는 한 조직의 정점에 서는 것이다. 그의 권력에 놓인 제동장치가 약하다. 교회 안에서도 그러하지만, 노회老會 역시 목회자를 제재하는 경우가 의외로 많지 않다. 가령 전병욱 목사에 대한 치리권을 갖고 있는 예장 합동 측의 평양노회가 아직까지도 징계하지 않은 상태로 〈새교회〉의 가입 청원서를 받아놓은 상태라고 한다.

목사가 몸담고 있는 교회의 규모가 커갈수록 목사의 권력은 확장된다. 반면, 그에 대한 제동은 훨씬 더 약화된다. 교계의 자원을 독점하다시피 하고 있는 여러 대형교회의 현실을 생각해보라. 교회적으로든 교단적으로든 담임목사의 문제적 언행에 대해 브레이크를 걸기가 매우 어렵다. 재정적으로 일정 부분 의존하게 된다면, 아무래도 비판의 날이 휘어지기 쉽다.

그런데 권력이 확장되면 통상 내면의 약점이 불거지게 마련이다. 목사가 교회에서 행상의 중심에 서게 되고, 자신의 영향력을 행사하게 되면 곧이어 이면에 해결되지 않은 취약한 부분이 고개를 쳐들게 되기 십상이다. 헨리 나웬은 설교 후에 밀려오는 공허 속에서 인정 욕망에 시달려서 전화통을 붙들었다. 전병욱 목사의 경우에는 바로 성적 욕망에 휘말린 것으로 보인다.

외식外飾하는 목사들과 배나 더한 지옥 자식들

내면에 도사리고 있는 취약한 부분을 해결하지 않은 상태에서 권력의 중심에 서게 된다면, 내면세계는 쉽사리 망가진다. 〈마태복음〉 23장에 나오는 우리 주님의 준엄한 말씀은 그들을 위한 것이다. "화 있을진저 외식하는 서기관들과 바리새인들이여 회칠한 무덤 같으니 겉으로는 아름답게

보이나 그 안에는 죽은 사람의 뼈와 모든 더러운 것이 가득하도다."27절

어떤 목사들은 그 내면에 말씀 대신에 "불법이 가득"하고,28절 그리스도 대신에 "탐욕과 방탕으로 가득"한25절 것으로 보인다. 주님은 이를 "겉으로는 아름답게 보이나 그 안에는 죽은 사람의 뼈와 모든 더러운 것이 가득"한 "회칠한 무덤"27절으로 묘사한다. 근자에도 개독교를 대변하기에 부족하지 않은 몇몇 목사들의 망언이 언론과 온라인을 도배하고 있다.

더 큰 문제는 이들이 지도자라는 것에 있다. "화 있을진저 외식하는 서기관들과 바리새인들이여 너희는 천국 문을 사람들 앞에서 닫고 너희도 들어가지 않고 들어가려 하는 자도 들어가지 못하게 하는 도다."13절 기껏 얻은 교인조차 "너희보다 배나 더 지옥 자식이 되게"15절 한다고 우리 주님은 일갈한다. 목사의 추악한 행태를 덮는 교인들이 들어야 할 말씀이다.

물론 "자기를 높이는",12절 즉 권력을 추구하는 지도자의 책임이 더 크다. 그렇다고 거짓된 가르침을 전파하는 삯군 목자를 따르는 것에 대한 책임을 면할 수는 없다. 성경과 동떨어진 거짓을 강단에서 외치는 이들을 따르고, 그들의 더러운 언행을 묵인하고 나아가 적극적으로 비호하는 이들은 천국에 들어가지 못하는13절, 지옥 자식15절이라는 게 주님의 말씀이다.

인간의 권력 추구에서 하나님 나라 확장으로

개독교라는 조어는 반反기독교적 비아냥이 아니라 현실적 비판의 맥락으로 새겨 읽어야 한다. 이른바 먹사, 큰 교회 안에서 세상의 영광을 누리시는 큰 목사님들은 자신의 영혼을 잃어버릴까 염려해야 한다. 더욱이 자신 때문에 교인들도 천국 문을 열고 들어갈 수 없게 된다면, 그 책임이 얼마나 커질 것인가. 명예와 권력에 대한 그들의 집착의 결과는 참혹한 것이다.

비록 늦었지만 지금에라도 돌이켜야 한다. 우리 주님은 이들에게 "먼

저 안을 깨끗이 하라"26절고 훈계하신다. 교회에서 자기 다리를 때리는 퍼포먼스보다 차라리 자기 마음을 찢는 회개를 해야 한다. 이분들이 교회와 세상 속에서 누리던 영광의 무게만큼 묵직한 회개를 해야 한다. 그때에만, 오직 그때에만 그들 스스로 닫아버린 천국 문13절이 그들 앞에 열릴 것이다.